한국현대사비록

한국현대사비록

이덕주 지음

기파랑

목 차

제1장 1945년 미소美蘇군의 한반도 점령

1. 해방의 감격과 고통스런 생활 / 17
2. 공산주의자가 판치는 해방 후 정국 / 20
3. 미군정이 실시한 여론조사 / 25
4. 남·북을 분단한 38선 / 27
5. 미군정과 인민공화국 / 30
6. 미군정과 한민당 / 33
7. 소련군의 북한 진주 / 36
8. 스탈린이 만든 북한 지도자 김일성 / 38
9. 88여단 소련군 대위 김일성 / 43
10. 조선공산당 북조선 분국 설치 / 45
11. 김일성에 밀린 박헌영 / 47

제2장 이승만과 미군정

1. 이승만의 귀국 / 55
2. 신탁통치안이 던진 파문 / 59
3. 좌우합작의 대표 김규식과 여운형 / 64
4. 여운형과 김일성 그리고 이승만 / 68
5. 10월 폭동의 진상 / 73
6. 미군정과 이승만 간의 불화 해소 / 76
7. 하지 중장이 한 일 / 82
8. 5·10선거와 한민당 / 85

제3장 한국전쟁 발발

1. 북한군의 전면 기습공격 / 93
2. 미국의 신속한 대응 / 96
3. 점령된 수도 서울 / 100
4. 대전 '성남장'으로 몰려든 3부 요인들 / 103
5. 서울에 남겨진 시민들 / 107
6. 한 사학자의 6·25 일기 / 111
7. 북한으로 끌려간 남한 지도층 인사들 / 119
8. 북한군의 오판 / 121
9. 맥아더의 인천상륙작전 / 126

제4장 소련의 북한 포기와 미국의 한반도 철수

1. 빨치산 다 어디 갔는가 / 131
2. 두 명의 평안남도 지사 / 134
3. 중국 참전 안 하면 스탈린은 북한을 포기 / 138
4. 미군의 패퇴와 한반도 철수 / 144
5. 37도에서 휴전될 뻔한 유엔 결의안 / 149
6. 왜 정전하려고 하는가 / 152
7. 스탈린은 왜 김일성의 남침을 지원했는가 / 157
8. 중국이 전쟁으로 입은 피해 / 160

제5장 전쟁이 가져온 변화

1. 전쟁이 남긴 상처 / 165
2. 학살의 현장 / 168
3. 애국은 곧 반공이다 / 172

4. 사회구조의 변화 / 174
5. 군대의 비대화 / 176
6. 권력에 기생하는 기업들 / 183
7. 최대의 이권 적산敵産기업의 불하 / 186
8. 소비재 산업으로 일어난 한국 기업들 / 190
9. 외국인이 놀란 한국의 교육열 / 192
10. 전쟁이 세계경제에 미친 영향 / 194

제6장 대한민국 초대 대통령 이승만

1. 부산 정치파동과 대통령 직접 선거 / 199
2. 이승만 제거 계획 / 204
3. 원조를 둘러싼 한미韓美 갈등 / 207
4. 1950년대 한국 국민의 생활상 / 210
5. 이승만의 군 장악과 자유당 창당 / 213
6. 조봉암 사형과 자유당 말기현상 / 217
7. 3·15부정선거와 4·19데모 / 223
8. 이승만 하야를 요구하는 군과 미국대사 / 227
9. 이승만과 대한민국 / 231
10. 이기붕과 박마리아 / 235

제7장 이상한 사회주의 나라

1. 마오쩌둥의 오판과 휴전 협상 / 241
2. 박헌영과 남로당계 숙청 / 245
3. 전후 복구와 3개년 경제발전계획 / 249
4. '저 놈이 두목이구나' / 252
5. 천리마운동과 김일성 독재체제 확립 / 255

6. 이상한 사회주의 나라 / 259
7. 남조선 해방과 미 본토 공격 / 264

제8장 제3공화국

1. 장면 정권과 김일성 만세 / 269
2. 5·16군사쿠데타 / 274
3. 미국이 의심한 박정희의 사상 / 279
4. 군사 정권과 미국의 원조 / 283
5. 태화강변에 펼쳐진 공업단지의 꿈 / 290
6. 경제개발 5개년 계획 / 293
7. 외자가 있어야 하는데 / 297
8. 대일청구권 자금 8억 달러 / 301
9. 월남파병과 경제적 이득 / 305

제9장 박정희는 왜 유신을 했나

1. 백성들이 배불리 먹어야 / 311
2. 에르하르트 서독 수상의 조언 / 314
3. 박정희의 정부주도 경제개발 정책 / 318
4. 수출주도 성장정책을 택해 / 321
5. 박정희 시절에 성장한 기업들 / 324
6. 1967년 선거와 3선 개헌 / 340
7. 남북회담과 유신 / 343
8. 박정희의 핵 개발 추진과 미국의 견제 / 347
9. 카터의 한국방문과 그의 철군 계획 / 351

제10장 대통령 유고와 제5공화국

1. 박 대통령의 하야 구상 / 357
2. 소비가 미덕인 사회 / 361
3. 박정희의 말기 현상과 사망 / 363
4. 미국이 개입한 증거는 없어 / 366
5. 박정희는 어떤 인물인가 / 370
6. 최규하와 대통령 자리 / 374
7. 12·12와 신군부의 등장 / 378
8. 5·17과 광주의 비극 / 381
9. 전두환과 미국 / 388
10. 제5공화국 / 393

제11장 민주화 투쟁으로 쟁취한 정권

1. 6·29선언과 노태우 / 401
2. 노태우 당선과 백담사 / 406
3. '반미 친북' 성향의 학생운동 / 412
4. 소련, 중국과 국교정상화 / 416
5. 김영삼의 문민정부 / 419
6. 김영삼과 김대중의 정치 입문 / 425
7. '남조선에 공화국기가 펄럭이고' / 428
8. '하늘이 무너져 내리는 충격' / 434
9. '골프 치고 요트 타는 서민도 있나' / 438
10. 행정수도 이전은 김병준 아이디어 / 442
11. 국민에게 탄핵당한 노무현 / 446

제12장 중국은 북한을 흡수할 것인가

1. 북한의 참혹한 실정 / 451
2. 천국에서 사는 김정일 / 456
3. 핵을 버릴 수 없는 김정일 / 461
4. 미국이 북한을 압박하는 수단 / 465
5. 김정일이 개방을 못하는 이유 / 468
6. 북한 주민은 어떻게 살아가고 있나 / 472
7. 북한에 들어가는 한류 / 477
8. 북한의 미사일과 전쟁 의식 / 480
9. 중국은 왜 북한에 투자하는가 / 484
10. 순수한 경제적 차원의 개발투자일수도 / 488

제13장 어떤 통일이 되어야 하는가

1. 전시작전통제권 환수 논쟁 / 493
2. 사회주의는 유토피아다 / 496
3. 질식할 것 같은 사회주의체제 / 500
4. 소련체제의 붕괴 / 503
5. 마르크스는 100년 전에 죽었다 / 507
6. '민주화'가 사치품일 때가 있었다 / 511
7. 국민이 뽑은 대통령은 최선의 지도자인가 / 514
8. 민주주의와 자유주의 / 518
9. 어떤 통일이 이루어져야 하는가 / 520

| 머리말 |

　내가 열 살 되던 해인 1945년에 해방이 되었다. 초등학교 3학년 때의 일이다. 사람들이 해방이 되었다고 태극기를 들고 거리에서 환호하는 것을 보았지만 나는 당시 해방이 무엇을 의미하는지, 그 뜻을 잘 몰랐다. 그저 일본인들이 이제 모두 일본으로 쫓겨간다는 것만은 확실했다. 사실 여름 방학이 끝나고 학교에 가보니 일본인 선생들은 하나도 보이지 않았다. 1학년 때부터 줄곧 담임을 맡았던 사와키澤木라는 여선생도 보이지 않았다. 그 여선생은 몸집이 보통 사람보다 뚱뚱한 편이었다. 그런데 3년 동안 학생을 가르치면서 학생들이 떠든다고 한 번도 때린 일이 없었다. 한번은 학생들이 심하게 떠든 일이 있었다. 그러자 그 여선생은 자신의 왼팔을 걷어붙이더니 오른손으로 채찍을 들고 피멍이 들도록 때리는 것이었다. 아이들은 겁에 질렸고 그 후 떠드는 일이 없었다.
　나는 가끔 친구들과 종로에 있는 화신백화점에 놀러갔다. 돌아올 때는 대개가 어둠이 깔린 거리를 터덕터덕 걸어야 했다. 그러면 동대문 근처 으슥한

골목에서 어느 청년이 불쑥 무엇을 한 움큼 건네준다. 만화책으로 된 공산당 선전물이었다.

이 무렵인 1945년 9월 초 스탈린은 김일성을 모스크바로 불러 4시간에 걸친 면접을 하고 '북한을 통치할 지도자'로 낙점했다.

남한에서는 하지 중장이 한민당만으로는 박헌영, 허헌, 여운형 등 좌익세력의 '인민공화국'을 당할 수 없다고 판단하고 미국에 있는 이승만과 중국에 있는 김구, 김규식, 신익희 등 우익진영을 조속 귀국시켜야 한다고 생각했다. 당시 골목마다 벽보에는 인민공화국 각료 명단이 빽빽이 적혀 있었다. 어느 쪽에서 내걸은 명단에도 대통령 자리에는 언제나 이승만이 올라있었다.

신탁통치안으로 국내 정국을 격심하게 흔들어놓고 되지도 않을 미소공동위원회를 두 차례나 열었지만 아무런 성과도 없이 결렬되고 말았다.

소련은 한반도를 미국에 맡길 수 없다고 생각했고 미국은 소련에 한반도를 양보할 생각이 전혀 없었다. 그래서 남쪽에는 '대한민국'이, 북쪽에는 '조선민주주의인민공화국'이 생겼다.

미국은 남한에 '민주주의'를 심어 주었고 소련은 북한에 '사회주의' 뿌리를 내리게 했다. 그런데 남한에서 민주주의는 매우 심각하게 왜곡되고 꽃을 피우지 못했다. 북한의 사회주의도 '인민이 주인'이 되는 '좋은 세상'을 만들지 못했다. 나는 대학시절 아무리 정치학 서적을 뒤져 보아도 민주주의의 첫 관문인 선거제도에 40퍼센트 사전투표, 공개투표, 개표조작이 있었다는 예를 찾아보지 못했다. 그리고 일당독재의 사회주의 체제에서 독재자를 우상화하여 인민이 모두 가슴에 '위대한 지도자'의 초상휘장을 달고 다니는 제도를 발견하지 못했다. 나는 "인류 최고의 예지이고 이보다 더 뛰어난 사상은 없다고 자랑하던 이념도 한반도에 와서는 모두 심하게 훼손되어 불구상태가 되는구나"하고 생각했다.

그리고 1960년 내가 신문기자가 된 후 취재활동을 하면서 항상 의문을 풀지 못해 고민하던 일이 몇 가지 있다.

'박정희 전 대통령은 왜 유신을 했는가?' 하는 것과 '김일성, 김정일 부자는 왜 자주(주체사상)라는 이름의 고립정책으로 북한을 세계 최빈국最貧國으로 만들었는가?' 하는 것, '사회주의 체제가 붕괴된 이후에도 한국에서는 왜 주사파主思派의 세력이 쇠퇴하지 않는가?' 하는 것 등이다.

그리고 최근에는 '노무현이 어떻게 대통령이 되었는가?'라는 의문을 떨쳐 버릴 수가 없다. 코앞에서 벌어진 일인데도 도저히 이해가 되지 않는 구석이 너무 많아서다.

박정희의 '유신체제'를 아무리 살펴보고 뒤집어 보아도 민주주의와는 너무 거리가 멀다. 야당이 말하는 장기집권을 위한 독재체제임에 틀림없다. 왜 박정희는 헌법에 따른 집권연장 방법을 생각하지 않고 전혀 생소한 독재체제를 생각해냈는가? 어느 설명을 보아도 어색하기는 마찬가지다. 그러나 그가 유신체제하에서 추진한 중화학공업화 정책, 즉 반도체·자동차·조선造船·중화학제품·산업기계·철강 등은 오늘날 우리 대한민국을 먹여 살리고 있다. 결과적으로만 본다면 '유신독재'가 대한민국을 세계 제12위의 국가로 만드는 길을 열어준 셈이다. 도저히 이해가 안 가는 대목이다.

그런데 민주화투쟁으로 민주주의를 쟁취한 후 국민의 투표로 당선된 김대중, 노무현 정권이 들어서면서 대한민국은 이상하게 변질되어 가고 있다. 북한에 대한 태도가 너무 달라졌다. 북한이 위협이라는 전제가 싹 없어지고 세계가 북한의 핵실험에 대한 제재를 가해도 그를 변호하는 데 정신이 없다. 그리고 북한에 퍼주지 못해 안달이다. 미국은 통일에 걸림돌로 눈엣가시처럼 여기게 되었다.

왜 이런 현상이 일어났는가?

이런 현상은 6·25를 경험한 세대보다 그 후에 태어난 사람들의 숫자가 더 많아졌기 때문일 수도 있다. 이들은 전쟁을 경험하지 못했기 때문에 대한민국이 왜 반공을 국시로 했는지를 이해하지 못하는 것이다. 전쟁이 끝난 지 50여 년이 지나면서 반공의식은 희석되고 우리 민족끼리 대화와 타협으로 오순도순 잘 살 수 있는 데 왜 북한을 적으로만 보아야 하느냐는 생각이 자연히 들기 마련이다.

그러나 북한은 변함없이 대한민국의 정체를 부인하고 있다. 기회만 있으면 적화통일을 하려는 것이 그들의 심산이다. 전쟁을 경험한 세대는 그것을 너무도 잘 알고 있다. 그동안 수없이 파행을 거듭해 오기는 했지만 그래도 우리의 생명과 재산 그리고 자유를 보호해 주는 것은 대한민국이다. 그리고 이 대한민국은 자유 민주주의 그리고 시장경제의 자본주의 틀 속에서 발전하고 번영해 나가야 한다.

얼마 전부터 시청 앞 광장에는 데모하기에는 너무 나이가 많은 노인들이 수만 명 몰려들어 "대한민국을 지켜야 한다"라고 외치는 일이 자주 벌어졌다. 과거 어렵던 시절에 태어나서 '가난을 극복하기 위해서', '자유를 지키기 위해서' 한 몸 바쳐 일생을 지내온 사람들이 틀림없다. 이들이 절규하는 내용은 "젊은이들은 북한의 정체를 제대로 인식하고 '친북반미' 세력의 선동에 흔들리지 말라"는 것이다.

이러한 세대 간의 좌우대립은 60년 전 해방 직후에 벌어졌던 좌우대립의 연장선상이 아닌가 하는 생각을 하게 한다. 그렇다면 왜 한반도에서 좌우대립은 세월이 흘러도 이렇게 끝없이 전개되고 종결을 짓지 못하는가?

이렇게 의문이 가는 역사의 토막들을 이해하기 위해서 기성세대든 젊은 세대든 우리의 현대사를 다시 한번 되돌아보아야 한다. 역사를 있는 그대로 잘못된 것은 잘못된 대로, 잘된 것은 잘된 것대로 가감 없이 냉철한 이성으로 다시 한번 되씹어 보고 역사의 방향을 제대로 잡아가야 한다.

그런 뜻에서 해방이 되던 해, 한국현대사의 첫 장부터 다시 정리해 보기로 결심했다. 시중에는 수많은 한국현대사 책이 나와 있지만 거의 모두가 표면적인 사건의 나열이거나 아니면 이론 중심의 학술지가 대부분이다. 그래서는 보통 사람들이 역사를 이해하기 어렵다. 역사가 이루어지는 데는 반드시 그 사건의 원인과 배후가 있기 마련이다. 그 원인과 배후를 찾아내야 한다. 신문을 읽어도 행간 뒷면의 숨어있는 진실을 짚어가면서 읽지 않으면 무미건조한 단편적인 사건지식밖에 얻을 것이 없다.

정치의 뒷면裏面 이야기와 함께 쓰인 역사책을 읽다 보면 소설보다 더 재미있게 역사를 읽게 되고 이해하기 쉽다. 실제로 있었던 사실은 가공된 이야기보다 훨씬 더 현실감이 있기 때문이다. 그런 책을 써보고 싶었다.

그러나 한국현대사에 대한 나의 지식에 한계가 있고 취재에도 게을러서 만족할 만한 책이 되지는 못했다. 이 시대를 공유한 선배, 친구, 후배들이 이 책을 접하고 부족한 점, 왜곡되어 있는 점을 발견하고 언제든지 지적해 주신다면 흔쾌히 수정할 의사가 있음을 밝혀 둔다. 역사는 어차피 편견일 수밖에 없기 때문이다. 역사를 보는 시각의 차이에서 오는 경우도 있고 자료가 부족하여 생기는 경우도 있다.

이 책을 쓰는 과정에서 평소 여러 가지 도움되는 말을 자주 해주시고 자료를 구해 주시기도 한 서인석, 김성진, 예춘호, 조용중, 주영관, 이억순 등 존경하는 선배들에게 감사의 말을 드린다. 그리고 이 책을 발간할 수 있도록 도와주신 윤주영 선배와 안병훈 기파랑 사장, 서민영 편집차장에게 감사를 드린다. 내가 책을 낼 때마다 격려해 준 신동호 선배, 윤세영, 송복, 신두병 등 동문의 우정을 고맙게 생각한다. 끝으로 언제나 옆에서 뒷바라지해 주는 동반자 김민자에게 고마운 마음 간직하고 있다.

제 *1* 장

1945년 미소 美蘇 군의 한반도 점령

1 | 해방의 감격과 고통스런 생활

우리 민족이 8·15 해방을 맞아 그토록 목청이 터져라 '만세' 소리를 외친 것은 36년간 당해오던 일제의 억압과 모멸에서 풀려났다는 해방감과 이제 우리도 독립국을 수립하게 되어 우리 민족의 자존심을 되찾았다는 기쁨에서였다. 그동안 숨도 제대로 쉬지 못하고 섬겨 왔던 일등국민 일본인의 경멸에 찬 표정을 살피지 않게 되었고 어색한 일본말로 의사소통을 하려고 애쓰지 않아도 되는 세상이 온 것이다. 그리고 우리의 정부를 우리 손으로 세우면 일본 치하에서 살던 생활보다 훨씬 좋은 미래가 열릴 것이고 우리끼리 오순도순 활기있게 잘 살 수 있다고 장밋빛 희망을 듬뿍 안고 있었다.

그러나 꿈과 현실은 너무도 달랐다. 일본인이 하루아침에 모두 빠져나가니 그동안 통치해오던 행정기능이 사실상 마비되었다. 행정업무가 정지된 상태에서 생활필수품을 어디에서 누구로부터 구해야 하는지 몰라 막막했다. 70만 명의 일본인이 차지하고 있던 행정기관, 금융기관, 공장과 유통기관은 모두 기능이 마비되었고 그것을 맡을 만한 한국인은 없었다. 기술자도 숙련공도 경영자도 없었다.

해방 당시 제조업부문의 94퍼센트가 일본 자본으로 운영되고 있었고, 기술자의 80퍼센트가 일본인이었다. 따라서 해방으로 인해 생산이 격감되는 것은 당연한 결과였다. 해방 후 3년이 지난 1948년에도 1941년에 비해 기업체 수는 60퍼센트, 고용자 수는 70퍼센트, 생산액은 83퍼센트가 각각 감소했다.

특히 남북 분단에 의해 중화학공업의 대부분은 북한에 편재해 있었고 남한에 남겨진 중화학공업은 생산액으로는 20퍼센트에 지나지 않았고 전 공업의 생산액도 40퍼센트에 지나지 않았다. 그리고 남한은 전력이 북한에 비해 8퍼센트, 철광은 1.1퍼센트, 석탄이 0.3퍼센트 밖에 생산되지 못하는 상태였다. (1)

자연히 소매물가는 1945년 8월부터 1946년 사이에 10배로 뛰어올랐으며 도매물가는 28배나 올랐다. 1인당 식비는 전쟁 전에는 월 평균 8원이었는데 1946년 9월에는 800원으로 올랐다. 1944년에 완전 고용된 업자가 1947년에는 노동인구 1천만 명 중 절반밖에 취업이 되지 못하고 있었다. 설사 직업이 있다고 해도 임금이 물가를 따라가지 못했다.

이러한 혼란 속에 1950년까지 110만여 명의 한국인이 일본으로부터 송환되었는데, 그 대부분이 전시 노무자들이었다. 그리고 1945년 말에 벌써 50만 명이 넘는 북한의 피난민이 남한으로 몰려들고 있었다. (2)

해방된 조국에 가기만 하면 따뜻한 환대를 받고 발 뻗고 살 수 있으리라는 희망을 안고 찾아온 고국은 먹을 식량을 구하기도 어렵고 숙소를 마련하기조차 어려운 실정에 있었다. 그렇게 그리던 고국 땅으로 죽을 고생을 하면서 돌아온 것을 후회하면서 오히려 낯설던 이국땅의 생활이 훨씬 안정되었다고 생각했다.

거리에는 사람들이 여기저기 일본 사람이 버리고 간 세간, 의복, 그릇, 책, 그림 같은 것을 너저분하게 쌓아놓고 헐값에 팔고 있었다. 그 속에는 정말로 값진 물건도 있었다. 좋은 골동품 그림도 있었고 쉽게 구할 수 없는 서양 물건도 많았다.

그때에는 '접수'란 말이 유행하여 큰 회사나 공장 대문과 담벼락에 '접수'라는 큰 글씨로 쓴 붉은 딱지를 군데군데 붙여놓고 어느 자치위원회, 어느 독립운동단체에서 접수한다고 써놓으면 그 집 물건은 모두 그들 소유가 되었다.

아이들은 마음씨 좋아 보이는 미군 헌병MP들을 따라다니면서 '오케이'니,

'헬로'니 하는 미국말을 배워 그들의 환심을 사고서 껌이나 사탕을 얻어먹었다.(3)

이런 사회 환경으로 인해 1945년 늦여름부터 범죄가 무서울 정도로 증가했다. 직업도 없고 가정적, 사회적 구속도 없는 피난민과 귀국자들은 서울이나 부산의 뒷골목과 시장에서 도둑질을 하기도 하고 암거래나 매음 소개를 하는 폭력단에 가담하기도 했다. 부정부패가 거의 모든 관공서와 사무실에 만연했다.

매일 4천 명의 피난민들이 남한으로 유입되었으며 방기되거나 방치된 일본인들의 집으로 무조건 밀고 들어갔다. 주택 점거, 공금 횡령, 무단 건축, 강탈, 기계부품 절취 등이 풍토병처럼 유행했다.(4)

〈조선일보〉는 1946년 8월 31일자 신문에서 하지 John Hodge 장군에게 공개장을 보냈다.

한국 인민들은 지금 일본 식민지 시대보다 더 고통스러워하고 있다.

2 | 공산주의자가 판치는 해방 후 정국

한국 땅에서 36년간 주인 행세를 하던 일본인이 물러나고 미군이 진주하여 군정을 실시했지만 사회혼란과 생활고는 조금도 나아지지 않았다. 내일을 예측할 수 없는 절망상태에서 모두가 불안하고 고통스러웠다. 이러한 시기에 사회제도를 근본적으로 개혁하여 착취가 없고 계급이 없으며 누구나 평등하고 골고루 잘 살게 하는 제도를 만든다는 사상이 사람들의 눈길을 끌었다. '요람에서 무덤까지', 국가가 책임지고 인간다운 삶을 보장해준다는 사회주의는 많은 사람의 희망이 되고 꿈이 되기에 충분했다.

종로 한복판에 있는 화신백화점 건물 옆에는 커다란 붉은 깃발이 휘날리고 있었고 온 거리에는 붉은 대자보가 뒤덮여 있었다. 거리마다 벽보에는 미군 진주에 며칠 앞서 세운 '인민공화국'의 내각 명단이 빽빽하게 적혀 있었다.

좌익세력은 우익보다 훨씬 더 조직적으로 세력을 확대해 나갔다. 공산주의자들은 사회 현실에 대해 훨씬 더 많이 알고 있었고 이론적인 무장이 되어 있었다. 반면에 우익 인사들의 말은 논리적으로도 약했다. 공산주의자들은 이상주의적인 성향을 가진 조선인들을 조종하는 법과 문맹의 농민까지 동원하는 법을 알고 있었다. 젊은 공산주의자들은 시위나 행동에 일사불란하게 움직였고 헌신적이고 사심이 없었으며 생명도 두려워하지 않는 것처럼 보였다.

이와는 대조적으로 우익 청년들의 대다수는 큰소리만 쳤을 뿐 시위에 참가하지도 않았다. 자발적으로 운동에 참가한 우익 청년들은 이북에서 내려온 사람들과 이철승이 주도하는 학생들뿐이었다.

한민당 간부를 위주로 한 우익 인사들은 조직도 하지 않고, 선전도 하지 않고, 시위도 하지 않았다. 아무런 활동이 없었다. 그들이 잘하는 것은 온돌방에 앉아서 남을 폄하하는 것뿐이었다.

그들은 공산당 인물들을 공격할 때, 그들의 견해를 비판만 생각은 하지 않고 누구는 죽일 놈이고 누구는 미친놈이라는 막연한 비판안 할 뿐이었다. 우익에게는 좌익에 맞설 이론이 없었다. 그들은 지주를 기생충이라고 묘사하는 공산당에 이론적으로 반박하지도 못했다.(5)

해방 후 좌익 운동을 하다가 월북하여 교육을 받은 뒤, 1958년 7월 남한으로 침투했던 이영구는 22년간을 감옥에서 지내고 1980년 5월 가석방으로 출소했다. 그가 당시 경험한 일에 대해 들어 보면,

> (…) 땀 흘려 농사를 지으면서도 늘 가난할 수밖에 없는 사람들을 보면서 이 사회가 뭔가 모순으로 가득 찬 사회가 아닌가 하는 의심을 품고 있었다. 그러다가 정말 감동을 받고 '그래, 이거다' 하고 깨달음을 얻은 것은 친구에게서 빌린 한 권의 책, 바로 《인류사회발전사》라는 책을 읽고서였다. 어떻게 보면 아주 우연한 계기가 내 삶을 완전히 바꿔 놓은 셈이다.
> 나는 세포에서 부책인지 하는 직책을 맡았는데 정확한 명칭은 생각나지 않는다. 나는 백범 김구 선생과 한독당을 맡아 인물과 조직의 정보를 입수해서 보고하라는 지시를 받았다.
> 이승만이나 김규식, 한민당 등을 담당한 사람들도 있었는데, 이렇게 일일이 보고가 들어오고 있었기 때문에 공산당은 각 정당의 중요 정책이나 회의 내용을 즉각 알 수 있었다. 한민당에서 중요한 내용을 결정하면 그 내용이 3시간 안에 공산당에 알려지지만 공산당의 결정은 사흘 뒤에야 상대방에게 알려진다는 말이 있을 정도로 우리 쪽의 정보력과 보안

력은 대단했다.

(…) 나중에 알게 된 것이지만, 황윤호라는 국회의원은 성시백 선에서 일을 하고 있었고 노일환은 남로당계에서 일을 하고 있었다. 나는 국회에 관한 정보를 노일환, 김병희를 통해 주로 입수했고, 경기도 용인 출신 국회의원 민경식을 통해서 주로 한민당에 관한 정보를 입수했다.

국회 프락치 사건은 나중에 발표된 것처럼 그렇게 거창한 큰 사건은 아니었지만 남로당과 연락이 왔다갔다한 것은 사실이다. 나는 절반 정도는 사실이고 절반 정도는 죄를 주기 위해 일부러 만들어 냈다고 본다.(6)

김정일의 두 번째 부인이었던 성혜림의 모친 김원주는 당시 공산당에 입당하여 여성 동맹 요원으로 활발하게 활동했다. 그가 당시 공산당에 참여하게 된 동기를 다음과 같이 말했다.

나는 '한국부인회' 회원이 되었다. 여성 해방의 길을 찾기 위해 광화문 네거리 동아일보사 3층에 자리 잡은 회관으로 출근을 했다.

회관에는 모모한 여류들과 무슨 상류 가정 여성들까지도 모여들어 흥성거렸다. 서로 다투어 좋은 옷을 차려입고 나오는 것 같았고 출근도 하고 싶으면 하고, 말고 싶으면 말고, 자유로웠다.

회관에 나와 앉아서는 '어느 일본 고관의 집을 접수해 이사를 했다'는 이야기, 본정에는 요사이 보석 값이 올랐다는 이야기, 내렸다는 이야기, 어느 여학교를 접수하여 대학으로 승격시켜 대학 학장을 꿈꾸는 이야기 등 온통 사리사욕에 관한 것, 세태 잡동사니에 관한 한담으로 한바탕 떠들다가 우- 몰려 사라지고, 몇 사람은 할 일 없이 우두커니 앉아 있다가 가는 것뿐이었다.

이런 회관 분위기에서 제일 활기를 불어넣어 주는 사람이 임영신 씨였다. 그는 해방 전에는 중앙여자고등학교 교장 일을 하다가 해방 이후 영어를 한다는 이유로 군정청 출입이 잦았다. 물론 그도 여기 회원이었다. 어느 날 그는 회관에 뛰어들다시피 하며 "군정청에서 여자 통역을 구하는데 누구 갈 사람 없소?" 하기도 하고, 어떤 때는 "여러분, 조용들 하세요. 군정청에서 여자 직원을 물색 중인데 누구를 추천할까요?"라고도 했다. 이럴 때면 선망과 질투로 모두 심각해졌다.
이것을 참정이라 생각하는지, 여성 해방의 길이라고 아는 모양인지……. 날이 갈수록 실망스러웠다.(7)

해방 직후, 건국 여성 동맹이란 이름으로 좌·우익의 여성들이 함께 동맹을 결성했으나 얼마 안 되어서 그들은 근본적인 사상적 차이로 갈라섰다.
우익 여성들은 '한국부인회'를 만들었고 좌익 여성들은 '조선부녀총동맹'을 결성했다. 우익에는 당시 여류 명사들이 거의 다 들어가 있었다. 사회 활동가, 교육자, 기자, 문인, 각계각층이었다. 박순천, 박승호, 김활란, 황신덕, 박마리아, 황애덕, 황은순, 임영신, 박인덕, 모윤숙, 박화성, 김말봉 등이었다. 해방 전부터 기자 생활하면서 접촉하여 거의 다 아는 사람들이었다. 좌익 여성들은 박진홍, 이순금, 조복녀, 조원숙, 이계순, 이경희, 김옥숙 등인데 나는 이때까지 그런 여성들이 있다는 것을 몰랐다.

김원주는 안국동에 위치한 공산당계 '조선부녀총동맹'을 찾아갔다. 그는 물었다.

"이 동맹과 '한국부인회'는 무엇이 다른가요? '한국부인회'에서 하는 일도 여성 해방이라던데요."

"그들도 남녀평등이니 여성참정권 획득이니 하지요.(…) 그러나 착취 제도하에서는 완전한 여성 해방이 이루어질 수가 없습니다. 극소수의 특권 여성은 정치에 참가할 수 있고 평등을 맛볼 수 있을지 모르나 대다수의 노동자, 농민, 인텔리 근로여성은 그 사회에서도 같은 처지에서 벗어나지 못합니다. 그러나 우리 동맹에서는 사회제도를 근본적으로 바꾸어 착취가 없습니다. 계급이 없이 누구나 평등하고 골고루 잘 살게 하는 제도, 그 안에서 여성 해방을 하자는 것입니다. 제도, 그 자체가 여성 해방을 요구하고 여성 해방은 민주주의 제도 발전에 도움을 주고, 이렇게 호상互相 부축하면서 무계급 사회발전을 추진시키는 것입니다."

이와 같이 일사천리로 설명한 사람은 연안에서 나온 혁명가 박진홍이었다. 그는 여자로서 드물게 보는 이론 실천가였다. 그는 마르크스주의 이론에 대한 해박한 지식과 풍부한 경험을 가지고 있었다. 나이 어린 여학생 때부터 투쟁에 참가했고 일제 때 감옥살이를 한 경험도 있었다. 그는 민감하고 예리하며 끓어 넘치는 열정의 소유자이기도 했다. 이리하여 나는 조선부녀총동맹 회원이 되었다.(8)

3 | 미군정이 실시한 여론조사

1946년 3월에 미군정 공보국이 정리한 문건을 보면 남한 사회의 이데올로기적 판세는 여전히 좌파 중심적이었다고 할 수 있다.

"공산주의는 아마도 한국인 다수에게 어필하고 있으며 (…) 한국인들의 적극적인 동조와 참여를 비추어 볼 때 남한의 정치 지형은 의심의 여지없이 좌경적이다"라고 진단했다.

미군정 공보국은 1946년 7월 서울시내에서 1만 장의 설문지를 무작위로 배포하고 응답자들의 직업과 함께 자신이 선호하는 정치적 이념을 기록하게 했다.

그 가운데 8,476명이 답을 했는데, 그 결과에 따르면 전체적으로 중도가 50퍼센트를 넘는 가운데 우익이 약 30퍼센트, 좌익이 12퍼센트로 나타났다. 그런데 중도라고 말한 응답자 가운데 상당수가 좌익계라고 판단했다.(9)

그러면 남한 주민들은 민주주의와 공산주의, 그리고 자본주의와 사회주의를 어떻게 인식하고 있었을까?

1946년 4월 15~30일에 실시한 여론조사에 의하면 민주주의와 공산주의가 남한 주민들에게 다음과 같이 인식되고 있었다.

민주주의는 "정치가 국민의 복리를 위해 국민에 의해 통제되는 것"(53퍼센트), "최고 권력이 국민의 수중에 있는 것"(32퍼센트)이라고 했다. 그리고 "자본주의를 포함하는 것"(7퍼센트)과 "사유재산을 허용하는 것"(6퍼센트)이 소수 의견으로 나타났다.

그리고 공산주의는 "모든 자산의 국유화"(41퍼센트)와 "계급타파"(31퍼센트)라고 대답했으며 특기할 만한 내용은 "민주주의에 경제적 평등을 추가한 것"이라는 대답도 6퍼센트를 차지했다.(10)

남한 주민들의 인식 속에는 민주주의와 공산주의의 개념에 대해 대체로 줄거리는 제대로 이해하고 있으나 구체적이고 정확한 지식은 없었던 것으로 보인다. 매우 막연하고 애매하고 관념적인 것이었다.

4 | 남·북을 분단한 38선

스탈린Joseph Stalin이 해방 직후 한반도에 별 관심이 없었다는 설은 잘못된 것이다. 스탈린은 1944년 모스크바에서 열린 군사회담에서 한반도에 대한 점령 의지를 처음으로 밝혔다. 스탈린은 미국 측 대표인 해리먼William Harriman 대사와 딘William Dean 군사사절단에게 소련의 대일전 참전 시 소련군의 작전영역을 만주에 국한시키려는 미국 측의 계획을 정면 반박하면서 "한반도 북쪽에 위치한 항구들을 소련의 지상군과 해군이 점령해야 한다"고 주장했다. 이러한 스탈린의 한반도 점령 의지는 1945년 2월 8일과 9일, 얄타Yalta에서 열린 미소美蘇 합동참모총장 회의에서 재확인되었다.

소련군 총사령부가 일반 참모부에 대해 극동작전계획을 수립하라는 지시를 내린 것은 1945년 초봄이었다. 그해 6월 27일, 일반 참모부는 작전계획안을 작성, 소련군 총사령부에 보고했다. 다음날 스탈린은 그 계획을 공식 승인했다.

한반도에서의 군사 작전은 먼저 웅기, 나진, 청진 등 북동쪽에 위치한 항구들을 점령함으로써 만주와 일본 사이의 통신망을 파괴하고 부동항을 획득하는 것이 일차적인 목표였다. 이를 달성한 후 서울을 점령하는 것이 소련군의 다음 목표였다. 이 같은 작전계획은 1945년 7월 5일 극동전선 사령관들에게 하달되었다. 다음달 8월, 드디어 소련군은 작전계획을 실행에 옮겼다.(11)

그러나 스탈린은 38도 선을 한반도의 분할선으로 하자는 미국 측의 제안

38선을 돌파(국군 3사단의 기념사진)

을 수락함으로써 서울 점령은 이루지 못했다.

1945년 8월 11일, 미국의 삼성조정위원회 육군고문 조지 링컨George Lincoln 준장은 자신의 사무실에서 밤을 샜다. 그날 일본이 천황 제도를 보장해 달라는 조건을 붙여 항복한다는 의사를 통보해 왔기 때문이었다.

그런데 새벽 2시경, 전화가 울렸다. 삼성위원회 위원장인 국무성의 제임스 던James Dunn이었다. 그는 소련군이 이미 한반도 동북쪽 국경지대에 들어왔다는 보고를 들었다. 다급해진 던 위원장은 소련군의 남하를 막고 미군과 소련군을 갈라놓을 경계선이 필요하다고 말했다. 수화기를 들고 있던 링컨 준장은 벽에 걸린 지도를 보았다. 한반도 가운데를 관통하는 38선이 눈에 들어왔다.

링컨 준장은 찰스 본스틸Charles Bonesteel 대령과 던 러스크Dean Rusk 대령을 불러 더 나은 방안을 생각해 보라며 30분의 여유를 주었다. 그들은 링컨의 제안에 동의했다. 이들은 이 선이 수도 서울과 부산, 인천이라는 주요

도시 항구들을 미군 영역 속에 포함시키는 이점이 있다고 생각했다.(12)

링컨 준장은 곧바로 합참전쟁계획위원회 회의실로 갔다. 그의 손에는 누가 일본군에게 항복을 받아 낼지를 구체적으로 명시한 일반명령 제1호 초안이 들려져 있었다. 여기에 한반도 38선 분할안이 포함되어 있었다. 미국이 작성한 이 안(일반명령 제1호)을 스탈린은 이의 없이 받아들이고 북한 점령에 만족해했다.

5 | 미군정과 인민공화국

1945년 8월 19일, 오키나와에 주둔하고 있던 미 제24군단 사령관 하지 중장은 맥아더Douglas MacArthur 사령관으로부터 한반도 점령작전계획을 하달받았고 이날로 미 육군 남조선주둔군 사령관으로 임명되었다.

9월 5일 낮 1시, 하지 휘하의 24군단 사령부와 그 지원부대, 7사단 장병 1만 7,756명이 21척의 수송선단에 승선하여 오키나와를 출발했다. 이들은 9월 8일 인천항에 도착했다.

그날 밤을 배 안에서 새운 점령군은 9일 상오 10시, 인천 상륙을 끝냈다. 완전무장한 상륙부대가 육군부대를 앞세워 서울까지 들어오는 데는 도로사정이 나빠 애를 먹었다.

서울에 들어서자 무장한 일본군이 길 양편에 부동자세로 서서 미군을 환영했다. 오히려 해방된 나라의 시민들은 일본 군경의 무장배치 때문에 연합군 앞에 얼씬도 하지 못했다. 하오 4시, 총독부 제1회의실에서 일본군의 항복문서 조인이 있었다. 30여 분 동안의 숨 막힐 듯한 의식이 끝난 뒤 총독부 청사 꼭대기에 날리고 있던 일장기가 내려지고 성조기가 게양되었다. 미군 악대의 주악에 맞추어 성조기가 게양대로 올라가는 동안 총독부 앞에 모여 있던 많은 시민은 감격과 환희 그리고 흥분에 도취되었다.

그날 밤부터 서울 거리에는 흥분과 무질서가 한결 더해 갔다. 일본군의 항복이 확인되었고 총독부 꼭대기에 성조기가 나부낀다는 사실은 흥분을 가속

맥아더 사령관(왼쪽)이 지켜보는 가운데 항복문서에 서명하는 시게미쓰 일본 외무장관

시키기에 충분했다. 그 흥분 때문에 왜 태극기가 게양되지 않고 성조기가 게양되었는지를 곰곰이 생각할 겨를이 없었다.

8·15해방과 더불어 여운형이 전국적으로 조직한 건국준비위원회(이하 '건준')가 미군 상륙 이틀 전인 9월 7일, 인민공화국으로 탈바꿈을 했다. 여운형, 안재홍이 중심이 되어 만든 건준은 6일 밤 9시부터 7일 새벽 1시까지 전후 4시간에 걸친 전국 인민대표회의를 경기여고 강당에서 소집하여 건준을 발전적으로 해체하고 인민공화국으로 국호를 정하는 등의 결의를 했다. 이렇게 전격적으로 '인민공화국'을 만드는 각본은 4일, 좌익의 핵심인물인 박헌영, 여운형, 정백 등이 세브란스 병원에 입원 중이던 허헌의 병실에서 비밀리에 합의한 것이라고 한다.(13)

당시 발표된 '조선 인민공화국' 중앙인민위원 55명 중에는 이승만, 김구,

여운형(오른쪽)과 박헌영이 밀담을 나누고 있다.

여운형, 김일성, 이승엽, 무정 등 국내외 각 정치세력의 대표격 인물이 모두 망라되어 있었다.

미군정은 이들을 지켜보다가 남한에는 오직 미군정만이 있을 뿐 어떠한 정부도 있을 수 없다고 선언하고, 한국인들이 자의적으로 만든 인민공화국을 부인하고 단속하기 시작했다. 10월 10일, 군정장관 아놀드A. Arnold 소장은 북위 38도 이남의 조선에 2개의 정부가 있을 수 없으며 인민공화국을 비합법적인 것으로 규정한다고 분명하게 밝혔다.

6 | 미군정과 한민당

하지 중장은 1945년 9월 12일 군정장관에 아놀드 소장을, 경무국장에는 미군 헌병사령관 슈익E. Shick 준장을 임명했다.

미군정은 9월 14일 총독부 국장들을 해임했으나 행정고문으로 남게 했다. 그리고 이 날짜의 군정장관 성명을 통해 조선총독부에 근무하는 한국인, 일본인 관리 및 경찰관은 계속 근무할 것을 명령했다.

9월 17일에는 부군정장관에 해당하는 정무총감에 찰스 해리스Charles Harris 준장을 임명하는 등, 각 국장을 임명했다. 미군정이 임명한 109명의 장교는 대부분 오키나와와 마닐라를 출발하기 전에 한국의 지리, 정치에 관한 간단한 브리핑을 들었을 뿐이고 각자의 임무에 대해서는 아무런 훈령이나 지시도 받지 못한 상태였다. 이 군정장교 중에는 단 한 사람도 조선어를 말할 수 있는 사람이 없었다. 미군정당국은 9월 19일에 이르러 비로소 조선총독부를 미군정청으로 개칭하는 조처를 취했다.(14)

군정장관 아놀드 소장은 10월 5일 11명의 고문단을 임명했다. 이들은 경제적으로 비교적 부유했고 외국 유학으로 특히 영어를 해독할 수 있었다. 그리고 기독교 신자라는 점 등의 공통점을 가지고 있었다. 이들 고문단을 선정한 목적은 미군정에 대한 충고나 전언 외에 한국인들의 의식 속에 한국인들이 군정활동에 직접 참가하기 시작했다는 느낌을 심어주는 데 있었다.

이들의 명단은 다음과 같다.

김성수(보성전문 교장), 전용순(목사, 실업가), 김동원(목사, 실업가), 이용설(세브란스 교수), 오영수(은행가), 송진우(동아일보 사장), 김용무(변호사), 강병순(변호사), 윤기익(목사, 광업가), 여운형(건준), 조만식(조선민주당) 등이다. 이들 중 여운형, 조만식 등을 제외한 6명이 한민당계열이었다.(15)

한국에서 선교사의 아들로 태어나 한민당에 밀착해 있던 하지 중장의 고문 윌리엄스George Williams 대령은 10월 17일 한민당사를 방문하여 수석총무 송진우와 원세훈, 조병옥을 만난 자리에서 군정청 경찰부장을 추천해 달라고 부탁했다. 송진우는 조병옥을 추천했고 그는 경찰부장에 취임하게 되었다.(16)

군정청의 인사행정처장에는 미국 유학을 마치고 돌아온 정일형鄭一亨이 임명되었다. 정일형은 한민당 창당 시부터 활약하던 인물로 그 후 충청남도 도지사도 지냈다.

중앙의 중요정책을 담당하는 관직에 한민당계가 대거 진출했을 뿐 아니라 지방에도, 군 경찰행정의 고위직에도 한민당계 인사들이 많이 진출했다. 예를 들면, 충청남도 도지사 박종만, 경기도 도지사 구자옥, 경상북도 도지사 최희송, 경상남도 도지사 김병규, 경북 내무국장 허억, 대구시장 이경희, 광주시장 서민호 등이다.(17)

미군정 2기에 들어오자, 미군정은 한국인들을 각부 부장으로 임명하여 점차 미군정의 한국화라는 성격을 보여주기 시작했다. 이들 대부분의 인사는 미국에서 유학을 했거나 그곳에 거주했거나 하여 영어를 구사할 줄 아는 사람들이었다. 그리고 이들 중 대다수가 기독교 신자였다. 군정에 의해 부장으로 임명된 인사들은 다음과 같다.

오정수, 유억겸, 이훈구, 조병옥, 윤호병, 김병로, 이종학, 이용설, 길원봉, 문장욱, 이철원, 지용은, 정일형, 유동열, 권갑중, 민희식 등이다.(18)

미군은 한국인 통역의 많은 자문을 받았고 모든 행정은 통역을 통해 이루어졌기 때문에 통역정치라는 말이 나올 정도였다. 미군정 통역을 맡았던 인사들은 대체로 부유한 집안에서 태어나 미국과 유럽에 유학했던 경험이 있었다. 대표적인 예가 1945년 11월 8일자로 관방정보과 과장보로 임명된 이묘묵李卯默의 경우다. 그는 뉴욕 주 시러큐스대학을 졸업하고 돌아와 연희전문 교수로 있었던 인물로 영어에 능통할 뿐 아니라 자질도 갖추었다. 하지는 그를 전적으로 신임하여 통역 겸 고문역을 맡겼으며 국내 정치에 관한 한 그의 평가에 많이 의존했다.(19)

하지의 정치고문들의 성향은 일률적으로 말하기 어렵다. 물론 반反소련, 반反공산주의라는 기본 입장은 모두에게 공통되었으나 이 목표를 관철하는 방법에는 약간씩 생각이 달랐다.

랭던Langdon이나 번스James Byrnes는 일정한 사회경제적 개혁을 통해서 이 목표를 달성할 수 있다고 생각했고 중간파에 대해 우호적이었다. 나머지 인물들은 대체로 완강한 반공주의자들이었다. 그 중에서도 굿펠로우Preston Goodfellow가 가장 극우적 성격이 강했고 노골적인 이승만 지지자였다. 제이콥스Joseph Jacobs나 데이어Charles Thayer는 기본적으로 우익지향이었으나 남한 내에서 미국의 이해관계를 받쳐줄 수 있다면 어떤 인물을 지도자로 내세워도 상관없다는 입장이었다.

주한 미군사령관 하지는 미군정 내 다른 군인들과 마찬가지로 격렬한 반소련, 반공주의의 소유자였지만 그의 태도는 이중적이었다. 그는 심정적으로는 반소, 반공을 선호했음에도 불구하고 현실 속에서 중립적인 관리책임을 담당해야 했던 사정이 있었으므로 애매모호한 태도를 취하게 되었다.(20)

7 | 소련군의 북한 진주

1945년 8월 8일 밤 12시, 소련은 일본에 대해 선전포고를 했다. 소련 극동군 158만 명은 전투명령을 받자, 총사령관 바시레프스키 원수 지휘하에 만주에 있던 관동군 70만 병력을 동·서·북 3방에서 포위했다. 막강한 군사력을 자랑하던 관동군은 소련군에게 힘없이 무너져 별 저항도 해보지 못하고 섬멸당하고 말았다.

소련 극동군은 8월 9일에 한반도 북단으로 밀고 들어와, 8월 12일에는 경흥과 웅기(현 선봉) 그리고 청진항을 점령했다. 그리고 미군 측의 일반명령 제1호에 의해 38선의 분할선이 확정되자, 제25군 사령관 치스차코프 대장을 북조선 주둔 소련 점령군 사령관에 임명하고 북한 점령 임무를 담당하게 했다.

제25군의 본부대는 8월 26일 평양 진주를 마쳤다. 치스차코프 사령관은 26일 도착하여 평양의 철도 호텔에 점령군 사령부를 설치했다. 제25군의 4만 병력이 이 시점에 점령군으로 주둔하게 되었다.

평양에 입성한 치스차코프 대장은 전형적인 직업군인이었다. 그러나 그 밑에 정치위원으로 근무하는 레베데프Lebedev 소장은 정치공작과 정치교육을 맡고 있었다. 북한의 점령통치방침을 좌우하는 역할을 했다. 그는 당시 44세였다.

레베데프와 쌍벽을 이루는 위치에 있었던 사람이 제25군 민정사령관 로마넨코Romanenko 소장이었다. 소련은 미군과 달리 간접통치방식을 취하고 소련군정청을 두지 않았다. 그러나 사령부 안에 민정관리총국을 설치하여 사실상 군정청의 역할을 하게 했다. 로마넨코는 군의 정보조직에서 풍부한 경험을 쌓은 정치공작원이었다. 연해주 방면에서 오랫동안 근무하여 이 지역 사정에도 밝고 정치모략의 전문가로 정평이 나 있었다.

치스차코프 사령관과 레베데프 정치위원 그리고 로마넨코 민정사령관을 직접 지휘한 상급자는 스티코프 상장(중장 상당)이었다. 스티코프 상장은 북한에서는 소련 정부 파견의 총독이었다.

그런데 스티코프Terenty Shtykov는 본래 군인이 아니고 당 관료 출신이다. 그는 스탈린이 30년대 대숙청을 단행한 후에 발탁되어 레닌그라드 시당의 제2서기로 출발했다. 당시 레닌그라드 시당의 제1서기이고 중앙당 정치국위원을 겸한 즈다노프Zhdanov가 후견인이 되어 스티코프를 뒷받침해 주었다. 당시 스티코프는 38세로 김일성보다 다섯 살이 많았다.(21)

8 | 스탈린이 만든 북한 지도자 김일성

1945년 8월 하순, 소련 극동군사령관 바실레프스키Vasil Leveski 원수 앞으로 스탈린의 긴급지령이 도착했다. 북한을 소련의 지시대로 주도할 한국인 지도자를 긴급 선발하여 추천하라는 내용이었다. 총사령부는 국가보안인민위원부의 극동지부와 협의하여 극동군 88특별여단 소속의 김일성 대위를 추천했다. 조선공산당운동의 역사와 현상에 대해서는 어둡고 조선인 공산주의 지도자들과도 면식은 없지만 잘 훈련된 소련 극동군장교로서 그가 최적이라고 판단한 것이다.

스탈린은 즉각 김일성을 면접하고 싶으니 모스크바로 보내라는 긴급명령을 내렸다. 김일성은 군용기에 탑승하여 스탈린의 별장으로 직행했다. 스탈린과의 면접은 식사시간을 포함하여 4시간 동안 이어졌다. 김일성은 긴장한 나머지 굳은 자세로 "네, 네" 하고 대답만 되풀이할 뿐이었다.

스탈린은 면접 결과에 대해 만족하고 김일성을 보내는 동시에 바실레프스키 원수에게 극비지령을 보냈다. "김일성은 주목할만한 인물이다. 즉각 북한으로 보내라. 소련 극동군은 그를 전면적으로 지원하라"는 내용이었다.[22]

평양에 주둔하고 있던 소련군 고위 정치장교들은 이러한 사실을 전혀 알지 못했고 장차 북한을 이끌고 갈 지도자를 낙점하지 못해 연일 머리를 맞대고 고민을 했다. 따라서 이들은 직감대로 일을 처리하게 되었다.

이들은 우선 조선의 인민들로부터 절대적 추앙을 받고 있던 조만식曺晩植(62세)을 막연하게 최고지도자 후보로 염두에 두고 있었다. 사령부 지도부는

북한 정권 창출의 주역 소 군정 정치사령관 레베데프
소장과 그의 부인(장군의 70회 생일기념사진)

시간이 흐를수록 조만식이 광범위한 인민의 지지기반을 확보하고 있음을 확인하게 되었다.

일제시대 때 공산주의 운동을 하던 중 투옥되었다가 해방 후 석방된 박웨라(박정애의 소련이름), 김용범(박정애의 남편), 현준혁, 최아립 등은 사령부에 올 때마다 조만식과 함께 왔다. 그들은 조만식을 평남 인민위원장이라고 소개했다.

평양에 있는 사령부가 조만식과 깊은 대화를 하고 있다는 정보가 첩보국을 통해 모스크바 최고사령관에게 알려졌고 즉시 모스크바 사령부로부터 "조만식과는 적당한 선을 유지하고 활용하라"는 질책 섞인 지령을 받았다.

9월 초순 하바로브스크의 소련군 극동사령부 제7호 정치국에서 근무하던 정치공작의 베테랑 메크레르 중령이 급거 평양에 들어왔고 그가 사령부를 찾아와 파견근무를 신고했다.

레베데프 소장은 메크레르 중령이 하바로브스크에서 김일성, 김책 등 조선인 출신 장교들의 지도역량과 성분을 조사하고 면접한 사실이 있었다는 보고를 받고 있었고 이러한 움직임은 모스크바와 극동사령부가 북조선의 지도자 후보를 이미 선정하고 있음을 암시했다.

1994년 소련군에서 은퇴하여 자택에서 평안한 여생을 보내는 레베데프 소장을 중앙일보 취재팀이 찾아가 인터뷰했고 그는 당시 상황을 다음과 같이 밝혔다.

> 아니나 다를까 2~3일 후 모스크바로부터 지령이 떨어졌다. '며칠 후 수송선편으로 원산에 조선인 부대가 도착할 것이니 그들을 열차편으로 안전하게 평양으로 수송하라' 는 내용이었다. 9월 22일경이었던 것으로 기억된다.
> 그 후 소련군 대위 계급장을 단 장교가 내 방으로 찾아왔다. 그는 소련군 제복에 채양 없는 전투모를 착용하고 병사용 군화를 신고 있었다. 그리고 가슴에 적기 훈장을 달고 있었다. 그는 약간 서투른 소련말로 자신이 김일성이고 88정찰여단에 근무하고 있다고 신고했다. 그는 이어 88여단에 들어가기 전까지 한만 국경지대에서 빨치산 활동을 했었다고 말했다.
> 순간 이 장교가 모스크바에서 낙점한 지도자 후보라는 인상을 받았다. 약간 깡마른 몸매에 훤칠한 키, 남자답게 생긴 풍채 등이 조선 사람 치고는 잘생긴 청년이라고 생각했다.
> 김일성이 방문을 나서는 순간 극동사령부의 스티코프 중장으로부터 암호전문이 들어왔다. 김일성을 당분간 인민들에게 노출시키지 말고 물밑에서 은밀히 정치훈련을 시키라는 내용이었다.

나의 감은 적중했다. 김일성을 민족의 영웅으로 만드는 작전에 들어갔다. 특수선동부장 코비첸코에게 김일성의 군복을 사복으로 갈아입히고 가슴에 달고 있는 적기훈장도 떼어내라고 지시했다. 일부 북조선 인민들의 반소감정을 고려해서였다.

사령부 첩보국과 특수선동부는 김일성의 출생지에서부터 가족사항, 학력, 성분, 중국공산당 입당과 활동사항, 빨치산 운동 등 그에 대한 일체의 신상조사를 끝냈다. 우리는 그의 본명이 김성주金成柱이며 만주지방에서 항일 빨치산운동을 벌인 것은 사실이라는 점은 알아냈지만 대규모로 혁혁한 공을 세웠는지에 대해서는 정확한 근거를 찾지 못했다.

그리고 진짜 항일 빨치산운동에 공을 세운 또 다른 김일성 장군이 있다는 풍문이 조선 인민들 사이에 널리 퍼졌고 조선 인민들은 해방된 조국에 그 장군이 개선하기를 기다리고 있다는 사실을 알게 되었다. 두뇌 회전이 빠른 정치사령부의 젊은 장교들은 바로 여기서 미래의 수령 만들기 작전을 찾아야 한다고 지도부에 건의했다. 이 아이디어는 핵심지도부를 놀라게 했다. 훗날 북조선 건설의 총지휘자가 된 스티코프 장군도 이 아이디어에 칭찬을 아끼지 않았다.

우리 붉은 군대는 김일성을 조선 인민들 속에서 전설의 영웅으로 불리던 김일성 장군으로 둔갑시켜 북조선의 위대한 수령의 계단에 오르게 했다.(23)

　김일성을 북한의 지도자로 만드는 이 작업의 총책임자는 스티코프 중장이었고 그의 지휘 아래 제25군 군사위원 레베데프 소장, 특수선동부장 코브젠코 중좌, 로마넨코 민정담당 육군소장, 그의 정치담당 보좌관 이그나치예프 대좌, 첩보국 책임자 아노힌 육군소장, 극동사령부 7호 정치국 정치담당관 메크레르 중좌 등이 특명을 수행했다.

이 과정에서 우리는 소련군정이 주관했던 조선신문과 라디오평양 등 선전매체를 동원했고 소련학자 박일朴—을 김일성대학 부총장으로 앉혀 김일성에게 마르크스 - 레닌주의를 가르치도록 했다.

솔직히 말하면 우리는 김일성을 지도자로 내세우고 한반도에 민주기지를 창설하라는 특명수행을 위해 때로는 거칠게, 양심의 가책도 없이 철면피하게, 거의 무에서 지도자 김일성을 창조해내기 시작했다.

지금 생각하면 당시 조선에는 김일성보다 몇 배 훌륭한 지도자 후보가 많았다. 고집쟁이 영감 조만식이 그렇고 공산주의 이론가 박헌영, 이강국, 김두봉 등도 위대한 지도자 후보로 손색이 없는 인물들이었다.

많은 세월이 지난 현재 인간적으로 조만식에게는 씻을 수 없는 죄책감을, 박헌영에게는 같은 공산주의자면서도 의리를 배신했던 점에 대해 미안함을 느낀다.(24)

레베데프는 이렇게 회상했다.

9 | 88여단 소련군 대위 김일성

1941년경부터 김일성이 참여하고 있던 88정찰여단은 하바로브스크에서 북동쪽으로 70킬로미터 떨어진 아무르 강에 가까운 브야츠코라는 촌에 주둔하고 있었다. 여단은 4개 대대로 나뉘어져 있었는데, 여단장은 중국인 주보중周保中, 부여단장은 중국인 이조린李兆麟이었고 참모장은 러시아인 시린스키였다. 김일성은 제1대대의 대대장을 맡고 있었다.

여단 전체의 인원수는 200명 정도였다. 거의 다 중국인이었다. 따라서 일상적으로 중국어로 말하고 있었다. 조선인은 60명 정도로, 그 중 20명은 여성이었다. 모두 중국어를 잘했다. 조선계 소련인은 12명이 있었다. 조선말은 조선 사람끼리 있을 때만 했다.

대위였던 김일성은 통나무집으로 된 군관 사택에서 유격대 동지인 김정숙金正淑과 결혼하여 살고 있었다.

이들의 일과는 타이트하게 짜여 있었다. 아침 6시에 기상하여 밤 10시에 취침할 때까지 전술, 행군, 체육, 대열훈련, 그리고 낙하훈련과 스키훈련도 했다.

유성철俞成哲은 당시를 다음과 같이 회고했다.

그(김일성)와 만난 날을 잘 기억하고 있다. 다섯 평 정도의 대대장 사무실을 방문했다. 1943년 9월이었다. 그는 반가워하면서 악수를 청했다. 그리고 "동무, 조선말을 할 줄 아는가?" 하고 물었다. 내가 "할 줄 압니다" 하고 대답하니, "좋아. 그럼 내 통역을 맡아주시오"라고 말했다.

첫 인상은 몸이 야위고 매우 가냘픈 인상이었다. 이런 사람이 만주 유격전 투쟁에서 잘도 견디어 왔다고 생각했다. 지도자로서의 품위는 조금도 보이지 않았다. 이때 김일성이 31세였고 내가 26세였다.

김일성을 자애 깊은 사람처럼 선전하고 있는데, 나는 한 번도 그런 것을 느껴 본 일이 없다. 그뿐 아니라 그의 의사를 거역하면 끝까지 보복할 음험한 인간이란 것이 내가 느낀 그에 대한 인상이었다. 누구나 첫 인상은 좋다고 말한다. 그러나 속마음은 다르다. 확실히 그는 만주 유격시대에 부하가 많았는데, 그것도 그를 배반하면 죽임을 당한다는 생각 때문이었다.(25)

소련군 사령부는 1945년 10월 14일 평양에서 김일성을 환영하는 군중대회를 열고 만 33세의 젊은이를 민족의 영웅으로 등장시켰다.

인민들은 군중대회에 나가면서 이승만과 같은 백발의 애국자가 나올 것으로 기대했다. 그러나 전설적인 영웅이라고 여길 만한 점이 하나도 없는 30대의 젊은이가 나타났다.

당시 비공산주의계 지도자로서 연단에 함께 있었던 오용진은 김일성에 대한 사람들의 반응을 이렇게 묘사했다.

그는 체구에 비해 약간 작은 푸른색 양복을 입고 있었고 꼭 중국 웨이터처럼 머리를 쳤다. 사기꾼이다! 운동장에 모인 사람들은 마치 전기에 감전된 것처럼 역겨움과 실망, 불만과 분노를 느꼈다. 그러나 김일성은 대중들의 심리 변화는 안중에도 없었다. 그는 단조롭고 또박또박하면서도 오리처럼 꺽꺽 하는 목소리로 시종일관 소련 적군赤軍의 영웅적인 해방 투쟁을 찬양했다.(26)

10 | 조선공산당 북조선 분국 설치

1945년 10월 8일 평양에서 '북조선 5도 임시 인민위원회'가 조만식을 위원장으로 하여 창설되었다. 이 인민위원회는 10월 28일 '북조선 5도 행정국'으로 개편되고 그 수반에는 여전히 조만식이 선발되었다. 소련 점령군은 소련 주도하에 북한 단독 정권 수립을 위해 한 발 나선 것이다.

소련 점령군은 행정부뿐만 아니라 북한을 소비에트화하기 위해 혁명정당 창립을 추진하기 시작했다. 그러나 이것은 레닌의 1국 1당의 원칙에 위반되는 일이었다. 서울에서는 이미 박헌영이 조선공산당을 1945년 9월 11일에 재건하고 그 책임비서로 선출되었다. 북한에 있는 공산주의자들도 서울에 있는 공산당을 중앙당으로 인정하고 있었다.

소련 점령군 사령부는 서울 영사관을 통해 박헌영을 개성 부근의 소련군 38선 경비사령부로 비밀리에 불렀다. 〈중앙일보〉에 의하면 1945년 10월 8일 저녁이었다고 한다. 로마넨코 사령관이 7명의 부하와 함께 참석했다. 김일성은 이 회담에서 "서울은 제국주의자들에 의해 점령되고 있는 상황이지만 평양은 이미 해방되었다. 조선공산당 중앙은 평양에 설치하는 것이 당연하다"고 주장했다. 박헌영은 한반도의 중심은 서울이고 현재도 그렇기 때문에 조선공산당 중앙은 서울에 두어야 한다"고 맞섰다. 회담은 평행선을 달리다가 소련 측이 양보하여 서울의 조선공산당을 중앙으로 인정하고 평양에는 조선공산당 북조선 분국을 두는 타협안으로 결말을 보았다.

이리하여 1945년 10월 10일부터 13일까지 평양에서 '조선공산당 서북 5

1948년 9월 9일 북한 정권 수립 경축대회가 열리기 일주일 전인 9월 2일 최고인민회의 제1차 회의에서 김일성은 수상에 선출되었다. 사진은 1946년 2월 임시 인민위원회 성립 경축대회. 북한도 정부 수립 전까지는 태극기를 국기로 사용했다.

도 책임자 및 열성자 대회'가 열렸다. 계속하여 10월 13일, 조선공산당 북조선 분국이 설립되었다.

조선공산당 북조선 분국의 책임서기에는 국내파 김용범金鎔範이, 제2서기에는 국내파 오기섭吳淇燮과 아직 귀국하지 않은 연안파의 김무정金武亭이 선출되었다. 이 시점에서 김일성은 아직 분국의 대세를 장악하지 못한 것을 알 수 있다.

행정부와 당의 북한만을 단위로 한 단일 중앙조직의 구성이 완료되자, 소련 점령군사령부는 10월 14일 평양공설운동장에서 소련군과 김일성을 환영하는 대중 집회를 연 것이었다. 소련군 소령의 견장을 달고 가슴에는 소련군 훈장을 단 33세의 청년이 민족의 영웅, 김일성 장군으로 처음 민중 앞에 등장한 것이다.

46

11 | 김일성에 밀린 박헌영

당시 공산당 조직이 가장 치열했던 함흥·흥남 지구는 박헌영계인 오기섭, 정달현, 이봉수, 주영하 등이 장악했고 원산 지구당은 이주하李舟河가 맡았다. 청진은 김채룡이 중심이 되고 평양은 현준혁玄俊赫을 중심으로 한 인텔리 분자들이, 신의주에서는 백용구, 김재갑, 김인직 등과 박헌영이 파견한 박균이 합동으로, 해주에서는 김덕영, 송봉욱 등이 각각 조직을 맡고 있었다.

이렇게 박헌영 휘하의 공산주의자들이 각각 지방별로 조직에 열을 올리고 있을 때, 김일성을 중심으로 한 소련파와 그리고 이어서 김두봉, 한빈, 최창익 등을 중심으로 한 연안파가 들어왔다. 이들은 모두 소련 공산당원이거나 중국 공산당원이었다. 그리고 국내 기반이 없다는 공통점이 있었다.(27)

김일성이 자신의 조직으로 대치하기 위해 함남의 오기섭을 평양으로 소환하고 그의 조직을 빼앗았다. 그러나 평양에 소환당한 오기섭은 한 나라에 두 개의 공산당이 있을 수 없다고 버티며 북의 공산주의자들도 모두 박헌영의 조선공산당 산하에 있어야 하고 북조선은 서울에 본부를 둔 당의 지방조직으로 남아야 한다고 주장했다.

특히 이주하(당시 북 강원도당 책임자이며 원산시 당위원장)는 김일성의 평양소환 지시를 거부하고 "품격 없는 자와는 같이 일할 수 없다"면서 김일성에 정면 도전했다. 그리고 12월 초 모든 것을 버리고 38선을 넘어 서울로 오고 말았다.(28)

당시 관서지방의 중심인물이었던 현준혁은 공산당을 조직하면서도 다른 한편으로는 민족파와 합작하여 평안남도의 건준 및 임시정치위원회 등 정권 조직에도 힘을 기울였다. 그는 민족주의자와의 합작에 있어서 조만식을 항상 지도자로 내세웠고 자신은 그 밑에서 부책을 담당했다.

김일성의 라이벌은 연안파의 김두봉, 최창익도 아니었고 소련파의 허가이 許哥而도 아니었다. 자기보다 우월한 투쟁경력과 실력과 신망을 가졌을 뿐 아니라 남로당이라는 큰 조직을 가지고 있는 박헌영이었다. 김일성은 박헌영에 대해 늘 위협당하는 것 같은 압박감과 열등감을 갖고 있었다.

박헌영은 1900년 5월 1일 충남 예산군 신양면에서 태어났다. 그는 1919년 3월 25일 경기고보를 졸업할 예정이었으나 3·1운동에 가담하여 피신하는 몸이 되었다. 그 후 상하이로 망명하여 공산주의자가 된 후 귀국하여 1925년 공산당 창당에 참여, 1926년에 경찰에 체포되었고 다음 해에 석방되었다. 박헌영은 동아일보와 조선일보 기자생활을 했고 1933년에 다시 체포되어 1939년까지 6년간 옥살이를 했다. 그는 출옥한 후 광주 벽돌공장에서 인부로 가장하여 피신하고 있다가 해방을 맞이했다.(29)

박헌영은 대담하게도 김일성과 소련 점령군의 한반도정책을 비판하는 서신을 소련의 국가보안성 극동지부에 보냈다. 그것은 김일성과 소련 점령군이 국내파 공산주의자를 배격하고 김일성 빨치산부대를 중심으로 한반도의 공산주의화를 추진하는 과정에서 많은 과오를 범하고 있다는 내용이었다. 스탈린은 이 보고를 받고 박헌영의 비판에는 수긍할 만한 점도 있다고 생각했다.

스탈린은 1946년 7월 초 김일성과 박헌영 두 사람을 모스크바로 불렀다. 소련 극동군 제1방면사령관 메르레치코프 원수가 군용기로 하바로브스크로부터 평양에 도착했다. 그는 로마넨코 민정사령관과 함께 두 사람을 데리고 크렘린으로 가게 되었다고 말했다. 박헌영은 서울주재 소련영사관 부영사 샤브신과 함께 비밀리에 평양에 와 있었다.

크렘린에는 스티코프가 벌써 와 있었다. 스탈린은 김일성과 박헌영에게 한반도 전반적인 정세, 남한의 정세, 북한의 정세 등에 대해 상세하게 질문했다. 두 사람의 대답이 끝나자, 스탈린은 김일성에게는 이것저것 지시를 하고 박헌영에게는 남한의 어려운 상황에서 투쟁하느라 고생이 많았다고 위로했다. 스티코프와 로마넨코는 스탈린이 김일성을 북한의 최고지도자로서 최종적으로 재가한 것으로 생각했다. 결정적인 시점에서 스탈린은 다시 한 번 김일성을 확실하게 지원한 것이다.(30)

　서울로 돌아온 박헌영은 동지들을 소집했다. 모두 자리에 앉은 후에 박헌영은 다시 쓸쓸하게 미소 지으며 그들을 한 사람씩 둘러보았다. 무거운 침묵이 흐른 뒤, 비장하게 말을 꺼냈다. 최근 소련에 다녀온 얘기였다. 스탈린 대원수를 만났다며 이는 동지들만 알고 있으라고 했다.

　모두가 긴장했다. 박헌영은 "스탈린 동지가 김일성 동지의 북조선 인민위원회 활동과 남조선 혁명가들의 혁명투쟁을 둘 다 높이 평가했다"고 말했다. 잠시 말을 끊었던 박헌영이 긴 한숨을 쉬며 침울하게 덧붙였다. "소련군이 김일성 동지를 적극 후원하고 있소. 앞으로 조직사업이나 선전사업 등 당 활동의 모든 부문에서 만에 하나라도 김일성 동지를 자극하지 말기를 바라오."

　참석자 모두가 충격을 받아 한동안 무서우리만큼 정적이 흘렀다. 잠시 후 "도대체 누가 누구 마음대로 조선혁명의 최고지도자를 결정하는가?" 하며 모두 분노에 휩싸였다. 참석자를 대표하듯 김삼룡이 무겁게 입을 열었다. "우리는 그렇게 할 수 없습니다. 조선혁명을 일궈갈 주체는 바로 우리 조선 인민입니다. 조선 인민만이 당의 영도자를 선출할 수 있습니다." 박헌영은 눈을 감은 채 더 이상 아무 말도 없었다.(31)

　소련 육군대학 입학을 위해 월북 길에 해주에 들러 평양으로 간 이현상李鉉相이 다시 돌아왔다. 표정이 아주 어두웠다. 까닭을 물어도 대답이 없던 이현상이 밤이 이슥한 뒤 술상을 받고 한잔을 기울이고서야 말을 꺼내기 시작했다.

30여 명이 평양으로 모여 육군대학 입학을 위한 합숙훈련을 하는 과정에서 북로당 간부부장 이상조李相朝가 몇 사람을 집으로 초대해 주연을 베푸는 자리에서였다. 술이 몇 잔 돌았을 때, 누가 조선 인민의 지도자냐를 놓고 벌어진 사소한 갈등이 사태의 발단이었다.

이상조와 김창만은 "조선의 현재 정치중심지는 평양이며 김일성 장군이 최고지도자"라고 주장했다. 이에 이현상이 김일성은 조선 인민들과 떨어져 중국공산당에 입당해 투쟁한 경력밖에 없다는 것을 강조했다. 이현상이 더 나아가 지난 1925년 조선공산당 건설 이후 지금까지 조선 안에서 조선 인민과 더불어 투쟁한 박헌영이야말로 최고지도자라고 역설했을 때 술상이 뒤엎어졌다.

이 사실이 김일성에게는 물론 평양에 파다하게 퍼졌고 박헌영도 크게 화를 냈다고 한다. 이어 이현상은 자신의 소련 육군대학 입학이 취소되었다고 말하면서 차라리 잘된 일이라며 웃었다.(32)

그 후, 이현상은 북으로 가지 않고 한국전쟁 때 지리산으로 잠입하여 빨치산 남부군을 지휘하며 저항하다가 사망한 것은 너무나 유명한 이야기다.

박갑동은 처음 박헌영을 만났을 때의 인상을 다음과 같이 말했다.

> 내가 처음 박헌영을 본 것은 1945년 9월 3일 당시 해방일보 사옥이었던 지금의 소공동 경향신문 건물 안에서였다. 당시 그와 처음 악수를 나누며 느낀 인상은 '표범과 같이 단단하고 민첩한 사람'이란 것이었다. 싸늘하게 웃는 풍이 범하기 어려운 대상 같았다. 솔직히 말해 나는 그와 접촉할 때까지 박헌영이라는 사람은 공산투쟁밖에 모르는 편협하고 무서운 사람인 줄만 알았다.
> 박헌영은 여운형과 같이 풍골이 뛰어나게 잘생긴 영웅 형은 아니며 또 순간적으로 대중을 감동시키는 웅변가도 아니고 초면의 사람을 한 번

만나 곧 자기편으로 만드는 그런 매력적인 힘을 갖고 있지도 않았다. 박헌영과 이야기를 나눠보면 그의 말은 대학교수의 강의와 같이 담담하며 직선적이었다. 그러나 그의 쏘는 듯한 안광과 단단한 입술에서 튀어나오는 한마디 한마디는 확고하고 꾸밈이 없는 듯했다.(33)

박헌영은 공산주의자로서는 드물게 제2차 세계대전서의 미국의 역할을 높이 평가했고 해방된 나라의 건설에서도 많은 기대를 갖고 있었다. 박헌영이 평양에 가면 거듭 반미투쟁을 강화하도록 강요당했으며 그때마다 박헌영은 "남한의 인민들이 보는 미국은 이북 측에서 보는 것과는 달리 침략자가 아니고 해방자라고 보는 사람들이 많기 때문에 너무 심한 반미투쟁을 전개하면 당은 고립되고 만다"고 주장했다.

미군정 반대운동을 극렬화하라는 지령이 떨어졌을 때도 그는 이 핑계 저 핑계로 미군정과의 충돌을 피하려고 노력했으며 자신의 입장이 몰려 곤란할 때일지라도 평양에 대해 언짢은 말을 하지 않았다. 자신은 물론 주위 사람들에게까지 평양에 대한 비난은 엄격히 금했다.(34)

제 2 장 이승만과 미군정

1 | 이승만의 귀국

　미군정청은 좌익세력이 중심이 되어있는 여운형의 인민공화국에 대항할 수 있는 강력한 리더십을 가진 우익 지도자가 필요했다. 국무부는 이승만이 완고하여 다루기 힘들다는 이유로 귀국을 불허하고 있었다. 그러나 미군정청은 정국을 전환하기 위해서는 이승만과 김구 등 임정요인들이 필요하다고 생각했다.

　이승만은 1945년 10월 16일 귀국했다. 그리고 김구 등 임정요인 1진은 11월 23일, 2진은 12월 2일 귀국했다. 하지 중장은 김구가 귀국하기 전에 '개인

이승만 귀국환영회

자격으로 귀국하며 귀국 후에 정부로서 행세하지 않는다'는 서약을 받았다.

이승만이 귀국하자 국내의 좌·우, 모든 세력은 그의 귀국을 환영했다. 인민공화국은 "위대한 지도자에게 충성의 감사와 만강의 환영을 바친다"고 환영담화를 발표했다. 그리고 하지 중장은 환영연설에서 그를 '한국의 영웅'으로 치켜세웠다.

그레고리 헨더슨은 그의 저서 《소용돌이의 한국정치》에서 이승만을 다음과 같이 묘사했다.

> 그는 1945년 조국에 첫발을 내디딘 순간부터 이미 일종의 '위기를 극복하기 위해 신이 내려주신 인물'이 되었다. 그의 항일 전력은 반론의 여지가 없을 정도로 빛나는 것이었다. 여운형의 항일 전력마저도 이승만에는 미치지 못하는 것으로 회자되었다. 1순위에 드는 애국자들 가운데서 항일 기록의 일관성과 강경성 면에서 이승만에 필적할 수 있는 사람은 김구뿐인데 김구, 김규식, 여운형 등은 이승만보다 연하였다.
> 또한 외국인들을 다루는 방법 내지 외교라고 하는 어려운 기술의 숙달 면에서도 그를 앞설 만한 사람이 없었다. 그의 민족적, 정신적 통일론이나 복잡한 지성적 고뇌를 가지지 않은 애국주의에서 나오는 단순명쾌한 신념은 지식인이나 좌파 반대그룹들을 제외한 모든 사람의 지지를 받았다.(1)

이승만은 귀국하면서 첫 연설에서 "우리 민족은 뭉치면 살고 헤어지면 죽는다"고 열변을 토하고 해방 후 국내에서 우후죽순처럼 난립한 수많은 정당은 대동단결해야 한다고 주장했다. 그리고 그것이 미군정청이 이승만에게 요구한 사항이었고 이승만 자신도 그것이 자신에게 부여된 임무라고 생각했다.

이승만은 10월 23일 한민당, 국민당, 건국동맹, 조선공산당 등 좌·우익을 망라한 50여 정당 및 시민단체 대표 200여 명이 참석한 가운데 '독립촉성중앙협의회'를 결성했다. 말이 50여 정당이지 사실은 조선공산당의 박헌영과 협력할 수 있는가가 이승만이 추구하는 가장 핵심적인 정치적 쟁점이었다.

이승만 박사는 10월 29일 조선공산당 대표 박헌영과 돈암장에서 회담을 가졌다. 이 자리에서 그는 "귀당에서 독립촉성중앙협의회(이하 '독촉')를 3천만의 총의를 모아서 통일된 기관으로 시인하고 여기에 같이 힘을 합해 나가 줄 수 있겠는가?" 하고 물었다.

박헌영은 이에 대해 "그 원칙에는 찬성합니다. 그러나 통일을 덮어놓고 하지는 못합니다. 거기에는 반드시 원칙을 내세워 하지 않으면 안 됩니다"라고 답하면서 민족반역자, 친일파의 처단을 요구했다.

이 박사는 "성스러운 건국 사업에 친일파를 제외하자는 원칙은 시인하지만 그러나 지금은 바쁜 때이니 그들을 처단할 수 없지 않은가?"라고 말했다. 그러자 박헌영은 "우리도 지금 처단하자는 것이 아닙니다. 협의회에서 친일파만 제외하면 우리들은 얼마든지 이 선생과 손을 잡겠습니다"라고 대답했다.

그 후 11월 중순쯤 박헌영이 이강국, 이현상 등과 같이 돈암장을 방문했다. 이 자리에서 이 박사는 "박 동지, 당신 하자는 대로 할 터이니 석 달만이라도 합작을 해서 민족의 단결을 과시해 봅시다. 정부가 서기만 하면 화적당을 해도 좋고"라면서 눈물을 글썽이며 권유했다. 박헌영은 "인민공화국(이하 '인공') 주석에 취임해 주십시오. 민심이 인공을 지지하고 있습니다"라고 계속 고집하여 양측의 의견접근을 보지 못한 채 서로 다시 생각하기로 하고 새벽 2시쯤 돌아갔다.

그로부터 보름쯤 지나 이번에는 김철수의 주선으로 다시 만나게 되었다. 독촉의 전형위원인 백남훈, 안재홍, 정로식, 장덕수, 손재기 등이 있는 방으로 박헌영을 안내하여 들어갔다. 잠시 후에 이 박사가 임영신의 안내를 받으며 들어섰다.

어색한 분위기 속에서 몇 마디 주고받는 듯하더니, 갑자기 박헌영이 이 박사더러 "당신은 미 제국주의 앞잡이가 아니오"라며 비난했다. 그리고 김철수를 돌아보며 "반동분자들이 모이는데 안 나오려고 했는데 그만 갑시다"라고 소리쳤다. 그 자리에 있던 모두의 얼굴이 순간적으로 놀란 표정이 되었다.

박헌영이 나가자, 이승만 박사는 불쾌한 표정으로 얼굴에 경련을 일으키고 더듬거리며 "여러분이 알아서 결정하면 나 같은 늙은이는 따라갈 겁니다"라고 말했다. 이 박사는 임영신의 부축을 받으며 거실로 들어갔다.(2)

박헌영이 이승만을 만나 표면상 합작에 성의를 보이는 체했던 것은 하나의 명분 때문이었으며 합작의 구체적 조건은 이승만의 인공 주석 취임문제 이외에 독촉의 상임위원 자리의 배분 때문이었다고 김철수는 후에 말했다. 결국 조선공산당은 12월 5일 독촉과의 결별을 선언했다.

2 | 신탁통치안이 던진 파문

1945년 12월 28일 모스크바에서 열린 미국, 영국, 소련, 3개국 외상회의가 한반도에 대한 신탁통치에 합의하자, 한국민은 모두 경악했고 국내정치세력 간에 격렬한 대립이 일어났다. 좌·우익을 막론하고 모든 정파는 신탁통치 결정에 즉각 반발하고 나섰다.

이 소식을 전해 듣고 한국인은 해방의 실체를 제대로 파악하기 시작했고 해방이 반드시 즉시 독립을 의미하지는 않는다는 사실을 깨달았다. 그리고 완전한 독립을 쟁취하기 위한 투쟁이 강력히 전개되어야 한다고 생각했다.

당시 우리나라는 남·북한을 막론하고 정치지도자들과 국민 모두가 5년이 아니라 단 5개월이라 하더라도 신탁통치는 허용할 수 없다는 강력한 결의를 다지고 있었다.

1945년 12월 28일 밤, 각 정당과 사회단체 대표들이 경교장(김구의 저택)에서 반탁운동 방법론을 논의했다. 이들 대표 중에서는 흥분해서 미군정을 엎어버리고 임정이 독립을 선포, 통치권을 행사해야 한다고 격앙된 말을 하기도 했다. 모두 울분과 분노로 흥분만 할 뿐 반탁 방법에 관해서는 차근차근하게 말하는 사람이 없었다.

밤 12시쯤 송진우가 김준연, 장택상을 대동하고 경교장 회의실에 들어왔다. 송진우는 흥분한 대표들에게 "내가 지금 하지 중장을 만나고 오는 길인데, 신탁통치라는 것이 여러분이 흥분해서 생각하는 것만큼 그렇게 우려할 만한 것이 아닙니다. 반탁을 하되 미군정을 적으로 돌려서는 안 됩니다. 다

1946년 1월 3일 서울운동장에서 열린 좌익 측의 찬탁대회(상)
'신탁통치 절대 반대' 시위를 벌이는 시민들(하)

시 한 번 여유를 가지고 냉정히 생각해 보십시다"라고 말하자 여기저기서 "집어치워라"라고 하며 세찬 반발을 일으켰다.(3)

그리고 이틀 뒤인 30일 오전 6시, 송진우는 담장을 넘어온 흉한이 쏜 흉탄 여섯 발을 맞고 56세의 나이로 사망했다.

송진우가 피살되었을 당시, 우익 언론들은 이를 좌익의 소행으로 교묘하게 몰고 갔으나 미군정 내부에서는 이를 김구가 지시한 것으로 생각했다.

임정의 반탁지시로 반탁운동의 열기가 일어 전국적으로 확산되어 갔다. 신탁통치 반대 국민궐기대회가 방방곡곡에서 개최되었으며 거리에는 벽보가 나붙고 시위행렬이 물결쳤다.

모든 상인들은 철시를 했고 전차까지 운행을 중단했다. 군정청 내 한국인 관리들도 12월 29일 이후 계속 결근을 하면서 총사퇴도 불사할 태세였고 서울시내의 8개 경찰서장이 총사퇴를 표명하여 군정이 마비될 상태에 이르렀다. 심지어 하지 장군의 전속 요리사까지 출근하지 않아 하지 중장은 자기 숙소에서 식사조차 못할 형편이라는 소문이 나돌았다.(4)

전국이 반탁시위로 열기가 고조된 가운데, 좌익이 1946년 1월 2일 소련의 지령에 의해 신탁통치 찬성으로 그들의 태도를 갑작스럽게 바꾸자 새로운 혼란이 일어났다. 이후 좌·우익은 각기 신탁통치에 대한 자신의 입장을 옹호하는 논리를 전개하면서 격렬하게 대립했고 마침내 이들의 대립은 감정싸움으로까지 비화되었다.

이처럼 해방정국이 신탁통치 논쟁으로 인해 혼미를 거듭하자 누구보다도 가장 곤혹스러운 입장에 놓이게 된 것은 바로 미군정이었다.

하지는 만약 한국에서 신탁통치 실시를 강행하려고 할 경우 물리적인 저항에 부딪힐 것이므로 이에 강력히 반대한다는 종래의 입장을 되풀이하면서 현실에 기초한 정책을 입안해 줄 것을 본국 정부에 호소했다.

그러나 번즈 국무장관은 하지의 요구를 묵살하고 모스크바 협정에 대한 미국의 태도에는 변화가 없다는 뜻을 전해 왔다. 결국 이 문제의 해결은 하지 개인이 처리할 수 있는 영역의 한계를 벗어나는 것으로, 전반적인 미국의 대한정책의 변화없이는 불가능했다. 따라서 하지는 본국 정부의 대한정책이 바뀔 때까지 이 문제로 인해 어려움을 겪어야만 했고 이것은 바로 미소공위에서 현실로 나타났다.[5]

한국을 일정기간 신탁통치한 다음 독립시킨다는 안을 제안한 것은 루스벨트 대통령이었다. 루스벨트 대통령은 테헤란회담과 얄타회담을 통해 스탈린과 한국의 신탁통치안에 대해 협의했고 스탈린도 이에 동의했었다.

이 신탁안은 1942년 국무성의 직원 윌리엄 랭던이 "한국사람 대부분이 문맹이고 빈곤하여 정치적 경험이 없으므로 한국은 당분간 열강의 보호와 지도를 받아야한다"고 주장한 후 루스벨트 대통령이 이를 미국안案으로 확정했던 것이다.

전통적으로 미국이 한국에 대해 가지고 있는 전략적 가치란 미미한 것이었다. 그러나 마셜을 중심으로 한 미 군부에서는 한반도가 그 자체로서 중요한 것이 아니라 소련이 부산항을 장악하려고 하고 이를 기지로 삼아 다롄과 연계할 수 있다는 사실 때문에 반사적으로 한반도의 전략적 중요성을 인식하기 시작했다. 즉 미국으로서는 소련이 한반도에서 배타적 지배권을 행사하도록 좌시할 수 없었다. 미국이 한반도에서 지배권을 포기하는 것은 곧 한반도에서 소련의 우위를 인정하는 것을 의미한다는 점이 미국으로서는 딜레마였다.

이러한 문제들을 해결하기 위해 미국은 충분한 기간 동안 한국에 머무를 필요가 있었고 어차피 미국과 소련 중 단일 국가에 의한 배타적 지배가 불가능하다는 판단이 선 상황에서 그 최선의 답안은 신탁통치라는 이름 아래 소련과 미국이 한반도에서 공존하는 것이었다.[6]

우선 미국은 한반도에 대한 소련의 야심을 견제할 수 있는 방법으로 서방권(미·영·중)이 수적으로 우세한 4대국 신탁통치안을 구상한 것이다.

소련은 소련대로, 한반도에는 좌익세력 및 공산세력이 우익보다 우세하다고 판단하고 한반도에서 강대국의 영향력을 될 수 있는 대로 빨리 배제시키면 공산화한 한반도의 출현을 기대할 수 있다고 보았다. 여기서 소련은 강대국들의 영향력을 될 수 있는 대로 빨리 배제시킬 방법으로 신탁기간 중 임시정부의 수립을 실현하고 신탁통치의 기간을 가능한 한 단축시키려 했다. 소련은 한민족의 통일을 진정으로 원해서가 아니라 자신의 국가이익을 위해 표면적으로는 통일지향적인 모양을 갖춘 그런 안案을 내놓았다.(7)

소련안은 한반도 전체의 공산화를 유도하기 위한 통일전선전략에서 나온 것이 분명했다. 이렇게 볼 때 모스크바 결정을 받아들였다면 그것은 소련이 내다본 방향으로 한반도의 공산화 통일 또는 좌경화 통일이 이루어졌을 가능성이 컸다고 하겠다.

3 | 좌우합작의 대표 김규식과 여운형

신탁통치안에서 규정한 문제들을 협의하기 위해 미소공동위원회가 1946년 3월 20일부터 5월 8일까지 서울 덕수궁에서 회의를 가졌으나 아무런 실질적 합의를 보지 못했다. 모스크바 결정에 따른 임시정부 수립문제를 협의할 정당과 사회단체의 선정문제를 둘러싸고 양국의 이해가 일치하지 않았다.

1차 미소공위가 성과없이 무기한 연기되자, 미 국무성 점령지역 차관보 힐드링John H. Hildering은 이승만과 김구 등 극우세력과 박헌영 등 극좌세력을 제거한 가운데 제3의 통합 정치세력을 형성하라고 하지 중장에 지시했다. 이러한 지시에 의해 하지는 온건한 우파 김규식과 좌파 여운형의 좌우합작을 추진했다.

이로써 이승만과 하지의 밀월관계는 일단 중단되었다. 하지가 생각하기에 이승만은 소련과 공산당에 대해 너무 과격하여 그들과 협상을 하는 데 큰 걸림돌이 되어 있었고 공산당의 박헌영도 너무 극단적인 사상을 갖고 있다고 판단했다.

하지는 이승만의 고문 올리버를 한국으로 초빙했다. 1946년 6월 3일 그는 서울에 도착했다. 올리버는 다음날 하지 중장과 러치 군정장관과의 회합에 불려 나갔다. 다음은 올리버의 회고담이다.

그들은 모두 이 박사가 과대망상으로 거의 제정신이 아니라고 말했다. 사실상 하지 장군은 어떤 정신과 의사로 하여금 이 박사와 다소 은밀하

환영식을 끝내고 숙소로 함께 돌아가는 김규식, 서재필, 여운형(왼쪽부터). 좌우합작을 추진 중이던 김규식-여운형 노선에 힘을 싣기 위해 하지가 서재필을 초청했기 때문에 이들 세 명 각각이 지닌 학식, 상징성, 대중성 등이 하나가 되어 이승만에게 맞서게 된다.

게 면담을 가지도록 일을 진행시킨 바도 있었다.

그들은 이승만이 개인적으로 이야기를 나눌 때에는 매우 유쾌하고 좋은 사람이지만, 공식 회합에서는 아주 난폭한 사람이 되어 소련과 한국의 공산주의자들을 비난함으로써 자기들의 직무를 더욱 난처하게 하고 있다고 말했다.

하지는 이 박사가 군정에 쓸모있는 역할이 끝났다고 생각하며 자기는 이 박사를 공개적으로 비난함으로써 그를 망신시켜야 할는지도 모르겠다고 말했다.(8)

좌우합작이 본격화될 무렵 데이어가 본국으로 귀국했고 랭던은 한국인과 직접적인 접촉을 삼갔기 때문에 한국인과의 접촉은 아놀드의 지휘 아래 주로 버취Leonard Bertsch 중위가 전담했다.

김규식 박사는 미군정에서 좌우합작을 맡아 하도록 제의했으나 이를 거절했고 이승만 박사가 와서 좌우합작을 권고했으나 계속 완고하게 거절했다. 이 박사가 김규식을 집으로 찾아가 좌우합작에 나설 것을 종용하자, 김규식은 "나는 능력도 없고 자신도 없고 또 되지도 않을 것도 안다"고 말하면서 뜻이 없음을 알렸다.

그러자 이 박사는 "이것이 하지 개인의 의견이라면 몰라도 미 국무성의 정책이요. 우리가 이 정책을 실행해 보지도 않고 어떻게 거절할 것인가? 아우님이 한번 해보아야지. 독립을 위해 미국 사람이 해보라는 것을 해봐야 어쨌든 안 된다는 것이 증명이 될 것 아닌가"라고 권했다. 그러자 김규식은 나중에 "좌우합작이 독립을 위한 제1단계요, 이 단계를 밟지 않으면 제2단계인 독립을 얻을 수 없다면 내가 희생되겠습니다. 당신이 나를 나무 위에 올려놓고 흔들어댈 것도 압니다. 또 떨어뜨린 후에는 나를 짓밟을 것도 압니다. 그러나 나는 독립정부를 세우기 위해 나의 모든 것을 희생하겠습니다. 내가 희생된 다음에 당신이 올라서십시오"라고 하며 좌우합작에 나섰다.(9)

이런 과정을 겪으면서 김규식과 여운형은 1946년 6월 14일 우익의 한민당 총무 원세훈, 좌익의 민전 의장단 허헌 등과 함께 좌우합작 4자회담을 가졌다. 미군정은 6월 30일 좌우합작 계획을 공식으로 승인하고 지원에 나섰다.

합작위는 좌·우파 간의 지루한 협상 끝에 10월 7일 쌍방의 제안을 절충한 7개 항의 강령을 발표했다. 그 1항은 모스크바 협정에서 창설키로 한 임시정부를 남·북에서 좌우합작으로 설립하고, 3항은 토지문제를 지주에 대한 조건부 보상과 소작인에 대한 무상분배를 통해 해결할 것을 촉구한다는 내용이었다.(10)

그러나 이 제안은 우익세력인 이승만과 한민당 측 그리고 좌익세력인 박헌영 측 모두로부터 거부당했다.

1946년 5월 미군정이 김규식과 여운형을 중심으로 좌우합작을 추진할 때 소련군정이 이를 강력히 저지하려 한 사실이 〈스티코프 비망록〉에서 처음 밝혀졌다. 또 좌우합작세력의 정치적 입지를 강화하기 위한 수단의 하나로 미군정이 남조선과도 입법의원을 설치하려 하자, 소련군정이 '인민위원회로의 정권 이양 주장' 등 그에 대한 대응책을 남조선 민주주의민족전선에 직접 지시한 사실 역시 새롭게 드러났다.

이런 사실들은 당시 박헌영이 이끈 남한의 좌익계열이 좌우합작에 반대하고 입법의원 선거를 전면 거부한 배경을 밝혀주고 있다는 점에서 주목할 만하다.(11)

4 | 여운형과 김일성 그리고 이승만

좌우합작 계획이 추진되기 전인 1946년 2월, 여운형은 평양을 처음 방문하여 김일성과 비밀회담을 가졌다. 서울로 돌아온 후에도 비밀리에 김일성과 연락을 취하고 그리고 경기도 연천에서 직접 만나기도 했다. 여운형이 김일성을 만난 이유는 미소공동위원회가 결렬되었을 때 그 이후 조선반도에서 벌어질 정세에 대해 검토하기 위해서였다.

그리고 여운형은 4월 19일부터 25일까지 평양을 방문했다. 이 두 번째 방문 후 여운형은 "김일성을 만났더니 김일성은 내가 아는 것이 무엇이 있겠느냐면서 통일이 되면 국방장관이나 시켜달라고 말했다"고 전했다. 여운형은 정치적인 얘기는 일체 하지 않았다는 것이다.(여운형의 운전기사 홍순태의 증언)

이 시기에 이미 소련은 모스크바 의정서에 의한 조선 임시정부 각료안을 만들어 놓고 있었다. 1946년 3월의 시점에서 스티코프가 작성한 조각안에는 수상에 여운형呂運亨, 부수상에 박헌영朴憲永과 김규식金奎植, 내무상에 김일성金日成, 산업상에 김무정金武亭, 교육상에 김두봉金枓奉, 선전상에 오기섭吳淇燮, 노동상에 홍남표洪南杓, 경제기획위원장에 최창익崔昌益이 들어있다. 김규식을 제외하고 모두 공산주의자들이었다. 스티코프에 의하면 여운형을 수상으로 지목한 것은 여운형이 "1921년 모스크바에서 레닌Vladimir Lenin과 만났을 때 자신을 공산주의자로 소개하고 조선반도는 소련의 지배하에 두어야 한다"고 말한 친소파였기 때문이다. 그리고 스티코프는 나머지 농림상, 재정상, 교통상, 체신상, 보건상, 산업상 등은 미국이 추천하는 인물로 해도 된다고 말했다.

이러한 복안을 가지고 소련군 사령부는 북한의 지도자들에게 '모스크바 의정서(신탁통치안)'를 지지하라고 명령했다.

1946년 9월 하순 여운형은 농민으로 변장하고 38선을 넘어 평양에 도착하여 김일성과 회담했다. 이때 여운형은 좌우합작의 문제와 그 타결책, 남로당의 결성문제 등을 논의한 것으로 보인다. 이 자리에서 여운형은 "공산당은 현재 남한에서 대규모의 폭동을 준비하고 있는 데 이것은 북로당의 방침인가?" 하고 물었다. 여운형은 만일 공산당이 폭동을 일으키면 공전의 유혈사태가 될 것이고 이에 의해 남한의 민중은 좌파로부터 점점 멀어져 미군의 주둔은 더 연장될 것이라고 경고했다.

평양에서 김일성과 만났을 때, 여운형은 자신의 자식들의 장래를 김일성의 처 김정숙에게 부탁한다고 말했다. 김일성은 그 부탁을 들어주기로 약속했다. 1947년 3월 여운형이 암살되기 4개월 전 김일성은 사람을 서울로 보내 차녀 여연구呂燕九, 3녀 여원구呂鴛九, 4남 여붕구呂鵬九를 데려다가 그들을 모스크바로 유학 보냈다. 1952년 말 학업을 마친 세 사람은 평양에 돌아왔으나 김정숙은 이미 사망한 후였다.

그로부터 26년이 지난 1978년 11월, 김일성은 우연한 기회에 여운형의 세 자식의 소식을 들었다. 그 자리에서 여연구를 조국통일민주주의전선 서기장에, 3녀 여원구를 보통교육부 부부장에, 4남 여붕구를 조국통일민주주의전선 서기국원으로 임명했다. 여연구는 그 후 조국통일민주주의전선 의장이 되었고 최고인민회의 부의장까지 승진했다.(12)

평양을 다녀온 여운형이 남한 일대에서 벌어진 9월 총파업과 10월 폭동이 가라앉은 1947년 2월에 홍승만 변호사와 자택에서 만나 다음과 같이 말하고 있다.

공산당 사람들이 정치를 몰라서 탈이다. 미군정과 정면대결을 하려고 드니……. 미국은 막대한 금액과 인명의 피해를 입고 제2차 세계대전을 승리로 종결시켰다. 남조선에 진주한 미국이 그렇게 호락호락 물러갈 사람들이 아니다. 미국은 한국을 포기하고 38선 이남마저 소련 세력권에 넘겨주지 않는다. 현재 공산당은 실력으로 미군을 몰아낼 꿈꾸고 있다. 따라서 새로 된 남로당 책임을 맡으라는 것을 거절했다. 현재 우리가 나아갈 길은 민족적 민주주의, 복지국가의 건설이지 독재국가나 공산국가는 아니다. 현재 상태로 나간다면 통일 정부 수립의 길은 험난하다. 해방된 오늘날 다시 남·북으로 나뉜다면 어떻게 되겠는가? 미소공위를 성공시켜 통일적 임시정부를 기필코 수립해야 한다.

이승만 박사의 공보비서격으로 돈암장에 들어가 이승만에 근접하여 관찰한 최기일의 회고담을 들어보면 당시 이승만이 여운형에 대해 어떻게 생각하고 있었나를 알 수 있다.

외모 면에서 이 박사와 겨룰 수 있었던 사람은 오직 한 사람뿐이었다. 그는 바로 몽양 여운형呂運亨이었다. 여운형은 이 박사만큼 아니 어쩌면 그보다 더한 카리스마를 가지고 있었다. 여운형과 함께 있을 때 이 박사는 불편해하는 기색이 역력했다. 해방 이전에 두 사람이 서로 만났었는지 나는 알지 못한다.
하루는 이 박사가 여운형에 대해 "그는 기회주의자요"라고 평하는 것을 나는 우연히 들었다. 당시 이 박사의 최측근이었던 윤치영과 임영신도 여운형에 대해 "이리 갔다 저리 갔다 하여서 좀처럼 정체를 파악할 수 없는 사람"이라고 말했다. 내가 보기에 그 당시 이 박사가 가장 못마땅하게 생각한 사람은 박헌영이 아니라 여운형이었다. 여운형은 키가 크

덕수궁에서 열린 미소공동위원회 개최 전에 담소하는 양측 대표들. 미국 측 대표 하지 중장(왼쪽)과 소련 측 대표 스티코프 대장

고 인물이 좋았다. 그리고 대단한 달변가였고 통찰력이 있었다. 그는 비록 해방정국에서 정치를 했지만 내 생각에는 지금처럼 미디어정치가 가능한 시대에 태어났더라면 크게 성공했을 인물이다.

당시 돈암장을 자주 방문한 사람들은 대체로 윤치영의 친구들과 한국민주당 송진우계 인사들이었다. 후에 외무장관을 지내게 되는 장택상은 송진우의 부하였다. 나는 그를 여러 번 보았는데 빈틈없고 영리해 보였다. 이 박사를 만나 면담을 한 후 장택상은 자신의 영어 실력을 개탄했다. 내 기억에 내무부장관을 지낸 조병옥도 돈암장을 두 번 정도 방문했다. 장덕수도 빈번히 방문하는 사람 중 하나였다. 그는 윤치영 내외가 존경한 유일한 사람이었다.

임영신이 장덕수를 그리 좋아하지 않은 이유는 송진우가 장덕수를 싫어

제2장 이승만과 미군정 71

했기 때문이라고 나는 추측한다. 뒷날 내각 수반을 지내게 되는 허정도 당시 빈번히 돈암장을 방문했다.

평안도 출신이나 경성제대 출신의 인사, 일본에서 고등교육을 받은 인사들은 돈암장을 자주 방문하지 않았다. 돈암장에 출입하기 위해서는 이 박사의 최측근이었던 윤치영, 임영신의 눈에 들어야 했다. 특히 윤치영 씨가 싫어하는 사람은 돈암장에 절대 출입할 수가 없었다.

이 박사와 면담하는 사람들 중에는 이렇게 말하는 사람들이 간혹 있었다.

"여운형은 죽일 놈이고 박헌영도 죽일 놈입니다."

그러면 이 박사는 이렇게 응답하곤 했다.

"왜 당신들은 말만 하는 거지?"(13)

1947년 5월 21일 서울에서 제2차 미소공동위원회가 열렸지만 아무런 진전도 보지 못한 채 8월 12일 막을 내렸다.

이 미소공위가 난항을 거듭하던 7월 19일, 여운형은 혜화동 로타리를 달리던 그의 승용차에서 19세의 소년이 쏜 총에 맞아 사망했다. 그의 나이 61세였다. 암살자의 배후는 수도경찰국(국장 장택상)당국과 극우반공단체라는 소문이 돌았지만 진상은 밝혀지지 않았다. 국민은 그의 죽음을 애도했고 처음으로 국민장으로 치러졌다.

5 | 10월 폭동의 진상

미군정청은 1946년 9월 6일 박헌영의 체포령을 내렸다. 그러자 박헌영은 9월 9일 민주주의민족전선(이하 '민전民戰') 산하에 있는 조선공산당과 조선노동조합전국평의회(이하 '전평全評')에 철도파업을 지시했다. 당시 규슈대학九州大學을 졸업하고 부산철도국 운수과장으로 재직 중이던 백남억白南檍이 이끄는 부산철도 노조를 시발로 하여 대구와 서울 등 대도시를 중심으로 4만여 명의 철도종업원의 파업이 시작되었다. 이어서 전평 산하 금속·화학·섬유·출판·운수·체신·식료·전기·토건·조선·부두·해운 등 각 산업 분야의 노조와 각 도시의 공장과 직장으로 신속하게 파급되었다.(14)

전국적인 파업이 확산되어 어수선한 가운데, 1946년 10월 1일 대구에서 2~3백 명의 시민들이 식량을 요구하는 시위를 벌였다. 이 시위 도중 경찰관 한 명이 중상을 입었고 그 당시 번지고 있던 파업에 참가한 노동자 한 명이 사살되었다. 시위군중의 한 사람이 죽었다는 소식이 전해지자, 이튿날 오전 10시에 엄청난 군중들이 집결했다.

학생들과 노동자들은 사살된 노동자의 시체에 학생복을 입혀 들것에 들고 인파로 가득 메워진 거리에서 모든 사람이 잘 볼 수 있게 들어올렸다 내렸다 하면서 메고 다니다가 경찰서 입구 계단에 안치해 놓았다.

삽시간에 시위는 폭동으로 변했고 군중과 경찰 사이에 유혈충돌이 일어났다. 많은 경찰관이 겁을 먹고 도망쳤고 군중은 경찰서를 점거하고 무기를 탈취하여 수시간 대구시를 제압했다. 무기를 손에 든 군중은 경찰관들의 집까지 뒤쫓아가 수색하여 사살하고 쌀을 빼앗았다. 부상을 입은 경찰관들이 병원 침대에서 질질 끌려나와 살해됐다. 일부 의사들은 미군정이 독립시킨 보건부의 관리권을 경찰이 빼앗은 것에 분노해 왔기 때문에 부상당한 경관들의 치료를 거부했다. 몇 명의 경찰관 사체가 도끼나 예리한 칼에 난자되어 있었다. 총 53명의 경찰관들이 중상을 입거나 살해되었다. 오후 4시가 되어 대구 주둔 미군사령부는 계엄령을 선포하고 미군 전투부대를 동원해 질서를 회복했다.(15)

당시 대구인민위원회는 조직과 이념 면에서 우익을 압도했다. 위원회는 위원장 이상훈李相薰, 부위원장 겸 내정부장 최문식, 산업부장 이선장, 보안부장 이재복李在福, 재정부장 김성곤金成坤, 채충식, 노농부장 정시명, 선전부장 황태성黃泰成으로 구성되었다.

대구에서 군중이 봉기했다는 소식이 전해지자, 선산인민위원회의 내무부장이던 박상희朴相熙(박정희의 형)는 10월 3일 선산군 민청간부 김정수와 더불어 시위의 주역이 되었다. 김정수와 박상희가 이끄는 2천여 명의 군중은 적기가赤旗歌를 부르며 구미경찰서를 습격하여 백철상 경찰서장에게 경찰권을 인민위원회에 이양하라고 요구했다. 이들은 군청과 경찰서를 접수했으나, 이튿날 경찰의 반격을 받아 김정수와 박상희, 군농위원장 김광암, 민청간부 장달천 등과 함께 논바닥에서 사살되었다.

또 영천에서는 1만 명 규모의 군중이 폭동을 일으켜 40명의 경찰관 무기를 빼앗고 납치했으며 경찰서, 우체국 및 우파 유력자들의 가옥을 불살랐다. 왜관에서는 약 2천 명이 폭동을 일으켰는데, 군중은 경찰서장의 눈을 빼고 혀를 자른 후 부하 5명과 함께 때려 죽였다.(16)

당시 한국사회의 실정을 직접 현지취재하고 있던 라우터바크는 10월 폭동 후 한미 공동조사단이 다음과 같이 5개 항목의 조사결과를 하지에게 보고했다고 말했다.

10월 폭동의 주요 원인은 첫째로 경찰에 대한 증오감, 둘째로 부일附日협력자들이 미군정에 여전히 등용되고 있는 점, 셋째로 통역정치의 폐단, 넷째로 한국 관리들의 부패, 그리고 마지막으로 이러한 점을 비난 공격하는 공산당의 선동을 원인으로 들었다. (17)

이러한 견해를 바탕으로 하여 한국의 많은 학자는 10월 폭동이 흉작, 수입감소, 전염병이라는 민란의 전형적인 3대 요소에 의해 일어난 민중봉기였다고 해석했다. 대구사태 당시에 적기가 나부끼고 적기가를 부르고 노동해방의 구호를 외쳤다고 해서 그것이 곧 공산혁명 시도는 아니었다고 보았다. 단지 굶주림과 압제에 대한 민중적 항쟁이었고 남로당의 전술이 종속변수로 개입되었을 뿐이라고 판단했다. 대구사태는 인간다운 삶을 살고 싶었던 민중의 소망을 짓밟은 잔혹사였다는 것이다.

그런데 〈중앙일보〉가 발굴해 낸 스티코프의 비망록에 의해 당시 공산당과 소련 점령군의 배후 지원이 명백하게 들어났다. 〈스티코프 비망록〉에서 9월 총파업 때 북한에 있던 소군정이 조선공산당에 2백만 원을 지원하고 뒤이어 발생한 10월 폭동 기간 중에도 세 차례나 추가자금을 지원한 사실이 드러났다.

즉 9월 9일 조선공산당 당수 박헌영은 당이 사회단체들을 어떻게 지도해야 하는지를 소련군에게 문의했다. 이에 대해 스티코프는 "테러와 압제에 반대하는 시위를 벌이고 항의집회를 개최하라"라고 지시했다. 비망록에는 이런 지시가 9월 11일과 16일 두 차례에 걸쳐 있었던 것으로 기록되어 있다.

비망록은 10월 폭동이 계속된 3개월 동안 소련군정은 투쟁기금으로 3백만 원과 39만 원 그리고 122만 루블을 조선공산당에 보냈다고 밝히고 있다. (18)

6 | 미군정과 이승만 간의 불화 해소

　남·북한에서 각각 단독 정권(이하 '단정')의 수립 가능성이 높아짐에 따라 이를 막기 위한 노력으로 1947년 5월 21일 제2차 미소공동위원회가 서울에서 열렸으나 아무런 성과없이 8월 12일 폐막되었다.
　볼W. Macmahon Ball은 "미국은 소련에게 우호적인 정부의 수립을 기어코 봉쇄하려 했고 소련 역시 미국에 우호적인 정부의 수립을 철저히 막으려고 한 데서 결렬이 온 것이다"라고 지적했다. 여기에 미소의 냉전이 체제화되어 두 나라가 어떤 합의에 도달할 것을 기대하기란 처음부터 어려웠다.
　미소공위가 실패한 뒤 하지 중장은 다음과 같이 술회했다.

　　우리는 영원히 분리된 남한(단정)을 지향하는 일을 할 수도 있을 것이다. 그것은 기정사실이다. 나는 소련이 그들의 지역을 매우 강력하게 공산화하고 있기 때문에 우리가 두 지역을 결합시킬 수 있다고 확신할 수가 없다. 내전內戰 없이 두 지역의 결합을 달성하는 것은 어려운 일이다.

　고정훈(신정사회당 총재)은 미소공위의 통역을 맡아 했기 때문에 누구보다도 가까이에서 양측 태도를 관찰할 수 있었다. 그는 당시 상황을 이렇게 말했다.

　　두말할 나위도 없이 미소공동위원회란 처음부터 되지도 않을 일을 되는 것처럼 꾸민 미·소 양 대국의 연극이었다. 소련은 평양에서부터 베를린에 이르는 광대한 점령지역을 스탈린주의라고 하는 획일주의의 궤도를 선회하는 위성국군으로 만들기 위해 전력을 기울이고 있었고, 이러한 세계적화정책을 수행함에 있어서 한 치도 양보하지 않을 속셈이었다.

점령지역에 대한 소련의 식민정책은 크렘린에 의해서 일사불란하게 통제되고 있었다.

내가 북한 소련군 정치사령부에 근무하면서 직접 겪은 일이지만, 크렘린 당국은 이승만 박사와 김구 선생을 매도하는 구호에 이르기까지 그야말로 하나에서 열까지 철두철미하게 지시 감독하고 있었다.

북한 공산당과 그 산하 단체들이 길거리에 내다 붙이는 구호는 한 자도 빼놓지 않고 크렘린이 직접 지시한 것들이었다. 심지어 이승만 박사와 김구 선생 중 어느 분의 이름을 먼저 써야 하는가 그리고 민족반역자, 매국노, 미 제국주의 주구走狗 등의 순서를 어떻게 하느냐에 이르기까지 세밀하고도 치밀하게 통제하고 있었다.

실제로 경험해보지 않고는 도저히 이해할 수 없는 그런 것이었다. 스탈린주의를 바늘도 들어갈 틈이 없는 하나의 거대한 암석과 같은 것이라고 말했지만 그래도 그렇게 지독한 줄은 몰랐다.(19)

미소공위의 결렬과 함께 미국의 대한對韓정책의 전환을 가장 먼저 건의한 것은 현지에 있던 미군정 지도자였다. 하지는 그의 정치고문 제이콥스 J. Jacobs에게 미소공위가 더 이상 무망하다는 의견을 피력했고 이에 따라 제이콥스는 1947년 9월에 국무장관 마셜에게 다음과 같은 장문의 정책보고서를 발송했다.

한국에 좌익 정부(위성국가)가 수립되지 않는 한 소련은 미소공위를 진척시킬 의지가 없음이 분명하다. 따라서 미국이 유엔에서의 전략에 실패한 채 남한의 정부 수립을 추진한다면 우리는 선전포고 없는 전쟁에 직면하지 않을 수 없다.(…)

남한에서 미국의 입장은 불안하다. 오랫동안 준準 노예적 삶을 살아온 한국인들은 독립과 자유를 희망하고 있기 때문에 미군의 주둔은 그들에게 꿈의 실현을 박탈하는 것이라고 그들은 느끼고 있다.

한국인의 30퍼센트는 좌익이며 우익과 중도 세력은 4파로 분열되어 싸우고 있다. 그들이 미국에 기대하는 것은 경제원조인데, 향후 5년 동안 군사유지비를 제외하고서도 5억 달러가 소요될 것이다. 따라서 미국의 남한에 대한 정책은 위험부담이 크다.(…)

대소 접경의 전역에 걸쳐 미국이 대결을 감당할 수 없다면 한국을 포기하고 예컨대 일본이나 그 인근에 방위선을 구축하는 방법이 안전할 수도 있지 않겠는가?(…)

한국이 미국의 대소 봉쇄 정책에 긴요할 경우 모스크바 협정(탁치)을 포기하고 남한의 발전을 위한 계획에 착수해야 한다. 이 경우 경비, 병력, 의회의 지지 등의 문제들에 직면할 것이다. 한국이 미국의 대소 정책에 불필요할 경우 미국은 소련과 화해하고 '신속하고도 우아하게' 철군해야 한다. 이는 소련과의 동시 철군이나 유엔에서의 처리 등을 의미한다. 철군은 한국에서 무정부 상태와 유혈을 유발할 것이다.

철군은 극동의 국민들 사이에서 미국의 위신 추락을 초래할 수 있다. 그러나 민주주의란 어차피 돈treasure과 피blood와 눈물tear로 이루어지는 것이므로 그것은 한국인이 치러야 할 대가다.[20]

결국 미 국무성은 남한 내 단정 수립의 정당성을 확보하기 위해 가급적 유엔이라는 틀을 사용하기로 결정했다. 이에 따라 유엔은 1947년 11월 14일, 유엔 감시하에 남북 총선거를 실시하여 한반도에 통일 정부를 세우기로 결의했다. 결의안은 9개국으로 구성되는 유엔 한국임시위원단(UNTCOK: UN Temporary Commission on Korea)을 설립하고, 그 감시하에 1948년 3월 말까지 남·북한에서 인구비례에 따른 자유선거를 실시, 국회 및 정부를 수립한 후 미·소 양군은 철수한다는 내용이다. 9개국 중 우크라이나는 위원단 참여를 거부했다.

8개국으로 구성된 유엔 한국임시위원단이 1948년 1월 8일 한국에 입국했다. 북한의 인민위원장 김일성은 이들이 38선 이북으로 입국하는 것을 거부했다. 유엔 소총회는 미국이 제출한 '입국 가능한 지역만의 선거 실시 권한을 유엔 한국임시위원단에 부여하는 결의안'을 26일 통과시켰다. 그 후 위원단은 5월 첫 주 이내에 총선을 실시할 것을 요망했고 하지 장군은 5월 10일을 선거일로 결정했다.

미 국무성은 이승만을 고집 센 노인으로 평가하여 그를 내세울 강력한 의도는 없었다. 미군정 고위층도 이승만에 대한 거부감이 대단했다. 제이콥스는 "이승만은 신용할 만한 인물이 아니고 우익은 그가 누가 되었든 미국의 축복을 받는 사람을 지지할 것이니, 이승만이 방해된다면 그를 제거하고 미국이 원하는 지도자를 선출하자"고 주장했다.

리차드 알렌은 이승만의 결함을 정확하게 지적하고 있었다.

> 이승만이 가진 결함 중에서 가장 그에게 치명적이었던 것은 그의 독선적 사고이다. 그의 자기중심적인 성품은 아무리 정당한 비판도 받아들이기를 거부했고 한번 팥이라 하면 콩도 팥일 수밖에 없었다.
>
> 노년에 이르러 이승만의 대명사처럼 되어버린 그의 가장 큰 두 가지 결점, 즉 독선적 태도와 완고성은 마침내 동맹국들마저 이승만을 세상에서 가장 달갑지 않은 인물이라고 규정짓게 만들었다.[21]

이승만의 치명적인 약점은 정적과의 타협 능력을 가지고 있지 않다는 것이다. 그는 남들이 자신을 위해서 일하는 것만 생각했지, 자신이 남들과 더불어 일하는 것을 생각하지 않았기 때문에 정치적으로 외로운 사람이었다. 오늘날 한국인들은 이승만의 허상에 반쯤 최면상태로 끌려가고 있다고 보았다.

하지 중장은 이승만의 입지나 능력을 인정하면서도 건국 이후의 문제를 걱정하고 있었다. 하지는 건국 초기에 이승만이 집권할 경우 그가 독재자가 되리라고 확신하고 그렇게 될 경우 한국에서 미국의 입지를 더욱 곤혹스럽게 만들 것이기 때문에 이승만의 부상浮上을 마음 내켜 하지 않았다. 마크 게인 기자는 이승만은 프랑스 혁명 전야의 부르봉의 후손처럼 보였다고 기사에 썼다.

이처럼 하지의 이승만에 대한 혐오감이 대단했지만, 하지는 이승만이 한국 내에서 전국적 지지를 받는 유일한 인물임에 틀림없다고 생각했다. 하지는 1947년 8월에 한국을 방문한 웨드마이어와의 회담에서 이승만 일파가 한국인 중 상당수를 통제하고 있고 미국이 남한에 남아있는 한 이승만의 미래의 이용가치를 생각해야 하기 때문에 공개적 불화를 피하기 위해 최선을 다해야 한다고 보고했다.

하지는 "그들은 반공의 핵심을 이루고 있기 때문에 남한에서 선거가 시행되면 권좌에 앉게 될 것이고 그들은 행정적 능력은 없지만 조금만 자제시킬 수 있다면 미래에 이들을 승부수로 이용할 수 있을 것"이라고 말했다.

한 달 후에 방한한 드레이퍼와의 회의에서도, 중간파 지원정책이 철회되었을 때 남한에서 미국의 이해관계를 지탱해 줄 정치지도자로 이승만 외에 다른 대안이 없다는 것을 사실상 인정했다.

이로써 이승만과 미군정당국 간의 오랜 반목과 불화가 마침내 해소되기 시작했다. 비록 미군정의 입장에서 최선의 선택은 아니었지만 미국과 의사소통이 자유롭고 반공의 강한 의지가 있는 다른 인물을 구할 수 없었다. 이러한 과정 속에서 이승만, 한민당 그리고 미군정 간의 3자 연합이 형성되었다. 이들의 유착관계는 1945년 가을 정국의 부활이기도 했다.

7 | 하지 중장이 한 일

　미국인으로서는 크지 않은 몸 덩치에다 짧은 백발의 머리, 항상 단정한 군복차림의 하지의 외모가 풍기는 분위기는 엄격한 군인이자 전형적인 무장武將이었다. 그는 야전군 지휘관의 감각을 가지고 미국의 대한정책의 큰 틀을 이해하고 출발부터 군사 작전의 일환으로 한국정치에 개입했다.

　어떤 측면에서 하지는 고지식한 군인이었고, 그것도 대단히 성실한 군인이었다. 그는 적과 아군에 대한 구분이 뚜렷했으며 미국의 국익과 그의 군대의 안전이 항상 그가 지켜야 할 기준이었다.

　동양문화에 대한 몰이해, 워싱턴의 불확실한 정책 지시들, 훈련받은 미국과 한국 요원의 극심한 부족, 외국 군인에 대한 한국인의 뿌리깊은 적대감, 도시민을 부양하기 위해서 쌀을 공출할 것을 거부하는 농민들, 이 모두가 하지가 군정 3년 동안 안고 지냈던 과제였다.

　하지는 후일 한국인을 지구상의 어느 민족보다 정치적으로 예민하고 또 한국 지도자들은 국익보다 사리사욕을 쫓는 사람들이라고 말했다.

　하지는 그가 미군정 책임자로서 맡았던 직책에 대해 "내가 지금까지 맡았던 직책들 가운데 최악의 임무였다. 만약 내가 정부의 명령을 받지 않는 민간인 신분이었다면 연봉 1백만 달러를 준다고 해도 결코 그 직책을 다시 맡지 않을 것이다"라고 말했다. 그만큼 하지는 한국에서의 임무에 어려움을 겪었고 힘들어 했다.

　많은 한국 학자는 미군정 3년을 실패한 통치였다고 평가하기도 하고 미군정이 남북 분단의 씨앗을 뿌린 것이라고 단정 짓기도 한다. 그러나 하지는 한국에 대한 애정과 한 후진국에 대한 연민을 가지고 그의 직책을 성실히 수행하려고 노력한 사람이었다. 한국의 좌익과 우익의 십자포화 속에서 고전을 면치 못했지만 본국 정부로부터 받은 지침대로 임무를 수행해 소련의 공산주의 팽창정책을 저지하고 남한을 반공의 보루로 만들어, 1948년 8월 15일 대한민국을 탄생시키는 역할을 한 것이다.

그는 공식적인 자리에서는 자신도 한국인에게 즉각적이고 완전한 독립을 하도록 하는 것을 지지하는 입장이라고 말했지만, "만약 한국인이 독립을 하게 되면 그들은 2년 내에 소련에 먹히고 말 것"이라고 그의 생각을 말하기도 했다.

하지는 1893년 6월 12일 미국 일리노이 주의 시골 도시 골콘다에서 태어나 그곳 농장에서 성장기를 보냈다. 그는 1912~13년 사이에 남南일리노이 사범대학에서 공부했고 1917년 일리노이대학에서 건축학을 전공했다. 그는 정규 육사(웨스트포인트) 출신이 아니었다.

하지는 1917년 5월 셰리든 요새에 있는 고등사관양성소에 입학하여 직업군인으로서 첫발을 내디뎠다. 제1차 세계대전에서는 보병 장교로 프랑스 전선에 참전했고 전후 1921년에는 미시시피 농과대학 군사학 및 전술학 교관이 되었다. 1925년에는 교관 직을 떠나 지휘 참모학교에 입교했고 그 후 육군군사대학을 졸업했다.

하지는 육군부 참모부에서 5년간 근무하다가 태평양전쟁이 일어나자 전선에 투입되었다. 25사단 부사단장으로 과다르카날에서 일본군과 전투했고 이 전투에서 전공을 세워 진급해 아메리칸 사단의 사단장이 되었다.

하지는 장병들과 고락을 같이하고 솔선수범하는 스타일이었고 자신의 부대를 정예 전투부대로 유지함으로써 수많은 전투에서 혁혁한 전공을 세웠다. 하지는 1945년 8월 19일 맥아더 사령관으로부터 한반도점령 작전계획을 하

광복 세 돌을 맞은 1948년 8월 15일 오전 11시 25분 중앙청 광장에서 열린 대한민국정부 수립 축하 기념식에 참석한 이승만 대통령, 맥아더 장군, 하지 장군(왼쪽부터)

달받았고 이날로 미 육군 남조선주둔군 사령관으로 임명되었다. 그의 나이 52세 때였다.(22)

1948년 8월 15일 대한민국 정부가 수립되고 열흘 뒤, 하지는 미국으로 떠났고 그 이후 한 번도 한국을 다시 찾지 않았다. 미국에 돌아간 그는 기자회견에서 "남한에서 민주주의가 작동하기 시작했다"라고 자신의 소회를 밝혔다.(23)

8 | 5·10선거와 한민당

1948년 치러진 5·10총선거는 200개 의석을 놓고 전국에서 948명의 후보가 출마하여 평균 4.7대 1의 경쟁률을 보였다. 실제로 선거과정은 결코 평온하지 못했다. 미군정과 경찰의 기록에 따르더라도 무질서와 폭력의 선거였다. 경무국은 선거 당일에만 51명의 경찰과 11명의 공무원이 피살되었다고 발표했다. 그리고 166개의 선거 관련 관공서와 301개 파출소 등이 피습당했다. 선거 직전 5주 동안 무려 589명이 선거와 관련하여 목숨을 잃었고 총 1만 명이 넘는 선거사범이 구속되었다.

선거 결과는 무소속이 85명(42.5퍼센트), 이승만의 독촉이 55명(27.5퍼센트), 한민당이 29명(14.5퍼센트)의 당선자를 배출했고 나머지는 21명이었다. 이승만과 한민당은 합쳐도 84석으로 과반수에 미달했으나 실질적으로는 무소속 가운데 한민당과 독촉계가 숨어있어 한민당이 76석, 독촉계가 61석으로 집권하는 데는 지장이 없었다.

한민당은 초대 총리에 김성수金性洙를 강력하게 추진했다. 그러나 한민당의 지원을 받아 대통령으로 당선된 이승만은 한민당을 멀리하고 일체 파트너로 대우하지 않았다. 이승만은 국민 대다수가 기존 정당이 정권을 장악하는 것을 희망하지 않는다고 했으며 돈으로 지배되고 있는 한민당이 각료로 임명되면 국제적인 비난을 면치 못한다는 구실로 한민당을 제외했다. 그리고 정치적 배경이 약한 이윤영을 총리에 지명했다. 이윤영에 대한 임명동의안은 한민당이 지배하는 국회에서 당연히 부결되었다.

5·10선거에 의해 선출된 의원들의 제1과제는 헌법 제정. 따라서 초대 국회를 제헌국회라 부른다. 1948년 5월 31일 열린 제헌의회 개원식에서 최고령자인 이승만 박사가 사회자로 선출돼 의사진행을 하고 있다. 그는 초대 국회의장에 뽑힌다.

그 후 이범석李範奭이 총리에 지명되었고 이범석은 한민당에 8석의 각료 포스트를 약속하고 국회 승인을 받는 데 성공했다. 이 약속은 이승만의 강경한 반대로 지켜지지 않았고, 결국 한민당에서 김도연金度演 재무장관과 이인李仁 법무장관 두 사람만이 입각했다.

사실 초대 내각은 거의 전원이 망명파의 독립운동가 출신이었고 전 공산당원이고 농지개혁의 주창자인 조봉암曺奉岩을 농림부장관으로, 노동운동 출신의 전진한錢鎭漢을 사회부장관으로 발탁하는 등 대내외적으로 정통성과 지지 획득에 부심한 흔적이 엿보인다.(24)

당시 지배계급을 점하고 있던 한민당의 구성요인을 살펴보면, 이들의 공

광복절 세 돌을 맞은 1948년 8월 15일 중앙청 광장에서 오세창의 사회로 열린 대한민국정부 수립 축하 기념식. 이 자리에서 이승만 초대 대통령은 자유와 민주가 넘치는 새나라 건설을 다짐했다.

통점은 재력을 바탕으로 한 고학력 출신의 유학생들로서 지식과 능력에 있어 시대를 앞서가는 사람들이었다는 것이다.

우선 학력 면에서 보면 일본 유학생이 46.8퍼센트로 주축을 이루고 있었고 미국 유학생이 27.1퍼센트, 국내파가 16퍼센트였다. 사회계층 면에서 보면 중농 이상의 농업종사자가 13퍼센트, 지주, 교사, 변호사, 의사, 언론인, 작가 등 인텔리가 75퍼센트를 차지했다. 지역적으로는 영남 출신이 51.2퍼센트, 호남 출신이 18.4퍼센트였다.

구체적으로 한민당 창당 총무 8명의 명단은 다음과 같다.

송진우(전남 담양, 일본 메이지대학), 김병로(전남 순창, 메이지대학), 백관수(전북 고창, 메이지대학), 김동원(평양, 메이지대학), 원세훈(함경도 정평, 연희전문), 김도연(김포, 게이오대학), 허정(부산, 보성전문), 백남훈(황해도 은율, 와세다대학)

이외에 조병옥(충남 천안, 컬럼비아대학), 김성수(전북 고창, 와세다대학), 함상훈(황해도 송화, 와세다대학) 등이 있다.[25]

제헌국회의 임기가 2년으로 끝나고 1950년 6·25한국전쟁이 나기 한 달 전에 실시된 5·30총선에서는 이승만과 민국당(한민당 후신)이 참패를 당했다. 민국당은 24석(9.8퍼센트)에 그쳤고 이승만 지지세력은 독촉 12명, 대한청년단 4명을 포함하여 57명 정도에 지나지 않았다.

5·30선거의 가장 큰 특징은 무소속 중간파 후보들이 대거 당선되었다는 것이다. 한민당 출신의 국민당 윤치영, 이인 등이 낙선했고 민국당의 서상일, 조병옥, 김준연, 백남훈, 김동원, 백관수, 이영준 등 중진들이 대거 탈락했다. 반면 조소앙, 안재홍, 원세훈, 윤기섭, 오하영, 장건상, 여운홍 등 중도 및 중도 좌파의 진출이 두드러졌다.

이 무렵 국민여론은 우파에서 중도 좌파로 강하게 흔들리고 있었다. 6·25전쟁이 일어나지 않았다면 남한에서 자생적인 중도 좌파의 정치세력이 광범위하게 세력을 확장하여 정국을 장악했을 것이다. 그러나 전쟁 발발로 이런 좌경 경향은 일시에 불식되고 반공사상이 지배하게 되었다.

제3장

한국전쟁 발발

1 | 북한군의 전면 기습공격

1950년 6월 25일 일요일 새벽 4시 T-34 탱크 130대, YAK-9와 IL-10의 전투기 211기, 화포 1천610문, 자주포 128대의 막강한 장비로 무장한 북한 인민군 7개 사단 9만 명은 200마일에 이르는 38선 국경을 넘어 기습남침을 감행했다. 전투에 참가한 인민군 중 4만 명은 이미 중국 본토에서 장제스蔣介石군을 물리친 중공군 출신들로 전투 경험이 풍부한 베테랑들이었다.

인민군은 5개 방향에서 38선을 돌파, 남진했다. 옹진반도, 개성, 의정부, 춘천, 강릉지구 였다. 이 중에서 강릉과 옹진반도는 각각 동·서해안으로부터의 남한 국방군의 반격 방지와 양 날개를 확보하기 위해서였고 개성, 의정부, 춘천 방면은 세 방향에서 서울을 목표로 진군하기 위한 것이었다.

남한의 국방군은 탱크는 물론 소련의 장갑차를 뚫을 수 있는 대전차 무기도 없었다. 국방군이 보유한 비행기는 연습기 14대뿐이었고 탄약 연료의 비축은 전시 필요량의 1~2일분뿐이었다. 전선에 배치된 5개 사단에는 M1 소총과 카빈소총이 지급되었으나 후방 3개 사단에는 일본군의 99식 소총이 지급되고 있었다. 많은 국방군 장교와 미군 고문은 주말 휴가를 떠난 상태였고 38선을 방위하는 4개 사단과 1개 연대는 남쪽으로 10~30마일 정도 떨어져 있었기 때문에 국경지대를 방어할 수 있는 군인의 수는 그리 많지 않았다.

25일 오전 9시 30분 개성시가 점령되고 붉은 별을 단 북한 전투기가 김포공항에 총격을 가하자, 미 군사고문단과 존 무초John Muccio 주한 미국대사는 북한군의 전면 남침에 대한 공식보고를 본국에 타전했다.[1]

소련군의 지원으로 북한 권력을 장악한 김일성은 마침내 1950년 6월 25일 소련제 탱크를 앞세우고 38선을 넘어 남침을 감행했다. 이 전쟁은 3년을 넘게 끌며 지울 수 없는 최대의 참화만 남긴 채 정전상태로 지금까지 계속되고 있다.

오전 10시 비원秘苑의 반도지半島池에서 낚시를 하던 이승만 대통령은 신성모 국방장관으로부터 북한의 남침 보고를 받았다. 이 대통령은 일요일이면 이곳에서 낚시로 소일하고 있었다.

하오 2시 이승만 대통령은 국무회의를 주재했다. 채병덕 육군참모총장은 후방사단을 전선으로 보내 반격을 가하면 능히 격퇴할 수 있을 것이라고 보고했다.

한편 무초 대사는 오전 8시 30분 미 군사고문단으로부터 사태를 전해 들은 참사관의 전화를 받고 대사관에 급히 나왔다. 그리고 이 무렵 동경에 있던 맥아더 사령관은 늦잠을 자던 중 전화를 받았다.

25일 아침 9시(미국 동부시간으로 6월 24일 오후 8시), UP통신 서울 특파원 잭 제임스Jack James가 국무성에 사실 확인 전화를 할 때까지 국무성에는 아무런 정보도 전해지지 않았다. 북한군의 남침 사실은 언론인 조셉 알솝Joseph Alsop의 집에 초대받아 저녁식사 중이던 국무성 극동담당 차관보 딘 러스크에게 전화로 통보되었고 식사 후 식탁을 일어설 무렵에 서울에서 긴급으로 타전된 무초 대사의 보고가 국무성에 도착했다.

　무초 대사는 "공격의 성질 및 공격 개시의 방법으로 보아 이것은 한국에 대한 전면공격으로 판단된다"라고 결론을 말했다. 전보를 받은 러스크 차관보는 애치슨 국무장관에게 연락했다. 메릴랜드 주 샌드 스프링 자택에서 보고를 받은 애치슨Dean Acheson 장관은 미조리 주 인디펜던스 사저에서 주말을 보내고 있는 트루먼Harry Truman 대통령에 전화를 했다. 25일 낮 12시 20분(미국시간 24일 밤 11시 20분)이었다. "대통령, 중대한 뉴스입니다. 북한군이 남한을 침공했습니다." 무초 대사의 전보를 전하면서 애치슨은 유엔 안보이사회의 소집이 필요하다고 말하고 대통령의 승인을 받았다.(2)

2 | 미국의 신속한 대응

성격이 완강하고 급한 트루먼 대통령은 다음날 일요일 오후(한국시간 26일 새벽), 워싱턴으로 돌아오면서 "공산주의는 10년, 15년, 20년 전에 히틀러 Adolf Hitler, 무솔리니Benito Mussolini, 일본인들이 저질렀던 일을 한국에서 재현하고 있는데, 나에게 이번 전쟁에서 유화정책이란 있을 수 없다"고 결심했다.

트루먼 대통령과 각료들은 임시 백악관으로 쓰던 블레어하우스에서 대책회의를 가졌다. 이들은 소련이 봉쇄의 벽이 약한 곳을 골라 북한군을 이용하여 공격하고 있다는 데 의견의 일치를 보고 한국에서 미국의 의지와 힘이 시험받고 있는 것이라고 판단했다. 참석자의 대부분은 남한에 대한 북한군의 침략은 전 세계적 규모의 공세의 일부라고 단정했다. 그들은 "다음 차례는 티토의 유고인가? 또 그 다음은 이란, 타이완, 인도차이나, 필리핀, 일본인가?"라고 생각했다.

트루먼 대통령은 "우리가 만일 한국의 몰락을 방치한다면 소련은 곧바로 밀고 나아가 아시아에서 하나씩 차례로 집어삼킬 것이다. (…) 극동이 몰락할지도 모르고 유럽에서 무슨 사태가 벌어질지도 모른다"라고 의견을 말했다.(3)

25일 오후 1시(미국시간 24일 밤 12시), 이승만 대통령은 미국 워싱턴 주재 한국대사관으로 전화를 했다. "필립(한표욱 공사), 어떠냐. 저놈들이 쳐들어왔어. 우리 국군은 용맹스럽게 싸우고 있다. 그러나 우리 힘으로 격퇴할 수 있을지 걱정이다. 우리는 끝까지 싸울 결심과 각오를 하고 있다. 어떻게 하든 미국의 원조가 시급히 도착하도록 적극 노력해야겠다. 장 대사(장면 대사) 있

1950년 6월 27일 유엔 안전보장이사회에서 한국전 참전을 결의하고 있다. 이 표결에서 소련 대표인 말리크는 불참하여 자리가 비어 있으며 유고 대표 알레스 베블러는 유일하게 반대 거수를 하고 있다.

느냐?"

장면 대사와 한표욱 공사는 이승만 대통령의 전화를 받고 곧장 국무성으로 달려갔다. 러스크 차관보의 밀실에서 이 대통령의 지시 내용을 소상하게 설명했다. 이들의 얘기를 들은 러스크는 무초 대사로부터 온 전보 보고를 읽어 주었다. 장면張勉 대사는 "어쨌든 미국이 시급히 군사원조를 제공해야 한다"라고 말했고 그는 "잘 이해하고 동정한다"라고 대답했다. 러스크는 심각한 표정으로 입을 열었다. "이 문제는 미국이 혼자서 다룰 문제가 아니다. 일단 유엔에 회부해야 할 필요성이 있다. 국무성은 그렇게 하기로 방침을 정하고 미국의 유엔 대표부에 연락을 취했다. 25일 상오 11시에 유엔 안전보장이사회가 열리게 되어 있으니 당신네도 참석하는 것이 좋겠다"라고 말했다.(4)

정각 2시에 열린 유엔 안보이사회는 미국 측이 제의한 결의안을 9대 0으로 채택했다.

북한은 즉각 38선 이북으로 철수할 것, 북한은 일체의 군사행동을 중지할 것, 유엔 회원국은 북한에 대해 어떤 종류의 원조도 중지할 것, 유엔 한국위원단은 이 결의안이 시행되는지를 감시하여 안보리에 보고할 것 등이다.

트루먼 대통령은 한국시간 27일 오전 10시(워싱턴시간 26일 오후 9시), 국무·국방 수뇌회담을 열고 한국을 지원하기 위해 미 해·공군 출동을 결정했다. 이 회의에서 소련의 동향이 토의의 초점이 되었으나 미군이 개입해도 소련은 참전하지 않을 것이라는 결론을 내렸다.

그리고 서울이 점령된 다음날인 6월 29일 오전 10시 30분, 맥아더 장군 일행은 도쿄를 떠나 수원비행장에 도착했다. 이 대통령과 무초 대사, 처치 Albert Church 준장이 영접했다. 이 대통령은 "한국은 위급존망의 때를 맞이했다. 미국의 구체적 원조를 기대한다"라고 말했다. 처치 준장은 한강 남쪽의 한국군 배치상황을 설명하고 동원할 수 있는 한국군은 약 2만 5,000명이라고 보고했다.

맥아더는 한강 연안을 남쪽에서 시찰하고 미 지상군의 투입이 필요하다는 결론을 내렸다. 후에 맥아더 장군은 다음과 같이 말했다.

> 한강에서 내가 목격한 것은 이미 한국에는 방위능력이 전혀 남아 있지 않았다는 것이다. 공산군은 전차 부대를 앞세우고 몇 안 되는 좁은 길을 따라 부산까지 단번에 남하할 태세였다.
> 그렇게 된다면 한국의 전역이 공산 측의 것이 된다. 공군, 해군의 지원을 해준다고 해도 한국군이 적의 남하를 저지하는 것은 이미 불가능하다. 북한군의 남하를 저지하려면 즉각 미국 지상군을 투입하지 않으면 안 된다.

나는 내가 갖고 있는 점령군 부대를 이 위급한 장소에 투입한다. 그래도 수적으로는 비교도 안 될 정도로 열세지만 전략적인 부대 조작으로 이 심각한 불리함을 어떻게든 극복해내야 한다. 이판사판의 승부인데 이외의 방법은 없다.(5)

트루먼 대통령은 맥아더의 건의에 따라 30일 오전에 일본에 주둔하고 있던 지상군 2개 사단을 파견하고 북한의 해안 봉쇄를 결정했다.

한국전쟁에 대해 미국이 이토록 신속하고도 강력하게 대응한 것은 소련이 이번 전쟁을 통해 미국의 집단안보 의지를 시험하고 있다고 판단했기 때문이다. 그리고 소련의 위협에 대해 두려움을 갖고 있는 유럽 우방들의 기우를 떨쳐 버리기 위해서였다.

3 | 점령된 수도 서울

　북한군의 제3사단은 동쪽의 포천抱川으로, 제4사단은 동두천東豆川 길을 따라 의정부를 향해 남하하고 있었다. 한국군은 유재흥劉載興 준장의 제7사단이 포진하고 있었다. 의정부 방면은 38선에서 동두천, 의정부를 거쳐 서울로 이어지는 50킬로미터밖에 안 되는 최단거리로 전략적으로 가장 중요시하던 지역이다. 그런데 춘천春川 지구로 진격하던 북한군 제2사단과 제7사단이 김종오金鍾五 대령의 한국군 제6사단에 저지당해 남하가 늦어지고 있었다.
　개성開城 방면의 수비를 담당하고 있는 제1사단장 백선엽白善燁 대령은 북한군의 제1사단과 치열한 전투를 벌이고 있었다.
　유재흥 사단장은 독전督戰차 방문한 채병덕蔡秉德 총장에게 사태의 급박함을 토로했다. 제7사단은 지휘하의 제3연대가 수도경비로 전용되어 두 개 연대뿐인데, 그 두 개 연대도 많은 장병이 휴가와 외출 중이어서 전투요원은 실제로 한 개 대대에 불과하다는 것이었다. 문제는 그뿐만이 아니었다. 적의 탱크는 57미리 대전차포나 2.3인치 바주카포로도 파괴되지 않는다는 점이었다.[6]
　서울시민은 26일 아침이 되자 전쟁의 급박함은 실감하지 못했으나 생활고의 심각함은 즉시 감지할 수 있었다. 전날까지 쌀 한 말에 2,300원이었으나 하루아침에 두 배로 올랐기 때문이었다. 당시 서울의 중견 봉급자 평균 월급이 1만 2,000원이었으므로 쌀 한 말에 2,300원은 감당할 수 있으나 두 배로 오르면 비상사태가 아닐 수 없었다. 난리가 나면 쌀을 사두지 않으면 안 된다. 시민들은 은행으로 저금을 인출하려고 몰려들었다.[7]

27일 오전 1시 신성모 국방장관은 군수뇌회의를 열어 전세의 불리함을 솔직히 시인하고 미군의 직접적인 원조가 없는 한 사태는 절망적이라고 말했다. 이미 한국군은 붕괴되었음을 스스로 인정한 것이다. 의정부는 함락되었고 북한군 제3사단은 서울 근교 창동에 접근하고 있었다.

이날 새벽 국방장관 신성모는 이승만 대통령의 피신을 건의했고 이승만은 새벽 3시 30분 남행을 결정했다. 대통령의 피난일행은 부인 프란체스카 Francesca Donner, 경무대 경찰서장 김장흥, 비서 황규면 그리고 경호경찰 1명 등 모두 6명이었다. 휴대품이라곤 담요 한 장과 서류 몇 가지가 전부였다.

이승만이 탑승한 특별열차는 기관차에 객차 두 량이 달린 다 낡은 3등 열차였다. 유리창은 깨어져 바람이 들어왔고 의자는 시트조차 없는 나무의자였다. 그의 비서 황규면이 탈출 시 지참한 현금은 겨우 5~6만 원에 불과했다. 당시 5만 원은 쌀 한 가마 값이었다.

이승만은 애초 부산, 진해를 향해 출발했으나 도중 대구역에서 되돌려 오후 4시 30분에 대전에 도착했다. 이미 대전에는 서울을 탈출한 3부 요인과 고위 관료들이 상당수 와 있었다.[8]

대전에 도착한 이승만 대통령은 현지에서 마치 자신이 서울에 있는 것처럼 위장하고 녹음한 연설을 방송에 나가게 했다. 서울시민과 전 국민에게 안심하고 생업에 종사하라는 내용이었다. 따라서 서울시민들은 그의 탈출은 알지도 못했고 그가 서울에 머물고 있는 것으로 착각했다. 그의 연설 방송은 밤 10시에 시작되어 이후 수차례 방송되었다.

북한군은 6월 28일 오전 5시 날이 밝자 서울을 향해 총공격을 개시했다. 총공격이라 하지만 한국군의 조직적 저항은 이미 없었다. 4개의 한강교 중 인도교와 철교 두 개는 파괴되었으나 중간단선 철교는 남아 있었다. 북한군은 제109전차 부대를 앞세워 북쪽과 동쪽으로부터 서울시내로 진입했다. 산발적인 저항을 받았으나 탱크는 차례로 관청, 방송국, 전신국, 형무소, 군 관

1950년 6월 28일 서울을 점령한 인민군은 중앙청 꼭대기에 인공기를 내걸었다.

계 건물, 의회 등 주요 부서를 점령했다. 서대문 형무소에서는 4,000명 이상의 정치범 죄수가 석방되었다. 이어서 제3사단, 제4사단이 진입해 왔다.

오전 11시 30분 평양에서는 김일성이 '공화국 수도 서울'의 해방을 선언하고 방송으로 알렸다.(9)

4 | 대전 '성남장'으로 몰려든 3부 요인들

27일 새벽 '비상 국무회의'가 열렸다. 국무총리 대리 겸 국방장관 신성모는 군수뇌회의의 결론 그리고 이승만 대통령의 서울 탈출 등에 따라 정부도 서울에서 약 40킬로미터 떨어진 수원으로 이전하는 천도안案을 제안했다. 이범석 전 국무총리는 정부의 방침을 따져 묻고 싸우는 것인가, 항복하는 것인가 하고 물었다. 체신부장관 장기영은 서울 사수론을 들고 나왔다. 그러나 신성모 장관의 정부의 수원 이전안을 결정하고 각의를 마쳤다.

신 국방은 국회로 향했다. 국회에는 중앙청에 비상 소집된 의원들이 모여 있었다. 새벽 4시경이었다. 의원들은 210명 중 반수밖에 출석하지 않았다. 신 국방과 채병덕 참모총장의 설명을 들은 의원들은 원세훈 의원이 제안한 '수도 사수死守 결의안'을 가결시켰다. '국회의원은 백만 애국시민과 수도를 사수한다'는 결의안을 들고 신익희 의장과 조봉암 부의장이 대표로 이 대통령에게 전하기 위해 경무대로 갔다. 그러나 이 대통령은 이미 떠나고 없었다.

대통령이 서울을 빠져나간 것을 알게 된 정부요인들은 다투어 피난길에 올랐다. 부통령 이시영을 비롯하여 대부분이 대전시내의 여관 '성남장城南莊'으로 몰려들어 이곳에서 숙박하게 되었다. 성남장은 부지 약 3,000평, 건평 약 200평으로 당시 대전에서 가장 큰 여관이었다. 이 여관은 300명이 넘는 각료, 국회의원, 고급관리, 장군, 재계인들로 혼잡하기 이를 데 없었.

이 성남장의 여주인 김금덕金今德은 피난 나온 이들 사회지도층의 모습은 매우 '꼴불견'이었다고 회상했다. 그는 "마당에는 그들이 타고 온 자동차가

피난 행렬

80대 이상 주차해 있었고 그들 중에는 가재도구에서 개까지 데려온 사람들도 있었다"고 했다. 이시영 부통령은 다른 반찬이 있어도 김치와 찌개만을 먹고 검소하게 처신을 하여 훌륭한 인품을 보였지만, 반찬 타령을 하면서 맛있는 요리를 내오라는 사람들도 있었다. 이들은 모여 앉아 정부의 위급 사항에 대한 대처방안을 논의하기보다는 자신들의 안전한 피난 얘기에 몰두해 있었다.(10)

전황이 악화되어 대구, 부산까지 밀려가게 되자 피난 나온 사람들은 더욱 당황하기 시작했다. 미군이 패전하여 일본으로 철수한다는 헛소문이 나돌았다. 부산에서 가까운 다대포, 송도, 영도 등 항내에 피난 나온 정치가, 실업가, 고위 장교 등이 여차하면 망명할 선박을 확보하느라고 야단들이었다.

제1사단 제13연대장 김익렬 대령에 의하면, 그가 출항하려는 한 척의 어선을 정지시켜 조사해 보니 그 배에 타고 있던 사람들은 국회의원 약 10명,

고급장교 약 10명과 그 가족들이었다고 한다. 한국정부가 제주도로 이동하여 '제2의 타이완'이 된다는 잘못된 소문이 돌았기 때문이다.⁽¹¹⁾

부산에 결집한 상당수 고위층과 부유층 인사들은 배를 부산항에 대놓고 전황이 여의치 않을 경우 일본으로 탈출할 계획을 세우기도 했다. 이미 일부는 제주도로 피난 간 상태였다. 일본으로의 밀항은 당시 이른바 '돼지몰이'로 불렸다. 밀항 주선 비용은 1인당 50만 원, 나중에는 100만~150만 원까지 이르렀다. 밀항을 위한 선박 대절비는 500만 원에서 1천만 원에 육박했다.⁽¹²⁾

이러한 상황은 1·4후퇴 때에도 이곳 부산에서 똑같은 모양으로 되풀이되고 있었다. 강원용 목사는 '과연 기독교 신앙이라는 것이 무엇인가?'라는 심각한 질문을 상기시키지 않으면 안 될 참담한 사건마저 목격했다고 회고했다.

> 1951년 1월에 접어든 후로 전세는 더욱 우리에게 불리해지고 있었다. 1·4후퇴 이후 중공군이 벌써 대구까지 밀려왔다는 소식과 함께 부산 함락도 시간문제라는 비관적 전망이 사람들을 초조하게 했다.
> 그런 가운데 아무래도 위험하니 다시 교역자들을 제주도로 피난시킨다는 계획이 수립되었다. 미군 측에서 큰 수송선 하나를 내줘 우선 목사와 그 가족들을 제주도로 옮긴다는 것이었다. 그런데 내가 NCC(National Council of Churches, 전미全美 기독교회 협의회)에서 활동하고 있던 관계로 수송선에 탈 목사와 가족들을 인솔하는 책임을 맡게 되었다.
> (…) 그러나 부둣가에 도착한 나는 눈앞에 전개되고 있는 전혀 예상 밖의 상황에 그만 입을 딱 벌리고 말았다. 그것은 말 그대로 아비규환의 아수라장이었다. 어떻게 알았는지 장로들까지 몰려와 '어떻게 목자들이 양 떼를 버리고 자기들만 살겠다고 도망칠 수 있느냐?'라면서 달려들어 수송선은 서로 먼저 타려는 목사와 장로들, 그 가족들로 마치 꿀단지 주변에 몰려든 개미떼처럼 혼잡의 극을 이루고 있었다. 심지어는 자기가 타

기 위해 앞에서 올라가는 사람을 끌어당기는 사람들도 있었고, 여기저기서 서로 먼저 타기 위해 욕설과 몸싸움이 난무했다. 상황이 이처럼 난장판이 되자, 헌병들이 와서 곤봉으로 내리치며 질서를 잡으려고 해도 사태는 좀처럼 나아지지 않았다.

사람들은 곤봉으로 두들겨 맞으면서도 '이 배를 놓치면 죽을지도 모른다'라는 생각 때문에 필사적으로 배에 달려들었다. 명색이 인솔자였음에도 불구하고 차마 배 가까이 갈 엄두도 못 내고 멀리서 그 끔찍한 꼴을 바라보던 나는 '차라리 여기서 빠져 죽었으면 죽었지 저 틈에 끼어 배에 타지는 않겠다'라고 결심하고 발걸음을 되돌렸다.

다른 사람들도 아닌 목사들과 장로들이 서로 자기만 살겠다고 그런 추악한 모습을 보였다는 사실이 내게 다시 한 번 '과연 기독교 신앙이라는 것이 무엇인가?'라는 심각한 질문을 상기시키면서 내 발걸음을 무겁게 했다. 기분이 그렇게 참담할 수가 없었다. 지옥이라는 것이 별 게 아니었다. 천당에 가겠다고 평생 하나님과 예수님을 믿어온 그 사람들이 서로 먼저 배를 타기 위해 보여준 그 광경이 바로 지옥이었다.(13)

5 | 서울에 남겨진 시민들

한강다리는 28일 새벽 2시 30분경 폭파되었다. 채병덕 참모총장은 북한의 탱크가 서울에 진입하기 2시간 전에 폭파하라고 최창식 공병감에게 지시했다. 채병덕 참모총장과 최창식 공병감은 한강 이북의 병력을 최대한 도강시킨 다음 폭파하기 위해 폭파시간을 28일 새벽 6~7시 정도로 합의했으나 새벽 2시경 기마경찰대 소리를 북한군 탱크 소리로 오인하여 폭파를 앞당겼다고 한다.

교량의 조기 폭파로 3개 사단의 병력과 장비를 후송하지 못했으며 차량 보급품도 한강 이북에 그대로 남겨놓은 결과가 되었다. 결국 상당수의 군인과 경찰들을 한강 이북에 남겨 둘 수밖에 없었다. 폭파 당시 한강다리 위에는 피난 가던 시민들이 다수 있었다. 그러나 다리를 건너지 말라는 예고도 없이 폭파하여 많은 사람이 물에 빠져 죽었다.(14)

물론 인민군이 워낙 급작스럽게 내려왔고 정부가 전황을 왜곡보도했기 때문에 피난을 갔어야 할 수많은 서울시민이 잔류하게 되었다. 당시 기록을 보면 144만의 서울시민 중 40만 명이 피난을 갔다고 한다.

전쟁 발발 후 인민군의 남하 소식을 듣고 가장 다급하게 피난을 간 사람은 경찰, 대한청년단 간부, 면서기, 지주 출신과 그의 가족들이었다. 친일 경력을 가진 인사, 미군정 때 미국에 협력한 사람들, 그리고 해방 정국 당시 우익활동에 가담한 경력이 있는 청년 학생들 그리고 이북에서 월남한 인사들도 서둘러 피난을 갔다.

전쟁이 났을 때 공산주의에 반드시 동조하지는 않았지만 이승만 정부에 직접적으로 관여하지 않았던 사람들은 자의 반 타의 반으로 대체로 서울에 남아 있었다. 이들은 이승만과 대한민국에 염증을 느끼고 있었거나 대한민국 존립에 목숨을 건 사람들이 아니었기 때문에 세상이 바뀌더라도 자신에게 치명적인 타격이 돌아올 까닭이 없다고 생각하는 사람들이었다.(15)

북한은 6월 28일 서울을 점령한 후, 2만 4,000여 명의 치안부대를 전 점령지역에 분산 배치하여 반동분자로 분류되는 자들의 색출작업을 추진했다. 요인 체포에는 정치보위부가 중심이 되었고 내무서와 급조한 사회단체가 동원되었다.

북한은 6월 30일 '정치범은 자수하라'는 포고문을 발표했다. 그리고 우익계의 내막을 잘 아는 사람들을 회유하여 가두 특수 정보망을 조직하고 요인들의 가택 수색을 실시했다. '반동분자를 재우거나 그들에게 쌀과 생필품을 보내주거나 도와주는 자'를 내무기관에 연락하도록 했다.(16)

체포된 사람들은 내무서에 넘겨져 심사를 받고 중앙청 지하실 등에 수감되었으며 인민재판을 통해 공개 처형되기도 했다.

점령하에서는 친일경력자, 친미주의자, 지주, 부르주아로 분류된 사람들이 처벌 대상이었다. 더 구체적으로 말하면 이승만 정권하에서 경찰관, 민보단원, 대한청년단, 동회직원이었던 사람들과 월남자들이 포함되어 있었다. 그리고 이들 민족반역자로 분류된 사람들의 재산은 압류되었다.

인민재판 현장에서 생과 사의 결정은 동원된 주민들 목소리의 크기에 의해 결정되기도 했다. 즉 죽이자고 외치는 사람이 많으면 곧 죽게 되었다. 생과 사의 결정이 단순히 이념적 기준에 의해서가 아니고 평소의 인간관계, 인격, 타인과의 원한 여부 등 상당히 사적이고 우연한 요소에 의해 좌우되는 상황이 벌어졌다.

8월 중순을 넘기면서 서울의 식량난은 절정에 달했다. 하루 두 끼를 멀건

죽으로나마 해결하는 집이 드물었다. 일가친척을 찾아 서울을 빠져나간 사람이 절반을 넘었고 청장년은 의용군으로, 전선 노무자로 노력동원에 징집되어 집을 떠났으므로 남아있는 사람은 아이들과 늙은이가 태반이었다. 그들이 걸신 들려 먹을거리를 찾아 거리로 나서다보니, 그 광경이 처참하기 이를 데 없었다.[17]

"점심은 인민공화국 백성이 되면서부터 포기해야만 했다. 8월 중순에 이르자 쌀을 한 줌 넣고 거기다 호박이랑 호박순이랑 다른 푸성귀를 듬뿍 넣어서 머얼거니 쑨 죽이 늘 먹는 식사였다"라고 김성칠이란 한 사학자는 말했다.[18]

그리고 어려웠던 일은 의용군 모집이었다. 북한당국은 처음에는 동 단위로 모집을 했으나 나중에는 거리에서 무조건 잡아가기도 했다. 각종 직업동맹, 특히 문학가동맹 같은 문학단체도 처음에는 문학행사가 중심이었으나 차츰 문인들을 의용군으로 내모는 단체가 되었다. 8월 말 이후에는 가가호호 수색하여 체포하는 방법도 동원되었다. 민청원, 내무서원, 인민군이 한 떼가 되어 새벽 2~3시에 집을 수색하여 청년들을 붙들어 가기 시작했다.

그 결과 충남의 경우 7월 말에서 9월 초까지 의용군으로 모집된 젊은이가 2만 3,000명이나 되었다. 남한에서만 약 20만 명에 달하는 젊은이가 의용군으로 징집된 것으로 추정되었다.[19]

전쟁 발발 이전에 북한에서도 그러했지만 실제 정치를 체험하기 이전에는 공산주의 이론에 동조적이었던 많은 낭만주의적인 지식인이나 남·북한 화해와 통일을 우선적으로 생각했던 민족주의적인 지식인도 북한 점령군의 매우 억압적인 공산주의를 체험하고 난 이후에는 완전히 적대적인 태도를 갖게 된 경우가 많았다.[20]

김재준 목사의 경우 1945년의 한 집회에서 공산주의에 대해 우려하면서도 만일 사상과 종교의 자유만 보장된다면 공산주의자와의 합작이 가능하다는 입장을 드러낸 바 있다. 그러나 서울에 잔류하여 북한의 통치를 경험하고 난 이후에는 과거 월남자들이 그러했듯이 철저한 반공주의자로 변했다. 그는 공산주의에 대해 감상주의적인 생각을 버릴 것을 제의하면서 "만일 인간이라는 의식이 있다면 무엇을 운위云謂하기 이전에 질식해 버리지 않을 수 없는 고장이 그들의 산하이다"라고 단언했다.[21]

6 | 한 사학자의 6·25 일기

1913년 경북 영천에서 태어나 대구고보를 거쳐 경성제국대학에 들어갔다가 해방 후 1946년에 경성대학을 졸업하고 서울대학 사학과 조교수로 있다가 39세의 젊은 나이로 변을 당해 사망한 사학자 김성칠金聖七이 남기고 간 '한 사학자의 6·25 일기', 《역사 앞에서》의 몇 구절을 인용해 본다.

그의 부인 이남덕李男德(전 이화여대 교수) 여사는 "이 일기를 세상에 내놓게 된 목적은 우리 민족사에 있어서 '동족상잔'이라는 끔찍한 전쟁을 경험하게 했던 6·25동란을 당시 치열하게 대립했던 좌·우, 어느 편에도 서지 않았고 또 어디로 피난도 못 가고 앉은 자리인 서울 근교(정릉)에서 전쟁을 겪었던 한 '역사가의 눈'을 통해서 그 전쟁의 의미를 살피려는 데 있다"고 말했다.

이 일기는 1950년 6월 28일 북한군이 서울을 점령하고 9월 28일 물러날 때까지의 당시 서울 풍경을 너무도 자세하게 표현했고, 특히 가급적 중립적 입장에서 상황전개를 보려는 그의 노력이 오늘날 6·25를 경험하지 못했던 사람들에게 더할 나위 없는 자료가 될 것 같아 몇 대목 소개한다.

6월 28일

(…) 그 지긋지긋하던 포성이 그치어 사람들의 얼굴엔 이제야 겨우 살아났다는 안도감이 역력히 나타나 보이나 밤사이 세상은 아주 뒤집히고야 만 것이다. 우리는 좋든 싫든 하룻밤 사이에 대한민국 아닌 딴 나라 백성이 되고 만 것이다.

낮때쯤 하여 아이들을 앞세우고 돈암동을 떠나 집으로 향하였다. 거리에는 이미 붉은 기를 흔들며 만세를 부르는 사람이 있고 학교 깃대엔 말로만 듣던 인공국기人共國旗가 바람에 나부끼고 있다. 되넘이고개를 넘어서 동소문을 향하니 탱크며 자동차며 마차며 또 보병들이 수없이 많이 쏟아져 나오고 있다. 그들은 비록 억센 서북 사투리를 쓰긴 하나 우리의 언어, 풍속, 혈통을 같이 하는 동족이고 보매 어쩐지 적병이란 생각이 나지 않는다. 어디 멀리 집 나갔던 형제가 오랜만에 고향을 찾아오는 것만 같이 느껴진다.

이건 내가 유독 대한민국에 대한 충성심이 적기 때문만은 아닐 것이다. 어제 본 국군과 이들이 무엇이 다르단 말이냐. 다르다면 그들의 복장이 약간 이색적일 뿐. 왜 그 하나만이 우리 편이고 그 하나는 적으로 돌려야 한단 말이냐. (…) 나는 길바닥에 털퍽 주저앉아서 땅을 치고 통곡하고 싶은 심정이었다. 그러나 나는 울래야 울 수 없는 인민공화국 백성이 되어 있는 게 아니냐.

이때까지만 해도 세상이 바뀐 것을 김 교수는 실감하지 못했다. 남하하는 인민군들은 남쪽 주민들에게 "당신들을 잘살게 해주기 위해 왔다"라고 말하면서 주민들에게는 적의를 나타내지 않고 있었다.

그러나 김 교수가 대학교에 나가서 처음 세상이 변했음을 봉변을 당하면서 깨달았고 사람 목숨이 순간적으로 왔다갔다한다는 사실도 실감하게 되었다.

7월 1일

(…) 학교(동숭동 서울대 문리과대학)는 이미 인민군이 들어와서 그 일부분을 쓰고 있고 연구실에는 아직도 들지 아니하였으나 책은 내어가지 못한다는 것이다. 가까이서 보니 인민군들은 생각했던 것보다 나이 어린

군인들이 많고 또 일반적으로 영양이 좋지 못한 얼굴들을 하고 있는 것이 의외였으나 대체로 보아 규율이 엄격하고 훈련을 철저하게 받은 것 같이 보였다. 한마디로 하면 인민군에 대한 내 첫인상은 매우 좋았다. 그러나 이러한 내 첫인상이 그로부터 한 시간 후에 산산이 부서질 사건이 돌발했다.

(…) 갑자기 병정 두 사람이 나타나서 따발총을 우리 가슴에 겨누고 손을 들라 한다. 나는 생전 처음으로 당하는 변에 가슴이 덜컥 무너지는 것 같았으나 시키는 대로 두 손을 높이 쳐드는 수밖에 없었다. 그들은 패잔병처럼 손을 들고 있는 우리들 한 사람 한 사람을 이윽히 노려보고 나서 "이 중에 반동분자가 섞이어 있지 않소?" 하였다.

"우리는 모두 이 대학 선생들이오" 하니 "선생들 중에라고 반동분자가 없으라는 법이 어디 있소?" 하고 자못 경멸하는 듯 야비한 웃음조차 입언저리에 짓는다. 그 중에서도 우두머리인성싶은 키 큰 청년이 하는 수작이다. "남반부의 대학이란 반동의 소굴이 아니었소!" 하고 사뭇 호통조다.

(…) 한 사람이 밖으로 나가서 한 식경 있다 돌아오더니 "이 중에 김구경 金九經이란 사람이 있거든 나서라" 한다. 순간 모든 시선이 김구경 씨에게로 쏠리었다. 무엇에 질린 사람처럼 창백한 얼굴로 김씨가 병정들을 따라 나가고 방안은 다시 정적으로 돌아갔으나 아무도 입을 열어 말하는 이가 없었다.

(…) "아까 어떤 학생의 말을 들으니 그는 반동분자라 하였습니다. 여기 동무들도 한 학교에 있어서 잘 알 터인데 왜 다들 말이 없는 거요?" 하고 재촉이 심하다.

결국 그들은 김씨를 놓아 주고 가버리었다. 이리하여 한 사람의 학자가 죽음의 고개를 넘어 왔다. 그 고개를 넘고 넘지 못함은 주정뱅이 같은 젊은 병정의 기분에 오로지 달려 있는 것이다.

인민군은 자신들의 식량조차 부족할 정도로 전쟁에 대비한 물자 준비가 없었다. 북한은 처음부터 주민들의 보유 식량을 조사해 가고 얼마 후에 총을 메고 나타나서 조사해 간 식량을 모조리 내달라고 위협했다. 서울시민의 눈으로 볼 때 점령군은 해방군이 아니라 약탈자에 더 가까웠다. 자연히 쌀값은 폭등할 수밖에 없었다.

7월 11일

(…) 대한민국 시절에 쌀값이 2,000원을 넘었다 해서 백성들이 아우성을 친 일이 어제인 듯한데 인민군이 들어온 후로 5,000원 고개를 거짓말처럼 넘기고 이제는 1만 원을 바라보게 되었다.

8월 4일

요즈음은 폭격이 날로 심하여져 간다. 비행기가 처음은 한강을 노린다는 소문이 있었고 다음은 용산을 두들기더니 차츰 도심지대로 번지고 작금은 서울의 변두리에도 소이탄, 로켓탄을 퍼붓는다. 얼마 전에는 청량리, 창동역 방면을 폭격했다더니 엊그저께는 미아리 유지공장을 잿더미로 만들었다 한다. 미아리를 겨냥할 제는 비행기가 바로 우리 집 지붕마루 위에서 거꾸로 내리박히는 것 같아서 아슬아슬하였다. 이제는 정릉리도 안심이 되지 않는다. 우리 집에서 100미터 남짓밖에 거리가 떨어져 있지 아니한 경신儆新학교에는 인민군이 꽉 차게 들어 있다.

유엔군의 폭격이 서울시내 인민군 집결지를 향해 오고 있었다. 이제 서울시민들은 폭격이 낯설지 않고 이질적인 적에 대한 응징으로 보고 어떻게 보면 이를 환영하는 듯한 묘한 감정을 일으켰다.

8월 16일

세상이란 참 우스운 것이다. 나는 별반 죄지은 기억이 없고 또 아무도 나를 잡으러 다니는 사람이 없지만 나는 공연히 겁을 내어서 세상을 비슬비슬 피해 다니는 못난 사람이 되고 말았다. 어떠한 한계의 사람이 반동으로 몰리는 것인지, 또 몰리면 어떠한 경로를 밟아서 어떠한 처벌을 받는 것인지.

(…) 더러는 대한민국 시절에 상당히 날치던 사람들도 아직은 아무런 일 없이 지나고 있는데, 그런가 하면 참으로 애매하다 싶은 사람들이 많이 경을 치고 허망하게 총살을 당하고는 한다.

(…) 이것이 바로 인민공화국의 장기長技인지도 모른다. 누구나 굶어 죽을 지경이 되어 생명을 유지하려면 당의 장단에 맞추어 춤추지 않을 수 없고…… 누구나 얼마쯤의 공포증에 사로잡혀 정부의 하는 일에 무조건 백지위임장을 써 바치지 아니할 수 없는…… 어떤 의미에 있어선 정치기술로써 만점일는지도 모른다.

북한의 서울 점령은 단순한 '우리 민족끼리'의 정권교체가 아니었다. 북한의 점령은 신분·계급·남녀·연령에 따른 차별과 질서가 뒤집어지는 '사회혁명'이었다. 거리에서는 '동무'라는 말이 공식적으로 사용되었고 늙은이도 어린애도 모두 동무라고 했다. 완장을 차고 나타나면 무조건 지배층이 되었고 머슴이든 종업원이든 그들의 눈에는 이제 상전도 고용주도 없었다. 그리고 누가, 언제, 어디서, 무슨 일 때문에 당할지 몰라 전전긍긍하는 사회를 만들고 통치하는 북한의 정치기술을 감탄하기도 했다.

8월 22일

광주 어느 산골길에서 피난민들이 모여서 애국가를 불렀다거든요. 아니 그 '아침은 빛나라 이 강산/ 은금에 자원도 가득한' 하는 것 말고 '동해물과 백두산'을 말요. 그럴 수가 있느냐고요. 있다마다 뿐입니까? 백성들의 대한민국에 대한 충성심이 오늘날과 같이 불타오른 적은 일찍이 없었을 겁니다. 인민공화국 백성이 되어 보고 모두들 대한민국을 뼈저리게 그리워하거든요.(…)

9월 2일

"자유의 소리, 대한민국 방송입니다" 하는 대목에 울컥하고 목이 메어짐은 어인 까닭일까? 언제 내가 대한민국에 이처럼 마음을 붙이었던가? "공산 세계에 머무는 여러분, 여러분은 군사 시설에 가까이 가지 마시고 부디 살아 남아서 좋은 세월을 맞이합시다" 하는 소리에 아내와 손을 맞잡고 울었다.

불과 3개월도 안 되어 서울시민들은 그리 탐탁하게 생각하지 않았던 대한민국을 그리워하게 되었다. 전쟁이 길어지고 북한 통치를 직접 경험하게 되면서 사람들의 생각은 달라지기 시작했다. 인민공화국은 결코 대한민국의 대안이 될 수 없었다. 대한민국에서 오는 방송을 듣고 왈칵 눈물이 쏟아질 정도로 이들은 핍박을 받고 있다고 생각하고 있었다.

9월 16일

(…) 나는 본시 대한민국에 그리 충성된 백성이 아니었다. 그의 해나가는 일이 일마다 올바르지 못한 것 같고 그의 되어가는 품이 아무래도 미덥지가 않아서 언제든 한번은 인민공화국 백성이 되지 않을 수 없는 날이

오려니 하고 예견하였었다.

(…) 그러면 인민공화국에 대해선 각별한 향념向念을 품었었느냐 하면 그런 것도 아니다. 내 인민공화국에 대한 기대는 몇 해 전 〈민성民聲〉지 북조선 특집호 중에서 북조선 문화인 좌담회 기사를 읽고 갑자기 식어졌다. 이기영, 한설야, 이태준 같은 사람들이 모여 말끝마다 우리의 영명한 지도자 김일성 장군 만세를 부르고 모든 사회현상이 심지어 우순풍조雨順風調한 것조차 김일성 장군의 영명하신 지도의 덕택인 것처럼 떠든 것이 비위에 맞지 않아서 그 후에 언젠가 철哲(친구)을 보고 "그자들이 모두 환장을 해서 그런 것일까 또는 정치적 압력 때문에 부득이해서 그런 것일까? 어쩌면 문화인이란 것이 그처럼 입을 맞추어 아첨할 수 있는 것인가?" 하고 욕설을 퍼부어준 일도 있었다.

유엔군과 국군이 인천상륙작전에 성공하여 서울을 수복한 것이 9월 28일이었다. 수복된 서울 거리는 이미 폐허화했고 곳곳에 늘어진 시체가 눈에 띠었다. 눈뜨고 볼 수 없는 광경이 벌어진 것이다.

10월 2일

거리에 나가 보았더니 흐르느니 눈물뿐이요, 앞서느니 한숨이다.

문자 그대로 폐허로 화한 종로 네거리, 종각은 흔적도 없고 인경(종)은 땅에 털썩 주저앉아 있었다. 뼈대만 엉성하니 서 있는 빌딩의 지하실 속에선 하마 일주일이 지났을 오늘도 오히려 타오르는 연기와 함께 이루 형언할 수 없는 매캐한 냄새가 풍기고 새카맣게 타버린 전신주 옆에 무참하게 끊기고 흐트러진 전선으로 말미암아 길을 찾아내기가 힘들었다. 중앙청의 시커먼 몰골에 찌그러진 모습은 낮에 나온 망령과 같아서 거들떠보기가 무섭고 번화하던 육조六曹거리는 타다 남은 벽돌과 기왓장의 잿더미로 화했다. 일제가 남기고 간 적산敵産 서울에 우리는 5년 동안 무엇을 보태놓고 오늘날 이토록 파괴를 자행하였을까? 땅을 치고 통곡하여도 시원치 않을 이 심정, 다리만이 후들후들 떨린다.

광화문 네거리의 비각碑閣은 허물어지고 남대문은 구멍이 뻥뻥 뚫리었다. 세브란스도 타버리고 서울 정거장은 쓰레기통 속에 담긴 찌그러진 성냥갑처럼 을씨년스럽게 보였다.(22)

7 | 북한으로 끌려간 남한 지도층 인사들

북한은 7월 하순에 김규식, 조소앙, 안재홍, 오하영, 윤기섭, 엄항섭을 비롯한 중간파 및 협상파가 포함된 정치인들과 김시창, 이승기 등 저명한 학자들 그리고 김약수, 노일환, 이문원, 김옥주 등 국회간첩 사건 관련 의원들 80여 명을 서울시 인민위원회에 모두 집합시켰다. 이들은 서울 점령 이후 내무서원들의 감시를 받으며 생활하고 있었으며 서울시 인민위원회에 잠시 다녀오면 될 것으로 생각하고 아무런 준비 없이 이날 집합했다. 그들 앞에 북한 노동당 조직 간부 김천명이 나타나 평양의 건설과 발전상을 돌아보고 다시 서울로 돌아올 것이라고 말했다. 모두들 이들이 말하는 것처럼 평양에 갔다가 곧 되돌아올 것으로 믿었다. 그런데 이것이 그들에게 다시 돌아올 수 없는 북행길이 되고 말았다.

8월에 들어서는 본격적인 강제납북이 실시되어 국회의원, 고급관료, 학자들이 광범하게 포함되었다. 대부분 반동으로 분류된 이들은 서울시내 여러 기관에 분산 수용되었다가 밤을 도와 북으로 이동했다.

약 100명에 달하는 이들 중에는 전 서울대 총장 최규동, 고원훈, 최린, 고려대 총장 현상윤, 소설가 이광수, 국학자 정인보, 구자옥, 김동원, 손진태, 명제세 등이 포함되어 있었다. 약 50명에 달하는 종교인들은 가장 강력히 반발하며 종교의식을 강행하는 방식으로 이들의 교육에 저항했다.

평양에 도착한 이들은 공산당 간부와 김일성대학 교수들로부터 김일성 연설집, 마르크스-레닌주의 이론, 정치경제학, 소련 및 중국공산당사 등을 교

육받았다.(23)

한국전쟁 납북사건 자료원과 김명호 강릉대 교수는 2006년 8월 13일 6·25전쟁 중 납북된 것으로 확인된 9만 6,013명의 조사 결과를 발표했다. 북한은 남한의 젊은 지식인과 기술자, 공무원들을 사전 계획에 따라 조직적으로 납치했다는 것이다. 이들은 공무원 2,919명, 기술자 2,836명, 교수와 교사 863명, 의료인 572명, 판검사 등 법조인 190명, 국회의원을 비롯한 정치인 169명 등이 포함되었다. 그리고 가장 많은 숫자가 농촌지도자들이었다.(24)

9·28 이후 전황이 불리해지자, 북한은 이들 납북인사들을 이끌고 피난길에 올랐다. 평양에 수용되었던 최린, 손진태, 백관수, 서연희, 현상윤, 고원훈, 정인보, 오용국, 김상덕, 김창덕 등은 10월 9~10일 걸어서 안주 방면으로 출발했다. 그리고 백상규, 김용무, 김동원, 명제세 등은 강계 방면으로 떠났다. 최린과 정인보 등은 신병으로 잘 걷지 못해 인민군에 업혀서 떠났고, 이광수와 최규동 등 기동을 못하는 중환자들은 평양에 잔류했다. 들것에 실려 평양을 출발한 이광수는 건강의 악화로 악전고투 끝에 자강도 강계에 도착했다. 도중에 최규동은 미군기의 공습을 받아 폭사했다. 이광수 역시 지병인 폐결핵이 악화돼 만포에서 사망했다.

10월 15일에는 조만식이 내무성 안에서 한규만 소좌가 이끄는 내무서원들에 의해 살해되었다. 김규식도 11월 하순 만포 근방의 군병원에 입원 중, 12월 10일에 끝내 사망하고 말았다.(25)

8 | 북한군의 오판

6월 28일 서울을 점령한 후, 인민군은 숨 쉴 사이도 없이 남진해야 할 것인데 웬일인지 인민군은 거기서 멈추어 섰다. 그리고 승리를 축하하는 모임을 갖고 '반동'의 숙청에 열을 올리고 장교와 사병들은 신기한 듯 시중에 나가 물건을 사든가 시내 관광을 하는 수학여행이라도 나온 것처럼 들떠 있었다.

왜 3일간의 귀중한 시간을 낭비했는가? 당시의 북한 측의 공식 문헌을 자세히 읽어보면 시사하는 몇 가지를 얻을 수 있다. 북한 측은 서울 점령으로 이승만 정권이 와해되어 전쟁은 끝난 것으로 생각하고 있었다는 설이 있다.

당시의 상황을 김일성의 측근인 유성철兪成哲 작전국장은 다음과 같이 증언했다.

> 6월 28일 아침 전차사단을 선두로 제4사단이 드디어 서울에 입성했다는 보고를 받고 나는 '이것으로 전쟁은 끝났구나' 하고 생각했다. 우리의 남침계획은 3일 이내에 서울을 점령하는 것으로 종료되는 것이었다. 이러한 작전 개념은 우리가 남조선 전역을 장악할 의도가 없었기 때문이 아니었다. 단지 우리가 남조선의 서울을 점령하기만 하면 남조선 전체가 우리 손에 들어올 것이라고 판단했기 때문이다.
> 지금에 와서 생각하면 이러한 판단을 이해하기 어렵겠지만, 적의 수도를 점령하는 것으로 전쟁에 승리한 예는 세계의 전사에 수없이 많이 있는 것이다.(26)

당시 미군 군사고문이었던 짐 하우스만은 다음과 같이 증언했다.

> 어쨌든 인민군은 서울을 점령한 뒤에도 탱크를 계속 남하시킬 작전을 전개하지 않은 채 사흘이나 꾸물거렸다. 이 사흘 동안에 남쪽에서는 역사가 이루어지고 있었다. 유엔 개입 결의가 있었고 맥아더 원수의 한강 전선 시찰이 있었다. '인민군이 왜 3일간을 서울에서 지체했는가' 하는 데 대해서는 설이 구구하지만 그 당시 나의 생각으로서는 '한국군의 항복을 기다리는 것이 아니었던가' 하는 것이다. 서울이 점령되었으니까 남한은 공산주의에 항복할 것이며 따라서 군인들도 속속 총을 버리고 항복할 것이라고 판단하지 않았나 짐작된다.(27)

그러나 인민군의 핵심적 명령서들에는 대부분 작전지역이 한반도 남단까지 포함되어 있었다. 일부 명령서에는 한반도 점령을 목표로 한 부산, 목포, 군산, 인천 등의 지명이 구체적으로 표기되어 있었다.

"한강에 도착하면 먼저 도강하라"는 작전지시에도 불구하고 도강장비의 부족과 38선 전투와는 달리 완강해진 한국군의 저항에 부딪혀 그만큼 느리고 더디게 진행된 것이다.

7월 1일 평양에 주재하는 소련대사에게 보내진 스탈린의 전문에서는 북한 당국의 의사가 '계속 전진'인지 '진격 중단'인지를 묻고 있다. 그리고 스탈린의 의견은 의심의 여지없이 계속 전진이라는 점을 분명히 했다. 남한이 빨리 해방될수록 그만큼 미국의 개입 가능성이 줄어들게 되기 때문이었다. 스탈린의 이 전문은 북한군의 진격이 예상보다 느렸기 때문에 보내진 것으로 보인다.(28)

남진하는 인민군을 따라 김일성은 모두 세 번에 걸쳐 남한을 방문했다. 7월 16일, 8월 1~2일, 8월 9~14일이었다. 먼저 7월 16일의 서울 방문은 조선 인민군 전선사령부에 들러 대전지역의 해방작전을 지휘하기 위한 것이었다. 8월 1~2일에 김일성은 충청북도 수안보에 있는 전선사령부를 찾았다. 미군 공군기들의 끊임없는 폭격 속에 감행된 김일성의 수안보행은 일대 모험이었다. 그리고 8월 9~14일까지의 서울 방문은 상당히 긴 방문이었다. 낙동강 전선의 최후 결전을 위한 역량의 집중과 현지 독려를 위한 방문이었을 것이다.(29)

많은 북한군 포로의 진술에 의하면 북한군의 수송체계는 7월 중순에 이미 미 공군의 폭격으로 궤멸 상태에 빠졌다. 부대이동은 낮에는 터널이나 산악지대에 숨어 있다가 밤에만 움직일 정도로 미 공군의 위력은 막강했다.

북한군의 잘못된 작전계획의 하나는 전선을 너무 확대시켜 남한의 각지 모든 곳을 점령, 소탕하려고 병력을 분산시킨 것이다. 부산이라는 주요 항구도시에 직접 모든 군사력을 집중하여 공격했더라면 전세는 전혀 달라질 수도 있었을 것이다. 미 공군은 분산된 북한군의 탱크와 포대를 조직적으로 파괴했고 파괴된 장비는 수선이 불가능했다. 그리고 연료와 탄약은 7월 15일까지 끝나기로 추정된 야전에 맞추어 계획되었다.

북한군이 느낀 기습에 의한 서전의 승리 기분도 7월 20일의 대전 전투까지였다. 미 제24사단의 딘 사단장을 포로로 하는 빛나는 전과를 올렸지만, 이 무렵부터는 괴로워지기 시작했다. 개전 1개월도 지나기 전에 보급이 여의치 않게 되었다.(30)

초반의 혁명 열정은 시들어 장병들의 사기는 시간이 가면서 더욱 저하되었다. 사기 저하의 가장 큰 요인은 식량부족문제(21.4퍼센트)였고 공습에 대한 공포(17.9퍼센트)가 그 뒤를 이었다.

8월에 들어서자 전황은 급격히 악화되었다. 병사들은 굶기 시작했다. 8월 24일 어느 연대의 전주련이라는 이름의 정치장교가 정치담당 부사단장에게 보낸 보고서에는 비참한 내용이 들어 있었다. 1일 1식으로 줄였지만 내일부터는 먹을 것이 아무것도 없다는 내용이었다. 식량문제를 해결해주지 않으면 25일 아침부터 전원이 굶게 된다는 것이었다. 2,500~2,800명 규모의 인민군 연대는 8월 말에 약 40퍼센트가 줄어 2,000명이 못 되었는데 이들을 어떻게 먹이는가가 문제였다.

그런데 낙동강을 도하하여 진격하라는 김일성의 추상같은 엄명이 떨어졌다.(31)

8월 4일을 기점으로 남북 160킬로미터, 동서 80킬로미터의 이른바 낙동강 방어선, 즉 한국군과 유엔군의 완강한 방어진지인 부산교두보가 형성되었다. 미군은 8월 4일 현재 5만 9,238명이 한국 전선에 투입될 만큼 증원되었다.

대구 정면의 다부동에서는 매일 혈전이 벌어졌다. 대구가 뚫리면 부산까지는 거의 무저항의 직진이 가능한 만큼 대구의 전략적 위치는 중요했다.

8월 3일 인민군 제1군단은 작전명령 제121호에 의해 8월 6일까지 대구와 부산을 점령하라는 명령을 받았다. 그러나 북한군이 초전에 누렸던 우위는 완전히 사라졌다. 북한군은 필사적으로 낙동강을 건너가려고 시도했으나 번번이 실패할 뿐이었다.(32)

낙동강 전선에서의 전선교착 상태는 북한이 겪는 최초의 그리고 가장 결정적인 위협을 초래하게 되었다. 문제는 북한의 자신과 적의 역량을 고려하지 않은 무리한 작전에 기인한 것이다. 또 다른 문제는 미군의 신속한 대응과 개입이었다.

김일성은 7월 27일 한 기자회견에서 "만일 외국의 무장 간섭이 없었다면 조선에서의 전쟁은 벌써 종식되었을 것"이라고 말했다. 김일성은 미국이 이 전쟁에 개입하지 않으리라는 판단하에 전쟁을 시작했다. 스탈린에게도 미군이 개입하지 않을 것이라고 장담했다. 만일 미군이 개입하더라도 그 이전에 전쟁을 끝낼 자신이 있었다.

그것은 김일성의 결정적인 오판이었다. 김일성의 판단을 옆에서 도왔던 스티코프 소련대사가 1950년 말 미군 개입에 대한 오판에 책임으로 소환된 것으로 보아 전쟁은 처음부터 오판으로 시작된 것으로 볼 수 있다.

미국이 왜 그렇게 신속하게 기다렸다는 듯이 전쟁에 개입했는가에 대한 명확한 해답은 아직까지 없다. 다만 공개된 자료에 따르면 소련이 배후조종하는 이 전쟁에 미국이 적극 대응하지 않으면 계속 같은 상황이 전개될 것이고 그것은 궁극적으로 세계 3차 대전으로 이어진다고 미국 지도부가 판단했다는 것이다.

9 | 맥아더의 인천상륙작전

　인천상륙작전은 세계 전사에 남을 대성공적인 작전이었다. 그러나 8월 23일까지 이 작전을 지지한 사람은 맥아더 장군 혼자뿐이었다. 합참본부와 각 군은 반대했다. 부산에서 8군을 지휘하던 워커Walton Walker 장군도 그의 방어선이 약화된다는 이유로 반대했다.

　상륙작전이 실패하면 미8군은 북한군에게 압도당할 수도 있었다. 그리고 이 작전은 실패할 가능성이 컸다. 맥아더 장군 자신조차 성공 가능성이 5천분의 1이라고 보았다.

　인천항의 접근로는 좁고 위험했을 뿐만 아니라 최대 10미터에 이르는 엄청난 조수간만의 차이가 있었다. 상륙함정은 만조일 때만 물 위에 떠 있을 수 있었다. 만조는 9월 15일과 10월 11일이었다. 간조일 때는 이 일대가 갯벌로 변해 함정은 꼼짝 못하고 적군 야포의 목표가 될 수 있었다.

　그래도 맥아더는 인천상륙작전이 성공할 수 있다고 확신하고 계속 그 시행을 주장했다. 그는 반드시 성공할 것이고 10만 명의 생명을 구하게 될 것이라고 말했다.

　결국 합참과 대통령도 마지못해 인천상륙작전을 승인했다. 결과적으로 운명의 여신은 맥아더의 편이었고 작전은 대성공이었다.[33]

　맥아더는 '마운트 맥킨레'호에서 상륙작전을 지휘했다. 작전은 9월 15일 실시되어 9월 28일에 서울을 수복했고 1개월 만에 북한군의 포로는 13만 명에 달했다.[34]

1950년 9월 인천상륙작전(왼쪽 위의 작은 사진은 맥아더 장군)

제3장 한국전쟁 발발 127

인천상륙작전은 완전기습작전으로 전혀 예상치 못한 작전이었다는 것이 정설로 내려오고 있었다. 그러나 최근에 공개된 소련 및 중국 자료들을 보면 스탈린과 마오쩌둥毛澤東이 인천상륙작전을 예상하고 김일성에게 대비하라고 전한 것으로 되어 있다.

새로 공개된 인민군 명령서에는 김일성이 인천상륙작전을 정확히 예상하고 이에 대한 군사적 대비까지 철저하게 했음을 밝혀주고 있다. 김일성은 8월 28일 전선지구 경비사령관에게 방어작전 개시를 명령했다. 그러나 이 시점에서 북한군의 병력과 장비는 유엔군의 작전을 저지할 만한 능력이 없었다.[35]

결국 맥아더의 인천상륙작전으로 인해 북한군이 독 안에 든 쥐가 된 셈이 되자, 낙동강 전선은 힘없이 무너졌다. 인민군 1군단은 9월 16일 유엔군이 총공격을 감행하자 약간의 저항을 시도하다가 이내 9월 25일 총철수명령을 내렸다. 2군단은 20일부터 철수를 시작했다. 이들은 국군과 유엔군을 피해 38선을 넘어 후퇴했다.

인민군은 살아남기 위해 장교들까지 사복을 입고 투항이나 탈출, 자수 준비를 하고 있었다. 전세가 역전되자 인민군대는 형편없는 군대로 전락했다. 최초의 철의 규율을 가진 군대는 이미 아니었다. 북한군의 도괴에 비하면 남한군의 후퇴가 차라리 더 체계적이었는지 모른다.[36]

제 **4**장

소련의 북한 포기와 미국의 한반도 철수

1 | 빨치산 다 어디 갔는가

인천상륙작전의 성공으로 전세가 역전되자 유엔군은 파죽지세로 북을 향해 진격했다. 북한군은 지리멸렬되어 군 지휘계통은 완전히 단절되고 장병은 전의를 상실한 채 오직 살아남기 위해 패주에 급급했다.

9월 말 현재 맥아더 원수 지휘하의 유엔군은 지상부대만 미군 12만 5,000여 명, 한국군 10만 1,500여 명, 영국군 1,700여 명, 필리핀군 1,300여 명 등 총 22만 9,700여 명에 달했다. 패주하는 북한군은 전의를 상실한 패잔병 4개 사단에 불과했다.

한국군은 10월 1일 38선을 돌파, 북진하기 시작했고 10월 7일 유엔에서 유엔군의 38선 월경을 허용하는 결의안이 총회에서 통과되자, 월경을 준비하던 미군은 곧바로 38선 돌파명령을 내렸다. 유엔군이 38선을 넘어 진격해 들어오자 김일성은 다급해졌다.

김일성은 다시 10월 9일 스탈린에게 편지를 보내 "미국 침략자들이 전 조선을 장악하여 극동지역을 자신들의 군사전략기지로 전환시키기 이전에는 공격을 멈추지 않을 것"이라면서 시급한 지원을 요청했다.

그리고 김일성은 10월 11일 평양에서 패전원인을 밝히는 방송을 했다. 그가 밝힌 패인은 미군의 물량작전에 의한 것과 군과 정부 내에 '반혁명 반당분파분자'의 사보타주에 있다고 했다. 김일성이 지명한 '반혁명 반당분파분자'는 한국 내에 공산당원 20만 명이 대기하고 있어 북한군이 쳐내려 가면 그들이 호응할 것이라고 호언했던 부수상 겸 외상 박헌영과 이승엽, 전법상 외에 제1군단장 김웅金雄 중장, 제2군단장 김무정金武亭 중장 등이다.

김일성은 10월 8일 미군의 폭격 때문에 위장망으로 가린 채 모래주머니로 방탄벽을 쌓은 모란봉 밑의 지하실에서 집무를 보고 있었다. 이날은 바로 미군의 38선 진주가 결정된 바로 다음 날로, 중국대사 예지량과 참사관 시성문이 중국이 참전하기로 결정했음을 알리는 마오쩌둥의 전문을 전달하려고 집무실에 들어섰을 때 김일성과 박헌영은 다투고 있었다. 이들은 외국 대사가 왔는데도 중단치 않을 만큼 심하게 다투고 있었다. 논쟁점은 산으로 올라가 유격전을 하느냐 마느냐였다. 김일성은 이를 주장했고 박헌영은 반대했다. 박헌영이 나가자 김일성은 "박헌영이 산에 올라가 유격전을 할 결심이 도무지 없다"고 힐난했다.

그러나 박헌영이 어떤 다른 대안을 제시했는지는 알려지지 않았다. 아마도 그는 미군에 맞설려면 유격전으로는 어림도 없으니 국제적 지원을 요청하는 데 더 많은 노력을 기울여야 한다고 주장했는지도 모른다.[1]

한 달 후에 둘은 다시 싸웠다. 이때는 훨씬 더 격렬했다. 전 북한 외무성 부상이었던 박길룡에 따르면, 1950년 11월 7일 소련의 10월 혁명기념일에 북한지도부가 피신하여 있던 만포진의 소련대사관에서 연회가 있었다.

당시에 북한의 정부와 군, 주요 기관은 전부 한만국경 부근 또는 아예 만주로 피신해 있었다. 10월 혁명기념일 집회는 주요 간부들이 전부 모이는 집회였는데 박길룡은 김책과 함께 그의 차를 타고 갔다.

이때 김일성은 술이 들어가자 박헌영에게 "여보, 박헌영이! 당신이 말한 그 빨치산이 다 어디에 갔는가? 백성들이 다 일어난다고 그랬는데 어디로 갔는가?" 하고 힐난하며 "당신이 스탈린한테 어떻게 보고하는가? 우리가 넘어가면 막 일어난다고 당신 그런 얘기 왜 했는가?" 하고 책임을 추궁했다.

그러자 박헌영이 불쑥하여 "아니, 김일성 동지! 어찌하여 낙동강으로 군대를 다 보냈는가? 서울이나 후방에 병력을 하나도 안 두었는가? 후방은 어떻게 하고 군대를 내보냈는가? 그러니까 후퇴할 때 다 독 안에 든 쥐가 되지 않았는가?"하고 반문하면서 "그러니 다 내 책임은 아니다"라고 반박했다. 낙동강에 전력을 전부 배치할 것이냐 마느냐로 둘은 의견의 차이가 있었던 모양이었다.

그러나 김일성은 더욱 심하게 면박을 주었다. "야, 이 자식아. 무슨 말인가? 만약에 전쟁이 잘못되면 나뿐 아니라 너도 책임이 있다. 너, 무슨 정세판단을 그렇게 했는가? 난 남조선 정세는 모른다. 남로당이 거기 있고 거기에서 공작하고 보내는 것에 대해 어째서 보고를 그렇게 했는가?" 그러면서 김일성은 대리석으로 된 잉크병을 벽에 던져 박살냈다. 박길룡은 둘의 관계는 이때 이미 영 틀어졌다고 진술했다.

박길룡은 소련계 한인으로 1945년에 소련 제25군 정치장교로 입북하여 북한의 주동독 대사, 주체코 대사를 지내고 외무성 부상까지 올랐다가 1959년 대숙청 때에 소련으로 망명했다.(2)

2 | 두 명의 평안남도 지사

한국정부는 북한 점령지역의 행정에 관해서는 당연히 한국정부가 관장해야 한다고 생각했다.

10월 19일 평양을 점령하자, 한국정부는 김병연金炳淵을 평안남도 지사로 임명하고 평양으로 파견했다. 한국정부는 1949년 2월 15일 이북 5도 지사를 임명했는데 김병연은 그때 평남지사로 발령받은 일이 있다. 그는 3·1운동과 그 이후의 항일투쟁으로 수차 투옥된 일이 있고 조선일보 평양지사장을 지낸 인물이었다. 해방 후 그는 조만식의 지도를 받고 조선민주당 정치부장을 지내다가 소련당국의 탄압을 피해 월남한 사람이다.

한편 유엔 한국위원회는 평양의 함락이 가까워지자 10월 12일 북한 점령지역은 유엔군 총사령관의 통할하에 둔다는 결의를 했다. 이에 따라 미 제8군은 한국정부가 임명한 김병연 지사를 거부하고 서북청년단 간부 김성주金聖柱를 지사로 임명했다. 따라서 김병연은 그 자리에서 물러나고 말았다.

김성주 지사는 10월 26일 평양시내의 한 여관(앵려관櫻旅館)을 도청 청사로 정하고 행정을 개시했다. 미군은 군정부장으로 몬스키 대령을 임명했는데 그는 평양부시장을 겸직했다.(3)

김성주는 평북 강계 출신으로 해방 후 월남하여 서북청년회 등 반공청년단체의 최선봉에서 활약한 인물이다. 그는 한국전쟁 때 KLO(북한 침투 특수부대)를 이끌고 대북공작에 공을 세우기도 했고 이 때문에 유엔군 북진 시 유엔군의 임명으로 평안남도 지사를 지내게 되었다. 그러나 이승만이 임명한 김병연 평남지사와 겹쳐 갈등을 빚게 되었고 결국 이승만의 눈 밖에 나게 되었다.

이후 김성주는 이승만 지지에서 이탈하여 장면을 대통령으로 추대하는 운동에 참여하기도 하고 1952년 선거에서는 조봉암의 선거 사무차장으로 활동하기도 했다. 그리고 이승만의 북진통일론과 반공포로 석방을 비판하여 이승만은 김성주를 배신자로 생각하기에 이르렀다.

김성주는 1953년 6월 25일 '국가변란 및 이승만 대통령 암살음모 혐의'로 구속되었다. 수사는 헌병사령부가 맡았다. 이승만은 김성주에 대해 사형을 기대했으나 군법회의에서 7년을 구형하자 손원일 국방장관을 통해 '반역자', '극형'이라고 쓴 영문메모를 재판장인 원용덕에게 보냈다고 한다.

1954년 4월 16일 원용덕은 육군형무소에 수감되어 있는 김성주를 끌어내어 신당동에 있는 사령관 관사에서 사살해 버렸다. 김성주의 시신은 약 2개월 동안 원용덕의 관사 방공호에 묻혀 있다가 6월 10일 화장되었다. 그러나 군법회의는 1954년 5월 6일에 김성주에 대한 사형을 선고했고 5월 29일에 사형이 집행된 것으로 발표했다.

이 사건으로 원용덕은 4·19가 일어난 뒤 1960년 7월 29일 헌병총사령관직에서 해임되고 8월 3일 구속되어 15년 형을 선고받았으나 중간에 특사로 풀려났고 1968년 2월 24일 60세의 나이로 사망했다.(4)

이러한 일은 동부지역에서도 벌어졌다. 국군 제1군단이 미군보다 약 15일 앞서 북진했기 때문에 국군 제1군단 민사처가 중심이 되어 함흥지역의 초기 점령정책의 실시를 추진했다. 미군 제10군단이 진주한 후에는 국군은 미군 제10군단 민사처의 지휘를 받게 되어 군정을 인계하게 되었다. 국군과 미군이 각각 임명한 함흥시장 사이의 갈등이 심각하게 벌어졌다. 이때 한국군이 임명한 유원식의 말을 들어 본다.

어느 날 나에게 모든 집정업무를 그들에게 인계하라고 했을 때 너무나도 큰 충격에 고통을 이겨낼 수가 없었다. 나는 도저히 납득할 수가 없어서 처음에는 거절했다.

"이곳은 대한민국 헌법에 명시된 바와 같이 '한반도와 그 부속도서'의 일부분이오. 따라서 엄연히 대한민국 정부의 영토인데 어찌하여 유엔이 관리하겠다는 거요?"

나는 이렇게 강경하게 주장했으나 그들의 이야기는 뜻밖에도 달랐다.

"이곳은 유엔군 점령지구이지 대한민국의 영토는 아니오. 대한민국 주권은 여기에서 인정될 수 없소. 상당한 기간이 경과한 후 주민들 투표에 의하여 귀속이 결정될 것이오."(5)

평양을 점령하자 한국군과 민간인들은 수없이 평양으로 몰려와 약탈을 시작했다. 계급장을 붙이지 않은 군복을 입은 군인 혹은 민간인들은 시내를 돌며 민가, 창고 등에 접수라는 종이쪽지를 붙여놓고 쌀, 피복, 집기 등을 실어냈다. 해방 후 남으로 피난 간 지주들이 돌아와 5년간의 소작료를 내라고 소작인을 다그치는 일도 있었다.

이때 평양 시민들을 괴롭힌 것은 화폐문제였다. 북한에서는 당시 소 한 마리에 600원, 돼지 한 마리에 200원, 소주 한 되에 18원이었는데 남한에서는 그보다 10배나 비쌌다. 그런데 점령지역에서는 남한과 북한의 화폐를 1대 1로 통용하고 있었다.

시민들은 북한지폐가 앞으로 무효화된다는 소식에 한국지폐에 의한 매매를 환영했으나 곧 인플레와 물자부족으로 고통 받게 되었다. 태극기를 휘두르며 미군과 한국군을 환영하던 평양시민들의 표정은 1개월도 못 되어 어두워졌다.(6)

당시 가족을 데리러 평양으로 갔던 강원용 목사의 증언을 들어 본다.

내가 보기에 38선 이북의 주민들은 국군이 들어오자 공산치하로부터의 해방이라는 기쁨을 느끼면서도 공포에 떨고 있는 듯했다. 내가 경악을 금치 못한 것은 남쪽에서 올라온 장사꾼들의 횡포였다. 어떤 경로를 통해서였는지 국군이 있는 곳에는 일단의 장사꾼들이 따라붙어 마치 자기들이 점령군이나 되는 것처럼 칼만 안 든 강도짓을 하고 다녔다. 국군은 계속 전투를 벌이며 전진하니까 민간인과는 별로 접촉할 기회가 없었다. 장사꾼들은 트럭을 동원해서 집집마다 마구 들어가서는 쌀이나 돈이 될 만한 물건들을 털다시피 들어내 왔다. 그리고는 제멋대로 헐값으로 값을 쳐서 남한의 화폐로 물건값을 지불하는 시늉을 했다. 그러니 그런 일을 당한 집은 북쪽에서 통용이 되는지 안 되는지도 모르는 화폐 몇 조각을 받고 몽땅 물건을 빼앗긴 꼴이 되어 버렸다.(7)

3 | 중국 참전 안 하면 스탈린은 북한을 포기

스탈린은 10월 1일 새벽 2시 50분 김일성의 구원편지를 받았다. 김일성은 간절하게 소련의 직접적인 군사원조를 요청하고 있었다. 스탈린은 편지를 가져온 지 10분도 안 되어 베이징주재 소련대사에게 보내는 전보를 구술했다. 그리고 마오쩌둥과 저우언라이周恩來에게 신속하게 전하라고 했다.

> 조선 동지의 상황은 절망을 느끼게 한다. (…) 당신들의 부대가 조선을 도울 수 있다면 적어도 5, 6개 사단을 빨리 38선으로 전진시켜 조선 동지가 38선 이북에서 후방 방어역량을 조직할 수 있도록 하시오.

마오쩌둥은 저녁에 이 전보를 받고 저우언라이, 주더朱德, 류사오치劉少奇 등과 긴급회의를 열고 대책을 논의했다.

몇 해에 걸친 일본군 및 국민당과의 전쟁에서 중국인민은 이제 방금 평화와 안정을 얻었고 국가는 경제의 전면 회복기에 진입하고 있었다. 미국과 전쟁을 할 경우 물질적인 소모 외에 미국의 대중국 선전포고 가능성도 고려하지 않을 수 없었다. 따라서 미 공군에 의한 대도시와 공업기지의 무차별 폭격에 대비하지 않을 수 없었으며 미 해군이 타이완의 국민당을 동원하여 대륙 연해지역에 대한 진공을 개시하면 미국과 전면전을 각오해야 했다.

한편 소련 공산당 중앙정치국은 10월 5일 회의를 열고 전세 만회 방법을 논의했다. 참석자 모두는 북한을 포기하더라도 소련과 미국이 직접 충돌하는 전쟁으로는 가지 않아야 한다고 말했다. 스탈린은 여전히 중국이 미국을 한반도에서 밀어내 주기를 바랐다. 그는 회의가 끝나자 마오쩌둥에게 전보를 보냈다. 마오쩌둥을 안심시켜야 했다.

그는 단언했다. "미국은 전쟁준비가 되어 있지 않아 중국이 참전하면 조선 점령 계획을 포기할 것이다. 소극적으로 대처하면 중국의 역량을 깔볼 것이며 미국이 타이완문제에서 양보하리라고 생각하지 말라. 중국과 소련 간에는 상호동맹조약이 체결되어 있어 미국이 대중국 선전포고를 하면 소련은 좌시하지 않겠다. 걱정하는가? 내가 보기에는 걱정할 필요가 없다. 우리가 연합하면 미국과 영국보다 강하다. 전쟁을 피할 수 없다면 받아들이자"라고 했다.(8)

스탈린의 전보를 받고 다시 열린 중국공산당 간부회의에서 마오쩌둥을 제외한 대부분의 지도자들은 출병을 찬성하지 않았다. 그러나 마오쩌둥은 소련의 무기와 장비지원 그리고 공군엄호만 있으면 승리할 수 있다고 자신했다. 그가 우려했던 점은 미국을 몰아내지 못하면 미국은 한반도 전역을 점령하고 압록강과 두만강을 경계로 진을 치게 되며, 이 경우 동북지역(만주)의 가장 중요한 공업기지가 위협을 받는다는 점이었다.

10월 8일 마오쩌둥은 중국인민지원군 결성명령을 정식으로 발포發布하고 다음날 저우언라이와 린뱌오林彪로 하여금 흑해 부근 휴양소에 있는 스탈린을 찾아가 마지막 담판을 하게 했다. 저우언라이는 소련의 중국에 대한 신속한 장비제공과 특히 공중엄호를 해주면 출병하겠다고 말했다. 스탈린은 공중엄호는 어렵다고 했다. 스탈린과 저우언라이, 린뱌오의 대화 내용은 다음과 같다.

스탈린: 우리 소련공군은 출동할 수 없습니다. 자칫 우리와 미국 간에 충돌사태가 벌어지면 일이 크게 번질 것입니다.

린뱌오: 소련 조종사들이 중국 지원군 복장을 하고 참전하면 어떻습

니까?

스탈린: 하지만 조종사가 포로로 잡힐 경우 복장이 무슨 의미가 있습니까? 당신들의 이번 모스크바 방문은 한국전 참전 유보를 통보하기 위해서 입니까?

저우언라이: 그렇습니다. 소련공군의 측면지원이 없으면 우리는 출병을 보류할 수밖에 없습니다.

스탈린: 그렇다면 좋습니다. 이 사실을 김일성 동지에게 통보해 주는 것이 어떻습니까? 아울러 동북지구 통화에 망명 정부를 세우라고 권할 수도 있겠지요.

린뱌오: 김일성이 빨치산을 거느리고 산으로 숨어들어 유격전을 벌일 수도 있지 않습니까? 북조선은 산이 높고 수림이 울창한데다 중국의 동북지구를 등에 업고 있어서 유격전을 펼치기에는 안성맞춤이지요.

결국 10월 11일 스탈린과 저우언라이는 북한을 포기하기로 결정했다. 소련공군이 당장 전투에 참가할 준비가 되어 있지 않으며 2개월 내지 2개월 반 후에나 출동이 가능하므로 잠시 출병을 미루고 김일성을 압록강 이북으로 철수시키자고 합의했다. 그리고 스탈린·저우언라이·린뱌오의 전문을 마오쩌둥에게 보냈다.

스탈린은 북한주재 소련대사 스티코프를 통해 김일성에게 저우언라이와 린뱌오와의 회담 내용을 10월 12일 통보했다. 중국이 재차 참전을 거부했으므로 북한을 탈출해 중국과 소련으로 조속히 퇴각하라고 지시했다.(9)

또한 스탈린은 조선의 동지들이 지탱하지 못하고 무모한 희생을 당하는 것보다 아예 그들을 조직적으로 계획성 있게 철수시키는 것이 나을 것이라고 지적했다. 그리고 북한의 주요 역량과 무기 물자 그리고 일부 사업일군, 간부들은 중국의 동북으로 철수하도록 하고 노약자와 신체기능 장애자, 부상자의 대부분은 소련 경내로 철수시키는 것이 좋겠다고 했다.

스탈린은 지휘부를 중국의 동북 지방으로 철수시키는 것은 후에 다시 북한으로 들어가기 위한 것이라고 설명했다. 즉 중국의 동북 지방에서 북한으로 들어가는 것이 소련과 중국이 소련에서 북한으로 들어가는 것보다 훨씬 쉽다는 것이었다.(10)

이렇게 되면 중국으로서는 두 가지의 어려움을 안을 수밖에 없었다. 하나는 저우언라이가 지적했듯이 중국은 부득불 대규모의 병력을 1,000킬로미터에 걸친 압록강 방어선에 배치하여 어느 때 쳐들어올지 모를 적들을 경계해야만 하는 부담을 안을 수밖에 없었다.

한편 중국공산당과 북한의 역사적 관계를 감안할 때 북한의 방대한 지휘부가 중국 동북 지방으로 철수하여 북한 내의 유격전과 연계하여 재기를 도모할 경우, 중국은 당연히 북조선을 지원할 것이고 그렇게 되면 동북 지방에서 미국이 침입하지 않아도 자연스럽게 미국과의 전선이 형성되고 말 것이라는 점이었다. 거기에 소련이 이를 빌미로 개입할 경우 중국의 동북 지방은 또다시 중국과 미국, 소련 간의 각축장으로 떠오를 가능성이 있었다.(11)

10월 13일 오후 중국공산당 중앙위는 긴급 정치국 회의를 열어 최후의 대논쟁을 벌였다. 펑더화이彭德懷는 소련공군의 지원 없는 출병에 대해 완강하게 반대했다. 그러나 마오쩌둥은 스탈린이 중국본토 방위를 확인하고 중공군에게 대규모 무기교체를 약속한 점을 들어 그를 설득했다.

결국 결론은 소련공군의 지원이 없더라도 즉각 지원군을 출동시켜야 한다는 쪽으로 모아졌다. 녜룽전聶榮臻의 회고에 따르면 당시 마오쩌둥은 피를 말리는 심사숙고 끝에 결단을 내렸다고 한다.

마침내 마오쩌둥은 10월 13일 스탈린을 방문 중인 저우언라이에게 긴급 전문을 보내 참전 결단 사실을 알렸다. 저우언라이가 소련공군의 엄호 없이도 참전할 것이라는 결정을 스탈린에게 알리자, 스탈린은 매우 놀라고 감동하면

1950년 10월 19일 중공군이 얼어붙은 압록강을 건너고 있다.

서 "중국 동지들은 정말 좋은 동지야"라고 말했다. 스탈린은 56억 루블의 차관을 제공해 보병 100개 사단을 무장할 수 있는 탄약과 장비를 살 수 있게 해 주겠다고 즉석에서 약속했다.(12)

그런데 소련공군은 11월 1일에 전투에 참여하여 미군기와 공중전을 벌였다. 스탈린은 당초 약속보다 더 빨리 공군을 투입한 것이다. 공중전에 투입된 소련공군은 곧 작전반경을 압록강 상공에서 청천강과 대동강 일선으로 확대했다. 소련공군은 미그 15와 미그 9 등 9개 전투기사단, 3개 공격기사단, 1개 폭격기사단 등 13개 사단을 파견했다.(13)

소련의 참전 조종사였던 스몰체코프는 한국을 방문했을 때 다음과 같이 증언했다.

> 소련은 공군을 참전시키면서도 비행기에 소련 마크를 달지 못하게 했다. 최초로 부대가 이동했을 때 조종사들은 아무도 한국전쟁에 참여하는 줄 몰랐다. 전투 중에도 관제탑과 교신할 때 한국어나 중국어를 사용해야 했으며 군복도 소련 군복을 입지 못하게 했다. 러시아어의 사용은 금지되었다. 때문에 우리는 탑승 시 한국어로 번역된 구령 쪽지를 가지고 타야 했다. 그것을 보고 한국어로 교신하기 위해서였다. 그러나 조종사들이 익힌 한국어 실력은 아주 초보적인 것에 불과해서 급박하게 전투가 수행될 때에는 무용지물이 되었다. 우리는 결국 곧바로 러시아어를 사용할 수밖에 없었다.(14)

스탈린은 즉각 김일성에게 중국이 참전을 결정했다는 희소식을 알리고 어제 보낸 북한군을 철수하라는 전보의 집행을 늦추라고 말했다. 이렇게 해서 중국과 소련으로부터 내려진 북한군의 철수 지시는 취소되었다.

4 | 미군의 패퇴와 한반도 철수

정일권丁一權의 회고에 따르면, 맥아더는 중국군 참전이 임박한 10월 13일 이승만에게 보낸 편지에서 중국군이 반드시 참전한다고 보고 있었다. 이승만 역시 "소련은 몰라도 중국의 개입 가능성은 매우 크다"고 보았다. 맥아더는 겉으로는 중국 개입 가능성을 부인해 왔으나 이는 트루먼의 북진저지 책략을 막기 위한 고도로 위장된 제스처였다. 맥아더는 소련을 배후로 둔 중국이 가까운 장래에 아시아 민주주의의 최대의 위협이 될 것이라면서 중국의 잠재적 군사력을 때릴 만한 기회는 지금이 아니고서는 없을 것이라고 보았다.

맥아더의 안중에는 중국은 너무나 보잘 것 없는 존재였고 따라서 그는 중국군이 압록강을 건너는 날이 바로 한국전쟁이 끝나는 날이라고 생각했다. 승리에 도취된 맥아더 장군은 크리스마스 때까지는 전쟁을 끝내고 미군 장병들을 집으로 돌아가게 한다고 약속하고 이번 총공세를 빨리 끝내자고 다그쳤다. 그의 말은 전 미군에 전달되었고 미군은 "크리스마스는 가족과 함께"라며 환호했다. 현지의 종군기자들에 의해 이 이야기는 미국과 전 세계로 퍼져나갔다.

중국군은 11월 1일 저녁에 일제히 공격을 개시했다. 맑은 하늘에 달이 떠있어 공격하기에는 안성맞춤이었다. 운산에서 39군과 맞부딪힌 미군 제1기병사단은 이틀간에 걸친 치열한 공방 끝에 패배한 후 철수하고 말았다. 상승常勝의 미군으로서는 허망하게 나가떨어진 첫 경험이었다. 중국군의 강력한 반격에 직면한 미군 제1군단은 더 이상 버티지 못하고 11월 3일에 일단 전 전선에 걸쳐 철수를 개시했다. 퇴로가 차단되는 것을 우려했기 때문이었다.

미군은 엄청난 화력에도 불구하고 중국군의 주야에 걸친 끈질긴 공격을 막아내지 못했다. 11월 5일 펑더화이는 중국군 각 군에 공격중지 명령을 내려 제1차 전역戰役은 종료되었다.

전쟁을 조기에 종결시키겠다던 맥아더의 전략은 이렇게 좌절되고 말았다. 압록강변까지 놀라운 속도로 밀어붙이던 유엔군은 청천강 이남으로 후퇴하지 않을 수 없었다.

중국군은 다시 11월 25일 2차 전역을 개시했다. 총공세였다. 중국군은 여태껏 밤에만 이동했으나 이 시점부터는 속도를 내기 위해 낮에도 이동을 했다. 행군 시간을 단축시켜 빨리 목적지에 도착하기 위해 따로 식사시간을 갖지 않고 행군 도중 미숫가루를 먹었다. 그 결과 113사단은 14시간 동안 무려 72킬로미터를 행군하는 기록을 세우기도 했다.

국군과 미군은 별로 힘을 써보지도 못하고 밀리고 있었다. 세계 최강의 미군의 모습은 이제 볼 수 없었다. 11월 28일 맥아더는 합참에 다음과 같이 보고했다.

(…) 중공군은 대규모로 북한에 투입되었으며 현재도 증강 중에 있다.
(…) 우리는 완전히 새로운 전쟁에 직면하고 있다. (중국의 궁극적 목적은) 한국에서 모든 유엔군을 완전히 격멸하는 데 있다.

서부전선에서 후퇴하기 시작한 데 이어 12월 1일 마침내 동부전선에서도 유엔군은 대규모의 후퇴를 시작했다. 비등한 호적수끼리의 첫 번째 힘겨루기가 끝나 한쪽으로 기울어진 힘은 다시 돌려지지 않았다. 장진호 전투에서 쌍방 모두가 엄청난 피해를 기록한 가운데 완전 포위된 유엔군은 필사적으로 포위망을 뚫고 흥남으로 퇴각하지 않으면 안 되었다.

12월 3일 마침내 유엔군은 총퇴각을 개시했다. 일단 후퇴를 시작하자 한반도 북방지역의 급경사만큼이나 전세는 급격하게 한쪽으로 기울고 있었다. 전선은 섭씨 영하 수십 도를 밑도는 혹한이었고 강한 북풍을 타고 눈발은 거세게 흩날리고 있었다. 추위와 날리는 눈발로 병사들은 앞을 거의 볼 수 없었다.(15)

제3차 전역은 12월 31일부터 시작되어 1951년 1월 8일에 끝났다. 중국군은 미군 보급기지인 인천항과 서울을 점령했고 전선을 평균 100킬로미터 전진시켜 거의 37도 선에 이르렀다.

중국 병사들의 고함소리와 북소리는 매서운 북풍한설이 몰아치는 한반도 북반부의 겨울밤을 날카롭게 찢으며 퍼져 나갔다. 중국군 참전 2개월 만에 벌써 세 번째 전역이었다. 제1선을 담당한 부대는 거의 한국군이었으나 중국군은 전략적으로 한국군만을 집중적으로 공략해 파죽지세로 밀어붙이고 있었다. 한국군은 중국군의 공세를 저지하기에는 역부족이었다. 중국군은 37도 선 부근의 평택-안성-제천-삼척 선까지 쫓아간 뒤 1월 8일 추격정지명령을 내렸다.

트루먼 대통령은 11월 28일에 확대안보회의를 소집했다. 이 자리에서 마셜 국방장관을 비롯한 군 지도자들은 한국과 같은 지역에서 미국의 군사역량을 소모하는 것은 옳지 않다고 보아 한반도에서 "명예롭게 철수하는 것이 바람직하다"는 견해를 공식화했다. 그러나 미 국무장관은 한반도에서 전면적으로 철수하거나 만주를 폭격해 전쟁을 확대하는 것보다 "우리가 지킬 수 있는 선을 찾아 이를 지키는 것이 필수적이다"라는 입장을 말했다.(16)

당시 이승만을 비롯한 한국인들을 사로잡았던 가장 큰 공포는 공산군의 진격보다 오히려 '미군의 한국 철수'였다. 미군이 철수한다면 남한은 단 한 순간도 버틸 수 없었다. 남한사람들에게 그것은 비극이었지만 또한 진실이었다. 평양을 내주고 아직 국군이 북한지역에 머물고 있을 때부터 벌써 미국이 한국을 포기하고 일본으로 철수한다는 풍문이 나돌기 시작했다. 유엔군이 남

한으로부터 철수할 것이라는 소문은 순식간에 한국군 장교와 사병들에게 퍼져 나갔다.(17)

워싱턴은 미리 질서정연하게 철수할 수 있는 마지막 기회를 결정해야 한다고 압박 받고 있었다. 특히 중국군이 소련과 연합하여 일본까지도 위협할 수 있었기 때문이다. 실제로 12월 28일 한 '극비문서'에 따르면 미 국방부는 한국군의 철수를 심각하게 고려하는 방안을 검토하였다.(18)

철군에 관한 한 보고서에서는 한반도로부터 철수될 총용적량을 200만 톤으로 계산할 때 축소된 방어선 내에 있는 모든 항구를 사용해도 적재하는 데 50일이 걸릴 것이라고 판단했다.

1월 15일 콜린스Lawton Collins 합참의장은 맥아더에게 만약 유엔군 철수하게 된다면 한국정부와 한국군 그리고 한국경찰 등의 모든 요원이 함께 철수할 것을 요망한다는 트루먼의 뜻을 전달했다. 맥아더는 이 지시에 만족을 표시했다.

철수 한국인에는 3만 6,000명의 정부 관리와 가족들, 6만 명의 경찰 및 26만 명의 군대 그리고 군경 가족 40만 명이 포함되었다. 콜린스와 맥아더는 가능한 한 많은 한국군이 철군 후에도 한국에서의 전투를 계속하기 위한 법적 지위를 확보하기 위해 제주도에 머물도록 하자는 데 합의했다.(19)

합참은 12월 29일 맥아더에게 전선을 지키지 못할 경우 부대를 한국에서 철수시키라는 비밀 지시를 내렸다. 당시 합참의장 브레들리는 후에 "당시의 워싱턴 지도층의 마음은 모두 급했다"라고 회상했다.

당시 미 제8군사령관 리지웨이Mathew Ridgway는 철수문제에 대해 다음과 같이 말했다.

한국군과 한국정부 관료 그리고 포로를 어떻게 할 것인가 하는 중대한 문제가 있었다. 이렇게 어려웠던 몇 개월 동안 우리와 용감하게 싸웠던 병사들과 다수의 빈약한 장비를 잔인한 적에게 남겨주는 일을 우리는 할 수 없었다. 또한 이승만 대통령과 그 정부는 어떻게 할 것인가? 나는 이들-우리를 도와준 정부와 민간의 모든 사람, 그 합계는 150만 명에 이르다고 추정하여 보고했다-의 안전을 확보할 책임이 있다고 주장하는 것 외에는 해결책을 제시하지 못했다.

한반도에서 철수한다는 문제는 재빨리 해결되었다. 트루먼 대통령은 기민하게 우리가 군사적으로 절박해졌을 때만 미국은 한반도에서 철수한다는 결정을 내렸다. 그는 맥아더에게 부대의 안전을 확보하기 위해 혹은 그의 제1임무인 일본의 방위를 수행하기 위해 그가 필요하다고 생각할 때 부대를 철수시킬 수 있는 권한을 위임했다.[20]

한국 철수에 관한 애치슨의 회고담 내용은 다음과 같다.

전날 밤 마셜 장군은 한국에서 철수하는 문제에는 미군을 구하는 문제와 미국의 명예가 모두 포함되어 있다고 말했다. 우리는 모두 양심상 남한 사람들을 중공과 북한의 적군에게 넘겨줄 수 없다는 데 생각이 일치하고 있었다. 이 때문에 철수는 최후의 수단일 수밖에 없었다.

5 | 37도에서 휴전될 뻔한 유엔 결의안

트루먼 대통령은 11월 30일 기자회견에서 "유엔군은 한국에서 그 임무를 포기할 생각이 없다"고 말했다. 그리고 "우리는 항상 그랬던 것처럼 군사적 상황에 대처하기 위해 필요한 수단을 동원할 것"이라고도 했다. 그러자 기자들은 '필요한 수단'에는 "원자폭탄도 포함되느냐?"고 물었다. 트루먼 대통령은 "미국이 보유하고 있는 무기가 모두 포함된다"고 대답했다. 그리고 "이 무기의 사용에 대해서는 항상 적극적으로 검토가 있었다"라고 말하면서 "현지 사령관은 적절한 무기를 적절한 목표에 대해 사용할 권한이 있다"라고도 했다.

이러한 발언은 맥아더 사령관이 원자폭탄을 사용할 수 있는 권한을 보유하고 있다는 말로 해석되었다. 영국 하원은 이 말을 전해 듣고 경악을 금치 못했다. 이틀 동안 격렬한 토론이 벌어졌다. 결국 애틀리 수상은 워싱턴으로 가서 미국 대통령을 만나 진상을 파악하고 협의하겠다고 약속했다.

워싱턴으로 날아온 애틀리 수상은 트루먼 대통령을 만나 "중국군과의 전쟁을 중지하고 유럽의 안전을 위해 적극적으로 고려해야 한다"고 말했다. 그는 "한국에 파견된 미군은 취약하기 때문에 휴전을 맺고 철수를 시켜야 한다"고 주장했다. 그리고 "그 대신 미군이 한국과 타이완에서 철수하고 중국에 유엔 대표권을 주는 것은 비싼 대가가 아니다"라고 역설했다.

영국의 권고에 의해 미국은 전쟁을 종식시킬 명분을 찾으려고 했다. 그리고 미국 합참은 1월 11일 영국 등의 동의를 얻은 한반도문제 평화해결 5개 항을 접수하기로 했다. 미 국무성에서도 한국에는 동정이 가지만 전쟁에서의 패퇴와 인도 등 중립국의 정전호소로 진퇴유곡에 빠져 있었고 유엔 다수의 지지를 잃게 될 것을 우려하여 이 안을 받아들이기로 결정했다.[21]

유엔 제1위원회는 1월 13일 다음과 같은 5개 항을 통과시켰다.

1) 정전을 즉각 실현한다.
2) 1차 정치회담을 열어 평화적으로 택한 진일보한 조치를 회복하도록 한다.
3) 외국 군대는 단계적으로 한반도에서 철수하고 유엔의 통일정부 수립에 관한 결의를 실현하는 조치를 취한다.
4) 제3조를 진행하기 전에 한국을 관리하고 한국의 평화와 안전을 확보하는 임시방법을 정한다.
5) 미국, 영국, 소련, 중국 4개국 대표회의를 열어 극동문제를 논의하고 그 안에 타이완문제와 유엔대표권문제를 포함시킨다.

이 안의 핵심은 중국에 유엔대표권을 주고 타이완을 중국에 귀속시키는 논의를 진행시키는 것이었다. 중국으로서는 꿈에도 그리는 현안문제였다. 더 중요한 것은 중국군은 3차 전역을 치르면서 약 40만이었던 병력이 10만이나 줄어들었고 남으로 400~500킬로미터나 전진하여 보급로가 길어지면서 미 공군의 폭격으로 보급로가 차단당하고 있었으며 식량, 탄약의 공급은 심각한 어려움에 빠졌고 군대는 피로가 겹쳐 지쳐 있었다.

이 안을 받아들이면, 중국군은 전선을 서울 이남 37도에 두게 되고 부대는 충분한 휴식을 취할 수 있었으며 일부 부대는 방금 운송해 온 현대화된 소련식 장비로 무장할 수 있었다.

그러나 마오쩌둥의 생각은 달랐다. 마오쩌둥은 이전에 보고 받은 미군이 한반도에서 철수한다는 정보가 정확하다고 믿었다. 그가 보기에 적은 손쓸 여력이 없었고 '저항이 미약해지다가 그런 후에 남한에서 철수'하거나 '부산,

대구 지역에서 저항하다가 저항이 무익하다고 믿게 되면 한국에서 철수한다'고 생각했다. 다시 싸우면 대세는 결정이 나는데, 왜 미국과 정치적 해결을 한단 말인가? 그리고 유엔 5개 항은 중국에는 유리하지만 유엔이 정한 통일 정부 수립방안에 의거한 유엔의 권리를 인정하고 유엔의 관리를 승인해야 하는 문제에 북한이 동의하지 않을 것이라고 판단했다.(22)

 스탈린의 동의를 얻은 후 저우언라이는 1월 17일 유엔총회 제1위원회 위원장에게 전문을 보내 5개 항을 거절했다. 거절 이유로, '선先정전 후後협상'에는 미국이 호흡을 가다듬을 기회를 찾은 후 다시 전쟁을 치르려는 음모가 있기 때문이라고 말했다. 그러나 실제로 호흡을 가다듬을 필요가 있는 것은 중국 군대였다.

6 | 왜 정전하려고 하는가

중국이 유엔의 제안을 거절한다고 발표한 후 모든 것이 변했다. 유엔의 이 5개 항 제안은 원래 중국에 동정적인 입장을 보이고 있었고 유엔의 많은 국가가 의견을 같이한 제안이었다.

중국이 정책결정에서 범한 근본적인 과오는 바로 이 제안을 거절한 데 있으며, 또한 미국의 음모를 논한 탓에 많은 국가의 감정을 상하게 했다.

1월 30일 유엔총회 정치위원회는 44대 7(기권 7)로 미국이 제안한 중국을 침략자로 낙인찍는 안을 통과시켰다. 이는 유엔 가입국의 상당수가 이미 중국에 대해 실망했음을 뜻한다. 그리고 5월 18일 유엔총회에서는 미국의 요구가 반영된 중국대륙에 대한 금수조치안을 통과시켰다.

경제봉쇄의 결과로 중국은 경제건설에서 부득이 소련과 동구권 국가들에 과도하게 의존해야 했다.

그리고 미국은 신속하게 장제스蔣介石 정부를 원조하기 시작했다. 1951년 2월 트루먼은 국무성의 요구로 5억 달러를 지원했고 국방부는 또 타이완을 원조하기 위해 520만 달러의 해군장비와 1,600만 달러의 공군장비를 완벽하게 갖추어 놓았다.

신중국의 통일 대업은 한국전쟁의 연장으로 결정적인 방해를 받았다. 중국군이 타이완을 해방시키는 것은 머지않아 실현될 일이었는데 제7함대가 타이완 해협에 주둔함으로써 이것 또한 불가능해졌다.[23]

중국군의 휴식기간인 1951년 1월 25일, 유엔군의 반격으로 제4차 전역이 터졌다. 미군은 중국군의 식량과 탄약이 1주일치에 불과하다는 것을 알았기 때문에 그것이 소모되고 피로가 누적되어 작전능력이 떨어지는 시기를 택해 대거 반격을 가했다.

중국군의 첫 번째 좌절이었다. 이 전투에서 중국군은 한·미 양국군 8천 명을 포로로 잡았으나, 자국 병력은 5만을 잃고 점령한 지 얼마 안 된 서울과 인천을 포기한 후 전 전선에서 100킬로미터 후퇴하여 다시 38선 이북으로 물러났다. 서울은 2월 14일 수복되었고 그 후 한·미 양국군은 다시는 후퇴하는 일이 없었다.(24)

전황은 공산진영에 점점 불리하게 전개되고 있었다. 마오쩌둥이 스탈린에게 보낸 1951년 3월 1일자 긴급전보가 그 사실을 보여주고 있다.

마오쩌둥 – 스탈린

(…) 적의 목적은 우리 군에게 전선에서의 휴식과 증강 기회를 주지 않으면서 기술적 우위를 앞세운 소모전을 전개하는 것으로 예상된다.

또한 적함이 연안일대를 적극적으로 공격하고 있고 공군은 끊임없이 우리 통신시설을 폭격하고 있다. 전선으로 공급된 보급품의 수령은 고작 60~70퍼센트 정도이다. 나머지 30~40퍼센트는 적의 공중폭격으로 파손되고 있다.

그동안 네 번의 작전에서 입은 중국군의 손실(전사, 부상, 대열이탈 등)은 10만 명 이상이다. 이를 충원하기 위해서는 12만 명 이상의 고참 및 신참 병력이 필요하다. 금년 및 내년 중으로 또다시 30만 명 이상의 병력을 잃게 될 것이다. 계속해서 병력을 투입하려면 30만 명 이상의 병력이 준비되어야 한다.(25)

미국도 당시 계속적인 전투로 어려움을 겪고 있었다. 전쟁 1년 동안 미국이 한국에 쏟아부은 직접적인 전비는 100억 달러 정도였고 사상자는 10만 명 가까이 되었다. 제5차 전역 중 1킬로미터 전진할 때마다 수백 명의 사상자가 나왔다.

맥아더의 후임이 된 리지웨이Matthew Ridgway 유엔군 사령관은 다시 압록강으로 전진하려면 또다시 10만 명의 사상자가 나오고 끝없는 전쟁에 빠져들게 되어, 미국에 아무런 의미가 없다고 생각했다.

미 합참회의는 1951년 4월 5일 결론을 내렸다. '군사행동으로 한반도문제를 해결할 수 없다'는 것이었다. 5월 17일 트루먼 대통령은 미 국가안보회의의 이 결정을 승인했다. 한국에서 전쟁을 종결시키고 적대행동에 종지부를 찍기로 한 것이다.

그리하여 전 소련주재 미국대사 조지 케넌George Kennan에게 유엔주재 소련대표 말리크Jacob Malik를 만나 정전 가능성을 타진하도록 했다.(26)

케넌은 소련 유엔대표 말리크가 머물고 있던 아파트로 전화를 걸어 만나자고 했다. 말리크는 즉각 롱아일랜드에 있는 그의 여름 별장으로 오라고 말했다.

5월 31일 케넌은 프린스턴에서 자동차를 몰고 롱아일랜드까지 갔다. 그들은 러시아어로 이야기를 했다. 말리크는 케넌의 말을 듣고 흥분했는지 과일과 포도주 쟁반을 떨어뜨렸다. 케넌은 조심스럽게 문제의 핵심에 접근했고 말리크는 즉답을 피하면서 나중에 만나자고 말했다.

1951년 6월 5일 그들이 다시 만났을 때 말리크는 소련 정부는 평화를 원하고 있고 가능한 한 빨리 한국문제를 평화적으로 해결하기를 바란다고 말했다. 그는 우선 북한이나 중국과 접촉해 보라고 말했다.(27)

한편 스탈린은 6월 13일 모스크바에서 중국의 가오강高崗과 김일성을 만나 한반도문제 진행보고를 들었다. 가오강이 중국정부를 대표하여 38선을 경계로 정전대화를 하는 문제를 제안했다.

그러자 스탈린은 "당신들은 이제까지 잘 싸워 왔는데 왜 정전하려고 하는가? 전쟁의 지속을 두려워하는 것은 미국이지 우리가 아니다. 나는 미국의 심리를 안다. 당신들이 미군을 죽이면 그들은 관棺(미군 시체)을 국내로 보낸다. 그러면 미국 내에서는 이 전쟁을 반대하는 압력이 갈수록 커지며 마지막에 정전을 요구하는 것은 틀림없이 미국인"이라고 말했다.(28)

가오강과 김일성이 중국과 북한이 직면한 어려움을 거듭 설명하자, 스탈린은 최종적으로 양보했다. "당신들이 정전하겠다면 좋다. 한번 해보아라."

유엔군과 북한군 양측 대표는 1951년 7월 10일 개성에서 만났다.

공산 측은 처음부터 선전전으로 일관하여 회담의 전망을 어둡게 했다. 공산 측은 38선을 양측의 비무장 분계선으로 해야 하고 또 한반도에서 외국 군대가 철수해야 한다고 주장했다.

미국 측은 평화가 확고하게 수립될 때까지 유엔군이 한반도에 머물러 있어야 한다고 맞섰다. 트루먼 대통령은 이 정책을 끝까지 고수해야 한다고 지시했다.

마오쩌둥은 "한반도 전쟁이 장기화하고 교섭은 정체되어 있다"고 개탄하면서 "휴전협상이 타결되지 않으면 양보를 해서라도 정전하고자 한다"라는 뜻을 밝혔다.

스탈린은 회신하지 않았다. 소련 공산당 정치국은 "지금 전쟁종결을 서둘러서는 안 된다. 적이 더 전쟁종결을 바라고 있다. 지금의 종전은 적에게만 유리할 뿐이다"라고 전해 왔다.

김일성은 견디다 못해 직접 유엔 안보리에 유엔군 측의 주장을 모두 받아들이는 조건하에 조기 정전할 것을 호소했다. 소련은 이에 대노하고 미국에 약한 모습을 보임으로써 정치적 불이익을 초래했다고 질책했다.

스탈린은 1952년 8월 저우언라이와의 회담에서 다음과 같이 말했다.

미국인은 세계대전을 꿈꾸지 못한다. 더구나 한국전쟁 뒤에는······.
그들의 힘이란 공군력과 원폭뿐이다. 미국이 이 전쟁에서 패배하지 않는 한, 중국은 타이완을 영원히 얻을 수 없다. 독일은 20일 만에 프랑스를 정복했지만 미국인은 2년을 넘게 싸워도 북한을 어쩌지 못했다. 그들은 전 세계를 정복하려 했지만 조그만 북한도 처리하지 못했다. 한국전쟁 이후에는 대전을 치를 능력조차 잃을 것이다. 그들은 다만 공폭과 원폭에 의지할 뿐인데, 그것만으로 전쟁에서 승리할 수 없다. 보병이 필요한데, 미군은 수가 적고 약하다. 겨우 북한과 싸우는 것만으로도 미군은 울음을 터뜨린다. 만약 세계대전이 벌어진다면 그때는 온 미국이 울 것이다.(29)

1953년 3월 스탈린이 사망하자, 한국전쟁에 대한 소련의 정책이 바뀌면서 휴전협상은 급진전되었다.

탈진상태에서 억지로 전쟁을 계속해 온 김일성은 흥분한 상태에서 소련의 조기 정전 방침을 지지했다.

이승만의 몸부림치는 반대에도 불구하고 휴전협상은 일사천리로 진행되었다. 이승만은 압록강까지 진격하여 북진통일을 달성하겠다고 외쳤지만 전쟁을 전적으로 미국에 의존해 온 약소국 지도자의 목소리는 고독한 메아리에 불과했다.

소련은 이승만을 자극한다는 이유로 김일성의 휴전협정 서명에 반대했다. 협정은 공산 측을 대표하여 남일南日이, 유엔 측을 대표하여 해리슨William Harrison이 서명했고 펑더화이와 김일성은 나중에 서명했다.

이리하여 1953년 7월 27일, 3년여에 걸친 한국전쟁은 종결되었다.

7 | 스탈린은 왜 김일성의 남침을 지원했는가

스탈린은 제2차 세계대전이 끝나가던 1945년 8월 14일, 장제스 정부와 중소우호동맹조약을 체결하고 중국 내에서 벌어지는 내전에 개입하지 않을 것을 약속했다. 이 조약의 내용은 만주의 철도 관리권과 다롄, 뤼순 등 랴오둥반도를 소련에 양도하는 것이었다.

스탈린은 조약을 체결하자, 중국공산당에 국민당과의 대결을 중지하고 평화적으로 나라를 재건할 수 있는 방법을 모색하라고 지령을 내렸다. 당시 국민당의 군사력은 공산당에 비해 5배나 강했기 때문에 공산당이 승리한다는 보장이 없었다. 중국공산당은 스탈린의 지시에 매우 분노했고, 마오쩌둥은 훗날에도 스탈린의 배신을 기억하고 노여움을 나타내기도 했다.

그러나 1945년 10월에 들어서 전세가 달라지자, 스탈린은 태도를 돌변하여 중공군을 지원하기 시작했다. 중공군 역시, 소련이 제공하는 무기와 정보, 특히 소련군의 이동 정보가 없었다면 국부군에 승리하기 어려웠을 것이다. 그렇다고 스탈린은 중공군에 모든 것을 걸지도 않았다. 국민당과 공산당 양측에 모두 지원하는 양면정책을 취했다. 양측이 모두 자신에게 의존하게 만드는 작전이었다. 여기에는 양측이 모두 만주에 미국의 영향력이 미치지 못하게 만드로록 하는 일관된 목적이 있었다.

그 후 1949년 초 상황은 일변했다. 공산당군이 양쯔 강을 건너 국민당군을 섬멸시킬 가능성이 보였다. 스탈린은 중국을 미국의 지배하에 끌어들이지 못하게 하는 유일의 방책은 공산당군이 승리하도록 전폭적 지원을 하는 것이라고 생각했다. 공산당군은 1949년 1월 말까지 전 만주와 베이징, 톈진 등을 점거하고 중국 전토를 석권하여 정권 수립을 눈앞에 두게 되었다.

1949년 7월 중국공산당 류사오치劉少奇가 모스크바를 방문했을 때 스탈린은 그를 접견한 자리에서 "나는 중국혁명의 잠재성을 과소평가했다"고 솔직히 털어놓았다.

전 중국을 석권한 마오쩌둥은 1949년 12월 16일 모스크바를 방문하여 스탈린과 회담했다. 마오쩌둥은 스탈린이 장제스 정부와 체결한 조약을 파기하고 새로이 중국공산당 정부와 우호조약을 체결하자고 요구했다. 스탈린은 난색을 표했다. 국민당 정부와의 조약에는 다롄, 뤼순의 항구 사용권과 만주철도의 관리권이 포함되어 있었기 때문이다. 스탈린은 약 한 달간 모스크바에 체재하며 기다리는 마오쩌둥을 만나지도 않았다. 마오쩌둥은 황해의 항구들을 소련에 빌려줄 수 없다고 주장했다. 스탈린은 고민하다가 1950년 1월 22일 두 번째의 공식회담에서 돌연 태도를 바꾸어 한 번에 결말을 보았다. 스탈린은 중국공산당 정부와 새로운 중소동맹조약을 체결하고 거의 동시에 김일성에게 남침을 승인하기로 결정했다.

스탈린은 소련의 안전장치도 확보하고 중공과의 우호도 살리는 길을 모색한 것이다. 이에 대한 해답이 한국전쟁을 통한 한반도의 공산화였다고 채피 교수는 추측한다. 한반도 전체를 적화하여 친소 정권을 세워 놓고 여기에 군사기지를 확보하면 소련은 정책적 고민에서 빠져 나올 수 있다고 스탈린은 계산했다는 것이다.(30)

이러한 상황전개로 스탈린은 소련에 우호적인 정권이 한반도를 통일하는 게 중요하다는 판단을 하게 되었다. 소련은 1949년 3월에 이미 김일성과 협정을 체결해 소련과 북한을 연결하는 철로를 건설하기로 했다. 이 철도가 38선 이남까지 확장될 경우 이는 소련의 관할지역을 인천, 부산과 같은 부동항은 물론이고 제주도까지 연결시킬 수 있는 좋은 기회였다.

소련이 북한에 많은 무기를 제공한 것은 사실이지만 무상원조는 거의 없었다. 개전 직전인 1950년 3월만 하더라도 북한이 전쟁 물자에 대한 대가로 소련에 제공한 물품은 금 9톤(5,366만 2,900루블), 은 40톤(488만 7,600루블), 모나자이트monazite 1만 5,000톤(7,950만 루블)으로 합계 1억 3,805만 500루블이었다.

그리고 1951년에 제공하기로 되어 있던 차관 7,070만 루블도 1950년에 앞당겨 무기, 탄약, 군사장비 등의 현물로 제공했다.(31)

소련으로서는 한국전쟁이 결코 손해 보는 사업이 아니었다.

8 | 중국이 전쟁으로 입은 피해

중국은 한국전쟁에 참전하여 막대한 인명과 물적 피해를 입었다. 중국군의 전쟁 중 사망은 11만 4,000명, 부상 25만 2,000명, 실종 2만 5,000명(그 중 포로 2만 1,000명), 병사 3만 5,000명으로 총병력의 손실이 42만 6,000명인 것으로 나타났다. 그리고 중국이 한국전쟁기간 중 소비한 각종 전쟁물자 560만여 톤에 전쟁비용은 인민폐 62억 위안에 달하여 신중국 경제발전에 미친 악영향은 미루어 짐작할 수 있다.

그러나 중국이 입은 피해에는 이것보다 더 심각한 것이 있었다. 국제정치에서의 고립이었다. 전쟁 전에 이미 중국의 유엔 대표자격문제가 유리하게 전개되고 있었다. 그러나 중국이 유엔의 제안을 거절한다고 발표한 후 모든 것이 변했다. 중국이 전쟁 과정에서 범한 과오는 유엔 제안을 거절한 것이다.

한국전쟁이 일어나기 전 해인 1949년 맥아더 원수는 기자회견에서 타이완을 제외한 방위선을 책정했다고 말했다. 당시 타이완이 조만간 중국공산당의 손에 함락될 것이라는 것은 미국 군당국자 사이에서는 거의 당연한 일로 되어 있었고 맥아더의 발언은 특별한 충격을 주지도 않았다.(32)

김일성이 스탈린에게 한반도 통일을 위해 지원을 요청하고 있을 때, 중국공산당도 모스크바에 거의 비슷한 요구를 했다. 타이완을 점령하기 위해 소련의 공군과 해군의 지원을 요청한 것이다. 1949년 6월 류사오치는 스탈린을 만나 소련의 원조를 요구했다. 스탈린은 이는 미국의 개입을 유도할 뿐 아니라 오랜 전쟁으로 상처입은 소련 인민의 이해를 얻을 수 없다는 이유로 거절했다.

　1949년 12월 마오쩌둥이 모스크바를 방문하여 스탈린에게 조종사 혹은 특수함대를 파견해 타이완 탈환에 협조해 달라고 제안했다. 스탈린은 완곡하게 거절했다.

　마오쩌둥은 타이완 침공 협조는 거절하면서 김일성의 한국 통일을 위한 침공을 허용한 것을 이해하지 못했다.

　한국전쟁이 일어나고 미 제7함대가 직접 개입하자, 중국공산당이 1951년 봄에 진행시키기로 한 타이완 탈취작전은 중지되었다. 중국공산당 중앙의 내부지시에는 단지 미국의 현대화된 해군과 해상충돌을 감행할 능력이 없으므로 '타이완 침공을 연기한다'라고 되어 있었다.(33)

　그리고 중소조약이 체결되자, 미국정부 내에서는 중국공산당의 타이완해방을 저지해야 한다는 목소리가 높아지면서 타이완의 전략적 지위는 '침몰하지 않는 항공모함'이라는 맥아더의 유명한 논평으로 연결되었다.

　사실 타이완이 중국에 흡수되지 않고 자주권을 보장받을 수 있었던 것은 한국전쟁의 공이 컸다.

　그러나 마오쩌둥이 얻은 것이 있었다. 1949년 중공 정권 수립 이전에 소련과 밀착되었던 가오강高崗은 동북지방(만주)을 장악하고 있었다. 가오강은 7월에 중공 동북인민 정권 대표자격으로 대표단을 이끌고 모스크바를 방문하여 소련과 1년 기한의 무역협정을 체결했고 같은 해 8월에는 동북인민 정부를 수립, 주석으로 선출되었다. 이때부터 가오강의 동북인민 정부는 중공 중앙 정부와 대립하고 독립왕국을 건립해 갔다. 그리고 가오강이 통치한 동북지역에서는 중앙 정부와 다른 화폐를 사용했고 독자적 경제구조와 철도 기구를 갖고 있었다.

　당시 가오강의 동북 특수화 추구는 소련의 적극적 지지가 원동력이 되고 있었기 때문에 이에 대한 소련의 중대한 양보 없이는 동북지역의 특수화 경향을 막을 길이 없었다. 그러나 1952년 11월 중공 인민 정부 제19차 회의에서 대행정구大行政區의 권력을 중앙으로 집중시키게 되어 동북지역의 특수화 추구도 중단되게 되었다. 이것은 중국이 한국전쟁에 개입한 대가로 받아낸 소련의 중대한 양보의 결과였다.(34)

그리고 또 하나 중국이 한국전쟁에서 참혹한 희생을 치르고 얻은 것이 있다면 중국의 국제적 위상의 향상이었다. 중국은 과거 1세기 동안 서방 열강과 일본의 먹이사슬이 되어 영토를 조차해 주거나 거액의 배상을 해주는 일이 수없이 많았다. 장장 33개월에 걸친 세계강국 미국과의 전쟁에서 중국은 끝까지 견뎌냈고 미국대표와 동등한 입장에서 정전협정에 서명했다. 이 전쟁으로 중국은 세계적인 강국이고 대국이라는 인상을 심어주게 되었다. 이로써 세계인으로 하여금 중국을 재평가하게 만들었다. 그 이후 중국은 1954년 제네바회의에서 국제무대의 중심적 위치를 확보했고 저우언라이는 비동맹회의에서 주연을 담당하게 되었다.

제 5 장

전쟁이 가져온 변화

1 | 전쟁이 남긴 상처

1950년 6월 25일부터 시작된 전쟁은 1953년 7월 27일에 정전협정이 체결되면서 기나긴 전흔의 상처를 남기고 포성을 멈추었다. 전쟁으로 인한 인명손실을 정확한 수치로 나타낼 수는 없다. 오버 도퍼 워싱턴 포스트 기자에 따르면 중국군 90만 명, 북한군 52만 명, 유엔군 40만 명(3분의 2가 한국군)이 전사한 것으로 추정되며 미군은 3만 6,000여 명이 숨졌다.

그리고 남·북한 총인구의 10분의 1에 해당하는 3백만 명이 죽거나, 부상 또는 실종됐고 5백만 명의 난민이 발생했다.

1953년 휴전 당시, 전쟁피해액은 한화로 총 4,123억 환에 달하는 것으로 나타나고 있다. 이것을 피해물건별로 보면 건물 44.3퍼센트, 시설 19.5퍼센트, 그리고 각종 동산류 36.1퍼센트로 되어 있다. 또한 물적 자산의 성질별로 보면 제조업을 비롯한 민간산업시설이 전체의 20.2퍼센트, 금융기관을 포함한 사회간접자본이 9.6퍼센트, 중앙 및 지방행정기관이 9.2퍼센트, 그리고 각종 학교시설이 전체의 20퍼센트이며 민간주택 파괴에 따른 피해가 전체의 39.1퍼센트로 가장 큰 비중을 차지했다.

이 피해액을 시장환율로 환산하면 22.9억 달러에 해당한다. 그리고 이 물적 피해액은 전시 중 국민총생산의 60퍼센트 수준이었다.[1]

그러나 한국전쟁의 피해는 이렇게 숫자로 풀이할 수 없는 심각한 정신적 충격을 전 국민에게 주었다. 생각만 해도 너무 끔찍하여 어떻게든 떨쳐버리고 다시는 기억에 되살려 보고 싶지 않은 참혹한 현장, 잊으려고 노력하면 할수록 뇌리에 너무 깊이 뿌리박혀 끈질기게 떠오르는 악몽, 그 숨 막히는 경험을 체험하지 못한 세대에게 이를 설명할 길이 없다.

남한 내에서만 전쟁 중 생명을 잃거나 실종된 인구는 100만~150만 내외로 추정되고 있다. 이들 대부분이 15~34세의 청장년층이다. 가족을 잃었다고 한다면 자식이 군복무 중 전사, 실종되었거나 포로 또는 민간인으로 의용군으로 끌려갔거나 납북, 입북했기 때문이다.

전쟁으로 인해 삶의 터전을 잃고 피난길에 올라 집도 없고 먹을 것도 없고 입을 것도 없는 상태에서 모진 목숨 구하기 위해 얼마나 어려운 나날을 보냈는가! 딸린 식구 먹여 살리기 위해 얼마나 많은 수모와 멸시를 당하면서 생계를 유지했는가! 인간이 견딜 수 있는 한계상황까지 이르렀던 경험을 무슨 말로 설명할 수 있을 것인가!

그렇기 때문에 전쟁이란 너무 비참한 것이므로 어떠한 경우에도 정당화될 수 없다는 말이 나온다. 에라스무스는 전쟁을 이렇게 묘사했다. "그보다 사악하고 그보다 더 비참하고 그보다 더 심하게 파괴적이고 그보다 더 교묘하게 집요하고 그보다 더 역겨운 것은 없다"라고.

그리고 우리가 겪은 전쟁이 더 비참했던 것은 좌·우가 갈려 싸우는 사상전쟁이 개입되어 더 처절하고 잔인하고 참혹스럽게 진행되었기 때문이다.

그러한 전쟁을 겪으면서 사람들은 억압은 받고 살았지만 일제시대에 오히려 사람 사는 것처럼 살았다고까지 이야기하게 된 것이다. 박완서는 그의 소설에서 이렇게 썼다.

> 욕먹을 소리지만 이런저런 세상 다 겪어 보고 나니 차라리 일제시대가 나았다 싶을 적이 다 있다니까요. 아무리 압박과 무시를 당했지만 그래도 그때는 우리 민족, 내 식구끼리는 얼마나 잘 뭉치고 감쌌어요. 그러던 우리끼리 지금 이게 뭡니까? 이런 놈의 전쟁이 세상에 어디 있겠어

요. 같은 민족끼리 불구대천의 원수가 되어 형제 간에 총질하고 부부 간에 이별하고 모자 간에 웬수지고 이웃끼리 고발하고 한 핏줄을 산산이 흩뜨려 척을 지게 만들어 놓았으니…….(2)

우파는 좌파를 끝까지 뿌리 뽑으려 했고 좌파 역시 우파의 씨를 말리려 했다. 상대방이야말로 바로 분단과 살육, 전쟁의 이 모든 비극을 초래한 병균이자 원흉이기 때문이었다. 일체성이 파괴되었을 때 역사에서 자주 나타나는 이러한 사고는 인간을 학살하고 집단을 파괴하는 극단주의 행동을 정당화시켜주는 가공할 논리로 연결되었다.(3)

2 | 학살의 현장

공산군이 서울을 점령하자, 피난을 가지 못했던 많은 시민이 서울 수복 후에 부역자로 몰려 당한 상황을 직접 목격했던 박완서는 그의 소설에서 다음과 같이 쓰고 있다.

> 한국전쟁 당시 적 치하, 서울시민에게 있어서 정작 먹고 사는 것보다 더 힘들었던 것은 정부가 몇 차례 바뀌는 동안 벌어진 엄청난 보복극과 복수전이었다.
> 이는 남한을 점령했던 북한 인민군의 가혹행위만 의미하는 것이 아니라 9·28수복 이후 남한 정부도 사정이 비슷했다.
> 그러나 특히 중요한 것은 그것이 일반 민간인끼리의 내전으로 귀결되었다는 점이다. 피난갔다 돌아온 사람들이 서울에 남아 있던 사람들의 고생을 위로하기는커녕 오히려 부역의 혐의를 걸고 복수의 정열로 '빨갱이 족치기'에 나선 것이다.(4)

우리는 한국전쟁을 치르면서 좌·우 양측이 얼마나 많은 사람을 학살했는지에 대한 정확한 자료를 갖고 있지 않다. 〈한국전란 1년지〉에서는 전쟁 중 좌익에 의한 피학살자를 12만 명 정도로 추정하고 있으나 이것이 어떠한 근거에서 나온 것인지는 확실치 않다. 특히 전남지역의 피학살자 수가 6만 5,501명으로 되어 있는데 유독 전남에서만 왜 이렇게 피학살자가 많은지도 설명되지 않고 있다.

우리가 분명하게 확인할 수 있는 것은 전쟁 전 좌·우의 충돌 과정에서 많은 군인과 우익청년단원이 살해되었으며 대전, 전주, 원주, 서울 등지에서 인민군이 후퇴하면서 수백 명에서 천여 명 이상의 군인, 경찰 가족들과 우익인사들을 학살했다는 점이다. 그리고 유엔군 진격 시 후퇴하던 인민군 측이 수천 명의 우익인사를 원산, 함흥, 평양 등지에서 학살한 것도 분명하다. 그런데 이들이 후퇴하면서 저지른 학살에 대해 정부는 본격적으로 조사한 적이 없다.(5)

남북 학살의 시작이 이렇게 시작되었다는 설도 있다.

1950년 6월 25일 북한의 인민군이 남침을 개시한 지 불과 5시간 만인 아침 9시에 반공 도시 개성開城이 함락되고 말았다. 그 순간 잠이 깬 개성은 그야말로 아비규환의 생지옥이었다. 당시 개성은 남한에 속해 있었다. 그런데 개성이 함락되자 좌익활동을 하다가 전향하여 '보도연맹'에 가입했던 자들이 오히려 반공인사와 양민들을 학살하는 데 앞장섰다. 대한민국으로 전향했다는 사실만으로도 공산군에게 살해될 충분한 이유가 되기에 두렵고 불안하여 이를 은폐하기 위해서라도 황급히 그들의 앞에 서서 만행을 저지르게 된 것이다.

사실 그날 아침 공산군은 그들을 모아 놓고 전향한 죄를 씻기 위해서라도 앞장설 것을 강요하기도 했다.

개성 보도연맹원의 잔인한 행동이 남한 정부로 하여금 한강 이남의 보도연맹원들의 행동을 경계하도록 만든 요인이 되기도 했다.(6)

그런데 북한이 남한으로 진격하면서 남한에 살고 있는 인사들 중 숙청해야 할 대상을 각 행정단위에 알린 사실이 밝혀졌다.

그 한 예로 시흥군 내무서가 7월 16일 각 면 분주소에 다음과 같은 지시를 내렸다.

반동 정부기관 복무자, 반동 정당사회단체, 국군 및 반동 경찰의 밀정, 미군정보기관의 밀정, 이북 탐정원들을 처단하며 경관, 악질 정부·기관 복무자, 국방군 장교 및 정보원 밀정, 미국 군사 밀정, 보도연맹 책임간부, 대한청년단 간부, 국방 부인회 간부, 이승만·신성모·이범석·김성수 계열의 정당·사회단체 책임간부들을 숙청할 것.(7)

그렇다면 숙청은 지시한 범위에 한정되었을까? 혁명적 테러가 소수의 반동을 넘어 일반인들에게까지 확산된 조직화된 테러로 변질되었다는 점은 기실 거의 모든 사회주의혁명운동이 지닌 일반적인 특성이었다.

북한군이 서울을 점령할 당시 서울에서의 학살극을 목격한 정일화는 다음과 같이 증언했다.

대학병원(서울대)을 점령한 인민군은 우선 국군 부상병을 침대나 수술대에서 끌어낸 후 인민군 부상병을 여기에 올렸다. 그 후 조직적인 살인행위가 시작되었다. 병원을 우연히 찾아온 환자 친척도 살아 나가지 못했다. 살인 소식이 새어 나가는 것을 막기 위해 이들도 같이 죽였다. 9백 몇십 명이 고스란히 살해되었다. 세계 전사상 예가 없는 잔인한 살인행위였다.(8)

한편 초전의 양민학살사례에 대해 북한 신문들은 인천 '애국자와 시민' 700명을 비롯해 수원에서 6월 27일부터 7월 3일까지 예비검속을 통해 보도연맹원을 포함한 370명을 학살했다고 보도했다. 수원 감옥에서는 총기를 난사하여 37명의 좌익이 피살되었고 평택과 천안에서도 학살이 있었다고 보도했다.(9)

죽이지 않으면 죽는 양자택일의 현상은 전선에서 맞붙은 군인들의 경우라면 이해가 가는 일이다. 그러나 가장 중요한 점은 왜 전선이 아닌 지역에서 일반 민간인들에 대해 또 민간인들 사이에 이러한 가공할 폭력행위가 만연했느냐는 것이다.

하여튼 전쟁을 겪으면서 남한에서는 빨갱이의 낙인이 찍힌 사람은 비국민의 취급을 당했고, 인민군과 공산당 앞잡이 노릇을 한 사람은 아무리 동족이라고 해도 심지어는 골육지친 간이라 해도 모두 검거하여 토멸해야 한다는 주장이 제기되었다.

그리고 월북자의 가족은 국민 자격을 인정받지 못하는 존재가 되었다. 상당수의 월북자 가족은 집단 학살의 피해자가 되기도 했고 그 이후에도 국민 심지어 인간으로서의 자격을 인정받지도 못했다.

3 | 애국은 곧 반공이다

전쟁을 겪으면서 남한 사람들의 공산주의에 대한 인식이 180도 달라졌다. 전쟁 중에는 많은 사람이 이상주의적인 지식인이 선호하는 공산주의 사상에 동정했고 이 사상에 심취하여 자진 월북하는 사람들도 있어 그들의 행동에 동조는 안 할망정 심정적으로 공감하고 있는 면도 있었다.

그러나 공산 치하 3개월 동안의 경험으로 공산주의가 얼마나 무서운 것이고 우리가 익혀온 생활 패턴과 너무나 다른 이질적인 체제라는 것을 알게 되었다. 도처에서 벌어지는 인민재판이란 공포 속에서 생명의 위협을 받는 것은 말할 것도 없고 가장 믿었던 가까운 사람들로부터 고발과 밀고를 당하는 사례를 보면서 사람이 무서워 늘 긴장하는 나날을 보내야 했다.

앞에서 말한 것과 같이 김재준은 공산주의에 대해 감상주의적인 생각을 버릴 것을 제의하면서 "만일 인간이라는 의식이 있다면 무엇을 운위하기 이전에 질식해 버리지 않을 수 없는 고장이 그들의 산하이다"라고 단언했다.

사실 사회주의체제를 직접 체험하고 난 이후 그것을 낭만적으로 생각했던 지식인들이 반공주의자로 변신한 예는 많이 있다. 앙드레 지드André Gide의 소련 방문이 그 대표적인 예다. 그는 소련사회의 몰개성과 질식할 듯한 분위기를 체험한 다음, "오늘날 소련에서 강조하는 것은 복종의 정신이며 순응주의다", "히틀러 치하의 독일에서도 인간정신이 이렇게 부자유스럽고 짓눌리고 공포에 떨면서 종속되었을까 하는 의문을 갖게 되었다"라고 고백했다.[10]

북한의 독재정치는 명령적이고 강제적이었다. 상부의 지령은 거역할 수 없는 절대적 권위의 상징이었다. 어떤 점에서 1948년 이후의 북한은 지드가 방문했던 1936년의 소련보다 더 억압적이었을 것이다.

애초부터 공산주의를 극히 혐오했던 사람은 그렇다 치더라도 앞서 김재준의 경우처럼 막연히 공산주의 이론에 공명했거나 그들과 연합이 가능하다고 생각했던 지식인들까지 북한을 극도로 비판하게 된 것은 북한의 정치체제가 분명히 심각한 결함을 갖고 있었음을 말해 준다.

북한에 대한 이런 부정적인 평가에는 진실이 담겨 있음을 부인할 수 없는데, 그 부정적 측면이 어디로부터 왔는지에 대해 여러 각도로 설명할 수 있다.

전쟁을 겪은 후 남한에서 애국愛國은 곧 반공反共이 되었다. 애국과 반공은 손바닥의 앞뒤처럼 따로 성립될 수 없는 것으로 되어 버렸다. 애국하고 싶은 마음들이 급해서 많은 단체가 생겨났고 무슨 무슨 청년단이니 자위대니 하는 애국 단체가 하는 일은 주로 빨갱이 족치기였다. 정부와 경찰, 군인, 헌병 등 치안을 유지할 수 있는 기관이 다 환도했지만 그들의 주 업무도 공산분자를 색출하는 일이었다. 계엄령하였다. 적 치하에서 부역한 빨갱이들을 유치장에 미어지게 잡아들이고 즉결처분도 성행했다. 빨갱이 목숨이 사람 목숨과 같을 수 없었다. 저기 빨갱이가 간다는 뒷손가락질 한 번으로 그 자리에서 총을 맞고 즉사한 사례도 있었다.(11)

이러한 전쟁의 경험으로 분단의식이 내면으로 파고들어 공산주의에 가까운 모든 이론, 개념, 상징 등은 생활 모든 면에서 적대시되고 배척되었다. 이승만 정권은 이러한 흐름을 최대한 이용하여 반공을 안보로 연결시켜 국시로까지 받들게 했다. 이것은 박정희 정권과 전두환, 노태우 정권까지 이어져 초보적인 노동운동이나 온건한 사회주의운동까지 모두 국시위반이라는 틀에 묶어 탄압의 대상으로 삼았다.

4 | 사회구조의 변화

해방 후 전쟁 직전까지 북한에서 남한으로 내려온 인구를 약 70만 명으로 추산하고 있다. 그리고 1953년까지 전쟁 중에서 월남한 북한 출신 인구를 65만 명으로 보고, 총 130여만 명이 북한에서 남한으로 거주지를 옮긴 것으로 추계하고 있다.

그리고 남한에서 북한으로 월북한 인구도 있다. 정확한 숫자는 파악이 어려우나 전쟁기간 중 월북한 인구를 약 30만으로 추산하는데 그 대부분이 의용군으로 강제 징집되었거나 자진 또는 강제로 납북된 민간인들 즉 공무원, 교육자, 의사, 종교인, 예술인 등이다.

북한군의 서울 점령으로 3개월간 피난했을 때 그리고 1·4후퇴 때 중국군의 침공으로 서울이 함락되었을 때 대규모로 인구이동이 있었다.

인구는 대체로 도시로 몰렸고 이로 인해 도시인구가 급속히 증가했다. 생존을 위해 생활전선에 뛰어든 사람들로 도시마다 시장이 활기를 띠었다. 과거에 잘살던 사람이나 못살던 사람이나 모두 재산을 잃고 같은 처지가 되기도 했고 누구나 재주껏 운수껏 뛰면 하루아침에 지위가 바뀌는 급격한 사회변동이 일어났다.

절박한 환경에서 경쟁에서 이겨야 살아남는 상황으로 몰린 사람들은 자기도 모르게 진취성, 적극성, 성취동기를 갖게 되고 이런 성향을 갖출 수만 있다면 도태를 면하기도 했고, 더 나아가 갑자기 치부를 하는 사람도 나오게 되었다.

오늘날 우리 사회의 대기업을 이룬 기업주나 돈 많은 갑부들 가운데는 이 혼란기와 60년대 이후 공업화 시기 등 격변기의 혼란을 틈타 치부한 사례가 많다.

그리고 북한에서 월남한 인사들이 남한의 지도층을 형성하는 데 크게 기여했다. 1963년 한배호韓培浩 등이 한국 정치지도자들의 사회적 배경에 관해 연구한 결과를 보면 장·차관, 주요부처의 국장, 3선 이상의 국회의원, 주미·일 대사, 3군 참모총장 등 316명 중 평안도 출신이 11.2퍼센트, 함경도 출신이 6.5퍼센트, 황해도 출신이 4퍼센트로 나타나고 있다. 이는 서울 출신 10.8퍼센트, 경기 출신 3.4퍼센트, 강원도 출신 4.6퍼센트, 충청도 출신 12.1퍼센트, 경상도 출신 24.5퍼센트, 전라도 출신 16.7퍼센트 등과 비교할 때 매우 높은 비중이 아닐 수 없다.

종교계, 교육계, 문화계에서도 월남한 인사들의 영향력은 대단했다. 기독교계의 거목인 한경직韓景職 목사는 평안도 출신이고 김재준金在俊 목사는 함경도 출신이다. 이 두 목사가 우리나라 기독교계에 남긴 업적은 대단하다. 천주교에서도 노기남盧基南, 지학순池學淳 등 많은 주교가 월남한 인사들이다.

교육계에도 월남한 인사들의 영향력이 매우 두드러졌다. 숭실대학교, 오산중학교 등이 월남한 사람들의 학교다. 서울고등학교 같은 경우 김원규 교장을 비롯하여 나중에 유명한 대학교수가 된 많은 월남한 교사가 교편을 잡았고 학생들도 이북 출신이 많았다.

또한 50, 60년대 한국의 지식인들에게 영향을 끼친 〈사상계思想界〉의 주역들이 대부분 월남한 사람들이었다. 장준하, 함석헌, 김준엽, 안병욱, 이극찬, 차기벽 등이 모두 월남한 사람들이었고 그 중 주역은 평북 신성학교 출신이다. 흥사단계도 월남한 사람들의 무대였는데 백낙준, 장리욱 등이 모두 이북 출신이다.[12]

5 | 군대의 비대화

전쟁이 가져온 주요한 제도적 영향으로 군대의 비대화를 들 수 있다. 국군의 창군 과정에서도 북한에서 월남한 인사들이 많이 관여했다.

전쟁 이전에는 소규모의 경비대에 불과하던 국군이 전쟁이 끝나고 얼마 안 되어 60만 대군으로 성장한 것은 놀라운 제도적 변화 덕분이다. 한국 역사상 이렇게 많은 상비군을 유지해 본 경험이 없고 더욱이 이러한 규모로 조직을 운영해 본 적도 없었다.

미군은 국군의 조직과 관리기술을 처음부터 가르쳤고 기획제도와 관리운영 기술은 일반사회부문에 비해 훨씬 앞선 것이었다. 군의 운영은 능률적이고 조직적이며 과학적이었다.

이러한 월등하게 잘 조직된 군이 앞으로 5·16쿠데타를 일으켜 정치에 개입하고 한국을 통치하는 데 큰 역할을 하게 되는 것은 우연이 아니다.

해방 직후 군정청 국방부장으로 취임한 시크 준장은 한국의 국방군을 창설하려면 미군과 한국군간 언어소통이 잘 되어야 한다고 생각했다. 그는 1945년 12월 5일 서울 서대문구 냉천동에 있는 감리교 신학교 자리에 '군사영어학교'를 설치하고 기초적인 군사영어와 군사지식을 가르쳐 미군의 통역도 육성하고 앞으로 창설할 한국군의 기간요원을 양성한다는 방침을 세웠다. 교장에 리스 중령이 임명되었고 원용덕(만주군 중령)이 보좌관 겸 부교장이 되었다.

군사영어학교 학생의 선발은 간단한 구술시험을 통해 이루어졌다. 과거 군대 경험, 계급 정도만 물어보고 간단히 입교시켰다. 영어를 잘 하는 사람은 A

클래스, 보통은 B클래스 그리고 나머지는 C클래스로 구분되었다.

월급은 한 달에 3,600원이었다. 그것은 비교적 많은 편이어서 월급으로 밥은 밖에서 사먹었다. 1946년 3월 2일 학교를 태릉으로 옮긴 후에는 영어도 가르치고 하루 한 시간씩 군사훈련도 했다. 하루에 4~6시간씩 수업을 했다. 기숙사는 없었고 통학을 했다. 3월 23일 졸업생들을 육군 소위로 임관했다.

임관자 110명의 출신을 보면 일본군 출신이 87명으로 가장 많았고 만주군 출신 21명, 중국군 출신 2명이었다. 일본군 출신은 일본 육사 출신 13명, 학병 출신 68명, 지원병(사병) 출신 6명이었다.

이들 중 장군으로 진급한 인물은 모두 76명이었다. 그 중 중요인물을 들면 다음과 같다.

이형근李亨根, 채병덕蔡秉德, 정일권丁一權, 최경록崔慶祿, 장창국張昌國, 강문봉姜文奉, 민기식閔機植, 박병권朴炳權, 백인엽白仁燁, 김종오金鍾五, 김계원金桂元, 정래혁丁來赫, 원용덕元容德, 최홍희崔洪熙, 김익렬金益烈, 백선엽白善燁, 김백일金白一, 이한림李翰林, 신상철申相澈, 이후락李厚洛, 장도영張都暎, 민병권閔炳權, 박진경朴珍景, 김일환金日煥, 송요찬宋堯贊, 장은산張銀山, 강영훈姜英勳, 박경원朴璟遠, 이응준李應俊 등이다.

1946년 4월 30일 군사영어학교가 해체되자, 1946년 5월 1일 태릉에 국방경비대 사관학교를 설치하고 본격적으로 경비대 간부를 양성했다.

군사영어학교 및 경비사관학교를 나온 창군 인사들의 출신별 분류를 살펴보면 다음과 같다.

1) 일본 육사 출신
일본 육사에는 제26기 이후 졸업하여 일본군 소위 이상으로 근무한 사람은 총 66명이다. 이 중에서 30명이 국군에 입대했다.

그 중 중요인사를 들면 다음과 같다.

26기 대좌 이응준李應俊 총참모장
      신태영申泰英 총참모장
27기 대좌 김석원金錫源 사단장
49기 중좌 이종찬李鍾贊 참모총장
      소좌 채병덕蔡秉德 총참모장
50기 소좌 이용문李龍文 전남 경비사령관
53기 소좌 신응균申應均 포병학교 교장
54기 대위 김정렬金貞烈 초대 총참모장
55기 대위 유재흥劉載興 합참의
      대위 김창규金昌圭 공군참모총장
56기 대위 이형근李亨根 참모총장
58기 소위 정래혁丁來赫 군사령관
      소위 박원석朴元錫 공군참모총장
      소위 신상철申尙澈 국방부 정훈국장
59기 소위 장창국張昌國 합참의장
60기 소위 장지량張志良 공군참모총장

2) 만주군 출신

* 만주군(일본 육사 유학자) 출신
54기 대위 김석범金錫範 해병대사령관
55기 대위 정일권丁一權 참모총장
56기 대위 이주일李周一 최고회의 부의장
      대위 박임항朴林恒 군사령관

57기	중위 박정희朴正熙 최고회의 의장
	중위 이한림李翰林 군사령관
58기	중위 최주종崔周鍾 군수기지 사령관
59기	소위 강문봉姜文奉 군사령관

＊ 만주군(비非 일본 육사 유학자) 출신
육군대장(한국군 계급) 백선엽白善燁 참모총장
육군중장 양국진楊國鎭 군단장
          김일환金一煥 육본 관리부장
          원용덕元容德 헌병사령관
          김백일金白一 군단장
          윤태일尹泰日 사단장
육군소장 송석하宋錫夏
          이용李龍

3) 학병 출신

1943년 10월 12일 학도동원령이 내려져 전문학교 이상의 대학생을 강제로 징집해 갔다. 징집된 수는 4,385명이었다. 이 가운데 상당수가 소위로 임관했고 그들 대부분이 국군 창설에 참여하여 군의 중추가 되었다. 그 중 장성급에 오른 수만 87명에 이르고 수적인 면에서 일본 육사 출신을 압도했다.

육군대장 민기식閔機植 참모총장, 김계원金桂元 참모총장
          김용배金容培 참모총장, 김종오金鍾五 참모총장
          서종철徐鍾喆 참모총장, 이세호李世鎬 참모총장

	한신韓信 합참의장, 심흥선沈興善 합참의장
	노재현盧載鉉 참모총장, 최세인崔世寅 군사령관
육군중장	박병권朴炳權 군사령관, 백인엽白仁燁 관리참모부장
	김종갑金鍾甲 국방부 관리국장, 김익렬金益烈 국방대학원장
	최영희崔榮喜 참모총장, 최석崔錫 군단장
	김상복金相福 참모차장, 장도영張都暎 참모총장
	민병권閔炳權 군수참모부장, 강영훈姜英勳 사관학교장
	박경원朴璟遠 군사령관, 김형일金炯一 사단장
	유근창柳根昌 합참본부장, 김희덕金熙德 육군사관학교장
	장경순張坰淳 육군본부 교육처장
해병중장	김성은金聖恩 해병대 사령관
육군소장	이후락李厚洛 주미대사관 무관, 최홍희崔泓熙 군단장
	백남권白南權 사단장, 유흥수劉興守 군부사령관
	김점곤金點坤 국방부 차관보, 조시형趙始衡 작전참모부
	박태원朴泰元 헌병감, 유양수柳陽洙 작전참모부 차장

4) 일본 지원병 출신

일제시대에 '육군특별지원병령'(1938년 2월 2일)과 '해군특별지원병령'(1943년 5월 13일)이 실시된 이후 지원병은 육군 1만 7,664명, 해군 3,000여 명이었다. 이들은 탁월한 실전경험과 군인정신으로 무장되어 있어 건군 초기에 기간 사병으로 활약했다. 이들 중 장군으로 승진한 인물은 100여 명에 이르는데 최경록崔慶祿(육군참모총장), 송요찬宋堯贊(육군참모총장), 임충식任忠植(합참의장), 문형태文亨泰(합참의장), 김재규金載圭(중앙정보부장), 양찬우楊燦宇(내무부장관), 김현옥金玄玉(서울특별

시장), 이석제李錫濟(총무처장관), 이용운李龍雲(해군참모총장) 등이 여기에 속한다.

5) 일본 육군항공학교 출신
옥만호玉滿鎬(공군참모총장), 장성환張盛煥(공군참모총장) 등이 있다.

6) 광복군 출신(중국군 포함)
일본군에 복무했던 한국인은 5만여 명에 이르는데 비해 광복군은 3,000여 명에 지나지 않았다. 중국군 내지 광복군 출신들은 나이가 많았고 정상적인 교육의 결여로 현대적 전술 기술이 부족하여 소외되었으며 특히 김구의 퇴조로 빛을 잃게 되었다.

육군준장	송호성宋虎聲 조선경비대총사령관
육군중장	김홍일金弘壹 군단장, 안춘생安椿生 군부사령관
	최덕신崔德新 군단장
공군중장	최용덕崔用德 공군참모총장, 김신金信 공군참모총장
육군소장	이성가李成佳 육군대학총장, 박영준朴英俊 사단장[13]

한국전쟁이 발발했을 때 국군은 아직 걸음마 단계에 있었다. 북한의 인민군과 비교해 볼 때 수적으로 열세였고 전투장비도 많이 부족했다. 막강한 장비를 갖추고 파죽지세로 밀어 오는 인민군을 맞아 육탄으로 막아야 했다. 그러나 국군은 끝까지 포기하지 않고 죽으면서 버티었다. 초기에는 미군이 지원할 것이라는 희망도 없었다. 그러나 이들이 죽기로 저항하여 미군이 지원하게 되었을 때 교두보를 확보할 수 있었고 전세를 역전시킬 수 있는 발판을 마련했다.

전쟁 중 한국군은 밴프리트 장군의 엄격한 집중훈련 계획에 의해 유능하고 충실한 전투부대로 성장했다. 밴프리트는 1952년 말에는 모든 전투지구에 한국군을 배치하고 그 지역의 4분의 3을 점하도록 했다. 1952년 12월 전선에 배치된 16개 사단 중 11개 사단이 한국군, 3개 사단은 미 육군, 1개 사단은 미 해병대, 그리고 또 하나의 사단은 영 연방군 사단이었다.(14)

1953년 1월에는 한국군 12개 사단과 유엔군 8개 사단이 전선에 배치되었다. 그 증강된 전력의 대부분은 적이 우리의 주 저항선을 돌파하여 우리의 전초진지를 탈환하기 위해 필사적인 공격을 시도하는 철의 3각 지대 저변부에 투입되었다.

1953년 이후 한국사회의 모든 조직이 와해되고 인적자원이 파편화되는 소용돌이 속에서 우뚝 솟은 것은 60만 이상으로 성장한 한국군이었다.

한국군은 이제 한국사회에서 가장 강력하고 가장 응집력이 강하며 가장 잘 조직된 기관이 되어 결국 그 정치적 힘이 작용하여 5·16혁명으로 이어지게 되었다.

또한 한국군은 1953년 휴전 이후 베트남전 참전 외에는 더 이상 전쟁을 치르지 않았으나 전후 50여 년간 산업훈련학교 노릇을 했다. 한때 근대의 공장을 군대조직에 비유한 사람은 막스 베버Max Weber였는데, 한국의 경제발전과 군대의 관련성은 매우 컸다.

6 | 권력에 기생하는 기업들

전쟁이 일어나서 휴전이 되기까지 3년간, 정부는 부산을 임시수도로 정하고 피난하고 있었다. 따라서 경제활동의 중심도 부산으로 이전되었다. 한국경제는 부산을 중심으로 반경 100킬로미터의 반원 안에서 이루어지고 있었다.

부산의 국제시장이 자유시장이라는 이름을 거쳐 서울 남대문시장·동대문시장, 대구 서문시장과 함께 국내 최대 시장으로 이름을 떨치게 된 것도 이 무렵이었다. 부산항으로 들어오는 산더미 같은 전쟁구호품, 군수물자가 몰려든 피난민들에게 정신없이 팔려 나갔다. 이때 국제시장에서 장사하는 상인치고 떼부자가 안 된 사람은 바보라는 말이 있을 정도였다. 한일합섬 창업주 김한수, 동서·고려해운 양재원, 동양그룹 이양구 등이 국제시장 출신이다.[15]

인구 50만 명이 안 되는 부산에 300만 명 가까운 피난민이 몰려왔기 때문에 판잣집에서 살게 되는 것은 당연한 일이었다. 어떻든 도청이 정부청사가 되고 대통령이 도지사 관사를 관저로 사용했다. 피난민들은 눈물 없이 들을 수 없는 생활을 시작하게 되었다. 한 지붕 아래 5, 6세대가 들어서서 살아도 행운이었다.

당시 생활 모습을 일기에 담은 김성칠의 말을 들어 본다.

1950년 12월 23일
    부산에 닿았다. 바다가 바라보이는 조선의 남쪽 끝이다.
    손발은 꽁꽁 얼고 얼굴은 때 투성이가 되어 피난 보퉁이를 안고 부산바닥에 내렸으나 당장 오늘 하룻밤을 드샐 곳이 없다. 차를 끌고 낯선 거리를 밤늦게까지 헤매었으나 하룻밤 들어가 쉴 여관방 하나를 얻을 수가 없다. 우리의 도착이 이미 늦었기 때문에 방이란 방은 모두 꽉 차 있다고 한다.

(…) 하는 수 없어서 밤늦게 통행금지 시간이 가까워서야 일행을 이끌고 당감동 이석태 군의 본댁에 가서 짐을 끌렀다.

1951년 3월 12일

밀가루 한 포대씩 배급을 주되 대금으로 2만 6,000원을 마련해내야 한다 해서 이를 놓치지 않으려고 버둥거리었다. 치사스러운 삶이지만 식욕이 왕성한 아이들을 위하여선 개결介潔만을 지킬 수도 없는 노릇이다. 아내가 치마 한 감, 양복바지 한 벌을 들고 시장에 나갔다. 열흘 동안 척푼 없이 가지가지 궁경을 겪은 끝이다. 현금을 몇 푼 쥐어야 젖 뗀 아이의 영양도 보급하고 쌀 배급도 타서 그 쌀을 다시 시장에 내어다 팔아 다급한 빚을 가릴 플랜이다.

가난이 뼈에 사무치는 작금이다.(16)

이러한 혼란 속에서도 기업가의 넘치는 상혼은 지치지 않았다. 전쟁의 북새판에서 돈을 벌어들이는데 합법도 비합법도 없었다. 밀수로 한탕 한 자, 파괴된 철로와 공장시설의 고철과 탄피를 모아 용해하여 놋쇠 인고트를 만들어 일본에 수출하고 그 대신에 화장품과 의류 등 사치품을 밀수하여 폭리를 취하고 있는 상인들이 즐비했다. 이들은 번 돈을 가지고 해외로 재산을 도피시키기도 했다.

그 외에도 미군의 군수물자 수송, 병참기지 건설 등으로 군납업자에게 돈은 쏟아져 들어왔다. 한국군에 물자를 납품하는 군납업자들도 돈을 벌었다.

전시 중 식량난 해소를 위해 미국에서 곡물을 수입해 왔는데 이를 취급하거나 달러를 손에 넣어 밀수를 해 돈을 번 사람들도 있었다. 외국에서 온 구호물자를 빼내어 하룻밤에 부자가 된 사람들도 있었다.

만성적 인플레로 은행에서 대부를 받기만 하면 어떤 물건을 사놓아도 이익이 붙었다. 따라서 은행에서 대출받는 것 자체가 특권이었다. '외상이면 소라도 잡아 먹는다'라는 말이 이때부터 유행하기 시작했다.

적산敵産(일본인이 놓고 간 재산)기업의 불하, 미국의 원조, 은행의 특혜융자 등이 권력과 유착되면서 단기승부로 일확천금을 노리는 기업가가 횡행했다. 결과는 수단을 정당화한다는 사고방식이 만연하고 돈만 벌면 된다는 생각이 사람들의 가치기준이 되었다.

반대로 성실하게 차분히 일하는 기업가는 성공하기도 어렵거니와 오히려 웃음거리가 되는 풍조가 생겼다.

이러한 풍토 속에서 한국인의 의식 중에는 다른 사람을 믿지 못하는 불신 풍조가 생겼다. 폐쇄적인 동족경영이 유행이 된 것은 권력유착, 부정은폐 등의 부조리를 감추기 위해서였다. 공동으로 운영하면 반드시 이익분배 때문에 싸우고 헤어진다. 결국 믿는 것은 자신밖에 없다는 생각이 뿌리 깊게 박히게 되어 한국 기업 경영자의 행동 패턴의 원형이 되었다.

국민에게 기업인들에 대한 인상이 좋지 않게 각인된 것은 이러한 역사적 과정 때문이다. 즉 기업은 권력에의 접근 여부가 성패의 운명을 좌우한다는 것이 일반 국민의 상식이 되었다.

7 | 최대의 이권 적산敵産기업의 불하

해방 후 일본인이 본국으로 귀환하면서 남겨놓은 재산을 미군정청은 '적산敵産'으로 불렀다. 이 적산은 해방 후 최대의 이권으로 부상했다.

미군정청은 1945년 9월 25일자의 법령 제2호 '일본인 재산이양에 관한 법령'을 공포했다. 이 법령은 '1945년 9월 25일자로 일본인의 전 재산을 미군정청이 몰수한다. 소련이 참전한 8월 9일 이후에 이루어진 일본인의 재산처분을 무효로 한다. 일본인 재산의 매매는 특정의 수속을 밟는다'라고 규정했다.

그러나 주인 없는 재산을 그대로 방치해 둘 수는 없었다. 우선 재산관리인을 지명하고 서서히 재산의 불하를 시작했다. 일단 적산의 관리인이 되면 불하에 연고권을 주장하게 되어 최우선 순위에 들어갔다. 적산기업의 관리인이 되는 것은 이권의 허가증을 손에 쥐는 것을 의미했다. 재계는 모든 연고와 연줄을 동원하여 적산기업을 노렸다. 주요한 적산기업은 주인이 눈에 띄게 바뀌었다.

키린 맥주가 영등포에 세운 소화昭和 맥주에는 한국인 주주로 박두병朴斗秉이 있었다. 그 연고로 키린 비어의 관리인이 된 박두병은 가업인 종이 도매상을 집어치우고 제조업으로 전신하여 오늘의 동양맥주OB의 모체인 두산그룹을 이루었다.

한국에서 화약을 독점공급하고 있던 조선화약 공판에 근무하고 있던 유일한 조선인 김종희金鍾喜는 화약독점 메이커인 조선유지朝鮮油脂의 인천공장 관리인이 되었다. 그는 남아 있던 화약원료를 잘 처분하여 자금을 축적했다.

이것이 한국화약그룹의 시작이었다.

수원에 있던 선경직물鮮京織物의 최종건崔鍾健은 선경직물 자치위원회 위원장이 되어 연고권을 손에 넣었다.

한국에서 맥주 양조의 경쟁자인 사뽀로 비어는 동경제대 경제학부를 졸업한 민덕기閔德基의 소유가 되어 조선맥주로 이름을 바꾸었다.

구리하吳羽방적과 조선방직 부산공장은 미국에서 돌아와 미군정청과 연줄이 닿은 이기붕李起鵬과 강일우姜一遇에게 불하되었다. 그러나 이것은 곧 대구에서 양말공장을 하던 정재호鄭載護에게 전매되었다. 그는 이것을 대전방적, 조선방적으로 이름을 바꾸어 방적 재벌로서 삼호재벌三護財閥을 형성했다.

해방 전에는 조선주철朝鮮鑄鐵이란 소규모 공장을 경영하던 김지태金智泰는 아사히견직旭絹織의 관리인이 되어 전국에 산재해 있던 제사공장을 인수하여 한국 최대의 생사 메이커로 등장시켰다. 아사히견직은 조선견직으로 이름을 바꾸었다. 그는 삼화고무를 인수하여 그 계열사는 삼화三和그룹을 이루었다.

대구에서 비누공장을 근근이 이끌던 김성곤金成坤은 영등포 소재의 경기염직에 설치된 동경방직의 방직기 2,000추錘와 같은 적산이었던 조선직물의 건물을 불하받아 금성방직金星紡織을 설립했다.

백낙승白樂承은 고려방직을 불하받아 태창방직으로 개칭했다. 북한에서 피난 나온 청진 출신의 설경동薛卿東은 군시공업郡是工業 대구공장을 불하받아 대한방직으로 키웠다.

조선주조朝鮮酒造 군산공장을 관리하던 강정준姜正俊은 백화양조白和釀造로 개명하여 사업을 육성하고 조선도시바朝鮮東芝를 인수한 서상록徐相錄, 장병찬張炳贊은 이천전기利川電氣를 설립했다. 모리나가森永제과와 모리나가식품을 인수한 함창희咸昌熙는 동립산업東立産業으로 이름을 바꾸어 기업을 키워 나갔다.

그 외의 적산기업을 들면 한이 없다. 오노타小野田시멘트는 동양東洋시멘트로, 미쓰이유지화학三井油脂化學은 동양화학東洋化學으로, 한일면업韓一綿業 대구공장은 내외방직內外紡織, 삼척화학 카바이트공장은 북삼화학北三化學으로, 시천是川제철은 삼화제철로, 삼성광업三成鑛業은 장항제련소로, 조선타이어는 한국타이어로, 조선제분은 대한제분으로, 미쓰코시 경성지점은 신세계백화점으로, 조선전선은 대한전선으로, 북선제지화학공업은 한국제지, 정자옥丁子屋은 미도파백화점으로 개명되었다. 조선화재보험, 대전피혁, 대성목재, 부산제빙냉장은 이름을 그대로 사용했다.

일본고주파高周波는 풍한산업, 조선운수미창米倉은 대한통운으로, 조선중공업은 대한조선공사로, 후지비루는 삼화비루, 대륙극장은 단성사로, 다카라쓰카寶塚극장은 국도극장으로, 명치좌明治座는 명동극장, 제일극장은 문화극장, 약초극장은 스카라극장으로 이름이 바뀌어 이 사람 저 사람 손에 넘겨지면서 오늘에 이르렀다.

현재의 한국전력은 경성전기, 남선전기, 조선전기의 3사 합병에 의해 이루어진 것이다. 대한중석은 고바야시광업小林鑛業, 주택공사는 조선주택영단의 후신이다.(17)

미군정이 끝나고 이승만 정권이 수립된 이후에 적산 기업체를 불하할 때, 정부는 자유당과 결탁하여 정치자금을 상납하는 기업에 대해서만 수의계약을 맺었다. 예컨대 조방 대구공장은 당시 시가 20억 환 이상으로 평가되던 기업체였다. 그런데 정부는 단돈 8억 환에 설경동에게 수의계약으로 불하하고 이에 대한 대가로 거액의 정치자금을 제공받았다.

또한 각 은행의 귀속주를 처리하는 데 있어서도 정부는 입찰조건을 미리 조정하여 자유당 정치자금 조달자에게 혜택이 돌아가도록 의도적으로 압력을 가했다.

한편 원조물자의 배정에 있어서도 정부 관리들은 중요 시설업자와 사전 공모하여 외화를 횡령하거나 혹은 외국상사와 결탁하여 시설투자 도입비를 가로챘으며 심지어는 자기자본도 없는 업자에게 자유당의 정치적 압력을 이용해 배정함으로써 많은 예산을 낭비했다.(18)

8 | 소비재 산업으로 일어난 한국 기업들

미국의 원조는 한국에 소비재 혁명을 불러일으켰다. 원조의 태반을 점하고 있던 것이 소비재였기 때문이다. 한국의 기업들도 전시 중 가장 시급한 것이 의식주衣食住문제로 이것을 해결하는 것이 초미의 급선무였다. 초기에 기술과 자본이 부족한 한국 기업들은 원자재를 수입하여 단순가공 후 유통하기만 하면 되는 사업에 집중하였다.

그 대표적인 업종이 유명한 3분粉산업인 밀가루, 설탕, 시멘트와 방직의 4개 업종이었다. 이 사업이 전후 한국경제의 4대 산맥을 형성했다. 오늘날의 재벌들이 대부분 당시 이 업종에 손을 대어 토대를 구축했다.

피난 수도 부산에서 무역으로 두각을 나타낸 삼성물산의 이병철李秉喆은 이렇게 성장한 대표적 인물이다. 전쟁 후 이병철은 1953년에 제일제당, 1954년에 제일모직을 설립했다.

제당은 원당을 수입하여 이를 탈색하여 백설탕으로 만들면 되는 단순가공업이다. 단것에 주린 한국에서의 설탕 수요는 폭발적이었다. 제일모직 제품은 모직물 생산이 거의 없었던 당시의 의류사정으로 날개 돋친 듯이 팔려 나갔다. 인간의 가장 기본적인 욕구인 식食과 의衣의 수요를 만족시켜 주는 소비재생산에 착안한 것이 삼성을 재벌로 비약시킬 수 있는 계기가 되었다.

럭키그룹 창업자인 구인회具仁會도 경상남도 소지주 출신으로 같은 시기에 섬유사업에 뛰어들어 진주상공회의소에서 정력적인 활동을 했다. 구인회의 최초의 상업투자는 불과 3,800원이었다.[19]

후에 한국의 최대기업 그룹이 된 현대와 한진의 재벌도 그 뿌리는 미군 군납이었다. 현대건설 등은 미군이 발주하는 미군숙사공사, 비행장 정비, 전쟁으로 파괴된 교량, 도로 등 공사를 계속 수주하여 수년 내에 건설업계에서 1, 2위를 다투는 거대기업이 되었다.

미군공사의 시공으로 정주영은 군용건설공사(건설군납)라는 황금알을 낳는 비즈니스에 관한 노하우를 몸에 익혔다. 1953년 휴전협정이 체결될 때 현대건설은 건설군납으로 확고한 기반을 만들었다.

한진상사의 조중훈趙重勳은 서비스 군납으로 운수재벌로 비약하는 계기를 만들었다.

1956년 조중훈은 주한미군과 군수물자운송계약을 맺었다. 계약고는 초년도에 7만 달러였으나 다음 해에 30만 달러, 1959년에 1백만 달러, 1960년에 228만 달러로 맹렬한 스피드로 급성장했다. 당시로서는 거액의 외화였다. 그는 이것을 발판으로 1961년에 미 공군에서 불하한 버스 80대를 분할 지불 조건으로 입수했다. 이 버스를 서울-인천 간 정기운행하여 3년 만에 원금을 완전히 회수했다.[20]

9 | 외국인이 놀란 한국의 교육열

한국전쟁 중에 교육은 3, 4부제 수업은 물론, 한 학급에 100명 이상 수용하면서까지 계속 이루어졌다. 〈뉴욕타임스〉 1951년 4월 23일자 신문은 그런 모습을 이렇게 묘사했다.

> 교외 어떤 산 위에 일제시대의 신사神社 그늘에서, 어떤 국민학교는 개울가에서, 한 남자중학교는 산 밑 골짜기에서 각기 수업을 받고 있다. 남한은 어디를 가든지 정거장에서, 파괴된 건물 안에서, 천막 속에서, 그리고 묘지 옆에서도 수업을 하고 있다. 교과서 있는 학생은 교과서를 가지고 책 없는 학생은 없는 대로 지리, 수학, 영어, 미술, 공민 등을 공부하고 있다. 여학생들은 닭을 치고 계란을 팔아서 학교를 돕는다. 안동에서는 학생들이 흙벽돌로 교사校舍 세 채를 지었다.(21)

미국 기자의 눈에는 그런 모습이 이색적이거나 놀랍게 보였을 것이다. 그래서 〈뉴욕타임스〉는 그런 모습을 얼마 후에 또 보도했다. 1951년 6월 8일자 기사의 일부다.

> 다른 결점은 있을지언정 한국은 그 교육제도를 계속하고 개선하기 위해 진지하고 용감한 노력을 꾸준히 기울여 왔다. 굶주림과 질병으로 수천의 생명이 희생된 엄동설한에도 한국정부와 유엔은 학생들의 학업을 계

속했다. 지금 국민학교 학령 아동들은 대부분 정규수업을 받고 있다. (…) 전란을 당한 나라에서 교과서의 부족은 중대한 문제다. 그러나 어느 시골에 가도 나무 밑에 학생들이 모여 앉아 나무 가지에 흑판을 걸어놓고 떨어진 책을 나누어 보고 있다. 6명 내지 8명의 학생들이 책 한 권을 나누어 보며 암송하기 위해 그 책을 이리저리 돌리고 있는 광경을 많이 볼 수 있다.(22)

전황이 1951년 2월 중순부터 38선을 중심으로 대치상태로 들어가자, 문교부는 전시교육특별조치요강에 따라 부산, 광주, 전주, 대전 등 4개 도시에 '전시 연합대학'을 설치하고 4월부터 학업을 계속하라고 발표했다. 그러나 휴전회담이 쉽게 성사될 것 같지 않자, 1951년 9월 각 대학은 연합대학 대신 단독으로 임시대학을 개설하고 강의를 했다. 고려대는 대구에, 서울대와 연희대는 부산에 임시학교를 설치했다.(23)

1951년 2월 18일, 대학생들의 징집을 연기해 주는 조치가 취해지자 징집을 회피하려고 대학에 입학하는 젊은이들의 수가 무서운 속도로 늘어났다. 1만 5천여 명의 대학생 수가 8만여 명으로 늘어났고 각 사립대학은 밀려오는 학생들로 인해 갑자기 비대해지기 시작했다.

한편에서는 젊은이들이 전쟁터에서 조국 수호를 위해 목숨을 바치고, 다른 한편에서는 조국의 미래를 위한다는 명분으로 병역을 면제받고 대학을 다니는 기이한 현상이 생겨났다. 대학생 수의 급격한 증가는 교육의 질적 저하를 초래하고 60년대 취직난과 연결되어 심각한 사회문제로 발전했다.

10 | 전쟁이 세계경제에 미친 영향

　한국전쟁은 제2차 세계대전 후 점진적으로 부흥의 길을 걷고 있던 세계경제의 규모를 대폭 증대시키는 촉발제의 역할을 했다. 전쟁수행에 필요한 각종 원료와 원자재의 수출입 그리고 전쟁물자의 생산 등과 같은 전쟁사업은 세계 각국의 경제를 활성화시켰다.
　미국의 경우 한국전을 통한 경제활성화의 경향이 두드러지게 나타났다. 1946년부터 1949년에 이르기까지의 평균 GNP 성장률은 3.4퍼센트에 머무르고 있는데 반해 1950년 이후부터 1954년까지 5년간에 걸친 평균성장률은 6.9퍼센트를 돌파하고 있는 것이다.
　이것은 제2차 세계대전 이후 미국이 마셜 계획을 통하여 전후 악화된 유럽의 경제구조를 개편하려는 노력, 자체의 민간산업구조 개선을 위한 역량축적의 효과가 6·25 발발과 함께 나타난 충격효과와 결부된 것으로 볼 수 있다.
　그 가운데에도 1950년에 9.3퍼센트, 1951년에 15.6퍼센트라는 높은 GNP 성장률을 기록함으로써 한국전이 미국경제의 호전에 커다란 영향을 미쳤음을 알 수 있다. 이와 같은 미국경제의 규모팽창 추세는 당시 미국의 수출상황을 통해서도 여실히 입증된다. 즉 미국은 1951년도에 150억 달러 규모의 수출을 기록함으로써 전년도에 비해 무려 50퍼센트에 달하는 증가율을 보여 주었으며 이처럼 증가된 수출규모는 1950년대 초 전반에 걸쳐 계속 비슷한 수준으로 유지되었다.
　소련 역시 한국전을 전후하여 높은 GNP 성장률을 기록하고 있음을 볼 수 있다. 1946년까지 답보상태에 있던 소련경제는 1947년부터 큰 폭으로 성장하기 시작했고 한국전 이후 1954년에 이르기까지 비교적 높은 비율의 성장을 유지했다. 이는 한국전이 소련경제의 성장을 지속시키는 데 기여하고 있음을 의미한다.(24)

유럽의 경우도 한국전쟁 이후 큰 폭의 경제규모 팽창을 경험했다. 서독이 가장 큰 폭으로 성장했으며, 영국도 1950년 이전에 비해 경제가 크게 호전되었다. 그러나 프랑스는 그렇지 못했다.

한국전쟁의 영향으로 경제가 가장 크게 호전된 나라 중 하나로 일본을 들 수 있다. 한국과 지리적으로 가까운 일본은 한국전쟁이 발발함에 따라 미군 부대의 전쟁물자 주요 보급지로 등장했다. 이와 같은 전쟁 특수가 일본경제에 미친 영향은 상당한 것이었다.

일본은 정부 간 거래형태인 물자특별 구매계획에 따라 미국을 포함한 유엔군 측에 전쟁기간 중인 1950년부터 1953년까지 무려 23억 달러를 상회하는 물자판매를 했다. 이것을 연도별로 볼 때 1950년에 1.5억 달러, 1951년에 6.2억 달러, 1952년에 7.8억 달러, 1953년에 7.5억 달러의 수출을 달성했다. 이로 인해 1950년에서 1952년 사이에 매년 10퍼센트 이상의 높은 성장률을 기록했고 이것이 일본이 오늘날 세계 경제대국으로 등장하는 발판이 되었다.(25)

일본이 한국전쟁에서 공전의 호황을 누리게 된 것은 사실이지만 일본이 없었다면 한국전쟁을 치루지 못했을 것이라는 말을 한 사람이 있다. 1952년 4월에 초대 주일 미국대사가 된 로버트 머피였다. 그는 다음과 같이 말했다.

한국전쟁이 일어난 것은 일본인에게 생각지도 못했던 행운이었다. 그 이유는 미국을 비롯한 유엔군이 필요로 한 보급물자와 서비스를 공급하기 위해 산산히 파괴된 일본의 산업을 최대 속도로 재건하게 되었기 때문이다.

(…) 전쟁이 일어나자 맥아더는 당시 일본에 주둔하고 있던 군대와 그들이 사용할 물자를 모두 전선으로 보냈다. 맥아더는 일본정부가 안전하고 질서있는 기지를 제공해 줄 것이라고 확신하고 있었고, 일본이 놀라울 정도의 속도로 그들의 4개의 섬을 거대한 보급창으로 바꾸지 않았더라면 그는 한국전쟁을 수행할 수 없었을 것이다.

일본인은 미군을 돕기 위해 일본 선박과 철도 전문가들을 조선으로 파견하여, 미군과 유엔군 사령부에서 일하도록 했다. 일본인 전문가 수천 명의 협조가 없었다면 미군은 작전 수행에 매우 어려움을 겪었을 것이다.(26)

미군의 출격은 신속했다. 전쟁 발발 후 1주일 동안 재일在日 미군은 계속 출격했다. 또한 미국 본토에서 보내지는 부대는 대부분이 일본에 들러 훈련을 하고 군사물자 등 보급을 받고서 출격했다.

G. 스트라트메이어 미 극동군사령관은 오키나와와 필리핀에 있는 전투폭격기를 모두 규슈九州로 집결시켜 북한으로 발진시켰다.

제6장
대한민국 초대 대통령 이승만

1 | 부산 정치파동과 대통령 직접 선거

　전쟁이 한창 진행 중이던 1951년 2월 11일, 군軍이 양민 6백여 명을 공산게릴라와 내통한다는 혐의로 무자비하게 집단학살한 거창 양민학살 사건이 발생했다. 이 사건은 1950년 12월 경남 거창군 신원면에서 공비가 지서를 습격하여 경찰관 30여 명이 전사하자 군이 출동하여 공비소탕작전을 벌이다가 일어난 것이다. 군인들은 증거를 없애기 위해 주민들의 시체에 휘발유를 뿌려 불에 태운 다음 산을 폭파시켜 시신들을 묻었다.

　그리고 1951년 3월에는 100만 명의 제2국민병(국민방위군)을 굶주림과 추위 그리고 질병으로 몰아넣고 간부들이 50여억 원과 5만 섬 이상의 양곡을 착복한 국민방위군 사건이 발생했다. 100만에 이르는 제2국민병을 모병해 피난시키는 과정에서 이들에게 지급할 식량과 의복 예산을 군의 고위장교들이 착복한 것이다.

　이승만 정부의 이러한 실정이 거듭되자, 이승만은 그 1차 임기가 끝나는 1952년 대통령선거에서 지지기반이 약한 국회에서의 간접 선거로는 다시 당선되지 못할 것이 확실해졌다. 이에 이승만은 전쟁 중의 임시수도 부산에서 대통령 직선제 개헌을 하기 위해 부산 정치파동을 일으켜 정국을 파국으로 몰아갔다.

　이 파동은 1952년 4월 17일 민국당과 원내 일부 자유당 의원들이 무소속의 곽상훈郭尚勳 의원을 대표 제안자로 하여 내각책임제안을 국회에 제출하는 것으로 시작되었다. 국회 재적의원의 3분의 2가 넘는 123명의 의원이 서명한 개헌안이 나오자 이승만 정부는 이에 대해 반대 입장을 밝혔다. 원내 자유당은 김영선을 중심으로 하여 장면張勉을 대통령으로 추대하는 운동을 시작했고, 원외 자유당은 이상철을 중심하여 이승만 대통령을 직선제로 추대해야 한다는 운동으로 맞섰다.

여·야의 정치적 대립이 격화되는 가운데, 이승만은 1952년 5월 26일 호남 및 영남 일원에 비상계엄을 선포했다.

이와 동시에 정부는 야당의원들을 대거 연행했다. 이승만 반대 진영의 선봉인 무소속의 정헌주와 이석기, 민국당의 양병일, 민우회의 장홍염 등 4명이 차례로 특무대로 연행되었다. 국회 주변에서는 내각제 개헌안에 서명한 야당의원 60명을 추가로 구속할 것이라는 소문이 나돌았다. 실제로 국회의원들이 타고 있는 버스를 견인차로 끌어 헌병대로 연행하기도 했다.

사태가 악화되자, 부통령 김성수金性洙는 29일 이승만에 대한 항의표시로 사표를 제출했다. 그는 사임서에서 5·26계엄 선포 사태에 대한 모든 책임을 이승만에게 돌리고 "그(이승만)가 재선되면 장차 국회는 그의 추종자 일색으로 구성될 것이며, 그 후 3선, 4선도 가능하도록 헌법을 자유자재로 고칠 수 있을 것이다. 이와 같이 해서 종신대통령이나 세습대통령이 출현하지 않으리라고 누가 보장할 수 있겠는가?"라고 주장했다. 김성수는 이승만의 앞날을 정확히 예측한 것이다.[1]

이승만의 느닷없는 계엄 선포와 야당의원 구속을 못마땅하게 생각한 주한 미국대사관은 이승만에게 계엄을 즉각 해제하라고 요구했다. 당시 무초 대사가 귀국 중이었으므로 앨런 라이트너Allan Lightner가 대리 대사 역할을 하고 있었다. 그는 본국 정부의 훈령도 받지 않고 그날로 이승만을 찾아가 "(지금은) 자유와 민주주의 원칙을 지키기 위해 전쟁을 치르는 상황"이라고 말하면서 전쟁에 전 국력을 기울여야 할 때에 계엄은 적절하지 못하므로 즉시 해제해야 한다고 말했다. 그러나 이승만은 이를 거절하고 담화를 발표하여 "한국의 내정에 간섭하는 것은 월권이며 앞으로도 이와 같은 행동을 계속하면 국외로 추방하는 조치도 불가피할 것"이라고 하면서 강경하게 맞섰다.

라이트너는 이승만에 대해 강력한 조치를 취할 것을 국무성에 건의하고 도쿄의 유엔군사령관과 주한 8군사령관 밴 플리트Van Fleet 장군과 협의했다.

처음부터 라이트너는 이승만을 강제로 대통령직에서 끌어내리는 한이 있더라도 그에게 맞서야 한다고 생각했다. 그의 확신이 더욱 굳어지는 사건이 생겼다.

이종찬 육군참모총장이 어느 날 저녁 대사관에 들러 미국이 허락한다면 이승만과 내무부장관, 비상계엄사령관을 가택 연금시키겠다고 제안한 것이다. 구속된 국회의원을 석방시켜 국회에 대통령을 선출할 기회를 주고 이렇게 해서 새 대통령이 취임하면 군은 정치에서 손을 떼겠다고 했다. 라이트너는 후에 미국의 직접적 개입 없이도 '무혈혁명'이 가능할 거라는 확신이 있었다고 회고했다.(2)

계엄령 선포 당시 헌병사령관 원용덕의 지휘하에는 약 2개 중대의 비전투 병력밖에 없었다. 계엄업무를 시행하는 데 이 병력으로는 부족하다는 원용덕의 주장에 따라 이승만은 이종찬 참모총장에게 부산지구에 병력을 추가로 파견하라고 지시했으나 이종찬은 "군의 정치개입은 크게 잘못된 일"이라는 이유로 명령을 듣지 않았다. 이종찬 총장은 한 걸음 더 나아가 군의 정치적 중립을 강조한 '육군본부 훈령 217호'를 모든 지휘관에게 시달한 다음 이승만에게 사표를 제출했다.

라이트너는 이 계획에 깊은 관심을 보였지만 클라크Mark Clark와 밴 플리트는 반대했다. 무엇보다 이승만을 대신할 분명한 인물이 없다는 이유에서였다. 초대 주미대사로 후에 총리가 된 장면張勉이 아마도 미국에겐 최선의 대안이었을 것이다. 그러나 그는 지지도가 낮았고 강력한 카리스마가 부족했다.

신익희申翼熙 제헌 국회의장과 이범석李範奭 조선민족청년단장은 강력한

1952년 7월 3일 발췌개헌안을 심의하고 있는 부산 피난국회 본회의

조직적 지지기반과 카리스마가 있었지만, 여러 다른 이유로 무초는 "우리의 견해로 볼 때 상당히 미숙아crummy 같았다"라고 표현했다.(3)

조병옥趙炳玉 전 내무부장관도 마찬가지였다.

또 이승만을 제거하는 계획을 추진한다 해도 일이 순조롭게 진행될 수 있을지도 확실하지 않았다. 이승만은 군과 경찰 그리고 국민들로부터 상당한 지지를 받고 있었기 때문이다. 만일 이승만을 확실하고 신속하게 타도하지 못할 경우, 한국정부가 있는 부산에서 일대 소요가 일어날 것이며 이것은 농촌지역과 심지어 전선까지 확대될 가능성이 높았다.

6월 4일 미국 국무성과 합참본부 연석회의는 휴가차 미국에 머물던 무초 대사도 참석한 가운데, 한국에서 군사 정권의 등장보다는 문민 정권이 바람직하다는 데 합의하고 군사개입 방법은 채택하지 않기로 최종결론을 내렸다.

국회 밖에서는 매일같이 백골단, 딱벌떼 등 어용단체들이 국회해산을 요구하는 데모를 벌이고 의사당 밖으로 나오는 국회의원들에게 폭력을 행사하는 등 혼란이 계속되었다. 그러던 어느 날 국회의장단은 클라크 유엔사령관을 만나고 왔다. 클라크 장군은 현재 전선에서는 전쟁이 계속되고 있고 이 정세 속에서 더 혼란을 가중시키면 신탁통치를 할지도 모른다는 말을 했다. 이 말을 듣고 놀란 국회의장단은 각 정파를 설득시키고 정부와 타협을 하기로 했다.

그리하여 장택상張澤相이 마련한 발췌개헌안을 받아들이게 되었다. 이 발췌개헌안은 정부가 제안한 직선제개헌안과 민국당의 내각책임제개헌안을 절충 취합해서 만든 것이다. 이 안의 골자는 대통령, 부통령의 직선 및 국무총리와 국무위원의 국회에 대한 연대책임제, 국회의 양원제, 국회의 국무위원·대사·공사의 임명승인제 등이다.

이 발췌개헌안은 7월 4일 경찰이 국회의사당을 포위한 가운데 기립표결 방식으로 재적 185명 중 출석 166명, 찬성 163명, 기권 3표로 가결되었다.

개헌안이 통과된 지 한 달만인 1952년 8월 5일에 정부통령 선거가 실시되었다. 이때부터 선거에 경찰이 관여하게 되었고 이후 모든 선거에 경찰이 개입하여 여당후보를 지지, 당선토록 하는 관례가 생겨났다.

이것이 이승만이 직선제 선거에 의해 대통령에 당선된 첫 번째 선거의 양상이었다. 이 발췌개헌안으로 대통령중심제이면서 총리제를 두는 기형적인 정부형태가 생겨났다.

2 | 이승만 제거 계획

1953년 4월 휴전회담이 속개된 이후, 이승만과 한국 국민의 휴전반대운동이 거세게 전개되었다. 이승만은 양유찬 주미대사를 통해 유엔사령관에게 위임된 한국군의 작전지휘권을 회수하여 필요하다면 단독으로 끝까지 싸울 것이라는 자신의 결의를 아이젠하워Dwight Eisenhower 대통령에게 전달하도록 했다.

이승만 대통령은 미국이 한국전쟁에 종결을 짓고 휴전을 하려면 한국과 상호방위조약을 체결하여 한국의 안전을 확고하게 보장해야 한다고 강력히 주장하고 이것이 실현되지 않으면 절대로 휴전에 동의할 수 없다고 강경한 입장을 고수했다. 그러나 미국은 한국과 군사동맹을 체결할 필요성을 느끼지 않고 있었다.

1953년 5월 29일과 30일 이틀 동안 워싱턴에서 미국정부의 고위정책회의가 열렸다. 육군참모총장 콜린스를 비롯하여 국방성, 국무성, 백악관의 고위정책담당자가 참석했다. 이들은 당시 한국정책의 실무를 맡고 있던 핵심적 인물들로서 이날의 회의에서 한국과 상호방위조약을 체결하기로 결론짓고 이를 아이젠하워 대통령에게 건의하여 재가를 받았다.

그러나 콜린스 참모총장은 휴전에 방해가 되는 이승만을 제거하고 그 대신 휴전에 협조적인 새로운 친미정부를 세워야 한다고 주장했다. 그는 "이승만의 협박에 굴복하는 것보다 차라리 주한미군의 안전을 구실 삼아 그를 구금시키는 것에 찬성한다"고 말하면서 한국과 상호방위조약을 체결하는 것은 이승만의 손에 채찍을 쥐어주는 것과 같다고 말했다.

이승만을 제거한다는 계획은 이미 1952년 부산 정치파동 때 미 대리 대사 라이트너에 의해 제기된 문제로, 1953년 5월 4일 주한유엔군 사령관 클라크 장군에 의해 다시 제기되어 이승만이 휴전협정에 끝까지 반대할 경우 이승만을 실력으로 구금시키고 새로운 친미정부를 세운다는 일종의 미군에 의한 쿠데타 음모였다. 이것을 미국 측은 상비작전Operation Everready이라고 불렀다.[4]

이 작전에 반대 입장을 표명한 것은 알렉시스 존슨과 같은 국무성 관리들이었다. 이들이 반대한 자세한 이유는 지금까지 밝혀지지 않았지만 당시 이승만 대통령의 휴전반대정책이 한국민의 광범한 지지를 받고 있었다는 점과 그 후임이 마땅하지 않았다는 두 가지 이유에서였을 것이다.

아이젠하워로서는 한국전쟁의 정치적 해결을 성공적으로 수행하기 위해 이승만의 협력이 필요했고, 반면에 이승만에게는 한국의 안보를 보장받기 위해서 미국의 법적 구속력이 있는 공식적 약속이 필수적이었다. 따라서 한미상호방위조약은 한·미 간의 갈등과 대치국면을 타개할 수 있는 유일한 타협점이자 처방책이었다.

방위조약을 체결함으로써 미국은 남한에 대한 공산주의 세력의 침략위협을 봉쇄하는 동시에 이승만의 한국군 단독 북진통일 의지도 단념시키는 효과를 기대했다. 반면 이승만은 강대국 미국과 동맹을 이루어 공산주의의 침공 위협을 미연에 방지할 수 있고 유달리 신경을 쓰고 있던 일본의 재침략도 봉쇄할 수 있다는 이중의 효과를 노릴 수 있게 되었다.

1953년 7월 27일 한국정부의 불참 속에 휴전협정은 조인되었다. 곧이어 8월 8일 변영태 외무장관과 덜레스John Dulles 국무장관은 '대한민국과 미합중국 간의 상호방위조약'에 가조인했다. 그리고 양국 대표는 10월 1일 워싱턴에서 이 조약을 공식적으로 조인했고 1954년 1월 15일 한국정부가, 1월 26일 미국 상원이 비준하여 11월 17일 정식으로 발효되었다.

이승만은 한국군의 증강을 위한 노력을 계속했고 그 후 미국과 협상 끝에 11월 17일 미국이 한국에 1955년 회계연도에 4억 2,000만 달러의 군사원조와 2억 8,000만 달러의 경제원조를 제공하고 10개의 예비사단 신설과 79척의 군함과 약 100대의 제트 전투기를 제공하는 조건으로, 한국은 한국군을 유엔군사령부의 작전지휘권하에 두는 것에 동의한다는 내용의 '한미합의의사록'에 두 나라는 정식 조인했다.

이 합의의사록에 의해 한국은 육군 66만 1,000명, 해군 1만 5,000명, 해병대 2만 7,500명, 그리고 공군 1만 6,500명으로 구성된 총 72만 명의 한국군을 유지할 수 있게 되었다.

그 후 다시 2년에 걸친 협상 끝에, 양국은 마침내 1958년 11월 말 한국군 감축에 관한 최종합의서에 서명했다. 이에 따라 한국군은 육군 56만 5,000명(18개 전투사단과 10개 예비사단), 해군 1만 6,000명(60척의 전투함정), 공군 2만 2,400명(6개의 전투폭격기대대를 포함한 10개 전투비행대대), 그리고 해병대 2만 6,000명(1개 사단)으로 조정되었다. 이 체제가 오늘날까지 이어진 한국군의 규모이다.(5)

한미동맹의 상징이 '한미상호방위조약'은 대한민국의 생존이 무엇보다도 중요하다는 이승만의 투철한 신념과 끈질긴 대미협상전략의 산물이다. 이승만은 한미방위조약이 한국의 생존이 걸린 정녕 포기할 수 없는 '생명줄'이라고 생각했다. 그리고 실제로 그것은 한반도의 전쟁의 재발을 억제하고 한국의 안보와 생존을 확보하는 데 지대한 역할을 했다.

3 | 원조를 둘러싼 한미韓美 갈등

1953년 8월 4일부터 9일까지 덜레스 국무장관은 한국을 방문했다. 덜레스 장관의 방한은 기본적으로 휴전협정에 대한 이승만의 협력을 최종적으로 확인하고 그 교환조건으로 상호방위조약에 가조인하는 것이 목적이었다. 그러나 덜레스와 이승만 회담에서 이승만의 이의제기에 의해 부흥원조와 일본과의 관계, 미국의 일본중시정책을 둘러싸고 격론이 일었다.

8월 6일, 이틀째 계속된 회담에서 미국은 대한원조계획을 주된 의제로 예정했지만 이 회담의 내용을 기록한 미국 측의 회의록에는 태반이 부흥원조물자의 대일조달을 둘러싼 논의로 가득 차 있다.

문제를 제기한 것은 이승만이었다.

이승만은 '이제까지의 ECA(Economic Cooperation Administration, 미국의 대외원조기구)원조의 반 이상이 일본에서 사용되었다'는 것에 강한 불만을 나타내고 금후에는 일본 경제의 부흥이 아니고 '한국의 자립적인 공업기반' 형성을 위해 원조를 운영해 달라고 촉구했다.

그러나 덜레스는 '극동에 있어서의 일본의 경제적·정치적·전략적 위치'를 강조하고 역으로 이승만에 대해 "일본에 대한 사고방식을 바꾸어 일본의 지위와 중요성을 인정하라"고 말했다.

"일본은 자원이 결핍되어 있고 본질적으로 공업생산력에 의존하여 살아갈 수밖에 없다. 그 공업력에 자유세계가 충분한 시장을 제공하지 못한다면 일본은 기아상태에 빠지고 일본의 공산화는 피할 수 없게 된다. 반면에 한국으로서도 막대한 자본과 시간을 필요로 하는 공장건설을 무리하게 추진하는 것보다는 일본의 공업제품을 수입하는 편이 경제적이고 유리할 것이다." 이러한 덜레스의 발언은 당시 미국의 대일본 정책을 그대로 나타낸 것이다.

이승만과 덜레스의 논쟁은 최후까지 평행선을 달렸다. 이승만 주장의 배경에는 한국이 다시 일본의 경제적 식민지로 전락할 것에 대한 심각한 우려가 있었다.

이승만은 덜레스가 주장하는 논리는 결과적으로 아시아 제국의 경제를 일본에 종속시킬 뿐이라고 강력히 반발했다. 이승만은 "만일 일본이 생산자로서 재건되고 다른 나라들이 소비자로서 계속 남게 되면 그 나라들은 '일본의 노예'로 전락하고 말 것이다. 또한 '일본제국'의 강화로 언젠가는 미국도 큰 시련을 당하게 될 것이다"라고 경고했다.(6)

1954년 7월 모두 네 차례에 걸쳐 워싱턴에서 열린 이승만과 아이젠하워 간의 수뇌회담에서 처음부터 한일관계 정상화문제를 둘러싸고 이승만과 미국 측이 격렬하게 대립하여 사흘째인 7월 29일 회담은 사실상 결렬상태에 빠졌다.

덜레스는 한일관계의 정상화가 이번 수뇌회담의 최우선과제라고 말하고 한국의 안전보장과 경제발전을 위해서 반일정책을 포기하도록 이승만에 요청했다.

이에 대해 이승만은 한국 내 재산의 소유권을 주장하는 등 한일회담 과정에서 보인 일본 측의 '변함없이 한국을 과거의 식민지로 보는' 고압적인 태도를 비난하고 미국 측의 압력에 반발했다.

양국의 주장은 최후까지 평행선을 달렸고 결국 아이젠하워는 이승만의 완고한 태도에 분노하여 퇴장하고 말았다. 얼마 후 회담은 재개되었지만 이번에는 이승만이 회담을 중단하고 퇴장하였다.

정일권의 회상록에 이날 회담이 상세히 기록되어 있다.

아이젠하워가 이승만에게 "반공포로 석방과 같은 독단적인 행동을 다시

해서는 안된다"고 주의를 주고 덜레스도 "귀하는 너무 지나치게 일방적이다", "귀하가 한국의 대통령이 된 것이 누구의 덕인지 생각해 봐라", "금후 그러한 독단은 삼가해 주기 바란다" 등의 폭언을 했다.

이에 대해 이승만은 안면의 경련을 일으키면서 "지금의 귀하의 무례하기 짝이 없는 폭언을 참을 수 없다"고 당당히 숨도 쉬지 않고 말하고는 자리를 박차고 일어섰다. 그리고 이승만은 "이 무례하기 짝이 없는 놈들과는 얘기하고 싶지도 않다"고 말하면서 남은 의제는 수행한 정일권, 백두진 등에게 맡긴 채 먼저 귀국하고 말았다.[7]

4 | 1950년대 한국 국민의 생활상

3년에 걸친 전쟁은 전국을 폐허로 만들었고 그 속에서 사는 사람들은 하루하루 연명하기에 급급했다. 1953년부터 1956년 봄까지 부산에서 소년시절을 보낸 권정생의 증언이다.

당시의 부산은 온갖 잡동사니가 쌓인 난지도 쓰레기장 같았다. 물통 속에서 살았다는 그리스의 괴상한 철인 디오게네스처럼 모두 한 뼘만 한 틈바구니만 있으면 드럼통 속에서도, 가마니때기 속에서도 사람이 살았다. 넘치는 것이 사람이었다. 거지, 깡패, 양아치, 석탄장사, 부두노동자, 양공주, 암달러장수, 밀수꾼, 어쨌든 살기 위해서 인간이 할 수 있는 일은 다했다.

전쟁에서 부상을 입고 생활능력을 상실한 상이군인은 6만 4,000여 명(1953년 8월 현재)으로 집계되었고 전쟁고아는 5만 9,000여 명이었으며 전쟁미망인은 55만 5,000여 명(1957년 10월 현재)으로 이들의 부양가족은 91만이 넘었다.

농촌도 이 어려움은 피할 수 없었다. 춘궁기에 절량농가絶糧農家가 속출하는 것이 어제오늘의 일은 아니었지만 1953년을 맞이하면서 절량농가는 어느 때보다 더 커질 조짐을 보이고 있었다. 1953년 1월 정부는 60만 호의 절량농가가 5월에는 110만 호로 늘어날 것으로 추정했다. 이는 당시 남한 총농가 220만 호의 절반을 차지하는 규모이다.

1953년 봄의 상황에 대해 서중석은 이렇게 말했다.

> 절량농가들은 초근목피로 살아간다지만, 1953년 5월 국회의원들의 조사에는 불에 볶은 왕겨가루, 나무를 썰어 만든 나무 죽과 누르스름한 백토가루 등의 음식물이 나와 있었다. 쑥이나 나물로 만든 죽은 상등 음식이었다. 의원들은 부황병이 든 얼굴들을 차마 눈으로 볼 수 없었고 그저 살게 해달라는 애소를 받고 돌아왔다.
> 전북 옥구에서는 미군부대에서 흘러나오는 음식 찌꺼기를 도맡아다가 끓여 한 그릇에 30환씩 받았다. 이러한 목불인견의 정황인데도 충남도에서는 4만 5,000여 석의 양곡을 극빈자 긴급구호로 가장하여 극소수 특권층이 차지했고, 전남도에서는 1만 2,700석을 공문서에는 춘궁기 긴급 타개용이니 절대로 유용치 말라고 지시해 놓고는 몰래 특배를 지시하여 양곡을 처분했다. 전북에서도 비슷한 일이 발생했다고 한다.(8)

전쟁이 길어지자 국민은 살아나가야 한다는 긴박함 속에서 허무, 절망, 불안감에 헤어나지 못했고 사회윤리는 급속하게 퇴폐의 경향을 보이게 되었다. 젊은이들은 어떻게든 군대에 가지 않으려고 병역기피의 길을 찾는데 열중했고 관은 관대로 봉급으로 살 수 없었기 때문에 부정부패를 일삼았다. 돈만 주면 모든 것이 해결되는 세상이 되고 말았다.

전쟁 직전 한국군의 봉급은 대장이 월 3만 원(33달러), 대령이 1만 6,000원(17.7달러), 대위가 1만 1,000원(12.2달러), 상사가 8,500원(9.4달러)이었고 국민소득이 60달러가 채 안 되었다.

산의 나무를 도벌해 파는 걸 군대 용어로 '후생사업'이라 했다. 이게 1950년대 산림 황폐화의 주요 원인이었다. 후생사업을 너무 열심히 한 나머지 '송충이'라는 별명을 얻은 장군도 있었다.

전상국의 소설 《외등》의 한 대목이다.

> 난리 직후에는 남아도는 군용트럭이 후생사업이라는 명목으로 산판에 투입되어 그야말로 산골짜기가 때아닌 성시를 이룬 적도 있었다. 그렇게 몇 년 동안 산의 나무가 무계획하게 베어져 나가다 보니 그 울창하던 임야가 꼭 헌데 앓은 아이들 머리통처럼 보기에 흉해졌다.(9)

당시 PX(Post Exchange, 군대 내에 있는 매점)물건 하면 곧 고급사치품을 의미했다. 럭키 스트라이크와 카멜 담배, 밀키웨이 초콜릿, 럭스 비누, 나비스코 비스킷, 참스 캔디, 폰즈 크림, 콜게이트 치약, 그런 미제 물건들이 좌판에 빤짝 빤짝하고 알록달록하게 모여 있는 것만 봐도 즐거운 눈요기가 되었고 미국이란 나라에 대한 무조건적인 동경을 불러일으켰다. 구질구질한 시장 속의 난데없는 꽃밭 같은 이 작은 좌판들이 곧 미국의 부와 문화의 상징이었던 것이다. 여북해야 점잖은 척하는 신사도 어쩌다 럭키 스트라이크를 한 갑 사서 피우고 나서는 그 맛보다는 그것으로 인하여 과시할 수 있는 품위를 잊지 못하여 그 갑에다 국산 담배를 넣어 가지고 다녔겠는가! 이렇게 껍질조차 아까워서 못 버리는 미제를 통틀어 'PX물건'이라 칭하지 않았던가.(10)

5 | 이승만의 군 장악과 자유당 창당

이승만은 1952년 8월 대통령 직접 선거로 대통령에 당선되자 대통령의 지위기반을 굳히는 두 가지 일을 했다. 하나는 군대의 장악이고 또 하나는 자유당을 창당하여 정치적 지위를 확고히 다지는 것이었다.

군은 무조건 복종해야 한다는 것으로 알았던 이승만은 이종찬 참모총장의 도전으로 큰 충격을 받았다. 이 사건을 계기로 이승만은 군을 자신의 충성스런 집단으로 만들어 장악해야 한다는 결심을 하게 되었다.

1952년 7월 이종찬이 참모총장에서 해임되고 후임으로 7대 총장에 백선엽白善燁(33세) 중장이 기용되면서 한국군부는 백선엽, 정일권(36세), 이형근李亨根(33세) 등 세 장군으로 대표되는 3개 파벌의 경쟁적 정립시대(1952년 7월~1957년 5월)로 진입했다. 백선엽의 기용은 만주군 선배인 정일권의 심기를 불편하게 했고 정일권은 백선엽 밑에서 2사단장을 맡게 되어 더욱 자존심이 상하게 되었다. 또한 이형근도 일본육사 출신이라는 자부심과 창군과정에서 항상 앞서 나가다가 뒤처지게 되어 매우 불쾌하게 생각했다. 백선엽 총장의 임명은 이들 3인에게 심리적 긴장과 경쟁의식을 느끼게 했고 이승만에게 충성 경쟁을 불붙이는 결과를 가져왔다.(11)

그리고 이승만은 군을 더욱 효율적으로 지배하고자, 김창룡金昌龍의 방첩부대와 원용덕元容德의 헌병사령부를 행정조직상 절차와는 무관하게 사실상 대통령 직속기구로 작동시키고 상호 견제하게 하면서 전군의 사찰과 감시를 하게 만들었다.

이승만 정권 아래서 집권여당의 권력을 무한으로 누렸던 자유당 중앙당부 건물

그리고 이승만은 정권 초기에는 대통령 자신이 외교와 내정을 직접 관장, 집행해 나갔다. 정부 고위인사의 임명은 물론 군과 경찰의 고위직 인사 등 모든 면에서 이승만의 재가 없이 이루어지는 일은 없었다. 전쟁 중에는 말할 것도 없고 전쟁 후 복구사업에도 미국과 긴밀한 연대하에 정책이 추진되었기 때문에 이승만 대통령의 지휘력은 막강했다. 경무대는 통치의 상징이었고 모든 권력은 이곳을 통해 나가고 있었다.

그러나 이승만이 자유당을 창당하여 자유당을 통한 통치를 하면서 경무대와 자유당의 관계는 변하게 되었다. 특히 1953년 11월 이기붕이 자유당 중앙위원회 의장으로 선출되어 정치권력의 제2인자로 부상하면서 자유당의 국내 정치 권력이 강화되었다.

이기붕은 초기에 자유당을 형성했던 족청과 다른 사회단체 출신들을 점차 제거해 나갔고 신흥자본가와 경제관료들을 중심으로 새로운 권력체제를 구축해 나갔다.

1950년대 후반의 자유당 당무위원의 면모를 보면 장경근, 한희석, 이재학, 김법린, 정존수, 인태식, 박용익, 임철호, 정운갑, 김의준 등 일제시대의 관료 출신과 강성태, 정명섭, 박만완 등 경제인 출신들이 대부분이었다.(12)

자유당 치하에서 실시된 제3대 민의원 선거(1954년 5월 20일) 때부터 관권이 선거에 개입하는 부정선거가 더욱 심해지게 되었다. 이때의 부정선거는 초기에는 금전매표에서 시작되었다. 나중에는 등록 방해, 선거운동 방해는 물론이고 유령투표, 대리투표, 사전 무더기투표 그리고 투표함 바꿔치기 등 환표에 이르기까지 모든 방법이 동원되었다.

이 선거에서 자유당은 114석, 민국당은 15석, 무소속은 67석을 얻어 자유당의 압승으로 끝났다.

1956년 5월 15일 제3대 정부통령 선거가 실시되었다. 자유당에서는 이승만과 이기붕이 러닝메이트로 출마했고 민주당에서는 신익희와 장면이, 진보당에서는 조봉암과 박기출이 정부통령 후보로 등록했다.

민주당에서는 '못살겠다. 갈아보자'라는 선거구호를 내걸었다. 4월 11일 서울 수송국민학교에서 첫 유세에 나온 신익희 후보는 다음과 같이 말했다.

> 전쟁 중에 일선에서 죽어가는 사병이 '대한민국 만세'를 부르는 대신에 '빽'이라고 외치고 죽어간다는 얘기를 여러분 아시죠. 왜 민중으로 하여금 억울하게 만드느냐 말입니다. (…) 이 정치하에서는 사바사바가 없으면 아무 것도 못해! 하다 못해 호적초본 한 장 떼려 해도 양담배 한 갑 들이밀구 사바사바하는 세상이에요. 이러니 선량하고 정직한 국민이 어찌 살아가느냐 말이에요. 못살겠다는 얘기는 우리 민주당의 구호가 아니요. 전 국민의 구호요. 갈아보자는 생각 또한 전 국민의 생각이 되는 이유가 거기 있는 것이에요.

신익희 후보에 대한 인기는 그야말로 하늘을 찌를 듯했다. 5월 3일 한강백사장에서 열린 신익희의 유세에는 30만 인파가 몰렸다.

자유당은 일본 지도자와 회담할 용의가 있다는 신익희를 친일파로 몰았고 평화통일을 주장하는 조봉암을 용공세력이라고 비난했다.

이승만은 5월 3일 논산훈련소 유세에서 "일본과 회동하여 국가의 독립과 자유를 발전케 하겠다든가 또는 공산당과 싸우지 않고 평화적으로 통일을 하겠다든가 하는 것은 다시 국권을 일본에 빼앗겨도 좋다고 하는 것이나 또 소련을 조국이라고 하는 유의 언동이다"라고 주장했다.(13)

그러나 선거를 열흘 앞두고 5월 5일 새벽 5시경 신익희 후보가 갑자기 사망했다. 호남선 열차를 타고 전북 이리로 향하던 중 열차 안에서 뇌일혈로 쓰러졌다.

5·15선거의 개표결과는 이승만이 총유효표의 52퍼센트인 504만 표, 조봉암이 23.8퍼센트인 216만 표, 신익희 추모표는 20.5퍼센트인 185만 표였다. 부통령에는 민주당의 장면이 46퍼센트인 401만 표를 얻어 380여만 표를 획득한 이기붕을 제치고 당선되었다.

6 | 조봉암 사형과 자유당 말기현상

조봉암은 대통령 후보로 나서면서 이렇게 말했다.

> 나는 대통령이 되리라고는 조금도 생각하지 않고 있다. 다만 이 대통령과 싸울 사람조차 없다면 국민이 너무 불쌍하다. 이 대통령의 애국정열, 혁명경력, 건국의 공로는 존경한다. 그렇지만 행정책임자로서는 적합하지 않다는 것이 드러났다. 나는 이 대통령에 대한 국민의 실망을 대변하기 위해 대통령 후보로 나서기로 했다.(14)

1956년 5·15선거에서 216만 표를 얻은 조봉암은 3년 후 1959년 7월 21일 사형되었다. 당시 조인구趙寅九 검사 대리는 보충논고를 통해 여러 증거를 종합해 볼 때 1)진보당의 기본노선과 평화통일론은 북괴와 상통한다. 2)진보당은 사회주의를 지향하고 있다. 3)진보당의 기조는 유물사관에 입각한 계급투쟁의 방법으로 국가변란을 꾀한 것이 분명하다고 논고했다.

조봉암은 최후 진술에서 "그동안 엉뚱한 허위사실을 조작하여 사사건건 나를 잡으려고 한 것은 집권당의 횡포였다. 이번 사건도 정치적 음모이니 정치적 효과를 거두려면 이 대통령의 비위에 맞도록 내게 사형을 판결해 줄 것이며 역사에 남을 이 사건을 공정하게 재판하려면 무죄판결을 내려 달라"고 말했다.(15)

이승만은 조봉암을 사상적으로 의심하고 있었다. "그는 아무래도 공산당

1956년 5·15선거에서 조봉암의 혁신정당인 진보당은 북한 간첩과 내통했다는 혐의로 재판을 받는다. 조봉암 당수는 대법원에서 사형선고를 받고 1959년 7월 교수대에서 숨을 거두었다. 1958년 10월 서울고법 재판장에서 한복차림으로 앉아있는 조봉암

같다", 이 말은 조봉암이 진보당을 만들 당시부터 이 대통령이 해왔다. 그래서 이 대통령은 진보당을 허용하려 들지 않았다. 이재학의 회고에 따르면 "우리는 진보당을 등록시키려 했는데 이 대통령은 공산당 색채가 있다" 하여 끝내 반대했다. 앞으로 야당이 난립하면 선거에 유리하다는 말을 해도 "내 개인이 문제냐. 나라에 공산당이 서게 되면 그것이 큰일이지. (…)" 하며 진보당을 반대했다고 한다.

그러나 다른 한편 조봉암의 5·15선거 득표가 의외로 많았다는 것이 그가 희생된 이유라는 설도 있다. 공식적으로는 216만 표로 발표되었지만 사실은 그것보다 훨씬 많은 표를 얻었다는 것이다.

조봉암은 대구시내의 3개 개표구에서 10여만 표를 얻어 이승만의 3만 8,000표를 압도했다. 전북(전주 정읍), 전남(목포), 경북(김천, 경주, 달성, 영천, 경산, 칠곡), 경남(진주, 충무, 진해, 진양, 창녕, 양산, 고성) 등지에서 이승만을 두 배 이상으로 눌렀다. 또 충남(공주, 대전), 전북(완주), 전남(광주), 경북(고령), 경남(마산) 등지에서 이승만과 엇비슷한 득표를 했다.

그러나 이 밖의 지역에서는 두 배 이상의 표 차이로 패배했고 강원도 평창, 정선, 홍천 등지에서는 이승만이 4만여 표를 얻은데 반해 조봉암은 1백표 선이었다. 강원도 정선에서는 이승만 2만 5,000표, 조봉암 34표라는 심한 불균형을 드러냈다.(16)

개표가 공정하게 이루어졌다고 해도 조봉암이 이승만을 누르고 정권을 교체할 수 있었을 것이라고 말하기는 어려울지 모른다. 그러나 조봉암의 득표가 공식 발표된 수보다 훨씬 웃돌았다는 것만은 거의 명백하다. 그가 받은 표는 이승만 통치에 대한 불신임으로 보아야 하고 그 불신임에 대한 공포가 조봉암을 사형으로까지 몰고 간 것이 아닐까 하는 설도 있다.

1959년 7월 31일 조봉암이 사형 집행되었을 때 미국대사관은 "경찰은 비상을 걸었지만 어떠한 시위나 행동도 없었으며 어떠한 신문도 조봉암에 대해 크게 다루지 않았다"고 보고했다.

미국은 조봉암에 대한 정부의 탄압이 대중적인 시위를 촉발할 수도 있을 것으로 판단했던 것으로 보인다. 대통령선거에서 보인 그에 대한 지지로 보아 국민은 당연히 그에 상응하는 시위를 했어야 했다. 그러나 미국의 예상은 빗나갔다.(17)

1959년 미 상원의 요청에 따라 한국의 상황에 대해서 평가한 콜론보고서에서는 진보당과 관련한 한국의 정치동향에 대해 다음과 같이 평가했다.

> 현재 불법화된 진보당 등의 집단으로 머물러 있는 좌익은 아직 비교적 약하다. 이것은 아직 뿌리깊은 한국의 보수주의, 한국전쟁이 좌익에게 미친 충격, 정부의 억압정책 등 여러 가지 요인에 기인한다. 그러나 좌익은 언제나 약세로 있지는 않을 것이다. 위에서 말한 바와 같이 젊은 세대는 차차 반발적으로 나타나며 나이 많은 층 안에서도 상당한 사회, 정치적 변화가 일어나고 있다. 다른 아시아 국가처럼 한국에서는 젊은 교육받은 계급이 그들의 재능과 힘을 충분히 발휘할 곳을 찾지 못해 '인텔리-프롤레타리아트'로 발전해 갈 상당한 위험성이 있다. 이 문제는 한때 일본이 그랬듯이 한국에서 특별한 면을 가지고 있다.(18)

1950년대 중반을 넘어서면서 이승만의 리더십은 그의 나이와 비례하여 약해지기 시작했다. 5·15선거에 이재학이 자유당 선거대책위원장이 되어 이 대통령을 방문했다. 이 대통령은 이 자리에서 선거비용은 100만 환(500대 1 환율 때) 이상 쓰지 말 것, 그리고 세계의 이목이 우리에게 집중되어 있으니 필리핀 식으로 부정선거를 해서는 안 된다는 두 가지를 당부했다.

이재학의 회고에 따르면 당시 선거자금으로 모은 돈은 2억 환이었다. 전국에 배포해야 할 인쇄물 비용과 연사들의 여비를 주고 나니 자금이 바닥났다. 다시 2억 환을 투입하여 모두 4억 환을 썼다. 그래서 자금이 필요하다고 이 대통령에게 말했더니 "당의 활동은 애국하는 것이며 돈이 있어야 활동한다는 것은 있을 수 없다"며 오히려 꾸중을 했다.(19)

그러나 이재학의 말과는 달리 자유당 정권은 당시 상업은행을 통해 태창방직, 중앙산업, 금성방직, 동양시멘트, 동립물산 등 12개 기업체에 총 17억 환을 융자해 주고 융자받은 금액의 절반 이상을 선거자금으로 상납받은 것으로 밝혀졌다.

　자유당 초기에는 이기붕이 정치권력의 핵심 역할을 했으나 정권 말기에는 이승만과 이기붕 모두 건강이 악화되어 자유당 강경파와 경무대 비서에 의해 정치가 좌우되는 지경에 이르렀다.

　이승만이 육체적, 정신적으로 쇠약해지면서 경무대 비서의 전횡은 심각한 상황에 이르렀다. 정권 말기에는 국무회의 때를 제외하고 내무·국방·재무·외무 장관 이외에는 누구도 대통령을 만날 수 없었다. 모든 정무는 이기붕이 추천해 들어간 박찬일 비서관이 전횡하게 되었고 그의 정치권력은 더욱 강화되어 갔다. 이기붕은 운동신경실조증이란 희귀병에 걸려 건강이 몹시 악화되어 있었다.

　당시 주한 미국대사 다울링 Walter Dowling은 국무장관에게 다음과 같은 전문을 보냈다.

> 영부인은 비서 박찬일과 협력하여 대통령을 불쾌하게 할 만한 정보를 되도록 차단하려고 노력하고 있다. 간혹 대통령이 확실히 알지 못하는 건에 대해 그녀가 이 대통령 이름으로 직접 정책결정을 내리기도 하는 것은 오랜 관행으로 되어 왔다. 최근 이 대통령이 정신적, 육체적으로 쇠약해지고 그가 숙지하지 못한 외부의 통제 불가능한 정보들이 증가하면서 이 같은 관행이 일어날 가능성이 훨씬 높아졌다. 아마도 박찬일이 프란체스카 여사의 암묵적인 동의하에 보다 강력한 권력을 행사하고 있는 것으로 추측된다.[20]

　경무대 비서정치는 내각에까지 강력한 거점을 구축했다. 내무장관 최인규, 치안국장 이강학, 경무관 곽영주, 반공청년단장 신도환 등이 모두 박찬일과 불가분의 관계를 맺고 인의 장막을 형성했으며 고위관직의 인사는 모두 인의 장막에 의해 좌지우지되었다.

경무대 비서정치는 자유당 당료정치와 결합되면서 이승만의 리더십을 마비시키고 자유당 정권의 붕괴를 촉진하는 요인의 하나가 되었다. 자유당 강경파가 주도하는 권력은 3·15부정선거를 자행하게 했고 이는 곧 4·19혁명을 유도했다. 결국 자유당 10년 정권의 종말을 고하게 했다. 이승만은 85세의 고령으로 접어들고 있었다.

7 | 3·15부정선거와 4·19데모

1960년 3월 15일 제4대 정부통령 선거가 다가왔다. 그런데 선거 도중 민주당 대통령 후보 조병옥이 미국 월터 리드 육군병원에서 2월 15일 사망했다. 이승만은 이미 85세로 임기 중 유고가 있을지도 모르기 때문에 그만큼 부통령직의 중요성이 커졌다. 부통령은 대통령 유고시 대통령직을 승계해야 한다. 이기붕도 65세의 고령인데다가 건강상태는 이승만보다 더 나쁜 편이었지만, 만의 하나 정권을 민주당의 장면에게 넘겨줄 수 없다는 생각에서 자유당은 3·15선거에 사활을 걸고 달려들었다. 싸움은 부통령이 누가 되느냐의 결전으로 바뀌었다.

최인규 내무장관은 1959년 11월 하순부터 1960년 2월 하순까지 전국의 시장, 군수와 경찰 간부들을 매일 10명 내지 20명씩 내무부로 불러 부정투표 계획을 지시했다. 전 유권자 40퍼센트의 투표용지를 자유당 지지표로 만들어 투표 전에 미리 무더기로 투표함에 집어넣는 것이었다. 그리고 유권자를 3인조, 9인조로 편성해서 자유당원, 경찰관, 공무원 또는 그 가족 매수자가 조장이 되어 공개투표로 여당후보를 찍게끔 하는 계획이었다.[21]

최인규 장관은 다음과 같이 말했다.

여하한 비합법적인 비상수단을 사용해서라도 이승만 박사와 이기붕 선생이 꼭 당선되도록 하라. 세계 역사상 대통령선거에 소송이 제기된 일이 있느냐? 법은 나중이니 우선 당선시켜 놓고 보아야 한다. 콩밥을 먹

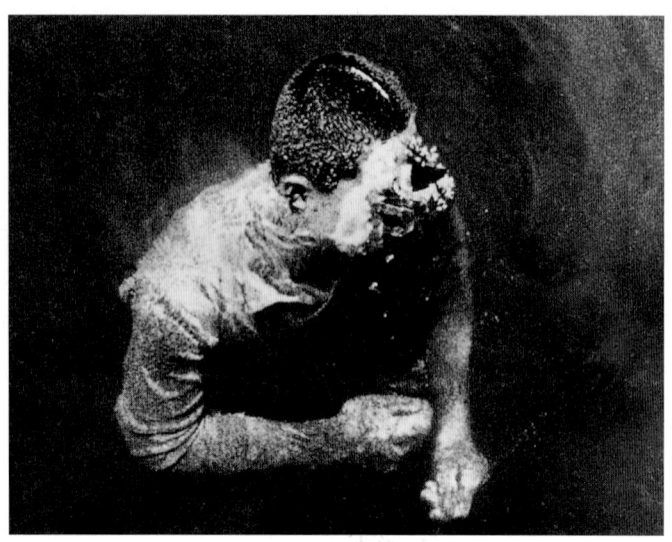

1960년 4월 11일 마산시위 도중 실종되었던 마산상고 학생 김주열군이 눈에 최루탄이 박힌 참혹한 시체로 마산 앞바다에서 발견되었다. 마산에서는 연 사흘 동안 시민들의 격렬한 시위가 벌어졌고 결국 4·19혁명의 결정적 도화선이 되었다.

어도 내가 먹고 징역을 가도 내가 간다. 국가대업 수행을 위해 지시하는 것이니 시키는 대로만 하라.(22)

3월 15일 서울시내에서도 산발적인 시위가 발생하는 가운데 민주당은 오후 4시 30분에 "3·15선거는 선거가 아니라 선거의 이름하에 이루어진 국민주권에 대한 포악한 강도행위"라고 규정하고 불법·무효임을 선언했다.(23)

개표에 들어간 자유당은 엉뚱한 고민을 하고 있었다. 일부 지역에서 이승만과 이기붕의 득표가 총유권자수를 초과하는 사태가 벌어진 것이다. 그래서 또 한 번의 작업이 시작되었다. 이승만의 득표율은 80퍼센트, 이기붕의 득표율은 70퍼센트 선에서 조정하라는 경찰 지령이 전국 개표소로 전달되었다.(24)

투표가 시작된 3월 15일, 마산시의 민주당 간부들은 경찰의 제지를 뚫고 투표소 안으로 들어가 40퍼센트 사전투표와 3인조 공개투표를 비롯한 자유당의 부정선거 현장을 확인하고 증거를 확보했다. 이들은 당사로 돌아와 10시 30분에 선거포기를 선언하고 즉시 시위를 준비했다.(25)

시위군중은 수천 명으로 불어났다. 밤 8~9시에는 1만여 명이 넘었다. 경찰의 발포로 7명이 사망하고 870명이 부상당했다.

3월 17일 치안국장 이강학은 "마산 소요 사건은 공산당의 수법에 의하여 이루어진 증거가 있어서 배후에 공산당 개재 여부를 조사 중"이라고 발표했다. 그러나 경찰의 주장이 사실무근으로 드러나자, 이승만은 3월 23일 최인규 장관과 3월 28일 이강학 치안국장을 문책, 해임했다. 마산사태는 의혹투성이인 채 일단 가라앉았다.(26)

4월 11일 정오경 마산 앞바다에서 교복차림의 10대 소년의 시체가 눈에 최루탄이 박힌 채 발견되지 않았더라면, 그리고 그 사실이 사진과 함께 널리 알려지지 않았더라면 이승만은 여든 다섯 살을 넘어 아흔 살이 될 때까지 계속 군림했을지도 모를 일이었다.

그 소년은 마산상고 1학년에 재학 중이던 김주열이었다. 그는 3월 15일 밤 시위에 참가했다가 실종되었는데, 실종 27일 만에 참혹한 시체가 되어 발견된 것이다. 김주열의 시체는 마산서장의 명령으로 일본헌병 출신인 경비주임이 바다에 집어던진 것으로 밝혀졌다.(27)

김주열의 처참한 시체 발견 소식을 전해 들은 시민들의 분노는 하늘을 찔렀다. 그날 밤 3만여 명의 시위대는 시청과 경찰서 그리고 눈에 보이는 파출소마다 습격하여 기물을 파괴했다.

자유당 정권은 이 시위를 공산분자들의 배후 조종에 의한 것이라고 주장했다.

이승만 대통령은 군검 합동수사본부를 설치(1960년 4월 15일)하고, 데모의 배후 조종자를 공산분자로 지목하고 이들을 검거하도록 지시했다. 이 때문에

1960년 4월 19일 민주혁명 사건. 시민들이 경무대로 진입하기 위해 모여 있다.

사회분위기는 순식간에 경직되었다. 마침내 서울시에서 고려대학교 학생들의 대규모 데모가 발생했고 또 이 학생 데모대를 정치 깡패들이 습격하여 40여 명의 중경상자가 생기는 불상사가 일어났다(4월 18일). 이것이 도화선이 되어 그 다음날 서울시내의 남녀 학생들이 젊은 사자처럼 총궐기했다. 이것이 역사적인 4·19학생의거이다. (28)

8 | 이승만 하야를 요구하는 군과 미국대사

4월 19일 경찰은 데모대에 밀려 효자동 종점에서 대치하게 되었다. 경무대 입구 정문은 바로 100여 미터 앞이었다. 데모대가 더 전진을 못하도록 바리케이드 삼아 막아 놓았던 소방차 3, 4대를 데모대가 탈취했다. 이 탈취한 소방차를 앞세운 데모대가 경무대 정문입구까지 밀고 나가자 더 밀릴 수 없게 된 경찰은 군중을 향해 발포를 시작했다.

이날 경찰의 발포로 전국에서 186명이 목숨을 잃었다. 희생자는 하층 노동자 61명, 고등학생 36명, 무직자 33명, 대학생 22명, 국민학생·중학생 19명, 회사원 10명, 기타 5명이었다.

당황한 이승만은 계엄령을 선포하고 각료를 경질하고 부통령에 당선된 이기붕을 사퇴시키고 자신은 자유당 총재직을 내어놓는 등 일련의 조치를 취해 사태를 수습하고 정권을 유지하려 했다.(29)

4·19날의 데모대 희생은 여지껏 3·15부정선거를 다시 하라는 요구로부터 이승만 하야를 촉구하는 민의로 대전환을 하는 계기가 되었다. 4월 25일 대학교수단은 '4·25시국선언문'을 발표하여 대통령을 비롯한 여야 국회의원 및 대법관들의 퇴진을 요구했다.

이승만 대통령은 19일 당일까지 3·15부정선거 사실을 몰랐고, 21일 매카나기 Walter McConaughy 주한 미국대사를 만났을 때까지 '이번 시위 사태는 대중적 불만의 폭발이 아니라 장면 부통령과 천주교 노기남 주교의 공작'이라고 믿고 있었다.

이승만이 결정적으로 퇴진을 결심한 것은 군부가 강경진압을 거부한 것과 미국의 지지 철회 때문이었다.

교수단의 시국선언문이 발표된 다음날인 4월 26일 이른 아침에 제1군 사령부에서 군단장급 지휘관의 회의가 있었다. 1군사령관 유재흥 중장 주재하에 열린 군단장 회의에서 이승만 하야 이외에 사태를 수습할 길이 없다는 결의가 있었고 이 결의 내용은 오전 8시경 김종오 참모차장과 미국 수석고문관에게 즉시 통고되었다.

1군사령부 참모들은 계엄 업무를 이행하기 위해 서울로 출동하는 제15사단으로 달려갔고 "어떠한 경우라도 총을 쏘아서는 안 된다. 실탄을 공급받는 경우에도 그건 정말로 최후의 자기방어용으로만 사용해야 한다"고 대대장과 중대장에게 당부하고 병사들에게도 훈시를 했다.

사단장 조재미趙在美 준장은 휘하 부대 장병들에게 일절 강경진압을 하지 않도록 주의시키고 데모대에 위협을 가하지 못하도록 했다.

당시 육군참모총장은 송요찬 중장이었다. 이승만은 김창룡이 암살당하자 군 수뇌부 재편에 들어가 1959년 5월 3일 송요찬을 육군참모총장으로 기용하고 백선엽을 합참의장으로, 그리고 제1야전군사령관에 유재흥劉載興을 임명하여 새로운 3인 정립구도를 확립하고 4·19에 이르렀다.

송요찬宋堯讚은 충청남도 청양군 사람으로 매우 가난한 집안에서 태어났다. 어렸을 때 지서(파출소)의 급사를 하며 2년제 청년학교를 나와 일본군 지원병 2기 후반으로 입대를 했다. 지원병 훈련소 조교로 있다가 해방이 되자 경찰로 근무하다가 군사영어학교에 입교했다.

송요찬은 이승만에 대한 충성에 모든 것을 바쳤다. 당시 제1군사령관 유재흥의 비서실장이었던 정승화鄭昇和의 증언은 다음과 같다.

당시 송요찬 육군참모총장은 사단장 이상급 고급장교가 모인 자리에서

툭하면 "표 제대로 나오지 않으면 지휘권을 박탈해 버릴테니까 그렇게 들 아시오"라고 말했다. 그러니 군단장이나 사단장도 예하의 지휘관들을 닦달할 수밖에 없었다. "어떤 방법을 쓰든 무조건 표가 많이 나오도록 해라. 안 그러면 너희들은 배겨나지 못할 것이다"라고 말했다.(30)

송요찬 총장의 노골적 독려와 방첩부대의 감시에도 불구하고 군을 선거 도구화하는 데 맞서 협력을 거부하는 사례들이 계속 나타났다.

즉 제1군 사령부 부사령관 민기식은 여당을 위한 선거간섭을 일절 거부했고 육군사관학교 교장이던 이한림 역시 1956년에 이어 여당에의 협조요구를 다시 거부했다. 이밖에 해병대 김동하, 부산 군수기지사령관 박정희, 5사단장 채명신 등도 공공연하게 육군참모총장 송요찬 등 군 고위층의 선거간섭 요청을 거부하고 있었다. 이들은 이 때문에 감시와 견제, 또는 탄압의 대상이 되어 다양한 형태의 불이익을 받았다.(31)

군은 계엄 업무를 수행하기 위해 출동했지만 발포는커녕 데모대가 탱크에 올라타고 환호하는 것까지 허용하고 있었다.

당시 계엄군 사령관이었던 송요찬은 이러한 군의 소극적 대응은 학생들의 대의가 옳다고 판단해서 스스로 내린 결정에 따른 것이라고 말했다. 그러나 당시 미8군 사령관 특별보좌관 짐 하우스만이 4·19를 전후하여 송요찬 사령관과 24시간 숙식을 같이 했다는 증언이 있다. 하우스만의 설득으로 송요찬은 군의 의견을 수렴한 것으로 보인다.

매카나기 주한 미국대사는 4·19가 발생하자 세 차례에 걸쳐 이승만을 면담하고 사태수습을 논의했다. 21일 면담에서는 허터Christian Herter 국무장관의 각서를 전했고 26일 3차 면담에서 이승만은 미국의 지지가 철회되었음을 인지하고 하야를 결심하게 된 것이다.

매카나기는 이 자리에서 이승만을 조지 워싱턴George Washington에 비유

월터 매카나기 주한 미국대사가 이한에 앞서 기자회견을 하고 있다.

하며 "한국 민족의 진정한 아버지"라고 칭찬하는 한편 "너무 오랫동안 너무 많은 일을 해 온 연로한 정치가는 그의 책무로부터 벗어나서 존경받는 자리로 은퇴하고 특히 지금같이 복잡하고 어려운 시기에는 정부의 부담을 젊은 사람에게 넘겨주어야 한다"라며 그의 사임을 간접적으로 권유했다.

이에 대해 이승만은 이러한 미국 측의 우려 표명에 대해 깊이 인식한다고 대답했다. 이승만은 다음 날인 4월 27일 사직서를 국회에 제출하고 마침내 사임성명을 발표했다.

다음날 이화장으로 옮긴 이승만 박사는 5월 28일 하와이로 떠나 교포 최백렬 소유의 해안가 집에서 거처하게 되었다. 그 후 5년간의 병고 끝에 1965년 7월 19일 마우나라니 병원에서 90세를 일기로 눈을 감았다.

9 | 이승만과 대한민국

1948년 8월 15일 대한민국이 건국된 이래, 1960년 4월 26일 대통령직을 사임하고 이화장으로 돌아온 이승만의 12년 집권에 대해 그 업적평가를 놓고 학계에서는 아직도 갑론을박을 벌이고 있다.

이승만의 가장 큰 업적으로 들고 있는 것은 대한민국 정부의 수립이다. 이승만 박사는 독립운동 당시부터 집권 초기까지 객관적 정세변화에 대단히 민감했으며 항상 적시에 정확한 대응책을 강구하는 탁월한 현실주의 정치지도자였다. 만일 그 당시 단독정부라는 비난을 무릅쓰고라도 대한민국을 세우지 않았더라면 오늘의 우리 '대한민국'은 지구상에 존재할 수 없었을 것이다.(32)

국제정치에 풍부한 식견과 경륜을 가진 이승만은 휴전협정에 동의하는 대신 미국세력을 한반도에 붙들어 놓기 위해 한미상호방위조약을 체결한 것이다. 이승만은 이 조약의 가조약을 체결한 날(1953년 8월 8일), "우리는 앞으로 여러 세대에 걸쳐 많은 혜택을 받게 될 것이다. 이 조약이 있기 때문에 우리는 앞으로 번영을 누릴 것이며 (…) 우리의 안보를 확보해 줄 것"이라고 말했다. 그의 예측은 적중했다. 한미동맹체제는 그 후 한반도에서 전쟁을 억제하고 한국의 경제를 발전시키는 데 결정적 기여를 했다. 부국강병정책을 추구한 이승만은 이때 미국의 군사원조를 받아 6·25전쟁 발발 당시 불과 10만 명이었던 국군을 1954년에 65만 명의 대군으로 증강시키는 데 성공했다.(33)

또한 이승만은 교육정책에도 심혈을 기울여 의무교육제도를 실시했다. 그 결과 1959년까지 학령아동의 96퍼센트가 취학하는 성과를 올렸고 해방 당시 문맹률이 86퍼센트였던 것을 1959년 22.1퍼센트 내지 15.5퍼센트로 감소시켰다. 또한 이 때 학교에서 가르친 민주주의 교육이 젊은 세대에 민주주의 의식을 심어주어 후에 4·19의 원천적 힘이 되었고 더 나아가 근대화를 위한 경제개발정책을 주도하는 세력이 되기에 이르렀다.

그러나 이승만은 한국민이 그렇게도 염원하던 친일파를 척결하지 못했기 때문에 대한민국의 정통성을 부정하는 사람들도 있다. 국민은 일제 36년간 일제에 찰싹 붙어 온갖 못된 짓을 다하며 동족을 괴롭히고 자신의 영달 치부에 전력을 기울였던 친일파의 처단을 강력히 요구했다. 그렇게 되어야 옳고 그른 것이 바로 잡히는 세상이 되는 것이라고 인정할 수 있다.

그래서 건국 직후인 1948년 9월 7일 제헌국회는 반민족행위처벌법안을 통과시켰다. 이 법안은 을사5적 등 15개 유형의 반민족행위자들을 사형에서 징역 10년 이하의 징역에 처하고 유죄로 인정된 자의 재산 전부 또는 2분의 1 이상을 몰수한다는 처벌규정을 두었다. 그러나 입법취지와는 달리 이승만 정부의 방해로 친일파 처단은 용두사미가 되고 말았다.

그리고 이승만 정권은 민주주의와 어긋나는 길을 걸었다. 1952년 대통령 직선제 개헌을 위한 부산 정치파동, 3선 개헌을 위한 1954년의 4사5입 개헌파동은 자신의 장기집권만을 위한 정치적 폭거였다. 그리고 1954년 민의원 선거에서 보였던 경찰의 개입과 행정력의 동원 그리고 정치폭력배의 난동 등은 민주주의 사회에서는 있을 수 없는 일이었다.

1990년 서울대의 인구 및 발전문제연구소가 실시한 여론조사에서 이승만 정부를 "부정과 부패로 얼룩진 독재정권이었다"고 평가한 사람은 전체 응답자의 53.1퍼센트였다. 이승만 정부를 "자유 민주주의제도를 도입한 정부"로 응답한 사람은 21.2퍼센트, "국난을 극복한 위기수습 정부"로 평가한 응답도 18.9퍼센트로 나타났다. 전체적으로 보면 부정적 평가와 긍정적 평가의 비율은 6대 4 정도로 부정적 평가가 우세했다.[34]

그러나 당시 국난을 당해 극도의 고난을 겪고 있던 한국민에게 이승만은 국부國父로서 존경을 받았고 국민은 그가 있어야만 유엔 및 미국과 원활한 관계가 유지된다고 믿었으며 그러한 그의 능력을 어떠한 경쟁자도 대체할 수 없다고 생각했다.

미국정부 고위관료 중에서도 이승만에 대한 평가는 양극을 달렸다. 많은 미군정과 국무성 관리가 이승만 박사를 '말썽꾼' 혹은 '선동자'로 보고 경원했다. 미소공위를 통한 한국문제 해결에 이 박사는 큰 훼방꾼이었다. 매사에 콧대만 높고 협조는커녕 방해만 되는 이 박사 대신에 온건하고 합리적인 김규식 박사에 눈길을 돌리기도 했다. 그리고는 1946년 7월 17일 한국여론협회가 서울시내 세 곳에서 6,671명을 상대로 여론조사를 실시한 결과, "초대 대통령은 누구인가?"라는 설문에 이승만 29퍼센트, 김구 11퍼센트, 김규식 10.4퍼센트, 여운형 10.3퍼센트가 나왔고 나머지 37퍼센트는 모르겠다고 응답했다.

만약 이승만이 대중적 명망이 없었더라면 미국이 그를 대통령으로 만드는 데 협력하지 않았을 것이다. 미국인들도 이승만 대통령이 경제지식이 부족하고 책임을 위임할 줄 모르며 다른 사람의 능력이나 성격을 제대로 판단하지 못하고 무엇보다 개인적인 충성심을 중요시한다는 점을 간파하고 있었.

이 대통령은 오랜 망명생활 탓인지 국내실정에 너무 어두웠고 현실에 대해 너무 무지했다. 그런데 그것보다 더 나빴던 점은 그러한 자신의 약점을 극복하려는 노력을 전혀 하지 않았다는 점이다.

이승만에 대해 오랫동안 연구해 온 유영익 교수는 이승만이 우수한 두뇌와 건강을 타고난 남다른 노력가였다고 말했다. 그리고 그의 성격상의 결함도 아울러 지적했다.

알려진 바와 같이 6대 독자인 이승만은 집안에서 애지중지 자라났습니다. 게다가 주위사람들로부터 천재, 신동으로 불리면서 칭찬만 받았지요. 이승만은 만사에 완벽주의에다 유아독존적이었습니다. 좋게 보면 자신감으로 가득 찬 인물입니다. 이런 자신감은 때때로 선배의 호의적인 권고를 무시하는 행태로 나타납니다. 자기 의견에 반대하는 사람들을 용서하거나 포용하지 못하는 독선으로 빠지기 쉽습니다. 그리고 때로는 자기 업적을 과장하는 자과벽自誇癖을 보이기도 하고요.

이승만의 독선적 성격이 아니라고 하더라도 당시 한국의 정치상황으로 보아서 민주주의를 활성화하기에는 너무도 부적합한 요소들이 많았다. 당시 문맹이 86퍼센트를 넘고 한번도 민주주의란 제도를 경험해 보지 않았고 민주적인 문화와 환경에 접하지 않았던 사람들이 민주주의 정치를 하루아침에 소화해 이뤄 나간다는 것은 처음부터 무리였다.

비록 이승만 대통령이 집권 12년간 그 자신의 장기집권에 집착한 것이나 정권장악 때부터 친일파에 의존하여 반공전선을 편 것 그리고 현실정치에 너무 어두워 부정부패가 만연하고 행정의 무질서로 국민이 고통을 겪게 한 것 등 과오는 많지만 그가 그 시대에 등장하여 대한민국을 건설, 국가의 기틀을 잡고 미국과 동맹을 맺어 국가안보를 튼튼히 하여 오늘날의 대한민국을 만드는 기초를 다진 공로는 지대하다고 할 수 있다. 무엇보다도 당시 한국 국민이 그를 대통령으로 추대하여 정신적 안정과 단합을 이루었다는 점에서 그가 초대 대통령으로서 임무를 다한 것이라고 평가해도 좋지 않을까?

10 | 이기붕과 박마리아

 이승만이 대통령직을 물러나 이화장으로 떠난 후 이기붕 일가족은 경무대 별관으로 피신해 있었다. 그의 집은 시위대에 의해 파괴되고 점거된 상태였다. 그들은 이제 갈 곳이 없었다. 4월 28일 새벽 5시 45분경 당시 육군 소위였던 장남 이강석이 권총을 꺼내 들었다. 이기붕 내외와 두 아들은 자결의 길을 택했다. 4·19 당시 미 대사관에서는 이기붕 일가족의 망명을 위한 비행기까지 준비했으나 이기붕은 망명길을 거절하고 일가족 모두 자결했다. 이기붕의 성격을 그대로 나타낸 한 장면이 아닐 수 없다. 그동안 자유당이 저지른 모든 행위에 대한 악평을 혼자 뒤집어쓰고 그 책임을 스스로 지고 목숨을 끊은 것이다.

 이기붕 일가의 장례식은 몇몇 자유당 의원이 참석한 가운데 수도육군병원에서 쓸쓸하게 치러졌다.

 이기붕은 1896년 12월 20일 충북 괴산군 청천면 후평리에서 독자로 태어났다. 세 살 때 서울 노량진으로 이사와 살았으나 일곱 살 때 아버지가 죽고 나서 매우 어렵게 살았다. 보성고보를 졸업하고 가정형편이 어려워 연희전문학교를 중퇴했다. 선교사 J. R. 무스의 도움으로 상하이로 갔다가 미국으로 건너갔다. 아이오와 주 테이버대학의 문과를 다녔고 뉴욕으로 진출하여 거기서 이승만을 만난 것으로 되어 있다. 뉴욕에서 허정許政과 더불어 삼일신문을 발행하기도 했다.

 1934년 귀국한 이기붕은 '종로' 다방을 경영하기도 했고 가회동에서 '가

이기붕과 부인 박마리아. 국방장관 출신 이기붕은 깔끔한 처신으로 한때는 군 장성들 사이에서 인기가 높았다.

회상회'란 반찬가게를 한 일도 있다. 최남이 경영하던 '국일관'에서 지배인으로 일하기도 있다.

해방이 된 후 이승만 박사가 귀국하고 돈암장에 머물게 되자 이기붕은 이 박사의 비서로 돈암장에서 근무했다. 이기붕이 처음 했던 일은 가사를 맡아보는 일이었다. 그는 쌀, 장작, 식료품을 구입했다. 돈암장은 한국의 정치적 중심이었지만 이기붕은 정치에 무관심했다. 프란체스카 여사가 서울에 온 이후부터 이기붕의 처 박마리아는 돈암장에 나타나기 시작했고 이 박사 내외의 세탁물을 가져가 빨아 다림질까지 해왔다. 박마리아는 프란체스카 여사가 마음 편하게 부릴 수 있는 사람이었다.

1948년 정부가 수립되고 이승만 박사가 대통령에 취임하게 되자 그는 경무대 비서실장이 되었다. 그리고 1949년 서울시장이 되었고 1951년 5월 한국전쟁 중 피난지에서 국방장관이 되었다.

이기붕은 이때 좋은 평을 받았다. 그는 취임 즉시 방위군 사건의 주범인 김윤근 사령관을 비롯한 관련자 9명을 전격 구속하고 이어 군법회의를 거쳐 총살에 처했다. 또 거창 사건이 일어나자 육군 수뇌부를 전격 교체했다. 이 장관이 이렇게 쾌도난마 식으로 의혹 사건을 처리해 나가자 국회와 국민들은 박수를 보냈다.

그리고 이기붕은 공과 사가 분명하고 매사에 치밀하며 결백한 인물로 알려졌다. 그는 특히 돈에 대해서는 단 한 푼도 전용하거나 소홀히 취급하지 않았다. 심지어 '사택에서 돈을 받을 때라도 당으로 직접 입금시키도록 하고 자기 손으로 받는 일이 없었다'고 한다.[35]

이기붕의 처 박마리아는 1906년 강원도 강릉에서 가난한 농부의 외동딸로 태어났다. 아버지를 일찍 여의고 어려운 환경 속에서 성장했다. 어머니는 정춘수 목사의 전도사로 일했고 1919년 개성 호수돈여자고등보통학교에 진학했다. 학우인 조현경의 도움으로 1924년 이화여자전문학교 영문과에 입학하여 1928년 수석으로 졸업했다. 그리고 선교사 아펜젤라의 추천으로 미국 유학길에 올랐다. 1932년 마운티 홀리옥대학과 테네시 주 스카릿대학을 졸업하고 같은 해 피바디사범대학에서 문학석사학위를 받았다. 1932년 귀국하여 이화여자전문학교에서 교편을 잡고 있다가 1935년 이기붕과 결혼했다.

1950년대 중반을 넘어서면서 이승만의 리더십은 완전히 마비되었다. 처음에는 이기붕과 자유당으로 정치권력의 핵심이 이동되었고 정권 말기에는 이승만과 이기붕 모두 건강이 악화된 상태에서 자유당의 강경파 관료와 경무대 일부 비서에 의해 정치가 좌우되는 지경에까지 이르게 되었다.

　이러한 비정상적인 통치형태는 드디어 프란체스카와 박마리아가 경무대 정치를 통해 장관 임명 및 주요 정책결정에 영향력을 발휘하도록 만들었다. 임영신의 증언에 의하면 경무대 비서는 모두 주로 박마리아의 소개로 충원되었고 이들의 방해로 자신도 대통령을 만나기가 쉽지 않았다 한다.

제 7장

이상한 사회주의 나라

1 | 마오쩌둥의 오판과 휴전 협상

1950년 10월 19일 중국군은 압록강을 건너 북한으로 진입했다. 중국군이 한국군과 처음 조우한 것이 25일이었다. 그리고 파죽지세로 밀고 내려와 12월 10일 평양을 다시 탈환했다. 1950년 12월 초순 김일성은 베이징으로 가서 마오쩌둥과 저우언라이를 만나 펑더화이를 총사령관으로 하는 조선·중국 합동군사회의를 설치하는 데 합의했다. 그리고 작전지휘권을 펑더화이에게 양도하기로 약속했다.[1]

중국군은 12월 31일 제3차 전역을 성공적으로 끝내 서울과 인천을 점령하고 전선을 100킬로미터 전진시켜 거의 37도 선에 이르렀다. 오산, 평택, 제천을 연결하는 선이었다. 이 공세는 1월 8일 끝났다.

만일 중국이 1951년 1월 11일 영국 등의 동의를 얻은 유엔안을 받아들였다면 미국은 비참한 패전의 맛을 보았을 것이며 한국은 37도 선에 국경을 둔 왜소한 국가로 전락했을 것이다. 그리고 중국은 타이완을 힘들이지 않고 보유하고 유엔의 자리도 얻을 수 있었다. 그러나 미군이 계속 밀리면 곧 철수하게 될 것이라고 판단한 마오쩌둥은 이 유엔안을 거절했다. 마오쩌둥의 일대 오판이었다.

중국군의 최초 몇 달간의 승리는 '뜻하지 않은 곳에서 나와 준비가 안 된 곳을 공격' 했기 때문에 얻은 것이었지 미군을 물리칠 능력은 없었다. 전선이 멀어지자 부대의 공급이 어려워졌고 따라서 3차 전역은 매우 어려운 전투가 되었다. 근 3개월을 연속하여 싸워 인명손실은 심각했고 피로는 과도했다.

김일성과 밀담 중인 중국군 사령관 펑더화이

1951년 1월 25일은 중국군의 휴식기간이었다. 제4차 전역은 여기서 터졌다. 유엔군은 대거 반격을 시작했다. 중국군은 첫 번째 좌절을 맛보았다.

중국군은 최대 130만 명까지 투입되었으나 작전역량은 강화되지 못했다. 중국 본토와 달리 작전지역이 작고 도로가 좁아 적의 비행기와 대포 포격의 과녁이 되어 많은 사상자를 낼 뿐이었다.⑵

12월 23일 전선 시찰 중 지프가 뒤집혀 사망한 워커 중장의 후임으로 부임한 리지웨이 8군사령관은 5차 전역을 성공적으로 진행했다.

전황이 점점 불리하게 전개되자, 1951년 3월 1일 마오쩌둥은 스탈린에게 긴급전보를 보내 더 이상 전쟁을 지속하기 어려운 실정을 말했다.⑶

이리하여 1951년 7월 1일 펑더화이와 김일성은 휴전회담에 동의했고 7월 10일 개성에서 유엔군과 중국군의 휴전회담이 개시되었다.

휴전회담이 개시되자 북한 내부에서 권력투쟁이 격심하게 전개되었다.

첫 번째가 김일성에 의한 소련파 허가이의 제거였다.

허가이는 소련 타시켄트 지방의 조선인 자치구의 최고당책으로 있다가 북한에 파견된 사람이었다.

스탈린은 북한에 소련의 우월권을 확보하기 위해 두 사람을 파견했는데 한 사람은 스티코프 상장이고 다른 한 사람은 허가이였다. 허가이는 북한에서의 소련의 권익을 대표하는 스탈린의 대리인이었다. 그만큼 중요한 위치에 있는 허가이를 김일성과 펑더화이가 공모하여 죽였으니 소련이 가만히 있을 리가 없었다.

허가이는 자기 방인 부수상실에서 살해당했다. 김일성은 현직 부수상을 아무 죄목도 없이 살해해 놓고는 허가이가 자살했다고 발표했다.(4)

스탈린은 이에 앞서 1950년 12월 중순 스티코프 대사를 해임했다. 스티코프는 1945년 8월 북한에 진주한 이래 김일성을 수상으로 하는 조선인민공화국을 만들어낸 장본인이다. 그는 스탈린을 대리하여 북한에서 총독과 같은 권력을 행사하고 북한에서 일어나는 모든 정치, 경제적 일을 도맡아 해왔다.

그러나 스탈린은 북한이 남침해도 미군이 개입하지 않을 것이라고 보고한 데 대해 책임을 물어 해임한 것이다. 그는 해임된 후에도 스탈린에 충실한 당원으로 충성을 다했다. 1956년에는 소련공산당 중앙위원으로 선출되었고 1961년까지 그 지위를 유지했다. 1963년에는 공산당 국가검열위원회 부위원장으로 발탁되었으나 1964년 지병인 심장병이 악화되어 상트페테르부르크에서 사망했다.(5)

1953년 1월 미국에서는 휴전을 선거공약으로 내세운 아이젠하워 정권이 발족했고 3월 초순에는 소련에서 스탈린이 사망했다. 스탈린의 뒤를 이어 서방세계와의 협조를 주장하는 말렌코프 정권이 발족했다. 중국도 휴전을 적극 지지했다.

이러한 주위환경의 변화로 휴전회담은 급속도로 진전되어 협상이 개시된 지 2년 만인 1953년 7월 27일 판문점의 휴전협정이 조인되었다. 유엔군을 대표하여 미국 육군중장 해리슨, 중국·조선군을 대표하여 북한의 남일南日이 서명했다.

    남일은 소련파였다. 함경북도 경원군 출신의 가난한 농부의 자식으로 러시아에서 태어났다. 스모렌스크군관학교와 타슈켄트대학을 졸업하고 제2차 세계대전 중에는 소련군 육군대위로 볼고그라드에서 나치스 독일군과 싸웠고 후에 사단 참모장으로 승진했다. 소련군이 북한으로 진주할 때 귀국하여 김일성 정권 성립 후에 교육성 부상(차관)에 취임했다. 1950년에는 북한 인민군의 남침계획 입안에 참여하고 휴전회담 때에는 부수상 겸 외상 그리고 군의 고위직을 겸직하고 있었다. 그는 휴전회담 진행 중에 그의 감정을 전혀 나타내지 않은 것으로 유명하다. 그때 그의 나이 40세였다.(6)

2 | 박헌영과 남로당계 숙청

휴전협정이 체결된 지 3일 후인 1953년 7월 30일, 쿠데타 주모자 혐의를 받은 남로당파 12명이 반역죄로 최고재판소에 기소되었다. 기소된 자들의 두목은 이승엽李承燁이었다.

그리고 문화선전상 조일명趙一明, 조소문화협회 부위원장 임화林和가 포함되었다. 임화(당시 45세)는 일제시대 때 조선프롤레타리아예술동맹KAPF의 서기장으로 저항운동에 참여하여 투옥되었던 저명한 문인이다. 또한 노동당 연락부장 배철裵哲, 동연락부 부부장 박승원朴勝源, 같은 부부장 윤순달尹淳達, 산업일반제품 수입상사 사장 이강국李康國 등이 기소되었다. 이강국(당시 47세)은 경성제대 학생시절 일본인 좌익교수 미야가노스케三宅鹿之助의 지도를 받고 베를린대학에 유학한 후 좌익운동에 참가하여 몇 번이나 체포, 투옥된 일이 있었다. 그리고 당의 선전선동부 부부장 이원조李源朝, 백형복白亨福 전 한국내무부 치안국 사찰과 중앙분실장, 인민검열위원회 상급검열위원 조용복趙鏞福, 인민유격대 10지대장 맹종호孟鍾鎬가 기소되었다. 조용복은 일본 공산당 출신이었다.

최후로 조선인민군 최고사령부 총정치국 제7국원 설정식薛貞植(당시 40세)이 있었다. 함경남도 단천군 출신의 설정식은 연희전문학교를 졸업하고 캘리포니아대학을 나왔다. 해방 직후 미군정청 홍보부 연락국장에 부임했으나 공산당에 입당한 후 북으로 월북했다. 휴전회담 때 그는 북한대표단의 통역을 맡았다. 그의 기소이유는 "조국분단의 원인은 소련의 북한 점령에 있다"고 말하고 소련은 북한에서 나가라는 시를 썼기 때문이다.

　검찰총장 이송운李松雲은 "이들은 미 제국주의자에 고용된 스파이"이며 남한의 공산주의자들을 무차별 학살했고 무력으로 북한정부를 전복시키려 했다는 3개의 죄상을 들었다.

　이승엽 사건을 계기로 남로당과 국내파에 대한 숙청이 광범하게 이루어졌다. 북으로 월북한 사람들 대부분이 같은 운명에 처해졌다. 북한의 초대 소련대사를 지낸 주영하朱寧河 그리고 주중대사를 지낸 권오직權五稷을 비롯한 국내파 지도자는 모두 숙청당했다.(7)

　박헌영朴憲永도 당으로부터 제명되고 체포되었다. 그러나 그에 대한 기소는 이승엽 등의 재판이 끝난 뒤 2년 4개월이 지난 1955년 12월 초에 진행되었다.

　김일성은 박헌영을 체포하여 아무도 모르게 평북 철산군 내의 어느 산속 오두막집에 감금해 놓고는 자기들이 꾸민 시나리오의 조서를 승인하고 지장을 찍으라고 강요했다. 그러나 박헌영은 완강히 거부했다. 박헌영은 갖은 고문을 당하면서 실로 2년 동안 고군분투했다. 철산군은 해변이라 윤씨 부인은 감시대원을 매수하여 박헌영을 해상으로 탈출시키려 했으나 도중에 발각되어 실패하고 말았다.

　김일성은 자기들이 쓴 각본대로 박헌영이 시인하지 않자 갖은 고문을 하다가 드디어는 박의 처와 두 아이를 박헌영으로부터 빼앗아 분리시켰다. 가족까지 빼앗긴 박헌영은 분노를 참아가며 가족을 돌려 달라고 몇 번이나 요구했다. 그들은 가족을 돌려주는 대신 자기들이 조작한 죄상을 스스로 인정하라고 강요하며 죄상을 적은 서류를 박헌영 앞에 내놓았다.

　그들이 만든 박헌영의 죄상은 "1945년 9월 초 미군이 남조선에 상륙한 후 9월 말경 박헌영이 서울 반도호텔에서 미군 사령관 하지와 밀회하여 미제에 대한 충성을 맹세했다. 그리고 앞으로 공산당을 미군정에 순응시킬 것과 미군정의 포고 및 제반 법규를 준수할 것을 서약했다"는 것이었다.

박헌영은 이러한 터무니없는 조작극을 인정할 수 없다고 거절했다.

김일성은 박헌영이 이러한 사실을 인정하기만 하면 모든 것을 용서하고 후하게 대우하여 가족과 같이 여생을 편안히 지내도록 해주겠다고 회유했다. 그러나 박헌영의 태도는 여전히 완강했다.

김일성은 박헌영이 계속 그의 말을 거절하자 고금동서에 전례가 없는 '셰퍼드 고문'을 했다. 박헌영의 방에 며칠을 굶긴 사나운 셰퍼드를 풀어 넣었다. 박헌영은 전신을 셰퍼드에 물어 뜯겨 피투성이가 되었다.

박헌영은 김일성의 개에 물려 죽느니 차라리 김일성의 총에 맞아 죽는 것이 낫다고 생각하고 "너희들이 쓴 대로 다 인정하마. 빨리 나를 총살하여라"라고 고함을 질렀다.(8)

"미국의 간첩인 이승엽, 조일명, 이강국들을 인계받고 간첩행동을 하는 데 편리하게 높은 자리에 등용하고 보호해 주었으며 자기 자신도 간첩행위를 하기 위해 하지 중장과 밀의하여 일부러 과격한 민전성명을 발표, 체포령을 내리게 하여 체포령에 쫓기는 체 가장하여 북반부로 들어와 각종 간첩행위를 하였다"고 쓰여진 조서에 서명했다.

판결이 내려지자 그 다음날 박헌영의 사형이 집행되었다. 박헌영은 형장에 끌려 나가자 이 세상에서 최후로 "역사의 날조자, 혁명의 찬탈자, 민족의 반역자, 인민의 원수 김일성을 타도하라"고 온 힘을 다하여 외쳤다고 한다.

제일고보(현 경기고교)를 졸업하자마자 공산주의 운동에 앞장서서 가진 풍파를 겪으면서 평생을 공산주의 운동에 헌신했던 박헌영 자신이 끝내는 평양에서 자신의 동료이기도 한 북한 공산주의자들의 손에 목숨을 잃은 것이다.

최후의 형장에 섰을 순간 그의 뇌리에는 어떤 상념이 떠올랐었을까? 아마 그가 태어나서 자라난 고향 충청남도 예산군 신양면의 따뜻하고 양지바른 산과 들, 어릴 때 친구들과 놀던 개울가 그리고 어머니의 얼굴 또는 평생 그를 따랐던 친구나 동지들의 얼굴을 그리며, 그리고 인생이 얼마나 허무한가를 절감하면서 마지막 숨을 거두었을 것이다.

김일성은 자기보다 우월한 투쟁경력과 실력과 신망을 가졌고 남로당이라는 큰 조직을 가지고 있는 박헌영에 대해 늘 위협당하는 것과 같은 압박감과 열등감을 갖고 있었다.

그리고 김일성이 박헌영과 남로당을 끝까지 이용하지 못하고 숙청한 것은 자기가 일으킨 전쟁에 대한 책임 때문일 것이다. 전쟁을 일으켜 무력통일을 하려다 실패하자 궁지에 몰리게 된 김일성은 박헌영과 남로당을 모두 숙청함으로써 후환을 없애고 국면을 전환시키는 효과를 기대했을 것이다.

3 | 전후 복구와 3개년 경제발전계획

3년 1개월을 끌었던 전쟁으로 남한은 물론 북한도 필설로 다할 수 없는 피해를 입었다. 전쟁 중 대규모의 공중폭격으로 평양시내는 흔적도 없이 사라졌다. 도시와 농촌이 모두 잿더미뿐이었다.

1949년 수준에 비해 광업생산력은 80퍼센트, 공업생산력은 60퍼센트, 농업생산력은 78퍼센트가 감소했다. 금속제품, 전기제품, 건설자재, 어획고 등에서는 60~90퍼센트의 생산이 감소했다. 60만 호의 민가와 5,000개의 학교 그리고 1,000개의 병원이 파괴되고 북한 전역에 기아가 덮쳤다.

김일성은 "미국 제국주의에 의해 잿더미가 된 온 강토를 우리의 힘으로 일으켜 세우자"고 호소했고 전 인민이 총궐기하여 이에 호응했다.

당시 이 복구작업에 참여했던 대학생 성혜랑은 당시를 이렇게 회상했다.(9)

아침 5시면 일어나야 한다. 온몸이 쑤시고 머리가 아파 눈을 뜰 수 없다. 얼굴이 붓고 목소리가 잠겨 말이 안 나온다. 너무 힘들면 잠을 못 잔다. 아침에 다시 일터로 가기는커녕 모두 중환자 상태이다. 그런데 줄을 서서 노래 부르며 작업장으로 가야 한다. 쉬는 틈에 잠깐 누워야겠는데 작업지시 독보讀報로 그 시간을 메운다. 언제까지라는 것이 없다. 하루도 휴일이 없이 반년, 일 년 이런 노동은 계속되었다.

나라에서 금싸라기처럼 아끼는 미래의 역군, 대학생을 이렇게 노예보다도 더 혹사시키고 우리에게 무엇을 기대할 수 있을까? 우리는 신체가 발육하지도 못했고 젊음의 포부나 낭만을 가질 여유도 없다. 그 후 수령님이 솔스베리 뉴욕타임즈 편집국장과의 대담에서 "전쟁보다 전후복구가 더 어려웠다"고 한 고백을 기억하는 이유가 여기에 있다.

김일성은 1954년 1월 1일부터 개시되어 1957년 12월 31일 끝나는 경제발전 3개년 계획을 세웠다. 이 계획의 목표는 모든 경제분야에서 전쟁 이전의 수준을 회복하는 것이었다. 이 목표를 달성하려면 외국의 지원 없이는 곤란했다.

김일성은 1953년 9월 모스크바를 방문하여 조소朝蘇경제기술원조협정을 체결하고 소련으로부터 2억 5천만 달러의 차관을 2년에 걸쳐 제공받고 북한의 대소채무를 반액 공제하기로 했다.

또 그는 1953년 11월 중국을 방문하여 전시 중 중국이 지원해 준 데 대해 감사하다는 인사를 하고 조중朝中경제문화협정을 체결했다. 그리고 3억 2천만 달러 상당의 물자를 4년간에 걸쳐 유상으로 원조받고 중국과의 채무는 거의 탕감하게 되었다.

경제 3개년 계획으로 중공업 우선정책을 채택했다. 이 계획에서 투자액의 49.6퍼센트가 공업부문에 지원되었고 그 공업부문 투자액의 81.1퍼센트가 중공업건설에 할당되었다.

제철부문에서는 황해제철소, 김책제철소, 강선제철소를 우선 복구하고 1956년까지 생산량을 전쟁 전의 수준으로 올린다는 것이 목표였다.

제작기계부문에서는 선반과 발동기생산이 주요 목표였다. 전력부문에서는 이 계획 기간 중 폭격으로 파괴된 전 발전소의 완전복구가 목표였다. 시멘트는 1954년부터 연산 20만 톤에서 30만 톤을 생산하고 1954년부터는 판유리 생산에 들어가도록 계획했다.(10)

이러한 김일성의 중공업 우선정책과 농업집단화를 추진하는 과정에서 당 내부로부터 반대의 목소리가 나오기 시작했다. 국내파는 거의 숙청되었으나 소련파와 연안파가 김일성의 중공업 우선정책을 비난하고 노선대립을 표면화했다. 어느 당 간부는 중공업 우선정책은 인민의 물질적 생활을 무시한 것이라고 비판했고 어느 당 간부는 북한의 농업집단화는 북한 실정에 맞지 않는다고 했다.

1956년 2월 14일부터 25일에 걸쳐 모스코바에서 제20회 소련공산당 대회가 열렸다. 소련공산당 제1서기 흐루시초프Nikita Khrushchyov는 이 대회에서 역사적인 스탈린 비판을 했다. 흐루시초프는 스탈린의 독재와 야만적인 지배를 규탄하고 이제부터 소련공산당은 레닌주의에 입각한 집단지도체제를 실시한다고 선언했다. 그리고 그는 미국을 비롯한 자본주의 제국과 긴장완화를 주장하고 평화공존을 제창했다. 김일성은 이 대회에 참석했던 최용건으로부터 이에 대한 보고를 받고 흐루시초프의 발언에 대해 매우 불쾌하게 생각했다. 흐루시초프가 이 연설에서 스탈린의 개인숭배 우상화 정책을 맹렬히 비난했기 때문이다.

4 | '저 놈이 두목이구나'

김일성은 3개년 계획이 끝나자 1957년부터 시작되는 제1차 경제 5개년 계획에 필요한 재원을 마련하기 위해 1956년 6월 1일부터 1개월 20일간 소련을 비롯한 동유럽 9개국 순방에 나섰다. 김일성은 소련으로부터 3억 루블의 약속을 받은 것 외에는 아무런 성과도 없이 귀국했다.

조선노동당 중앙위원회 전원회의가 1956년 8월 30일 열렸다. 김일성이 해외순방에 관한 보고를 했다. 그러자 이어서 등단한 연안파의 최창익崔昌益이 김일성의 중공업 우선정책을 비판했다. 그는 이 정책이 북한 인민에게 견딜 수 없는 고통을 주고 있다고 지적하고 경공업 발전에 힘을 쏟아야 한다고 주장했다.

산업상 윤공흠尹公欽은 김일성 개인숭배에 대해 이의를 제기했다. 소련도 집단지도체제로 전환하려는 이때 북한도 집단지도체제로 나가는 것이 순리이고 또한 매일 인민이 먹을 것도 없는 상황에서 중공업 발전을 우선시하는 것은 무리이며 인민의 체력이 회복되어야만 경제건설이 계획대로 수행될 것이므로 농업과 경공업 우선정책이 선행되어야 한다고 주장했다.(11)

윤공흠은 성격이 아주 괄괄하고 격렬했다. 그는 연단에 올라가서 책상을 치며 호소했다.

"동지들! 오늘은 김일성 동지의 동유럽 구걸여행 보고보다 더 중요한 문제가 있습니다. 인민들의 생활은 도탄에 빠지고 있는데……."

그때 사회를 보던 최용건이 당황하여

"빨리 내려와! 개자식아"하며 일어나서 윤공흠을 단상에서 끌어내리려고 했다.

"폭력을 쓰지 말고 발언을 시켜라", 최창익이 고함을 질렀다.

윤공흠과 최용건은 서로 멱살을 잡고 몸싸움을 했다.(12)

"인민생활은 도탄에 빠지고 무고한 애국자들은 감옥에 감금되고 그래도 김일성이 혼자서 영웅이란 말이냐?", 윤공흠은 계속 소리쳤다.

그러자 김일성은 윤공흠을 향해 손가락질을 하며 "저놈이 두목이구나" 하고 외쳤다.(13)

이렇게 회의장은 아수라장이 되어 버렸다. 다른 중앙위원들이 일어나서 말리기 시작했다.

이 회의에 참석한 중앙위원 중 순수한 김일성파는 약 25명이었고 반反김일성 연합전선에 가담한 위원은 11명이었으며 나머지는 중립적인 입장이었다. 그러나 이 중립파들은 겁이 나서 김일성을 추종하고 있었다. 남로당계 7명은 입을 다물고 두 파가 싸우는 것을 구경만 하고 있었다.(14)

일단 회의를 중단하고 휴회로 들어가자 윤공흠, 서휘, 이필규, 김강 등은 신의주, 안동을 경유하여 중국으로 도망갔다. 서휘는 원래 중국공산당 당원으로 당에 친구들도 많고 제법 유명한 존재였다. 그는 곧 베이징으로 가서 중국공산당 간부들에게 김일성의 비행을 비판하고 망명을 요청했다. 중국공산당은 이 네 사람의 망명을 허용했다.

김일성은 이 사건을 계기로 연안파의 최창익(부수상), 김두봉(최고인민위원회 상임위원장), 고봉기(황해북도 도당위원장), 기타 평양시 당간부 등 수십 명을 체포하여 숙청했다.

그리고 소련파인 박창옥(부수상), 박완(부수상), 김승화(건설상), 기석복(중앙당 교육부장), 박영빈(중앙당 조직부장) 등 수십 명을 체포하여 추방했다.

체포된 연안파 간부들은 다들 비참하게 죽었으나 소련파는 이중국적자였기 때문에 북한 국적을 포기하고 소련으로 갈 수 있었다. 따라서 연안파 같은 비참한 죽음은 면할 수 있었다. 이때 주소련 대사 이상조도 소련으로 망명했다.

윤공흠은 평안도 출신으로 대학시절에 비행기를 타고 중국의 일본 점령지구를 넘어 중국지구로 망명한 자다. 해방 후 북한으로 돌아와 김일성의 신임을 얻어 38경비대 대장을 하다가 1948년 북한정권이 수립되자 같은 연안파인 재정상 최창익 밑에서 부상을 지낸 뒤 산업상이 되었다.

5 | 천리마운동과 김일성 독재체제 확립

1957년을 정치적으로 보면 김일성 독재체제의 기반을 확립한 해였고 경제적 측면에서 보면 '인민경제발전을 위한 제1차 5개년 계획'이 시작된 해였다. 이 경제 5개년 계획의 목표는 사회주의 공업화의 토대를 조성하고 중공업과 경공업을 동시에 발전시켜 소비물자의 공급을 원활히 하고 식량과 주택의 문제를 해결하는 것이었다. 또한 농업과 개인상점의 사회주의적 개조를 완성하고자 했다.

그리고 1957년부터 공업생산의 증대를 목표로 하여 '천리마운동'이 추진되었다. 하루에 천 리를 달린다는 전설상의 말처럼 노동자 각자가 온 힘을 기울이도록 독려했다. 할당량을 초과달성한 노동자에게는 천리마훈장과 천리마기수의 칭호를 주었다. 천리마운동은 북한 주민을 한 사람도 빠지지 않고 동원하여 그 노동력을 최대한으로 발휘하도록 하는 공산주의체제 특유의 인해전술방법이었다. 소련도 중국도 이런 방법으로 대중을 동원해 왔다. 이 동원체제의 효과를 알게 된 북한은 그 후 국가적 난국에 부딪힐 때면 몇 번이나 전 주민의 총동원령을 내렸다.

4년제 대학을 나온 대학생들도 노력동원으로 대부분 수업시간을 빼앗기고 만 1년 8개월밖에 공부를 하지 못했다.

전후 40년간 대학생들은 의무적인 노력동원, 적위대 훈련으로 해마다 몇 달씩을 빼앗기고 그 결여를 보충할 기회 없이 사회로 나왔다. "100만의 인텔리 대군이 지닌 이 엄청난 골다공증은 40년간 서서히 나라가 기울게 된 원인 중

의 하나가 아닌가 생각한다"고 한 대학생은 말했다. (15)

그럼에도 불구하고 오늘 북조선 체제를 떠받치고 있는 전쟁세대는 그 이후 대학을 나온 세대보다는 자질이 높다고 말할 수 있다. 제한적이기는 해도 그들은 적어도 사회주의 진영인 소련과 동유럽으로 열려 있던 환경에서 외국의 문물을 접할 수 있었으며 개인숭배 사상교육을 받기 전 세대이기 때문이다.

70세 안팎의 그들이 떠나면 이른바 '베토벤 Ludwig Beethoven'도 모르는 세대가 남게 된다. 북조선이 굶게 된 오늘을 극복한 다음에 닥칠 위험은 문화의 낙후이다. 이는 베토벤이나 니체 Friedrich Nietzsche를 꼭 알아야 된다는 말이 아니다. (16)

북한은 이러한 대중동원체제와 사상교육의 힘을 빌어 추진한 5개년 계획을 시작한지 2년 8개월만인 1959년 말에 목표가 달성되었다고 큰소리 쳤다. 북한이 발표한 5개년 계획의 성공은 믿기 어렵다는 분석도 많다. 목표달성은 커녕 1959년 8월에 발표한 목표완수는 실은 계획중단이라는 지적도 있다.

그러나 조순승趙淳昇(전 국회의원)은 1967년 발표한 논문에서 이 5개년 계획으로 북한은 적어도 표면적으로는 남한을 능가했다고 말했다. 조 교수가 작성한 대조표에 따르면 1961년의 시점에서 북한의 석탄생산량은 남한의 2배, 발전량은 5.7배, 제철량은 16배, 비료생산량은 10배, 면포는 1.7배, 어획량은 1.4배, 시멘트생산량은 4.3배나 많았다. 쌀과 보리의 생산량을 비교해 보아도 북한은 농업국인 남한을 누르고 트랙터 수에 있어 압도적으로 우세했다. (17)

합성섬유 비날론(카바이트를 원료로 만든 합성섬유)의 개발 공급도 이 시기에 이루어졌다. 책임자는 이승기李升基 박사로 그는 1905년에 전라도에서 출생하여 교토京都제국대학에서 공학박사를 취득했고 해방 직후에는 서울대학 교수가 되었으나 월북했다. 그는 과학원 화학연구소장으로 취임, 합성섬유 비날론을 발명하여 풍부한 옷감을 북한주민에게 공급했다. 1961년 5월 그는 그 공적으로 '노력 영웅'의 칭호를 받고 최고인민회의 대의원에 다섯 차례 선출

되었으며 1996년에 사망했다. (18)

　김일성은 1953년 박헌영, 이승엽, 이강국 등 남로당계 거물급을 모두 숙청했지만 그의 독재체제를 더욱 강화하기 위해 남로당계 남한 출신 인사들을 무자비하게 숙청해 나갔다. 남반부 출신에게 양잿물을 뿌린 5차 전원회의(1957년)에서 시작된, 꿈에도 잊을 수 없는 무서운 사상투쟁이 전국을 휩쓸었다. 그때 남한 출신 대부분은 중앙기관에서 축출되어 지방으로 좌천되었고 자자손손 종파 혹은 종파의 연루자로 낙인이 찍혔다. 누구나 남한 출신은 언제, 어떻게 간첩혐의를 받을지 모르기 때문에 가까이 하기를 꺼렸고 결혼 같은 인연을 맺으려 하지 않았다.

　그 중에는 북쪽의 인민공화국에 절대적인 기대를 갖고 희망이 가득한 나라에서 창작활동을 해보겠다며 월북했던 많은 문인도 포함되어 있었다.

　문학예술총연맹 부위원장인 작가 이태준李泰俊은 함흥으로 쫓겨가 집필 금지를 당한 채 출판물의 교정을 보아 주며 겨우 생명을 유지했다. 이태준이 함흥으로 귀양가야 할 법적 근거는 전혀 없었다. 그의 아들도 학교에서 퇴학당했다. (19)

　이태준이 서울에서 평양으로 갔을 때 소련에서 온 문학가들은 쌍수를 들어 그를 환영했으며, 열렬한 지지자로서 그의 든든한 배경이 되었다. 이태준은 남한 출신 문학가를 대표하여 '문학예술총동맹' 부위원장이 되었다. 김일성의 지원으로 이 동맹의 위원장이 된 한설야韓雪野가 자신보다 인기가 높은 이태준에게 극심한 시기를 느꼈음은 물론이다.

　한설야는 《만경대》라는 김일성의 출생과 유년, 소년 시절을 그린 소설을 써서 김일성의 개인숭배 열을 돋우었다. 아마 그때가 한설야의 절정기였을 것이다. 그는 김일성의 절대적인 신임을 얻어 안하무인의 교만을 부렸다.

　일제 때 《고향》이라는 문학사에 남을 만한 글을 쓴 이기영李箕永은 새 작품 《두만강》을 썼는데, 이 작품은 모두의 기대와는 달리 김일성에게 아첨하는 글이 되고 말았다.

서울에서 간 작가 김남천金南天은 그의 단편소설 《꿈》에서 인민군대가 죽을 때 머리를 남쪽으로 두고 죽었다고 묘사하여 추방당했다. 김일성의 군대인 인민군이 죽을 때 '경애하는 수령 김일성 장군'이 있는 북쪽에 머리를 두지 않고 남쪽을 향해 죽었다고 쓴 이유는 작가 김남천이 반당적이며 숭남사상에 젖었기 때문이라는 것이었다.

임화林和도 남에서는 빨갱이라고 지탄받고 북에서는 '미제의 간첩'이라며 숙청당하여 지금은 이 세상에 없다.[20]

대학에도 연루자 색출의 선풍이 불어 남조선에서 좌익투쟁을 한 적지 않은 남한 출신이 추방되었다. 예과에 있던 황하일, 이소남(이태준의 딸), 조병량(조두원의 딸)이 사라졌다. 남한 출신들은 서로 말도 주고받지 못했다. 내통한다고 감시하고 투쟁한다고 의심했기 때문이다.

"짚신 감발에 괴나리 봇짐을 지고 당을 따라 수천 리를 걸어온 남반부 출신을 아껴야 한다"는 수령님 교시가 있을 때 순진한 남한 출신들은 눈물을 흘리며 '어버이 수령님의 현명한 영도'에 감격했었다.

이러한 숙청이 철저히 진행되는 과정에서도 남한 출신들은 "그 분은 이런 실정을 모르실거야"라며 오래도록 김일성을 믿고 있었다.[21]

6 | 이상한 사회주의 나라

50년대가 지나고 시간이 갈수록 계급투쟁은 심화되었다. '회의'라는 소리에 사람들은 미쳐 죽을 지경이었다. 하루에도 몇 차례씩 회의가 있었는데 때도 없이 "모입시다" 하고는 시간의 제한 없이 정치 일꾼들이 연설을 했다. 회의 때문에 못한 그날 할당된 일을 마치기 위해서는 밤 1시고 2시고 새벽까지 작업시간을 연장해야 했다.

저마다 불만이 컸지만 이것을 이야기하면 불평분자 반동으로 낙인이 찍혔다. 회의가 진행되는 것을 보면 대충 그 회의의 목적을 알 수 있었다. '이번에는 누구 차례다'라고 비판받을 대상이 암암리에 전해졌다. 집행부에서는 핵심 인사들을 통해 그 사람이나 사건에 대한 비판을 내적으로 조직했기 때문이다.[22]

1953년 박헌영, 이승엽이 체포되자 남로당원의 반발이 거세졌고 북한 전체가 동요되고 불온한 기색이 돌자 김일성은 박금철朴金喆로 하여금 남로당원에 대한 선무공작을 시켰다. 박금철은 남로당원들을 만나 회유하고 위로하여 절망적인 반항을 하지 않도록 하는 데 큰 공을 세웠다. 당시 박금철은 중앙당 간부부장 즉 인사 관계 총책임자였다.

박금철은 함경도 갑산 지방의 빈농에서 태어났다. 그는 1937년 김일성의 보천보 습격 때 길 안내를 담당했던 적이 있다. 박금철은 이 사건으로 박달朴達과 함께 경찰에 체포되어 서울 서대문형무소에서 징역을 살다가 8·15해방과 더불어 풀려 나왔다. 그는 서울 서대문형무소에서 많은 독립운동가를 알게 되었는데 그 중 한 사람이 정태식鄭泰植이었다.

정태식은 경성제대 재학시절 공산당에 입당하여 사회주의 운동을 하다가 체포되어 형무소에 수감되어 있었다. 그는 월북하여 박헌영 사건 때 사회안전국에 잡혀가서 취조를 받고 나온 뒤 직장에서 쫓겨났다. 그는 박금철 덕택으로 내각기관지 민주조선에서 발간하는 월간지 인민에서 일을 거들게 되었다.

서울 지하당 시절 정태식과 박갑동에게 아지트를 제공하며 협력한, 산업은행 계리부장이며 장택상張澤相 수도경찰청장의 사위인 채항석蔡恒錫도 박금철의 도움으로 중앙통신사 외신 번역원으로 간신히 평양에 남아 있게 되었다. 그 밖에는 대부분이 지방으로 추방당하여 평양 거리를 돌아다녀도 남로당원 한 사람 만나 보기 어려웠다.(23)

김일성은 1967년 5월 25일 노동당 부위원장인 박금철을 비롯한 갑산파 출신 간부들도 모두 숙청했다. 김일성은 박금철 외에 이효순(정치위원 및 남조선 공작담당), 김도만(사상담당 서기), 박용국(국제부장), 허석선(과학교육부장), 고혁(부수상) 등을 함께 숙청했다.

1967년 5월의 중앙위 총회(전원회의)는 군을 배경으로 김일성 유일독재를 확립하기 위한 일종의 쿠데타였다.(24)

북한 역사사전에는 조선노동당 중앙위원회 4기 15차 전원회의가 빠져 있다. 이것이 바로 1967년 5·25교시가 나온 전원회의다.

5·25교시는 반수정주의 투쟁이라는 대선풍 아래 대대적인 인텔리 제거, 그들의 창조물인 문화에 대한 총공격, 좌경극단주의에 의한 반문화 혁명으로 기억된다.

북한 사람들은 모두가 "60년대까지는 살기 좋았다"고 말한다. 정확히 말한다면 5·25교시 전까지는 북조선은 그래도 사회주의 인민의 나라였다. 그러나 5·25교시를 계기로 계급투쟁과 프로독재의 강화, 수령 우상화의 심화, 인텔리 혁명화가 몰아치는 가운데 사회 전반에 극좌 바람이 불어 닥쳤다.

5·25교시 이후 전국적으로 실시된 도서정리 사업은 거의 1970년대 중반

까지 계속되었다. 전국의 모든 가정, 모든 직장의 책들을 한장한장 일일이 검열하는 방대한 캠페인이었다. 이 지구상에 북조선만큼 철저하고 무지막지하게 문화를 말살하는 노력을 이렇게 대대적으로 펼친 나라는 없을 것이다.

기준은 수령 우상화, 항일무장투쟁의 절대화, 계급혁명 즉 반수정주의·반부르주아 문화였다. 이것에 저촉되는 모든 것을 먹으로 칠하거나 페이지를 뜯어 내거나 종이딱지를 붙였다.

그 작업의 방대함은 둘째 치고 내용의 규제가 문제였다. 수령 우상화를 위해 역사를 뜯어고치는 것으로부터 시작해서 부드러운 문구까지 지웠다. 직장마다 제지공장으로 실려 나가는 책이 산더미처럼 쌓였는데 대부분 양서였다. 남은 것은 체제와 수령을 찬양하는 정치 서적 그리고 수령님 노작과 고시집 뿐이었다.

당시 이 작업에 참여했던 한 대학생은 이렇게 말했다.

> 전쟁 당시 미국 비행기가 손바닥만 한 도시에 하루 수백 개의 폭탄을 던진 때에도 이렇게 하늘이 무너지는 것 같은 공포를 느껴본 일이 없었다. 미국은 우리의 적이었고 공산주의를 전멸시키려는 목적을 가지고 있었다.
>
> 그러나 사회주의 이상理想사회 건설을 표방하는 인민의 내 나라가 이 무슨 만행인가? 도대체 누가 이런 것을 생각해 냈는가? 나는 수령님이 이런 지시를 했다고는 믿을 수 없었다. 극좌적 이데올로기 병에 걸린, 충신인 체하는 간신이 하는 짓이라고밖에 볼 수 없었다. 그러나 모두 다 침묵하고 집행할 뿐이었다.

5·25교시는 음악에서도 미술에서도 마찬가지였다. 외국 음악은 소련 노래까지도 금지되었으며 고전 악보를 모두 불살랐다. 과거의 석고 조각 작품을 비너스건 베토벤이건 모두 몽둥이로 깨버렸고 서양화를 모두

찢어 버렸다. 화가들은 유화 구를 쓰레기통에 버리고 다 지방으로 내려가 농사꾼이 되었다. 그때부터 북조선에서는 유화가 자취를 감추었다. 이 무렵 전후와 천리마시대에 단단히 한몫하던 민족예술극장이 해산되고 말았다.

반수정주의라는 몽둥이는 과학기술 분야에서도 닥치는 대로 휘둘러졌다. 외국기술 도입은 수정주의가 되고 선진과학기술에 대한 관심조차 비판을 받는 단계에 이르렀다.

자력갱생이라는 미명하에 반세기 전에 세상에 도입된 기술이 우리나라에서는 창의에 의해 개발되어야 했고 인류가 달성한 기술문명의 토대 위에 쌓이는 기술진보의 합리성이 부정되는 어처구니없는 요구가 그대로 사회풍조가 되었다.

과학기술 분야에서의 봉쇄는 경제발전에 제동을 걸었다. 이 같은 선풍으로 문화예술인, 과학자, 특히 유학생이 대대적으로 축출되었다. 평양에는 '촌뜨기'만 남았다.

지난날 인민은 김일성 주석의 업적 때문에 그를 따르고 떠받들었다. 그들에게 김 주석은 항일무장투쟁을 했고 50년 동안 반제의 기치하에 미제를 필두로 한 서방세계의 온갖 방해를 물리치고 2,200만 인민을 이끌고 북조선이라는 나라를 국제무대에서 인정받게 하고 유엔에까지 가입시킨 무시할 수 없는 위대한 정치가였다.

그것이면 되었지 왜 수령을 구태여 신으로 만들려 했으며 김일성은 그것을 허용했던가?

분명 새로운 시대가 되었다. 이때부터 우리들은 수령님의 초상휘장을 가슴에 달고 친위대, 결사대 구호를 부르며 각종 우상화 예식을 갖게 되었다.

그때까지 써본 일이 없는 신앙심이라는 말이 충성심 대신 쓰이게 되었고 언제부터인가 충효, 군신, 의리 같은 낱말이 당적 용어가 되면서 북조선은 이상한 사회주의 나라가 되었다.(25)

7 | 남조선 해방과 미 본토 공격

김일성은 조국통일을 달성할 수 있는 좋은 기회를 두 번 놓쳤다고 안타까워했다. 한 번은 6·25한국전쟁이고 또 한 번은 4·19혁명이다. 그는 6·25 때는 박헌영의 허위보고 때문에 기회를 놓쳤고 4·19 때는 연락부가 임무를 다하지 못해 놓쳤다고 말했다.

"그때에 나는 함경도 지방에서 현지 지도를 하고 있던 중이었는데 4·19가 일어났다는 보고를 받고 평양으로 달려왔지만 연락부는 아무것도 모르고 있었다. 그 때문에 손을 쓸 수가 없었다. 우리는 여기에서 중요한 교훈을 얻어야 한다. 4·19는 남조선 혁명 정세가 성숙했다는 증거다. 다시 한 번 4·19와 같은 기회가 온다면 절대로 놓쳐서는 안 된다. 동무들도 이러한 각오를 갖고 언제든지 기회가 온다면 즉각 대처할 수 있도록 만반의 준비를 갖추어야 한다"고 김일성은 말했다.(26)

남한에서 4·19 같은 사건이 예기치 않게 일어나는 것에 대비하여 북한은 1964년 3월 서울에 지하 공산주의 정당인 '통일혁명당(이하 '통혁당')'을 남한 사람들의 손으로 만드는 데 성공했다. 이 통혁당은 1950년대 초반 남로당이 괴멸된 이후 남한에서 생긴 최초의 공산주의 정당이었다.

김일성은 1973년 4월 대남공작 담당요원과의 대화를 통해 다음과 같은 특별교시를 내렸다.

유성근(주서독 한국대사관 노무관)의 경우를 보면 남조선에서는 고등고시에 합격만 하면 행정부와 사법부에 얼마든지 들어갈 수 있는 것을 알 수 있다. (…) 이제부터는 학생운동에서 검열된 학생 중에 머리가 좋고 견실한 사람은 데모에 동원하지 말고 고시준비를 시키지 않으면 안 된다. 10명을 준비시켜서 한 사람이라도 합격된다면 소기의 목적은 달성된 것이다. 따라서 각 지하당 조직은 대상을 확실하게 선발하여 그들이 아무 걱정 없이 고시공부에 전념하도록 물심양면으로 지원해야 한다.
중앙정보부와 경찰조직에도 깊이 잠입할 길이 있다. 공채시험을 통해 들어갈 수 있고 학연, 지연 등 인맥을 이용하는 방법도 있다. 남조선에서는 간부사업이 어떠한 당적, 계급적 원칙에 따라 행해지는 것이 아니고 종종 권력층의 인맥에 의해 좌우된다. 바로 그것이 자본주의제도의 본질적인 약점이다.

김일성은 1976년 4월에는 다음과 같이 말하기도 했다.

남조선에서 가장 잠입하기 쉬운 곳이 어딘가 하면 교회다. 교회에는 이력서나 보증서가 없더라도 얼마든지 들어갈 수 있고 오직 성서만을 들고 가서 헌금을 많이 하면 누구든지 신임을 얻을 수 있다. 일단 이렇게 신임을 얻고 그들의 환심을 산 후 미끼만 잘 던지면 신부, 목사를 얼마든지 포용할 수 있다.

김일성은 1976년 8월 특별교시에서 다음과 같이 말했다.

결국 조국통일의 핵심은 미국놈들을 추방하느냐 못하느냐에 달려 있다. 미국놈들이 베트남에서 손을 뗀 것처럼 남조선에서도 철수하도록 하기 위해서는 그놈들의 머리가 아플 정도로 끈기있게 물고 늘어져야 한다.

주한미군의 야수와 같은 만행과 각종 비인간적인 범죄사실을 차례로 폭로하여 국제적으로 반미 여론을 형성하고 세계 곳곳에서 반미운동이 일어나도록 하여 결국에는 미국 국민이 반전운동을 하도록 해야 한다.

남조선에서 미국놈들을 내쫓아내야 하는데 이대로는 그놈들이 절대로 나가지 않는다. 따라서 우리는 언젠가 미국놈들과 다시 한 번 싸울 각오를 가지고 전쟁준비를 서둘러야 한다.(…)

현 시기 전쟁준비를 위해 무엇보다 급하게 추진해야 할 것은 미국 본토를 공격할 수 있는 수단 확보다. 이제까지 세계 전쟁 역사에는 수백, 수십 건의 크고 작은 전쟁이 있었지만 미국이 개입하지 않았던 전쟁은 없다. 그러나 이 모든 전쟁이 타지역에서 일어난 전쟁이기 때문에 미국 본토에는 한 개의 포탄도 떨어진 일이 없다.

이러한 미국이 포탄 세례를 받는다면 어떻게 될 것인가?

그때는 상황이 달라질 것이라고 생각한다. 미국 내에서는 반전운동이 일어날 것이고 제3세계 제국의 반미운동이 가세되어 결국 미국놈들이 남조선에서 손을 떼지 않을 수 없을 것이다. 따라서 동무들은 하루라도 빨리 핵무기와 장거리 미사일이 자력생산될 수 있도록 개발에 박차를 가해야 한다.(27)

제 8 장

제3공화국

1 | 장면 정권과 김일성 만세

이승만이 1960년 4월 27일 정식으로 대통령 사임서를 국회에 제출하자 정부조직법상 서열이 가장 높은 국무위원인 허정許政 외무장관이 대통령 권한대행에 취임해 이 날짜로 허정 과도정부가 출범했다.

허정 과도정부는 불과 3개월 만에 새 헌법을 제정하고 7월 29일 제5대 국회의원 총선거를 실시하는 등, 모든 절차를 마쳤다. 민의원과 참의원을 동시에 뽑는 이 선거에 관권개입은 없었으나 유권자 매수와 매표행위가 성행했고 폭력사태와 투표함을 부수거나 불을 지르는 선거부정이 자행되기도 했다.

선거 결과 민주당은 민의원 의석 233석 중 175석을 얻어 원내 3분의 2를 차지했고 참의원 의석 58석 중 과반수인 31석을 획득했다.[1]

민주당은 원래 세 파벌로 구성되어 있었다. 한 파벌은 해방 직후 결성되었던 한민당 계열의 인사들로, 윤보선尹潽善, 김도연金度演, 유진산柳珍山 등이 영도하고 있었다. 이 파벌을 통칭 '구파舊派'라고 불렀다. 또 하나는 가톨릭계를 기반으로 하는 신흥자산가층과 시민들로 구성된 파벌이었다. 그리고 이 파벌에 흥사단 계열의 북한 피난민들이 가세했다. 이들을 '신파新派'라고 불렀으며 장면張勉을 대표로 주요한朱耀翰, 정일형鄭一亨, 오위영吳緯泳, 김영선金永善 등이 참여했다. 이 파벌은 친미적 색채가 뚜렷했다. 후에 대통령이 된 김영삼金泳三은 당시 구파에 속했고 김대중金大中은 신파에서 활약했던 젊은 정치신입생이었다.

1960년 8월 23일 장면은 민주당에서 총리에 지명되었고 국회의원 228명

중 찬성 117, 반대 107로 인준을 받아 정권을 구성하게 되었다. 장면 정권 집권 초기부터 민주당의 신구파 분열로 정파 간 정쟁이 끊일 날이 없었다. 그는 우유부단함과 행정능력의 부족으로 정국을 안정시키지 못했고, 매일같이 거듭되는 데모로 사회질서는 극심한 혼란에 빠져 들었다.

반공제일주의와 북진통일만을 강조하던 자유당 정권이 무너지자 대학가에서는 급진적 통일운동이 일어났다. 서울대의 민통련은 1961년 5월 3일 북한 학생들과 판문점에서 만나 통일문제를 협의하자는 제의를 했다. 5월 5일에는 민통학련 결성 준비회의가 열렸고 여기에서 남북 학생회담 개최를 북측에 제의했다. 장면 정부가 이를 불허하자 범혁신계 조직인 민자통 주최로 13일 서울운동장에서 남북 학생회담 환영 및 통일촉진 궐기대회를 열고 4만여 명이 참석한 가운데 시위를 벌였다.

장면은 후에 회고하기를 "연일 계속되는 데모로 사회가 혼란에 빠졌지만 민주당이 집권 전에 한 공약을 위배할 수가 없었다. 국민의 자유를 박탈하고 독재적인 수법으로 정권을 유지한다면 이는 국민을 배신하는 것밖에 될 수 없었다"고 말했다.

> 정권을 잡은 우리가 무슨 핑계를 써서든지 계엄령을 선포할 수도 있었다. 그렇지만 '총검에 의한 외형적 질서'보다 '자유를 바탕으로 한 질서'가 진정한 민주적 질서라고 믿었기 때문에, 오랫동안 자유당 정권하에 억눌렸던 국민이 쌓이고 쌓였던 울분을 한번은 마음껏 발산시켜야 진정될 것이기 때문에 은인자중한 것이다.
> 귀와 입으로 배운 자유를 몸으로 배우게 하려는 의도였다. 이론과 학설로 배운 자유는 혼란을 일으키지만 경험으로 체득한 자유는 진정한 민주주의의 단단한 초석이 되는 것이다. 자유가 베푼 혼란과 부작용에 스스로 혐오를 느낄 때 진실한 자유를 얻는 것이다.[2]

장면 총리가 진정으로 그러한 깊은 뜻을 품고 시위대의 울분을 발산시키기 위해 참고 기다렸는지는 알 수 없으나, 현실은 그렇게 안이하게 생각할 정도로 질서 있게 돌아가지 않았다. 4·19 이후 무려 1,836회의 데모가 일어났고 1960년 10월 11일에는 4·19 부상 학생이라고 자처하는 젊은이들이 국회의사당을 점거하는 사태까지 발생했다. 사태가 극도로 혼란스러워지자 장면 정부는 '데모 규제법'과 '반공 임시특별법'을 제정하려 했다. 그러나 이에 반대하는 혁신계 정당과 신민당 일부, 신풍회 등 30여 개 단체들이 1961년 3월 18일 대대적인 반대 데모를 강행했다.

그 후 혁신세력은 3월 22일 서울시청 앞에서 '2대 악법 성토대회'를 연 뒤 횃불 데모를 벌었다. 그리고 "장 정권 타도"를 외치며 장면 총리 사택으로 몰려갔다.(3)

이 데모대는 "남북회담", "김일성 만세", "장 내각 퇴진" 등을 외치면서 명륜동 장면 총리 자택 근처에서 밤늦게까지 극단적 행동을 서슴지 않았다.

저녁 9시경 윤보선 대통령은 비서실장 전용 지프차를 타고 한 대의 경호차도 없이 김준하 비서만을 대동하고 현장으로 달려갔다.

횃불 데모는 사실상 데모가 아니라 일종의 광란狂亂이었다. 데모를 구경하는 시민도 데모를 저지하는 경찰관의 모습도 눈에 띄지 않았다. "미군 철수", "김일성 만세"를 목이 터지도록 외치면서 간간이 "2대 악법 철회"를 외치는 데모대의 광경을 보니 여기가 서울인지 의심스러울 정도였다. 윤보선 대통령은 눈앞에 벌어지고 있는 광란의 현장을 아무 말도 없이 끝까지 지켜보았다.

청와대로 돌아온 대통령의 표정은 몹시 굳어 있었다.(4)

횃불 데모가 있었던 다음날인 23일 밤, 청와대에서는 윤 대통령과 장면 총리, 곽상훈 민의원의장, 백낙준 참의원의장, 현석호 국방부장관, 야당인 신민당에서 김도연 위원장, 유진산 간사장, 양일동 총무, 조한백 총무부장 등 여야 지도자가 모여 '국가 최고지도자회의'를 가졌다.

5·16 발발 이틀 후 장면 총리가 중앙청 국무회의실에서 비상각의를 소집, 내각 총사퇴를 의결한 후 기자들에게 하야성명을 발표하고 있다.

대통령은 전날 밤 자신이 직접 목격했던 횃불 데모 현장을 상세히 설명하고 사태를 조속히 수습할 것을 강조했다.

윤 대통령은 "긴급한 사태를 수습할 방안이 없을 바에야 장면 총리는 거국내각을 만들어서 긴급조치권을 발동해서라도 단호하게 사태수습에 나서야 한다"고 문제해결의 방안을 제시했다.

대통령의 제안에 대해 장 총리는 "좀 더 시간을 달라"며 그 자리를 모면하려 했고 나중에는 "내가 만일 그만두면 나보다 더 잘 할 사람이 당장 어디에 있겠는가?"라고까지 하며 화를 내기도 했다. 이에 불쾌해진 윤보선은 "민심의 80퍼센트가 현 정부를 지지하지 않으므로 장면 내각이 물러나는 것도 한 방법이 될 것이다"라고 맞받았다.(5)

2 | 5·16군사쿠데타

윤보선 대통령은 심상치 않은 군부의 움직임에 대한 장면 총리의 태도에도 불만이었다. 윤보선은 1960년 12월경 김도연 신민당 위원장으로부터 최초로 군사쿠데타 음모에 관한 첩보를 보고받고 즉시 장면에게 전화를 걸어 철저한 대비책을 세우라고 당부했다. 김도연은 자기와 잘 아는 김 모 대령이 집에 찾아와서 3·15부정선거와 부정축재자 처리 미숙과 민주당 신구파 파벌 싸움에 불만을 품은 일부 장교들이 거사계획을 진행 중이라고 알려주었다고 했다. 그러나 며칠 후 장면은 "장도영 육군참모총장에게 알아보았더니 별일이 아니랍니다. 걱정할 것 없습니다"라고만 말했다.

민주당 정권의 붕괴는 전적으로 장면의 정권 장악 능력부족과 장도영 참모총장의 배신행위에 기인했다고 해도 과언이 아닐 정도로 허망했다. 장면 총리는 5·16이 일어난 날까지 장도영 참모총장을 신뢰했다. 장면의 말에 따르면 쿠데타가 일어날 때까지 네 번이나 군부의 모의 정보를 보고받고 장도영에게 물었으나 그는 그때마다 "제가 참모총장으로 있는 한 아무 염려 마십시오"라는 말만 되풀이했다는 것이다.[6]

5월 16일 새벽 국방장관 현석호는 쿠데타가 일어났다는 장도영의 보고를 받고 함께 서울시청 앞에 위치한 506특무대로 이동하여, 그와 함께 쿠데타 진압작전을 지휘하다가 근처의 반도호텔로 가서 장면을 피신케 했다. 그는 다시 특무대로 돌아가다가 혁명군에 붙들려 시청 시장부속실에 억류되었다. 그런데 장도영이 매우 바쁘게 시장실을 드나들고 있었다. 놀란 현석호는 장도

5·16군사쿠데타 성공 직후 시청 앞에서 장도영 육군참모총장과 박정희 장군이 서 있다.

영에게 "참모총장, 이거 어떻게 된 거예요?" 하고 물었다. 장도영은 한참 동안 머뭇거리더니, "미안합니다. 미안합니다. 자세한 이야기는 뒤로 미룹시다"라고 말했다.(7)

"쿠데타가 발생했으니 빨리 피하십시오"라는 현석호 장관의 말을 듣고 장면은 부인과 함께 허둥지둥 반도호텔 앞에 있던 주한 미국대사관으로 피신하려 했으나 현관에서 출입이 금지되었다. 그는 급하게 안국동에 있는 미국대사관 숙소로 달려가 피신을 요청했으나 거기서도 거절당하는 바람에 하는 수 없이 혜화동에 있는 '카멜 수녀원'에 몸을 숨겼다.

박정희의 거사는 한편의 드라마처럼 극적으로 전개되었다. 5·16 주체들은 장도영 참모총장을 끌어들이고 육군의 고위 장성들과 육사 5기와 8기 등 영관급 핵심세력을 포섭하고 해병대도 참여시키는 데 성공했다. 5월 16일 새벽 3시경 박정희가 지휘하는 쿠데타군이 한강을 넘었다. 전체 쿠데타 병력은 3,600여 명이었다. 서울에 진입한 혁명군은 중앙청, 국회, 국방부 및 방송국 등 주요 건물을 점령한 다음 장면 정권의 각료들을 체포하고 청와대를 포위하여 일단 국가권력을 장악했다.

새벽 5시 KBS의 첫 전파를 통해 발표된 포고문에서 혁명군은, 은인자중하던 군부가 궐기한 것은 부패하고 무능한 현 정권과 기성 정치인들에게 더 이상 국가와 민족의 운명을 맡겨둘 수 없기 때문이라고 단정하고, "조국의 위기를 극복하기 위한 것"이라고 거사의 명분을 밝혔다. 6개 항으로 된 혁명공약에서 반공체제의 강화를 선두로 꼽고 부패와 구악의 일소, 기아선상에서 허덕이는 민생고의 해결, 공산주의와 대결할 수 있는 실력배양 그리고 혁명과업 완수 후 군은 원대복귀한다고 했다.

군사쿠데타는 전 국민에게 일대 충격이었다. 그러나 많은 국민이 집권당인 민주당의 신구파 싸움에 영일이 없고 학생들의 분별없는 남북대화 요구로 사회질서가 혼란으로 치닫는 분위기에서 더 이상 민주당 정권에 기대를 하지 못하게 되었고 어떠한 형태든 강력한 리더십을 발휘할 수 있는 체제가 필요하다고 생각하고 있었다. 그들은 군부의 정치 개입이 현실 상황을 타개할지도 모른다는 실낱같은 희망을 걸었다.

5·16 직후 서울대 학생회는 '4·19와 5·16은 동일한 목표'라는 지지 성명을 발표하고 6월 24일에는 서울대 내의 15개 농촌 단체가 모여 '서울대학교 향토개척단연합회'를 발족시켰다. 4·19에 일정한 역할을 했던 상당수의 학생들이 "체제 참여적 사회진출을 통해 4·19의 이상을 실현해야 한다"는 주장을 펴기 시작했고 그 연장선에서 "5·16은 민족주의적 군사혁명"이라는 당당한 주장도 제기되었다.[8]

절대빈곤의 암실에 갇혀 꿈마저 회색을 꾸던 많은 대학생에게 가난의 탈피만큼 호소력있는 구호는 없었다. 당당한 우익 지식인으로 정평이 있는 이

상우 교수는 서강대학교 퇴임기념 강연에서 자신의 대학시절 박정희는 희망의 등불이었다고 회고했다.(9)

당시 민주당의 장면 정권하에서 시민과 학생이 시위를 벌이며 "구세대는 물러나라", "미군은 철수하라"를 외치며 통일을 촉구하자 이러한 사회적 동요에 대해 국민 대다수는 매우 불안을 느꼈다. 그리고 이러한 혼란을 수습하기 위해서는 강력한 리더십을 갖춘 지도자가 있어야 한다는 공감대도 어느 정도 형성되고 있었다.

장준하(사상계 발행인)는 국가 개조의 선행 조건으로 '자유 민주주의'를 언급하면서 '강력한 지도자'와 '교도 민주주의' 하에서 이루어지는 사회개혁을 위해서는 국가 건설이라는 책무 앞에서 국민을 이끌어나갈 도덕적으로 우월한 정치지도자가 필요하다고 했다. 이와 유사하게 김상협이나 신상초, 한태연 같은 다른 지식인들 역시 '자유 민주주의'라는 용어를 '강력한 지도력'과 결부시켜서 사용했다.(10)

이들이 말하는 강력한 지도자가 군사쿠데타로 등장한 박정희를 말하는 것은 아닐지라도 그 시대 상황에서는 여하튼 강력한 지도자가 요구되는 상황이었다.

강원용 목사는 당시를 다음과 같이 회고했다.

> 군사혁명이 좋다는 얘기는 아니지만 5·16이 나던 무렵은 도저히 나라가 유지될 수 없는 사실상의 무정부 상태였습니다. 뭔가가 일어나야 한다는 분위기였지요. 4·19는 학생들이 주도했지만 4·19 이후 들어선 민주당 정부가 제 역할을 못하는 바람에 학생들도 긍정적이기보다는 부정적인 역할을 더 많이 했습니다. 오히려 혼란을 조장했다고 할까요? 그래서 지식인들 중에는 비록 바람직하진 않지만 보다 건전한 생각을 가진 애국심으로 충만한 군인들이라도 나와줬으면 좋겠다고 바라던 이가 적지

않았어요. 그랬기에 저는 5·16이 터지자 '올 것이 왔다'고 생각했습니다. 윤보선 씨도 그렇게 말하지 않았습니까? 또한 5·16이 좌익혁명이 아니라는 게 분명해졌고 박정희라는 사람을 직접 만나고 보니 상당한 기대를 걸게 되었어요.(11)

문제는 미국의 태도였다. 주한 미국대사 대리 마셜 그린과 매그루더Carter Magruder 유엔군사령관은 16일 오전 AFKN 미군방송을 통해 "미국은 쿠데타에 반대하며 합헌적 정부를 지지한다"는 공동 성명을 발표했다.

그리고 두 사람은 청와대로 윤보선 대통령을 찾아가 군통수권을 발동, 쿠데타 진압을 명령할 것을 요청했다. 그러나 윤보선은 같은 군인들끼리 피를 흘리게 할 수 없으니 미군이 진압하라고 말하면서 미국의 요구를 거부했다. 이에 매그루더는 그것은 내정개입이 되므로 할 수 없다고 답하고 돌아갔다.(12)

그런데 16일 오후 5시 워싱턴의 렘니처Lyman Lemnitzer 합참의장은 백악관 회의 결과를 매그루더에게 전문으로 통보했다. "주한 미군사령관으로서 공산주의 침략에 대한 한국의 방위 임무 이외에 어떠한 성명도 내서는 안 된다"고 말하고 이어서 "장면 정부의 부활은 점점 멀어지고 있다. (…) 장면 정부의 생존을 위한 싸움에 개입하는 행위를 해서는 안 된다"고 다시 한 번 못박았다. 현지 대사관 및 미군 측 복안과 대치되는 방침이 워싱턴 당국으로부터 시달된 것이다.(13)

3 | 미국이 의심한 박정희의 사상

주한 유엔군사령관 겸 미8군 사령관 매그루더 대장이 한국군의 쿠데타 발생 보고를 들은 것은 1961년 5월 16일 새벽 4시경이었다. 장도영 참모총장으로부터 쿠데타 발생에 대한 전화보고를 받고 매그루더는 분노에 가까운 불쾌감과 함께 불길한 예감을 느꼈다. 그가 분노한 것은 자신의 작전지휘권을 침해했기 때문이었다.

그가 가장 궁금하게 여겼던 것은 '반란군'의 주동자가 누구며 어떤 정치적 성분을 가진 사람인가 하는 점이었다. 매그루더는 장도영의 전화를 받고 주동자가 누구인가부터 물었고 장도영은 박정희와 김종필 두 사람의 이름을 대면서 "별로 믿을 수 있는 사람이 못 된다"고 말했다.(14)

매그루더는 자칫 잘못하면 제2차 세계대전 이후 미국정부가 한반도에서 쌓아온 대한정책의 성과를 하루아침에 무너뜨릴 수도 있다는 불안과 공포 때문에 주동자에 대해 관심을 두지 않을 수 없었다.

한마디로 말해서 쿠데타의 주동인물로 알려진 박정희가 과거 공산주의와 관련이 있었다는 의혹 때문이었다. 한국의 쿠데타 소식을 듣고 5월 17일 일본에 있는 외신기자들이 미군 전용기 편으로 서울로 몰려왔다. 이들은 미국대사관으로 직행하여 약 네 시간 동안 쿠데타군의 규모와 서울 점령의 경위를 설명 듣고 미국은 분명히 쿠데타를 좌절시킬 수 있다는 말을 들었다. 마셜 그린 대리대사는 박정희 소장, 김종필 중령 등의 출신, 성격, 경력 등에 관해 친미적이 아니라는 점과 과거 경력이 석연치 않다는 점을 강조해가면서 설명했다.

이 브리핑이 있은 후 〈타임〉지는 박정희를 "영어 못하고 골프 못 치는 장군"이라고 보도했다. 카이스 비치Keech Beech 특파원은 〈시카고 데일리 뉴스〉에서 "박정희는 과거에 남로당의 군사책이었으며 1948년 10월 여순반란 사건을 계획하여 사형선고를 받았다. 그러나 그 당시 소수 장교들의 감형 운동이 주효하여 군에 복귀되었으며(…)"라고 보도했다.(15)

강원용 목사는 당시 미국대사관 하비브Philip Habib 참사관으로부터 들었다는 말을 다음과 같이 전했다.

> (…) 박정희는 이데올로기로서의 공산주의자라기보다는 권력을 탐내는 한 사람의 정치가, 권력주의자다. 그래서 그에게 권력을 주는 대신 다른 것을 빼앗기로 했다. 그를 대통령으로 밀어주는 대신에 사람을 바꾸라고 했다. 그 아래에 있는 좌파 인사들을 다 조사해서 바꾸라고 했다. 그리고 박정희와 그 사람들 사이에 '벽(정일권과 이후락을 지칭한 듯)'을 만들어 차단했다. 그러니 박정희는 이제 아무것도 아니며 그저 한 권력자로 안주할 뿐이고, 따라서 미국은 그 사람 때문에 근심할 이유가 없다.(16)

하비브는 한국에 주재할 때나 미 국무성에서 근무할 때나 박정희에 대한 좋지 않은 감정을 끝내 버리지 않고 있었다.

한편 박정희가 군사쿠데타로 집권하자 일본의 이케다 하야토池田勇人 내각은 쿠데타로 집권한 정권을 승인하느냐 마느냐 하는 문제로 고민하게 되었다.

특히 박정희의 사상문제에 대해 확신을 갖고 있지 못했던 일본정부는 박정희와 관련된 일본 내 모든 인맥을 동원했다. 마침내 박정희의 만군과 일본 육사의 동창인 오이 가즈히사押井和久란 인물을 찾아 냈다. 그는 일본 방위청 중앙자료대 중국반장으로 근무하고 있었다.

오히라大平 관방장관에게 호출당한 오이 가즈히사는 "박정희가 빨갱이인지 아닌지 그 이야기만 해달라"는 재촉을 받았다. 오이 가즈히사는 "헤어진 지 이미 오래라 그 사람이 공산주의자인지 아닌지는 알 수 없습니다. 다만 동급생으로서 사상이 조금 다른 것 같았습니다. 지금 그 사람이 자신의 사상에 대해 무어라고 말하고 있습니까?" 하고 되물었다. 오히라가 "자신은 공산주의자가 아니라고 한다"고 했다.

오이가 "그럼 그 말이 맞을 것입니다. 박 군은 내일을 위해 오늘 말을 만드는 사람이 절대로 아닙니다. 그가 말하는 것 자체가 그의 전부입니다. 그건 내가 보장합니다. 그가 쿠데타를 했다면 신념이 있어서 했을 것입니다"라고 말했다.(17)

사실 미국은 박정희의 사상을 의심했을 뿐만 아니라 그의 대미 자세에 대해서도 우려했다. 당시 많은 식자와 마찬가지로 그 역시 미국의 원조 방식에 불만이었고 미국식 민주주의에 회의를 느꼈으며 '무엇인가 한국적인 것'을 찾아야 된다고 생각하고 있었다.

박정희 소장은 쿠데타 이후 출간한 저서에서 그의 신념의 일단을 다음과 같이 말했다.

> "우리나라 예산 가운데 미국 원조가 차지하는 비율은 52퍼센트나 된다. 다시 말하면 한국에 대한 미국의 발언권이 52퍼센트나 된다는 얘기다."
> "미국이 원조를 이왕 할 바에야 우리의 뜻에 맞도록 해달라."
> "우리에게는 민주적 권능보다 일관성있는 강력한 지도원리가 요청된다."
> "민주주의라는 빛 좋은 개살구는 기아와 절망에 시달리는 국민 대중에게는 너무 무의미한 것이며 혁명기간에 우리가 지향하는 민주주의는 서구적 민주주의가 아닌 우리의 사회적, 정치적 현실에 알맞는 민주주의다. 그것은 바로 행정적 민주주의라고 할 수 있다."(18)

박정희의 이러한 생각은 소박하나마 그가 품고 있던 민족주의적인 신념을 표현한 것이다. 그리고 미국은 이와 같은 쿠데타 주체의 민족주의적인 색채를 우려했다. 왜냐하면 민족주의는 미국이 추진하는 냉전정책과는 양립하기 어려운 성격을 내포하고 있기 때문이었다.

4 | 군사 정권과 미국의 원조

박정희는 미국의 지원 없이 혁명의 성공이 어렵다고 생각했다. 미국의 지원을 받으려면 자신의 사상적 의혹을 해소해야 했다. 따라서 군정이 제1차로 착수한 작업이 대대적인 용공분자의 색출이었다. 체포된 용공분자는 쿠데타 사흘만인 19일 현재 930명에 달했고 21일에는 그 수가 2,014명에 이르렀다. 그해 말까지 검거된 용공 주도자와 용공 동조세력은 모두 3,333명에 달해 군정은 행동으로 반공성을 과시했다.

그러나 당시 검거 대상자 목록에 포함된 '용공주의자 및 용공 동조세력'의 한계는 지극히 모호했다. 단체로는 민족자주통일연맹, 혁신당, 전국학생연맹, 남북통일추진회, 교원노조 등이 있었고 각 분야에서 전진적 비판 자세를 취했던 사람들의 상당수가 포함되었다.

검거된 용의자는 혁명 검찰부 혹은 군법회의에서 조사했으나 검거된 자 중 2,298명은 훈계 방면되었고 의법 조치된 용의자는 614명이었다.[19]

이로써 혁신세력은 가차 없이 철퇴를 맞고 완전히 몰락하고 말았다.

장면 총리의 행방이 알려지지 않은 데 대해 워싱턴의 미국정부는 매우 실망했다. 실망은 시간이 갈수록 절망으로 바뀌었고 17일에는 대세가 이미 기울어졌음을 직감했다. 5월 18일 오후 2시 장 총리가 창백한 얼굴로 중앙청으로 나와 민주당 각료들과 함께 내각 총사퇴를 결의하고 이를 발표했다. 이로써 4·19의 거센 물결 속에 학생들의 희생을 딛고 이루어진 민주당 정권은 비참한 모습으로 퇴진하고 말았다.

장면은 철저한 가톨릭 신자로서 인간적으로는 나무랄 데 없는 성실한 사람이었다. 한국 정치인의 고질병인 부정과 부패와는 거리가 먼, 드물게 보는 청렴한 정치인이었고 합리적인 사고의 소유자였다. 그러나 그의 이러한 품성은 사회혼란이 극에 달해 있는 정국을 타결해 나가기에 적합하지 못한 점이 있었다. 때문에 냉엄한 정치현실 속에서 그의 정치적 역량은 아무런 빛도 발휘하지 못한 채 물 속에 가라앉고 말았다.

1961년 5월 20일 케네디John F. Kennedy 대통령은 쿠데타 이틀 만에 설립된 국가재건최고회의에 한국과 미국 간의 우의와 협조를 재확인하는 메시지를 보냈고, 이로써 미국은 혁명 정부의 수립을 사실상 묵인했다.

그리고 1961년 7월 27일 미 국무장관 딘 러스크는 미국이 박정희 정권을 인정한다고 정식으로 시인했고 7월 19일 박정희가 민간 정부에 권력을 이양하겠다고 약속한 것에 대해 환영한다고 말했다.(20)

미국이 공식적으로 한국의 군사 정권을 승인한 배경에는 두 가지 이유가 있었다. 하나는 군사 정권이 적당한 시기에 정권을 민간인에게 이양한다는 뜻을 명백히 한 것이다. 그리고 또 하나는 북한이 소련과 7월 6일 군사조약을 체결하고 이어서 5일 후인 7월 11일에는 중공과 상호지원조약을 체결한 사실이었다.(21)

한미 양국의 현안문제는 군정의 기한이었다. 한국 측은 5년안을, 미국 측은 1년안을 주장했다. 박정희는 8월 9일 동해안의 화진포에서 6월 24일 새로 부임한 사무엘 버거Samuel Berger 대사를 비롯한 미국기관의 대표들을 초청하여 군정의 기한과 민정이양의 시기를 협의했다. 여기서 양측이 타협을 본 것이 군정 2년안이었다.(22)

그리고 박정희는 11월 14일부터 17일까지 4일간 케네디 대통령의 초청을 받고 미국을 방문했다. 박 의장과 케네디 대통령과의 두 차례 회담 후 발표된 성명은 미국이 군정의 반공정책과 민정이양 계획을 찬양하는 것이었다. 그러나 군정이 제시한 5개년 경제계획에 대한 미국의 지원에 대해서는 아무런 언급도 없었고 관심만 표명했을 뿐이었다. 당시 미국 측은 군정이 세운 경제계획은 공장건설의 재원 등은 고려하지 않고 의욕만 앞세운 실현불가능한 계획이라고 비판했다. 박정희는 케네디에게 지원을 요청했지만 미 국무성 산하 AID(Agency for International Development, 미국 국제개발처)의 해밀턴 처장은 "이들 공장을 모두 지으려면 약 20억 달러가 필요한데 한국같이 가난한 나라에 누가 투자하겠느냐?"며 회의적인 반응을 보였다.(23)

그리고 약속했던 군정 기한 2년이 다가오고 있었다. 버거 대사는 이미 정보망을 통해 김종필이 중앙정보부 내의 심복을 시켜 공화당의 사전조직을 진행하고 있다는 것과 이들이 앞으로 만들 공화당의 윤곽까지 파악하고 있었다. 버거 대사는 박정희에게 김종필이 만들고 있는 정당은 고도로 중앙집권화되어 있어서 집권하게 되면 '정부 속의 정부' 노릇을 할 것이라고 우려하면서 그와 같은 정당의 출현에 반대 의사를 표명했다.(24)

김종필 중앙정보부장은 1962년 12월 23일 최고위원들에게 그동안 사전조직한 정당의 내용을 설명했다. 최고위원들은 자신들을 소외시키고 정보부가 조직한 정당에 대해 우선 불만을 표시했다. 그리고 김종필이 주도권을 쥐고 있는 정당에 최고위원들을 들러리로 받아들이려 한다는 점에 불쾌감을 표시했다. 그리고 창당에 합류하자는 위원들과 공약대로 원대복귀해야 한다는 위원들로 갈라져 일대 파동이 일어났다.

박병권朴炳權 국방장관을 비롯한 3군 참모총장과 많은 장성급 최고위원은 박정희의 민정참여에 반대했다. 방첩부대장 김재춘과 내각수반 김현철에 이르기까지 김종필의 제거를 분명하게 주장하고 나섰다.

1963년 1월 7일 김종필이 중앙정보부장직을 사임하고 공화당 창당에 전념하려고 하자 새로 중앙정보부장이 된 김재춘은 세칭 4대 의혹 사건을 폭로하고 김종필 제거 공세를 폈다. 4대 의혹 사건이란 증권파동 사건, 워커힐 사건(중앙정보부가 주한미군의 휴양지를 마련하여 외화획득 목적을 빙자로 정부자금으로 종합위락시설인 워커힐을 마련하면서 그중 상당한 액수를 횡령한 사건), 새나라 자동차 사건(중앙정보부가 일본에서 승용차를 불법 반입한 뒤 이를 시가의 2배 이상으로 국내 시장에 판매하여 거액의 폭리를 취한 사건), 회전당구기 사건(법적으로 금지된 도박 기계인 회전당구기 100대를 재일교포의 재산 반입으로 세관을 속여 국내 수입을 허용하고 서울시내 33곳에 당구장 개설을 승인하려 한 사건)을 말한다. 이 중 증권파동 사건이 가장 규모가 큰 사건으로 1962년 2월과 5월 사이에 증권시장을 조작해 20억 원의 부당이득을 올려 정당의 창당자금으로 사용했다는 것이다.

2월 17일 박병권 국방장관을 비롯한 3군 참모총장과 해병대사령관, 중앙정보부장 김재춘 등이 박정희에게 다가오는 선거에 대통령 출마를 포기하라는 최후통첩을 보냈다. 또한 김종필에게 민주공화당 창당 작업에서 손을 떼고 즉시 한국을 떠나라고 협박했다.

자신의 정치기반인 군의 최후통첩을 받은 박정희는 그들의 기세에 눌려 결국 2월 18일 민정에 불참한다는 선언을 했다. 김종필도 20일 모든 공직에서 물러난다고 발표했다. 그리고 25일 김종필은 오후 3시 반 출발하는 NWA 항공편으로 순회대사라는 직함을 들고 '자의 반 타의 반'으로 외유의 길에 올랐다.

공화당은 그 다음날 창당대회를 열고 당총재에 정구영鄭求瑛, 당의장에 김정열金貞烈을 각기 선출했다.

2·18선언이 있은 지 불과 한 달도 안 된 3월 11일 중앙정보부는 김동하, 박임항, 박창암, 이규광, 김윤근 등을 반혁명 음모로 체포했다. 군사 정부는 이미 1961년 7월 9일 장도영 반혁명 사건을 통해 이회영, 박치옥, 문재준 등 5기생을 포함한 서북파(평안도 출신)를 퇴진시켰다. 그리고 이번에 동북파(함경도 출신)가 거세되어 영남지역 출신들이 군 수뇌진으로 충원되게 되었다. 영남 출신인 김계원金桂元, 서종철徐鍾喆, 노재현盧載鉉, 정승화鄭昇和 등을

군 지휘부에 배치, 중용했다.

그리고 군을 다시 장악하게 된 박정희는 3월 16일 민정불참선언을 뒤집고 군정을 4년간 연장한다는 성명을 냈다. 그리고 4년간 군정을 연장하는 데 대해 국민의 의사를 묻는 국민투표를 실시하겠다고 발표했다.

박정희 지지자로 새로 짜여진 군부는 22일 국방부에서 김성은金聖恩 국방장관의 주도로 전 군의 사단장급 이상의 장성들이 참석한 가운데 국군 비상지휘관회의를 소집하고 박정희의 3·16성명을 절대 지지한다는 결의를 한 다음 청와대를 방문, 박정희에게 이 뜻을 전했다. 이 과정에서 3군 지휘관들은 수십 대의 별판을 단 지프에 헤드라이트를 켜고 서울거리를 시위행진했다. 군 장성들이 보이는 서울시민에 대한 위협시위였다.

미국은 즉각 박정희가 군정 4년을 연장한다는 3·16성명을 철회하지 않으면 모든 경제원조를 중단하겠다고 위협했다. 멜로이 유엔군사령관은 한국군 수뇌들과 만나 만약 군정 연장을 철회하지 않으면 수도방위사령부에 무기와 탄약을 공급하지 않겠다고 말했다. 4월에 들어서 미국의 압력은 더욱 강화되었다. 2,500만 달러의 추가 원조는 사실상 거부되었고 대한 군원 및 경제원조도 중단될지 모른다는 위협이 공공연히 나돌았다.

춘궁기의 위기를 해소하기 위해 그해 들어 군정이 요구한 2,500만 달러의 추가원조는 이미 미국의 승인을 얻어 3·16까지는 구매승인서가 발급될 단계에 있었으나 군정 연장 성명이 나오자 추가원조 사업은 중단상태에 빠져 버렸다. 3·16 직전 한미 경제회담에서 "추가원조문제는 낙관할 수 있다"고 장담하던 유창순 경제기획원장은 3·16 후 얼마 안 되어 도저히 자신이 없다면서 사표를 내고 말았다.

케네디 대통령이 4월 3일 기자회견을 통해 "한국에 민주정치가 활짝 펴기를 기대한다"는 말을 한지 닷새 후 박정희는 군정 연장안을 철회했다. 이른바 4·8성명이었다. 박정희는 민정이양을 예정대로 하되 자신도 옷을 벗고 대통령에 출마해 민정에 참여하기로 했다.

군정 연장 철회의 대가로 미국은 그동안 보류해 오던 추가원조의 승인을 5월 30일 통고해 왔다. 지원원조 추가분으로 1,500만 달러, 잉여농산물 1,900만 달러였다. 그러나 이 승인액은 군정이 당초에 요구했던 2,500만 달러와 잉여농산물 4,780만 달러와 비교할 때 그 절반에도 못 미치는 대폭 삭감된 것이었다.(25)

미국 측은 식량원조와 각종 차관을 지렛대로 삼아 그동안 여러 차례에 걸쳐 박정희와의 정치적 흥정에서 성공을 거두었다. 1962년에는 가뭄으로 흉년이 들고 1963년에는 남부에 홍수가 내려 보리 농사가 평년보다 3할 감소라는 대흉작이었기 때문에 이대로 선거를 치르면 적지 않게 불리할 것이 뻔한 일이었다.

박정희는 잉여농산물의 추가 제공을 몇 차례 미국에 요구했으나 번번이 거절당했다. 버거 대사는 급진적 민족주의자로 알려진 김종필이 만든 정당인 공화당에 대해 심한 거부감을 느꼈다. 그리고 4대 의혹의 스캔들에 휩싸인 공화당을 차제에 해체하고 새로운 정당을 만들기를 바랐다.

박정희 의장은 미국 측의 권고에 따라 김종필의 후임으로 임명된 김재춘金在春 정보부장에게 지시하여 최고위원인 유양수, 유병현, 박태준과 박정희 측근인 엄민영嚴敏永 등을 참여시킨 범국민당(후에 자유민주당으로 개칭)을 창당하도록 했다.

그러나 공화당은 2월 26일 창당대회에서 정구영鄭求瑛을 총재로 추대하고 그의 강력한 지도하에 친김종필계 혁명세력과 사무국 요원들이 강한 응집력으로 뭉쳐 난관을 돌파했다. 결국 박 의장은 새로 만든 범국민당보다 공화당을 선택하여 8월 31일 공화당 전당대회에서 대통령 후보로 지명되고 그는 이를 수락했다.

공화당이 내건 당의 이념은 근대화, 민족주체성 확립, 새로운 지도세력 규합, 한국풍토에 알맞은 자유 민주주의 등이었다. 1968년 발간한 당원 훈련교재는 "당의 기본이념은 민족적 민주주의이며 이는 민주주의와 민족주의의 복합체다"라고 강조했다. 그리고 공화당은 '자주세력'이며 '개혁주체'라고 주장했다.

1963년 10월 15일에 대통령선거, 11월 26일에 국회의원선거를 실시했다.

이 선거는 '진보적 여당 대 보수적 야당'이라는 초유의 구도로 치러졌다. 당시 학생 및 지식층은 군부에 대해 원초적 거부감을 지니고 있으면서도 그들이 내세우는 반미적이고 민족주의적인 언동에 대해서는 동감을 표하는 혼란을 노정하고 있었다. 물론 박정희식 민족적 민주주의가 허구라고 비판하는 지식인들도 많았지만 '구정치인'들의 대미 사대주의 일변도의 정치행태와 대비되는 군부의 자주성에 동감을 표하는 사람들도 적지 않았다. 실제로 군 사쿠데타 이후 학생운동 내에서는 군부의 진보성을 인정하면서 그들과 타협하려는 움직임이 끊임없이 일어났다. 학생들이 다시 군부와 맞서게 되는 것은 1964년 3월 한일회담 반대시위가 시작되면서부터였다.[26]

10월 15일 대통령선거 결과는 84.99퍼센트라는 높은 투표율을 보인 가운데 박정희 후보가 469만 2,644표를 얻어 보수 정치인 윤보선 후보를 15만 6,000여 표 차이로 따돌리고 승리하여 제5대 대통령에 당선되었다. 그 후 11월 26일에 실시된 국회의원선거에서도 공화당이 총의석 175석 중 110석을 얻는 압승을 거둬 집권당으로 등장했다. 이렇게 해서 제3공화국이 탄생했다.

5 | 태화강변에 펼쳐진 공업단지의 꿈

1961년 12월의 어느 날 박정희는 미국의 한국 원조기관인 유솜USOM(U.S. Operation Mission)처장 킬렌을 울산지방 여행에 동행하도록 초청했다. 일행은 김용태金龍泰 중앙정보부장 고문 등 군정요인 몇 사람과 이병철李秉喆 등이었다.

이들은 울산에 내리자 지금의 공업단지가 있는 태화강변으로 향했다. 마침 눈이 내려 눈에 뒤덮인 황량한 벌판에 군데군데 말뚝이 세워져 있었다.

박정희는 먼저 킬렌에게 "우리는 여기에 종합제철공장, 비료공장, 정유공장 등 기간 산업체를 건설할 작정이요. 미국은 우리를 도와주시오" 하고 말했다. 그리고 박 의장은 이병철을 향해 "이제부터 돈을 번 여러분이 조국을 위해 할 일이 있소. 정부가 추진하는 조국의 근대화 작업에 여러분이 적극 협력해 주어야겠소."(27)

박 의장을 비롯한 군정 당국자들은 벅찬 꿈에 부푼 듯 결의에 찬 표정이었고 킬렌의 얼굴은 이와는 대조적으로 무언가 못마땅한 듯한 그늘로 덮여 있었다. 이병철은 그저 묵묵히 표정이 없었다.

군사 정부가 첫 경제개발 사업으로 착수한 것은 울산공업단지 조성이었다. 공업단지 조성의 아이디어를 낸 사람은 경제인들이었다. 김용태는 다음과 같이 회고했다.

경제인 중에 머리가 아주 샤프한 사람이 많았습니다. 대표적인 사람이 남궁련 씨였어요. 당시 극동정유를 하고 있었는데 이병철 씨와 차이가 없는 기업인이었어요. 이병철 씨도 반짝거리는 아이디어를 많이 내놓았고 정부 쪽에서는 상공부의 김정렴 차관, 부흥부의 안경모 차관이 적극적으로 도와주었습니다.(28)

군정에서는 1962년 3월 16일 울산공업단지 기공식을 개최했다. 14일 기공식 축하 파티를 경주 불국사호텔에서 열었다. 이 자리에서 킬렌 처장이 "한국은 생필품도 없어서 미국에서 갖다 쓰고 돈이 없어 원조를 받는 주제에 무슨 공업단지냐? 시기상조다"라고 거침없이 반대 의사를 밝혔다.

이어 한·미 간에 격론이 벌어졌고 킬렌 처장과 김용태 고문 사이에 설전이 오갔다.

킬렌: 군사 정부가 생각하고 있는 5개년 계획은 너무 허황된 것이오. 의욕만 가지고 경제계획이 달성되는 것은 아니오.
김용태: 우리는 가난 속에서 허덕이는 국민을 보다 못해 목숨을 걸고 혁명을 한 사람들이오. 당신네들이 진심으로 우리를 도와준다면 5개년 계획은 성공할 수 있을 것이오.
킬렌: 종합제철, 정유공장, 이런 것들이 지금 무엇 때문에 한국에 필요하단 말이오. 공장건설의 단가와 제품 수입의 경우를 비교할 때 지금 한국의 처지로서는 당분간 수입해서 쓰는 것이 훨씬 유리할 것이오.
김용태: 당신네들의 그런 사고방식이 막대한 원조에도 불구하고 한국경제를 오늘날 이 꼴로 만들어 놓은 것이오. 우리는 당신네들의 구미에 맞는 경제보다는 먼 훗날까지도 우리가 잘 살 수 있는 굳건한 경제 터전을 이룩할 생각이오.

두 사람의 설전은 더욱 열을 띠어 갔다. 김용태도 흥분했고 킬렌도 참을

성의 한계를 넘어서고 있었다. 처음에는 경제계획의 방법론으로 출발한 의견 대립이 마지막에는 노골적인 감정 대립으로 욕설이 오갈 정도가 되었다. 마침내 성질이 급한 김용태가 킬렌의 멱살을 덥석 움켜쥐었고 킬렌도 벌떡 일어서면서 그의 손목을 휘어잡았다. 전례 없는 난투극이 벌어지려는 참이었다. 보다 못한 박 의장이 두 사람을 갈라놓았다.(29)

이러한 과정을 겪으면서 시작된 울산 정유공장 건설사업은 LA에 있는 플라워사가 맡기로 했다. 김용태는 미국 기업하고 안 하면 모든 계획이 어긋나기 쉽다고 판단해 미국 기업과의 제휴에 비중을 두었고 그 다음으로는 일본 기업들의 도움을 받았다고 회고했다.

그러나 1962년 말 소요 외자의 조달난으로 공사중단상태에 빠졌던 울산 정유공장 건설계획은 1963년 들어 미국의 걸프GULF 측의 주식투자 허용(전체의 25퍼센트) 및 2,000만 달러의 장기차관을 통해 재개되었다. 이 사업은 우리 정부의 외자도입정책의 전환을 가져오는 일대 계기가 되었다.(30)

6 | 경제개발 5개년 계획

이승만에게 경제개발계획이 필요하다고 인식시켜 준 사람이 레디였다. 1958년에 처음으로 부흥부에 산업개발위원회를 만들었다. 그리고 거기서 초안을 만들었다. 초안의 데이터는 대부분 미국에서 만든 것이다. 제1차 경제개발계획을 추진한 사람들은 이기홍李起鴻, 이한빈李漢彬 등 미국 유학 출신들이었다.

그때는 3개년 계획이었다.

그 후 4·19가 나서 민주당 정부가 수립되고 그동안 자유당 정부가 만들어놓은 경제개발 3개년 계획을 보다 의욕적으로 보완하여 5개년 계획으로 늘이고 연평균 성장률을 7퍼센트로 다시 수립했다.

그때만 해도 우리나라 산업구조가 농촌 76대 도시 24였다. 따라서 그때의 우리 실정으로는 외자도입이나 외자유치 없이 순수한 우리 돈으로 연평균 성장률 5퍼센트를 달성할 수 있는 상황이 아니었다.(31)

장면 총리는 정권 출범과 더불어 국정지표를 '경제제일주의'로 선언했다. 4·19 당시 우리 경제현실은 국민 전체의 15~20퍼센트, 실질적으로는 30퍼센트가 실업자였다. 사회를 안정시키는 길은 경제발전밖에 없다는 절박한 상황에서 '경제 제일주의'가 자연스럽게 떠올랐고 이것을 장면 내각이 정치적 목표로 집약한 것이다.

경제개발계획이 본격 시동되기 전까지 다급한 과제는 넘쳐나는 실업자들에 대한 구제대책이었다. 이것을 위해 1961년 3월부터 국토건설사업이 추진되었다. 장면 정권이 추진한 국토건설사업은 실업자 구제가 목적이었고 이를 위해 대졸자 2,000여 명을 처음으로 공개 선발했다. 장면 내각은 이들을 3개월 동안 국토건설 현장에 투입해 훈련 겸 연수를 마친 후 정식 공무원으로 배치할 계획이었다. 5·16 이후 이 사업은 그대로 승계되어 이들이 훗날 직업 공무원으로 성장하여 박정희 정권에서 국가 근대화를 추진하는 엔진 역할을 한 것을 아는 국민은 드물다.(32)

이들이 재무부, 경제기획원, 상공부, 국세청 등 경제부처를 비롯해 각 행정부처에 배치되어 정부의 핵심관료로 성장했고 제1선에서 경제발전의 견인차 역할을 했다.

박정희는 정권을 장악한 후 경제개발에 착수하면서 많은 경제학자에게 자문을 구했다. 그는 초기에 이런 말도 했다.

> 내가 무식하지 않소? 그래서 유명하다는 우리나라 경제학자들에게 물어봤소. 그랬더니 그들은 우리나라는 기본적으로 농업국가라는 것이오. 자원도 기술도 없는……. 그러면서 우리의 가난은 하느님이 준 운명이니 그냥 숙명으로 받아들이라는 거였소. 정말 우리는 가망이 없는 것이오?(33)

최고회의에서는 1961년 7월 22일 경제계획을 일원적으로 관장하기 위해 경제기획원을 설립하기로 했다. 경제기획원은 민주당안에 기반한 최고회의안을 토대로 세부계획을 세웠다. 1962년 1월 13일에 시작되는 제1차 5개년 계획은 1961년 12월 말에 완성했고 1962년 1월 5일에 이 계획을 발표했다.

확정된 안에 의하면 경제성장률의 목표치는 7.1퍼센트였다. 각 연도별로 살펴보면 1962년 5.7퍼센트, 1963년 6.4퍼센트, 1964년 7.3퍼센트, 1965년 7.8퍼센트, 1966년 8.3퍼센트로, 이 안은 매년 목표치를 계속 상승시킨다는 야심적인 계획이었다.(34)

그런데 미국은 이 경제계획의 성장률이 과대 설정되어 현실성이 없다고 말했고 7.1퍼센트라는 수치에 대해 반대했으며 이를 달성하기 위한 외자를 비롯한 자금동원 능력에 회의적인 시선을 보냈다. 그리고 급작스러운 변혁이 아닌 장기적인 계획에 의거해 서서히 성장하는 것이 경제안정에 도움이 된다고 강조했다.

미국의 냉담한 반응에도 불구하고 정유, 철강, 화학공업 등 기초공업과 비료, 시멘트, 화학섬유 등의 공장을 일거에 건설할 사업계획(220개)을 작성하고 외자도입을 무리하게 추진하려는 한국정부로부터 미국은 과거와는 다른 차원의 도전을 받은 셈이었다.

박정희는 1961년 여름 경제개발을 위한 재원마련을 위해 유원식 최고위원의 발의로 통화개혁을 추진했다. 화폐개혁 때 노출되는 음성자금을 장기저축 형식으로 붙들어 둔 뒤 이를 투자재원으로 동원하는 것이 바로 목적이었다. 그러나 박정희는 국내기업과 미국의 압력에 못 이겨 동결자금을 풀고 산업개발공사도 유야무야시켰다. 결국 화폐단위만 10분의 1로 절하했을 뿐 별로 효과를 거두지 못했다.

통화개혁의 실패로 자력갱생파 유원식, 박희범 등의 급진파는 밀려나고 대외개방적 공업화를 추구하는 이병철, 박충훈, 김정렴 등 실용주의자들이 힘을 얻기 시작했다.[35]

이때부터 대외개방의 방향으로 선회한 한국경제는 결국 수출 드라이브 본격 추진을 위한 기초를 마련하게 되었다. 통화개혁 이후로는 민족자본에 의한 기간산업 건설과 수입대체 산업화 같은 발상은 힘을 잃게 되었고 외자도입, 보세가공무역, 수출입국과 같은 대외개방적인 노선이 대세를 이루었다.

그런데 경제개발은 계획대로만 진행되지 않았다. 1962년의 경제성장 목표치는 5.7퍼센트였으나 실제 달성률은 2.8퍼센트에 불과했다. 1962, 1963년에 계속된 흉작으로 식량사정이 악화되어 곡가파동을 겪어야 했고 초기의 의

욕적인 투자확대로 말미암아 정부 보유 외환이 고갈되는 사태에 이름으로써 1964년에는 이른바 외환파동을 겪게 되었다. 이는 미국의 대한 원조를 중심으로 하는 외자도입이 계획대로 이루어지지 않은 데 원인이 있었다. 특히 1963년 사업을 한창 추진할 때 자금이 고갈되었는데 9월 말의 달러보유고는 고작 9,300만 달러에 불과했다.(36)

7 | 외자가 있어야 하는데

경제개발 5개년 계획을 시작하던 1962년에 우리나라의 1인당 국민소득은 82달러였다. 82달러를 가지고 한 사람이 1년을 살았으니까 1달러로 나흘 반을 먹고 입고 자면서 당장의 생활을 해결하고 또 내일을 위해 공부까지 하며 살았다는 이야기다. 그러니 세 끼 밥을 먹고 사는 사람은 부자라는 소리를 들었다는 말이 과장이 아니었다. 이 굶주림에서 벗어나 세 끼 먹고 사는 데 걱정 없는 세상을 만들겠다는 것이 박정희의 의지였다.

그런데 경제개발 5개년 계획을 추진하는 데 있어 외자도입이 절대적으로 필요했다. 그 당시 일본과는 아직 국교가 정상화되지 않았고 영국, 프랑스, 서독을 비롯한 유럽으로부터의 차관획득은 엄두도 못 내고 있었다. 오직 미국에만 의존할 수밖에 없었다. 그러나 한국은 미국의 무상원조를 계속 받고 있는 가난한 나라로 국제신인도가 낮았을 뿐만 아니라 한국의 기업은 국제금융시장에서 전혀 알려져 있지 않아 외자도입이 거의 무망한 상태였다.(37)

1963년부터 1977년까지 8,000여 명의 광부와 1만여 명의 간호사가 독일로 파송되었다. 수십 대 1의 경쟁을 뚫고 선발된 광부들 가운데는 상당수의 대학졸업자가 포함되어 있었다.

정광모 한국일보 기자는 "당시 독일에 간 광부들 가운데 진짜 광부 출신은 소수였고 공과대학 등 대학을 나온 사람들이 대부분이었다"면서 "첫 번째로 나가는 사람들이 잘해야 앞으로도 계속 광부들을 내보낼 수 있다고 해서 '배운 사람들'을 모집했고 이력서를 위조하여 광부라고 내보냈다"고 말했다.

루르 지방으로 파견된 광부들은 지하 1,000미터 막장에서 온도가 40도로 치솟는 악조건 속에서 중노동을 했다. 월급은 600마르크(160달러)였다. 월 440마르크(110달러)를 받는 간호사들은 50~60마르크로 최소한의 생활을 하면서 나머지는 동생들 학비로, 집안의 생활비로 한국으로 부쳤다. "내 봉급으로 공부해 성공한 동생들이 이제는 제가 잘나서 성공했다고만 한다"고 서운함을 금치 못하는 한 간호사의 얼굴은 이제 할머니의 모습이었다.

1962년 10월 한국이 서독으로부터 최초로 들여온 1억 5,000만 마르크의 차관은 바로 이들 광부와 간호사의 급여를 담보로 미리 들여온 것이었다. 이렇게 시작된 독일 정부 차관은 한국에 대한 공공차관이 중단된 1982년까지 총 5억 9,000만 마르크에 이르렀다.

독일에 돈을 벌러 간 광부들과 간호사들의 희생도 적지 않았다. 이곳에서 발간한 《파독 광부 30년사》에 따르면 1963년에서 1979년까지 광부 65명, 간호사 44명, 기능공 8명이 사망했다. 그 중에는 작업 중 사망한 광부가 27명, 자살한 광부가 4명, 자살한 간호사가 19명이었다.

1964년 12월 10일 박정희 대통령 내외는 서독의 수도 본에서 자동차로 한 시간 남짓 떨어진 함보른 광산으로 출발했다. 박 대통령과 뤼브케Heinrich Lubke 대통령이 한 차에 타고 육영수 여사는 뤼브케 대통령 부인과 바로 뒤차에 탔다.

박 대통령 내외가 방문한다는 소식에 광부들은 양복 정장, 간호사들은 색동저고리를 입고 입구 좌우에 줄을 서서 박 대통령 내외를 기다리고 있었다.

박 대통령보다 10미터쯤 뒤떨어져서 걷던 육영수 여사는 간호사들에게 일일이 말을 건넸다.

"가족들에게서는 연락이 잘 옵니까?"

"일은 고달프지 않습니까?"

육 여사가 세 번째 간호사와 악수를 하면서 "고향이······"라고 말을 건넸

1964년 12월 독일의 함보른 탄광을 방문한 박정희 대통령이 그곳에서 일하는 한국인 광부, 간호사들을 위로하는 연설을 하고 있다. 작은 사진은 광부, 간호사들이 박 대통령 연설을 듣고 눈물을 연신 닦아내는 모습(백영훈 박사 제공)

다. 아마 고향이 어디냐고 물으려고 했던 것으로 보인다. 말이 나오는 순간, 그 간호사는 울음을 터뜨렸다. 그것이 신호가 돼서 간호사, 광부 할 것 없이 울기 시작했다. 음악을 연주하던 광산 악대도 꺽꺽거리며 울었다.

  간호사들에게 둘러싸인 육 여사는 몸을 가누지 못한 채 주저앉으려 했다. 박 대통령을 따라 강당 안으로 들어갔던 기자들은 이 광경을 취재하려고 밖으로 나왔다. 사진을 찍던 사진기자들은 카메라를 내려놓고 함께 울었다. 취재기자들도 주저앉아 통곡했다. 독일인 광산회사 사장도 눈물을 훔쳤다.

  그렇게 10분 이상 시간이 흐르고 나서야 박 대통령 내외는 단상에 올랐다. 박 대통령은 원고를 덮어 버렸다.

  광원 여러분! 간호원 여러분! 모국의 가족이나 고향 땅 생각에 괴로움이 많을 줄로 생각되지만 개개인이 무엇 때문에 이 먼 이국에 찾아왔던가를 명심하여 조국의 명예를 걸고 열심히 일합시다. 비록 우리 생전에는 이룩하지 못하더라도 후손을 위해 남들과 같은 번영의 터전만이라도 닦아 놓읍시다.

흐느낌 소리가 커지기 시작했다. 박 대통령은 말을 제대로 잇지 못하다가 결국 울고 말았다. 강당 안은 눈물바다가 되었다.(38)

8 | 대일청구권 자금 8억 달러

　케네디 행정부하에서 한국에 대한 미국의 원조는 1963년 2억 1,640만 달러에서 1964년 1억 4,930만 달러로 엄청나게 감소했다. 이는 1955년 이후 가장 큰 감소폭이었다. 따라서 박정희는 한국의 제1차 경제 5개년 계획을 추진하는 데 필요한 경제적 원조처가 있어야만 한다고 생각했다.

　박정희는 일본과 국교를 정상화하여 일본의 청구권자금을 얻어내려고 했으나 일본은 한·일 간 불행했던 과거를 청산하는 문제에 대해 별로 관심이 없었다. 다만 미국의 권유와 이승만 라인이란 평화선 문제를 해결해야 했기 때문에 1951년 10월 이후 이승만 정권과 세 번 대좌했다. 그러나 양측의 무성의로 아무런 성과도 없이 시간만 흘렀다.(39)

　장면 정권의 수명이 조금만 더 길었더라면 한일교섭은 민주당의 손으로 타결되었을 것이며 그 시기는 아마도 1961년 여름쯤이 되었을 것이다. 5·16 쿠데타로 인해 한일국교정상화는 5년가량 늦어진 셈이었다.

　박정희 대통령도 한일교섭을 처음부터 흔쾌히 시작했던 것은 아니다. 박 대통령이 서독을 방문했을 때 에르하르트 수상은 "일본과 손을 잡아야 한다. 공산주의를 막기 위해 중요한 일이다"라는 말을 했다. 박 대통령의 표정이 싹 달라진 것을 본 에르하르트Ludwig Erhard 수상은 "독일은 프랑스와 32번 싸웠다. 독일은 한 번도 싸움에서 진 일이 없다. 그러나 전쟁에선 모두 패했다. 독일인은 지금도 한이 맺혀 있다. 그러나 제2차 세계대전이 끝나자 서독의 아데나워Konrad Adenauer 수상은 프랑스 드골Charles de Gaulle 대통령을 찾아가 악수했다. 한국도 그렇게 했으면 좋겠다"고 말했다. 박 대통령은 화난 사람처럼 "우리는 일본과 싸운 일이 없다. 매일 맞기만 했다. 얼마 전까지만 해도 일본이 한국을 36년 동안 지배했다"고 반박했다. 그러자 에르하르트 수상은 "지도자는 미래를 봐야 한다"고 강조했다.[40]

1964년 3월 24일 서울대 문리대 교정에서 열린 '제국주의자 및 민족반역자의 화형 집행식'에서 시작된 대일 굴욕외교 반대 학생 데모는 연대, 고대 등 서울시내 각 대학과 일부 고등학교 및 지방대학에 번져 28일까지 5일 동안 이 데모에 약 13만 명이 참가했다.

6월 3일 학생데모가 절정에 이르러 서울시내 곳곳에서 유혈 충돌이 벌어지고 경찰서가 파괴되는 소용돌이 속에서 국가 안보회의, 긴급각의, 정부여당 연석회의가 잇달아 열렸다.

이에 박정희는 계엄령을 선포하기로 결정하고 버거 대사와 하우즈 유엔사령관을 불러 동의를 구했다. 이들은 이에 즉각 동의하면서도 몇 가지 단서를 달았다. 국회 문을 닫지 않고 정부 측의 잘못도 시정한다는 내용의 단서였다. 후자는 김종필의 퇴진을 지칭하는 것이었다. 결국 계엄령을 통해 소요사태는 진정되지만 김종필은 또 한 번 희생양이 되어 두 번째 외유에 오르게 되었다.

당시 미국으로서는 한·일 간의 관계를 하루빨리 정상화시켜야 할 필요가 있었다. 중국이 공산화된 후 미국의 동아시아정책 기조는 일본을 중심으로 하는 지역통합전략이었다.[41]

계엄령 선포로 한일교섭은 잠시 중단되었다. 계엄령은 7월 19일 55일 만에 해제되었지만 한국의 국내 정세를 관망하겠다는 일본의 태도로 말미암아 한일 교섭은 11월 말까지 반년 동안이나 사실상 중단되었다.

당시 중앙정보부 5국장으로 재직 중이던 최영택崔英澤이 한일교섭에서 한국 측 대표를 뒤에서 지원하기 위해 주일본 대사관 참사관으로 부임했다. 그는 한일교섭의 이면에 있었던 과정을 다음과 같이 말했다.

1962년 2월 한국의 최덕신 외무장관은 도쿄에서 열린 일본 측과의 회담에서 청구권 자금으로 8억 달러를 요구했다. 고사카小坂善太郎 일본 외상은 7,500만 달러를 내놓았다. 최 장관은 이 말을 듣고 "이러한 대답을 들으려고 이곳까지 온 것인가"라고 분노하며 귀국해 버렸다.

그 후 일본 외무성 이세키伊關佑二郎 아시아국장을 외무성 식당에서 만났을 때 그는 다음과 같이 말했다.

"사실은 5·16혁명이 일어나기 전 장면 내각시대에 한일회담은 상당히 진전을 보아 양국은 1억 5,000만 달러로 청구권 문제를 타결할 수 있었는데 5·16혁명으로 회담이 중단되었다. 그래서 고사카 외상은 1억 5,000만 달러를 타결 목표로 삼고 회담을 진행하려고 했다. 그런데 한국 측이 8억 달러를 요구했다. (최 장관이) 순간적으로 참지 못하고 자리를 뜬 것은 이해가 된다. 일본 측은 1억 5,000만 달러를 고집할 생각은 없다"고 말했다.(42)

그 후 교착상태에 빠져 있던 한일회담이 크게 움직이기 시작했다. 김종필 전 중앙정보부장이 일본을 방문하여, 외상 오히라大平正芳와의 회담에서 최대의 현안이었던 대한 청구권을 무상원조 3억 달러와 유상원조 2억 달러, 상업차관 3억 달러로 하는 데 합의했기 때문이었다.

이 청구권자금 중 일부는 미쓰비시三菱상사를 통해 포항제철 건설에도 사용되었다. 청구권자금 중 7,370만 달러와 수출입은행 차관 5,000만 달러를 합쳐 1억 2,300만 달러의 일본자금으로 연산 103만 톤의 종합제철공장 건설계획이 1969년 8월 한일각료회의에서 합의된 것이다.

그리고 청구권자금은 민간부문에서 삼성, 쌍용, 선경, 한국화약, 한일합섬, 삼양사 등 대기업들에 집중적으로 배분되었다.

1965년 한일국교정상화가 타결된 후 한일교섭을 매듭지은 김종필은 정권 핵심에서 소외되고 청구권 배분 및 집행과정에서 마련된 정치자금은 공화당 재정위원장 김성곤, 대통령 비서실장 이후락, 중앙정보부장 김형욱 등 3인이 장악했다.

청구권 프로젝트는 이 세 사람의 실력자 중 누군가를 통하지 않으면 일이 진행될 수 없었다. 일본 기업들은 이들에게 로비를 하여 커미션을 지불해야 수주를 할 수 있었다.

한 예를 들어 보면 다음과 같다.

일본 유수의 종합상사 이토추伊藤忠 서울 지사장 고바야시小林勇一의 경험담이다.

고바야시가 서울에 부임한지 4년 후인 1967년경 청구권자금 5억 달러에 의한 공공사업의 쟁탈전은 치열하기 짝이 없었다. 고바야시는 서울의 동쪽 약 200킬로미터에 계획된 영동 화력발전소 건설사업의 수주를 위해 계약 직전까지 진행해 나갔다. 공비가 2,600만 달러에 달하는 대프로젝트였다.

"나는 공화당 재정위원장 김성곤에게 4퍼센트의 커미션을 주면 되는 줄 알았다. 그런데 김형욱 정보부장이 '나에게도 3퍼센트를 내놓으라' 고 협박했다. 할 수 없이 메이커인 히다치日立제작소에 얘기하여 증가분을 양사에서 부담키로 했다." 당시 공사비의 7퍼센트는 182만 달러, 일본 엔으로 6억 5천만 엔이었다.

"결국 김성곤에 주는 4퍼센트는 샌프란시스코의 은행 '뱅크 오브 아메리카'의 그의 비밀구좌에 불입되었다. 그리고 김형욱에 주는 분은 이토추 홍콩지점에서 현금으로 준비되어 김형욱의 부하 정보부차장이 수령해 갔다."[43]

9 | 월남파병과 경제적 이득

1963년 여름 브라운Winthrop Brown 대사는 청와대로 박 대통령을 방문하여 한국 의료단의 파월派越을 정식으로 요청했다. 당시 군사 정부는 민정 이행 선거를 앞두고 심한 정치적 격동을 치르고 있었다. 주체세력 내부의 권력 다툼과 군 내부의 쿠데타 음모, 잇단 의혹 사건, 재야세력으로부터의 공격, 한일교섭에 따른 학생 데모, 여기다가 홍수와 한발 등이 겹쳐 정부는 그 근거가 흔들릴 지경이었다. 정부가 베트남 파병을 하나의 정치적 돌파구로 생각할 가능성은 컸다. (44)

미국은 베트남에 대한 직접개입의 명분을 높이기 위해 1964년 4월부터 우방들의 협조와 참전을 요청하는 소위 '다국적 동맹 캠페인'을 벌이기 시작했다. 존슨Lyndon Johnson 대통령은 개별적으로 20여 개 우방 원수들에게 친서를 보내 월베트남전 공동참여를 촉구했으나 대부분의 나라가 반대 내지는 소극적이었고 한국만이 유일하게 대규모 전투부대의 파견이라는 적극적인 태도를 보였다. 존슨에게 있어 박 대통령은 베트남전에 관한 한 구세주와 같은 존재였다.

1965년 5월 16일 이루어진 박 대통령의 미국 방문은 그로서는 세 번째 방문이었다. 박 대통령은 아시아 지역 국가원수로서는 전례 없는 환영과 예우를 받았다. 워싱턴에서는 대대적인 환영식이 베풀어져 존슨 대통령과 나란히 오픈카를 타고 2마일에 걸친 퍼레이드를 벌였다.

존슨은 박 대통령이 "한국의 대통령일 뿐만 아니라 아시아의 위대한 지도자"라고 극구 추켜세웠다. 박 대통령 자신도 "내 생전 이러한 환대는 처음 받아본다"며 즐거워했다.

박 대통령의 방미 이후 1965년 8월 13일 전투사단의 파병동의안(제3차 파병안)이 국회에 제출된 지 꼭 한 달 만에 본회의에서 통과되었다. 이러한 파병 결정이 정치적으로 순조롭게 진행된 것은 아니었다. 정구영, 서인석, 박종태 의원 등 3명이 반대 또는 기권으로 반대의사를 표명했다.

정부는 그 후 1966년까지 총 2만 3,865명의 한국군을 파병했다. 1969~1972년 사이에는 최대 4만 7,872명의 한국군이 베트남에 상시 주둔했고 한국군이 베트남에서 철군할 때까지 연인원 30만 명 이상의 한국군이 파병되었다. 그 결과 5,083명의 사망자와 1만 972명의 전상자를 냈으며 특히 1,731명의 고엽제 후유증 환자가 발생했다. 그 후유증이 있는 것으로 의심되는 환자는 무려 6,972명에 이른다.[45]

정부는 파병의 대가로 베트남에서 최대한의 경제적 이익을 보장받을 수 있도록 미국 측과 협상을 벌였다. 그 결과 베트남에 파견된 한국군이 사용하는 물자와 용역은 가급적 한국에서 구입하며 미국이 베트남에서 AID 자금으로 시행하는 건설 및 구호사업에 소요되는 물자와 용역도 한국에서 구매한다는 등의 경제적 보장을 받아 냈다. 이에 따라 한국은 1965~1973년 사이 베트남과의 무역에서 약 2억 8,300만 달러를 벌어들일 수 있었다.[46]

파병의 대가로 한국이 미국으로부터 1965~1970년 동안 받은 금액은 미 상원 조사위원회에 따르면 9억 2,700만 달러에 달했다. 그리고 미국이 한국군을 현대화하는 업무에 착수하게 만들었다. 이는 '브라운 각서'에 그 개요가 제시되었다. 브라운 각서는 14개 조항으로, 1966년 3월 7일 미 대사 브라운에 의해 공포되었다.[47]

파병은 당시 심각한 사회적 문제였던 높은 실업률을 해소시키는 데도 도움이 되었다. 1만 명 이상의 노무자와 수많은 사업자가 몰려들었다. 이들 해외취업자가 국내로 송금한 외화는 1억 5,000만 달러나 되었다. 따라서 1965~1972년 사이 한국의 기업들이 벌어들인 수익과 군인과 노무자들이 받은 봉급 및 보상금은 모두 약 7억 5,000만 달러에 달했다.

이밖에 정부는 파병에 따른 반대급부로 미국으로부터 조건이 좋은 공공차관을 다량 도입할 수 있었고 미국의 한국에 대한 안보 공약이 확고해짐에 따라 상업차관을 얻기도 한결 수월해졌다.

1966~1972년 사이 총 35억 달러의 외자가 도입되었는데, 그 중 공공차관은 11억 달러였고 19억 달러는 상업차관이었다. 이렇게 도입된 공공차관은 주로 발전, 철도, 고속도로 등의 기간설비 건설에 투입되어 그 후 한국경제가 도약하는 데 크게 공헌했다.(48)

베트남파병을 계기로 사업을 벌여 막대한 이익을 본 기업들도 많았다.

현대건설은 1966년 1월 미 해군이 발주한 캄란 만 건설공사에 참여하고 세탁사업도 병행하여 한 해 100만 달러를 벌었다. 이렇게 번 돈으로 현대는 단양 시멘트공장을 확장했고 자본금 5,000만 원의 현대자동차를 설립했으며 울산에 10만 평의 자동차 공장부지를 매입했다.

그러나 한진상사의 조중훈趙重勳이 가장 큰 수혜자였다. 조중훈은 1945년 11월 트럭 한 대로 사업을 시작하여 5년 만인 1950년에 종업원 40여 명, 트럭 30대, 화물운반선 10여 척을 보유한 화물수송업체의 사장이 되었다. 그는 인천항에 하역되는 막대한 분량의 미 군수물자 운송에 참여했고 1959년 미군사업 수주액이 100만 달러, 1960년에 220만 달러가 되었다.

그는 1966년 3월 10일 주월 미 군수품 수송용역계약을 체결하고 첫 해에 725만 달러를 벌었다. 그 후 1966년부터 1971년까지 5년간 베트남에서만 총 1억 5,000만 달러를 벌어들였다.

베트남에서 번 돈으로 한진은 1968년 12월 말 부채 23억 4,000만 원을 전액 부담키로 하고 KAL을 14억 5,300만 원에 인수했다. 불하대금의 변제조건

베트남파병

은 5년 거치 10년 분할 상환으로 했고 처음 5년 동안은 무이자로 하고 6년째부터는 12퍼센트의 이자를 지불하기로 했다.

  한국 기업들은 베트남진출로 향후 해외진출 가능성을 열게 되었다. 그리고 근면성과 돌관 사업 등으로 국제적 명성을 얻어 한국경제의 대외신인도 향상에 크게 기여했다.

제 9장
박정희는 왜 유신을 했나

1 | 백성들이 배불리 먹어야

박정희 대통령은 1969년 김정렴을 비서실장으로 발탁하면서 다음과 같이 말했다.

> 경제야말로 국정의 기본이야. 경제가 잘 되어서 백성들이 배불리 먹고 등 따뜻하고 포실한 생활을 해야 정치가 안정되고 국방도 튼튼하게 할 수 있지 않은가.(1)

박 대통령은 국민이 잘사는 부강한 국가를 이루려면 모든 국민이 함께 노력해야 한다고 생각했다. 정부의 관료, 기업가, 기술자, 노동자, 농민과 상인, 어느 계층을 망라하고 일을 게을리하고 잘사는 방법은 없다고 믿었다. 그리고 그는 가난을 너무도 싫어했다. 한국에서 가난의 상징, 농촌의 다 찌그러진 초가집이 시각에서 사라지기를 바랐다. 그것이 발전하여 새마을 운동으로 전개되었다.

겨울이면 사랑방에 모여앉아 막걸리 마시면서 노름이나 하던 농촌을 개혁하지 않고 경제개발을 할 수 없다고 판단했다. 수천 년 내려오는 이들의 관습을 하루아침에 뜯어고치려면 이들에게 경쟁심을 유발하여 활력을 불어넣어야 했다.

사람들은 6·25전쟁을 치르면서 모두 빈털터리가 되었다. 누구라 할 것 없이 빈손이 되어 하루 세 끼 끼니를 걱정하며 살았다. 모두가 비슷한 입장에서 출발하게 된 것이다. 그러나 전쟁이란 혼란기는 묘한 것이어서 누구나 이 시기에 재주껏 운수껏 뛰면 하루아침에 자신의 지위를 바꿀 수도 있다. 사회변동이 급격한 시기에도 이런 현상이 흔히 나타나지만 특히 전쟁시기에 그러한 일이 많이 눈에 띄었다. 나보다 못했던 친구가 백만장자가 되어 이젠 얼굴 보기 힘들어지기도 했다. 실제로 잘사는 사람들, 기업가들이나 군인 관료들은 산업화 과정에서 신분상승의 기회를 잘 잡은 사람들이었다. 누구에게나 찬스는 있었다. 그리고 모두 기회만 주어진다면 온몸을 던질 각오가 되어 있었다.

이러한 사회현상 속에서 그들의 경쟁심을 최대로 이용한 것이 박정희 대통령이었다. 서독 광부든 월남 하역장 인부든 중동 건설 노무자든 일할 장소를 만들어 주면 국민은 서로 다투어 이 경쟁의 기회를 놓치지 않으려 최선을 다 했다. 여기서 낙오하면 영원히 혼자만 가난하게 살게 된다는 생각이 모두를 더 초조하게 했다.

어느 날 청와대에서 열린 당정협의회 자리에서 박 대통령은 "스스로 노력하고 협동하는 마을은 적극적으로 돕되 노력하지 않거나 협동하지 않는 마을은 돕지 않겠다. 이것만이 수천 년 내려온 의타심을 뿌리뽑고 자조하는 정신을 자각시키는 길이다. 이와 같은 방침 때문에 설령 선거 때 표를 못 얻고 패배하여 정권을 내놓는 한이 있어도 이 신상필벌 원칙만은 바꾸지 않겠다"고 말했다.(2)

그리고는 1972년 제2차 새마을운동에서 박 대통령은 첫해에 반응과 성과가 좋았던 1만 6,600마을에만 마을마다 평균적으로 시멘트 500부대와 철근 1톤씩을 배분해 주라고 지시했다. 즉 잔여 1만 8,000여 마을에는 전혀 지원을 해주지 말라고 했다.

지시를 받은 내무부는 제외된 마을 사람들의 반발이 클 것이라고 난색을 표했다. 여당에서는 이 말을 듣고 대경실색했다. 지원 대상에서 제외된 부락민들이 다음 선거 때 지지를 해주지 않아서 공화당이 망할지 모른다며 재고를

강력히 요청했다.(3)

　박 대통령은 농민들의 의타심을 고치고 자조정신을 불러일으키는 길은 오직 자기 스스로 노력하는 마을에만 그 노력만큼 지원하는 것이라며 나태하여 탈락하는 마을까지 정부에서 지원할 필요는 없다고 강경한 자세를 취했다.

　그리고 1965년 초 박 대통령은 연두 지방순시 길에 김해 지구를 자동차로 통과하던 중 한 독농가의 비닐하우스를 보게 되었다. 그 비닐하우스는 폴리에틸렌 필름을 일본에서 수입하여 우리나라에서 처음 시도하는 오이, 상추, 토마토 등의 온상재배를 하는 곳이었다.

　11월 이후 다음해 3월까지 겨울철에 그저 놀 수밖에 없었던 우리 농촌 노동력을 어떻게 하면 활용하여 농가소득을 올릴 수 있을까 하며 애태우던 박 대통령은 김해의 조그마한 비닐하우스를 보고 해결책을 찾았다. 그리고 이를 대대적으로 장려하기로 결심했다.

　미국의 다우케미컬사와 합작으로 세워진 한양화학에서 연간 7만~7만 4,000톤까지 폴리에틸렌 필름을 생산하게 되었고 전국 방방곡곡에 은색혁명이 일어났다.

2 | 에르하르트 서독 수상의 조언

박 대통령이 1964년 12월 6일 서독을 공식 방문했을 때의 일이다. 당시만 해도 한국 항공사가 없어 박 대통령은 루프트한자 일반여객기 일등석에, 그리고 수행원들은 이코노미 클래스에 일반 여행자들과 함께 타고 갔다. 박 대통령은 서독의 경제부흥을 이룩한 에르하르트 수상과 면담하면서 경제부흥의 과정에 대해 많은 것을 묻고 설명도 들었다.

에르하르트 수상은 "분단국으로서는 경제번영만이 공산주의를 이기는 길이다"라고 말했다. 그리고 박 대통령의 손을 꼭 잡고 이렇게 강조했다.

> 독일을 보라. 히틀러가 아우토반(고속도로)을 깔았다. 한국에도 고속도로를 깔아야 한다. 그리고 그 길을 달릴 자동차를 만들어야 한다. 폴크스바겐은 히틀러 때 만든 것이다. 자동차가 다니면 고용이 늘고 새로운 산업이 일어나고 세금이 들어온다. 그런데 자동차를 만들려면 철이 필요하다. 그러니 제철공장을 만들어라. 정유공장도 필요하다. 석유는 자동차 연료로도 필요하지만 앞으로는 석유화학공업 시대다. 나일론 섬유, 플라스틱 공업 등 연관 산업이 일어난다.[(4)]

때마침 제1차 경제개발 5개년 계획기간 중에 울산 정유공장이 준공(1964년 5월 7일)되어 대량의 아스팔트 생산이 가능해지고 시멘트의 생산시설도 확충되며 해외도로사업 진출에 의해 건설기술도 향상되었으므로, 박 대통령

1964년 12월 9일 박 대통령 부부가 에르하르트 수상 부부와 선물교환을 하면서 활짝 웃고 있다.

은 만남을 무릅쓰고 고속도로를 건설해야만 지속적인 고도성장을 이룩할 수 있다고 판단하여 1967년에 들어와 고속도로 건설을 결심했다.

일본의 경우 그 당시 건설 중이던 도쿄와 나고야名古屋를 연결하는 도메이東名고속도로의 킬로미터당 건설비로 우리 돈으로 환산해서 약 8억 원이 투입되었다. 이런 수준의 비용으로 서울-부산 간 430킬로미터의 고속도로를 건설하자면 자그마치 3,500억 원이나 든다는 계산이 나왔다. 이 금액은 1967년도 우리나라 총 국가예산 1,643억 원의 두 배를 초과하는 것이었다. 일본도 1964년 도쿄올림픽 때에야 비로소 처음으로 수도고속을 건설하여 하네다羽田공항에서 도쿄시내로 들어오는 고속도로를 완성했다.

1967년 12월 15일에 박 대통령은 정부 관련부처와 민간 건설업계가 참여하는 국가기간고속도로 건설계획조사단을 발족시키고 330억 원 규모로 경부고속도로 건설계획을 세우라고 지시했다. 1970년 경부고속도로가 완성된 시점에서 소요된 경비는 429억 원이었다.

박정희 대통령은 1966년 국립대 교수의 3배 월급과 아파트 제공, 병역 면제조건을 내걸고 유학 간 과학기술자들을 불러모아 과학기술원KIST을 세웠다. 박 대통령은 KIST 소장에게 "예산 따려고 경제기획원 들락거리지 말고 내게 말하라"라고 했다. 한국이 그래도 이만한 경제 수준에 와 있는 것은 그 시절 파격적으로 인재들을 불러모은 덕분이다.

박 대통령은 공장시찰 때마다 호화스러운 사장실에는 이맛살을 찌푸렸고 사장 이하 간부들이 종업원과 똑같은 작업복을 입고 종업원 식당에서 똑같은 음식을 먹는 것을 보고는 흐뭇해했다. 기업주가 조촐한 집에서 검소한 생활을 하며 종업원의 가족에게 불행한 일이 있을 때에는 회사에서 잘 보살펴 주고 야간작업 시에는 따듯한 국수 한 그릇이라도 끓여주는 등 종업원들과 동고동락하고 그들을 가족같이 아낀다면 설사 회사형편상 노임이 적더라도 노사분규는 절대로 없을 것이라는 게 박 대통령의 노사관이었다.

이렇게 박정희가 추진한 제1차 경제개발 5개년 계획(1962~1966년)은 공업입국을 통해 가난을 타파하자는 것이 일차적 목표였다. 이 계획은 자립경제의 기반구축을 위해 에너지 공급원의 확보와 도로망, 제철공업 등 공업입지의 건설에 역점을 두었다. 이 계획의 시행 결과, 1인당 국민소득은 1962년의 87달러에서 최종연도인 1966년에는 125달러로 증가했다. 이 기간 중 울산공업지구, 호남비료 나주공장, 인천제철공장 등이 건설되었다.

그리고 제2차 경제개발 5개년 계획(1967~1971년)에서는 산업구조의 근대화와 수출증대를 당면 목표로 정했다. 실제로 2차 계획 기간 중에는 당초의 목표를 상회했고 공업부문에서 빠른 성장을 이룩해 1969년에 15.5퍼센트라는 최고의 고도성장을 이루었다. 최종연도인 1971년의 1인당 국민소득은 1962년의 두 배가 넘는 289달러였다. 경부고속도로의 건설은 본격적인 공업화의 상징이다. 박정희가 집권한 후 10년간 1인당 국민소득은 3.3배나 증가

했다.(5)

　당시 고속도로 건설에는 언론계, 학계, 경제계가 모두 반대했다. 고속도로를 건설해 보았자 도로를 이용할 자동차도 없는데 경제형편이 어려운 이때 꼭 고속도로를 건설할 이유가 없다는 것이었다. 일부 행락용 차를 위한 사치스런 정책이라고 비난했다. 오늘날 학계에서 주장하는 '균형발전론'에 따랐다면 종합제철소와 경부고속도로는 당시에 건설되지 못했을 것이다.

3 | 박정희의 정부주도 경제개발 정책

박정희는 자립경제라는 목표를 달성하기 위해서는 정부주도의 경제체제, 수출지향의 공업화, 대기업 중심의 공업화 등을 이루어야 한다고 생각했다.

5·16군사쿠데타로 미국의 원조는 급속하게 감소되어 외환보유고가 1962년 말 1억 6,400만 달러에서 1963년 6월에는 1억 1,400만 달러로 축소되는 외환위기에 직면했다. 원조자금에 의한 기간산업 건설은 불가능한 상황이었다.

정부는 차관을 통한 외자도입을 검토했다. 정부차원의 공공차관 도입과 더불어 민간기업들에게도 차관 도입의 기회를 제공했다. 그러나 당시 국내 민간기업들의 국제신인도가 극히 낮아 민간차원의 차관은 순조롭지 못했다. 따라서 정부는 궁여지책으로 민간기업의 차관에 대해 정부가 지불보증을 해주기로 했다. 타국에서 선례가 없는 정부 지불보증에 의한 민간기업 차관을 도입하는 '외자보증제도'는 1962년 김정렴이 제안한 것이라 한다.[6]

정부의 지불보증으로 1967~1969년, 3년 동안 총 12억 달러의 외자가 도입되었는데 이는 한국경제가 양적으로 성장하는 계기가 되었다.

1970년대 중반까지 한진, 현대, 한일합섬, 한국화약, 조선공사, SK, 쌍용, 효성, 신진 등이 1억 달러 이상의 차관을 도입했고 LG, 코오롱, 신동아, 삼성, 기아 등은 5,000만 달러 이상을, 대농, 태광, 대한통운, 금호그룹 등도 각각 거액의 차관을 들여왔다.[7]

박 대통령은 이들 민간사업도 하나하나 계획대로 준공되어야만 나라 전체의 경제개발이 이루어진다면서 각 부처는 민간사업도 준국가사업으로 간주하고 총력을 기울여 이를 지원하라고 독려했다.

박정희가 생각하기에 정부와 민간은 따로 존재하는 것이 아니었다. 정부가 주도하여 면밀하게 계획을 세우고 그 구체적 실현은 각 민간기업이 맡아야 한다고 믿었다. 기업이 성장해야 나라가 부강해진다는 확신으로 민간기업을 적극적으로 지원했다.

각 부처는 항상 쫓기듯 뛰고 또 뛰었다. 진도가 부진한 사업을 담당하고 있던 상공부의 국·과장 중에는 개발계획에 그 사업을 포함시킨 것을 후회하는 사람도 있었다.

관계부처의 내자 지원요청을 받은 재무부는 관치금융이다, 특혜금융이다 하는 시비를 무릅쓰고 금융기관에 융자를 종용할 수밖에 없었고 상공부는 철근, 시멘트, 목재, 벽돌 등 건축자재를 개발계획 사업에 우선적으로 공급하곤 했다.

이상과 같이 박 대통령의 진두지휘와 각 부처 및 금융기관 등의 적극적인 지원으로 계획사업이 완공된 후에도 각 부처는 그 사업이 순조롭게 정상가동 되도록 도와주어야 했다.(8)

한국 건설기업으로서 중동에 처음 발을 내디딘 것이 삼환三煥기업(최종환 회장)이었다. 처음 따낸 공사가 사우디의 카이바-압둘라 간 175킬로미터에 이르는 카이바고속도로 건설이었다. 총 2,400만 달러 규모의 공사로 계약 날짜는 1972년 8월이었다. 이러한 큰 규모의 공사를 하려면 막대한 자금이 소요되는데 그런 자금이 있을 리 없었다. 자기 자금이 없으면 은행에서 지급보증이라도 받아야 했으나 담보도 없었다. 당시에는 아무리 큰 업체라도 1,000만 달러를 넘는 공사 수주는 불가능했다. 경제기획원과 재무부의 완강한 반대에도 불구하고 박 대통령은 단안을 내렸다. 해외건설에 대해서는 물적 담보 없이도 신용으로 지급보증을 해주고 상품수출과 같이 건설수출 소득에 대해서도 50퍼센트 법인세 감면을 인정해 준다는 내용이었다. 중동 건설 수주는 이렇게 해서 1974년에 8,900만 달러였던 규모가 1975년에는 7억 5,100만 달러로 급격히 늘어났다.

박정희 시대에 성장한 기업은 모두 자기 자본으로 일어난 것이 아니다. 국가가 기업을 직접 운영할 수 없기 때문에 민간기업에 외자도 지불보증해 주고 국내 자금도 융자해 주었다. 그리고 수출업체에는 세금도 감면해 주었다. 이렇게 아무것도 가진 것이 없는 기업에 모든 특혜를 다 주어가며 성장하게 만든 것이다. 그래야 그것이 국가의 자산이 되고 국민의 생활을 윤택하게 만드는 길이었기 때문이다. 따라서 각 기업은 자기 기업을 자신의 힘으로 성장시켜왔다는 생각을 해서는 안 된다. 그들은 국가에 대해 빚을 지고 있다고 생각해야 한다. 그리고 박정희의 전면 지원이 없었다면 이루어질 수 없는 일이었다는 것을 한시도 잊어서는 안 된다. 따라서 모든 기업은 국가에 내는 세금을 포탈해서는 안 된다. 그런 생각조차 하지 말아야 한다. 그리고 기업의 돈을 자기 돈처럼 마구 낭비해서도 안 된다. 생활은 검소하게 해야 한다. 그런 자세만이 그들이 갖고 있는 기업을 성장시킨 국가에 대한 최소한의 의무를 다하는 것이다. 국민들이 반反기업 정서를 갖게 해서는 안 된다.

1965년 2월 한국경제인협회가 금융특혜와 편중금융정책을 비난했다. 은행대출이 소수의 특정재벌에 의해 독점되고 있다고 불만을 표시했다.

1964년 8월의 시점에서 9대 재벌에 총액 176억 4,000만 원의 대출이 이루어졌다. 이것은 같은 시점의 화폐발행고 214억 원의 82퍼센트, 통화량 409억 원의 44퍼센트를 상회하는 것이었다. 일반 금융기관의 대출 잔고 462억 원의 40퍼센트를 점하는 금액이었다.(9)

4 | 수출주도 성장정책을 택해

1962년 우리나라의 수출고는 5,481만 달러, 같은 해의 일본의 수출고는 48억 6,100만 달러였다. 1960년 이전까지 광산물, 수산물, 생사 등의 1차 산품이 주요 수출품이었으나 이후 섬유제품, 목제품, 잡화 등 경공업제품을 중심으로 수출이 급속 신장을 했다. 만약 수출 부진으로 외채를 갚지 못하면 서독으로부터 광부들과 간호사들의 봉급을 담보로 얻은 차관도 상환할 수 없었다. 그렇게 되면 그들은 봉급을 받을 수 없었다.

당시 박충훈 상공부장관은 백영훈의 자문에 따라 국내에서 유명하다는 세일즈맨 30명을 뽑아 영국, 프랑스, 미국의 백화점으로 보내 우리가 생산해 팔 만한 상품을 알아보라고 했다. 이들은 어느 날 미국의 유명 백화점에 흑인들이 길게 줄을 서 있는 것을 보았다. 가발을 사기 위해서였다. 그래서 가발을 수출상품 제1호로 정했다. 박 대통령은 전국에 단발령을 내려 머리카락을 수집하도록 지시했다. 그 후 일본에서 가네카론이 생산되어 가발산업은 눈부신 발전을 하게 되었다.

이러한 노력 끝에 1964년 11월 30일 수출 누계가 1억 달러에 달했다. 이것을 기념하기 위해 11월 30일을 '수출의 날'로 정하고 수출 공로자를 표창하는 행사가 매년 열렸다. 그리하여 수출액이 1968년 5억 달러, 1971년 10억 달러, 1975년에 50억 달러, 1977년에는 마침내 100억 달러를 돌파했다.[10]

박정희 대통령은 1964년 5월 두 번째로 개각을 단행하고 두 명의 경제각료를 새로 임명했다. 한국일보 사주 장기영을 부총리 겸 경제기획원장관으로 그리고 박충훈 전 상공부장관을 다시 상공부장관으로 기용했다. 장기영 부총리를 임명한 것은 당시 위기에 처했던 외환문제를 해결하기 위해서였고 박충훈 장관을 다시 불러들인 것은 수출주도의 정책을 추진하기 위해서였다. 이들 두 사람이 김정렴을 상공부차관으로 발탁했다. 세 사람은 수입을 자율화하여 수출 목표를 달성하는 정책을 통해 경제 자율화를 밀어붙였다. 이 정책이 상기와 같은 수출 목표를 달성하는 견인차 역할을 한 것이다.

수출의 날에 훈장을 받는 사람들은 매년 달라졌다. 수출상품의 주요품목은 1960년대 후반의 면직물에서 합판, 세타, 가발, 의류로 바뀌었고 1970년대에는 중화학제품이 되었다.

초기의 수출에는 면직물의 삼호무역과 천우사天友社가 선두에 섰다. 그 다음에는 합판 붐이 일어 천우사, 동명목재, 성창기업 등 합판 메이커가 수출의 견인차로 등장했다. 그 외에 방림방적, 실크의 한국생사, 가발의 서울통상, 김(해태海苔)의 삼미사, 신발의 국제화학·진양화학, 원양어업의 제동산업·고려원양, 의류의 삼도물산 등이 수출업계의 선두 다툼을 벌였다.

내수업체였던 럭키, 효성 등도 수출에 손을 대기 시작했다. 섬유에서 시멘트 산업으로 변신하는 과정에 있던 쌍용은 면직물과 시멘트의 연불수입으로 자금을 조달했다.(11)

박정희 대통령에게 종합상사의 아이디어를 불어넣은 것은 일본의 이토추 伊藤忠상사의 세지마 류조瀨島龍三 당시 사장이었다. 상공부에서는 1975년 수출을 대단위로 조직화하는 종합무역제도를 정하고 자본금 10억 원 이상, 연간 수출고 5,000만 달러 이상, 해외지사 10개소 이상을 보유한 수출업자를 대상으로 하여 종합상사제를 설치토록 했다. 종합상사 제1호에는 삼성물산이 지정되고 이어서 대우실업, 쌍용, 국제상사, 제일합섬, 고려무역, 효성물산, 반도상사, 선경, 삼화, 금호실업, 현대종합상사, 율산실업 등 13개사를 지정했다.

그 후 신흥재벌인 율산이 도산했고 수출실적이 부진한 삼화, 한일합섬, 금호실업 등이 지정을 취소당했다. 그리하여 1975년에 종합상사 9개사가 한국의 수출 총액 54억 달러의 11.5퍼센트인 6억 2,000만 달러를 달성했는데, 1983년에는 수출 총액의 51퍼센트까지 이들이 맡았다.(12)

5 | 박정희 시절에 성장한 기업들

박정희 대통령이 국가 근대화를 목표로 경제개발 정책을 추진하는 과정에서 육성해 오늘날 글로벌 기업으로 발전한 기업들이 많다. 박정희는 자신의 일신을 위해서가 아니라 나라를 부유하게 만들기 위해 이들을 육성했다. 재계는 박정희를 신뢰하면서도 몹시 두려워했다. 박정희가 이들 기업에 요구한 조건은 단 한 가지, 변명 없이 생산 목표를 달성하는 것이었다. 실패하는 회사는 박정희의 측근 기업에서 제외되었고 차후 정부의 차관이나 계약에서도 당연히 배제되었다. 이렇게 강하게 밀어붙였기 때문에 당시로서는 상상도 하지 못할 만큼 성장하여 오늘날 대기업 또는 재벌그룹이 되었다. 그들이 어떠한 과정을 거쳐 성장했는지를 살펴보는 것은 한국 근대화의 이면을 보는 것만큼 중요하다. 이들 대기업은 한국을 선진국 문턱으로 끌고 온 주역이고 앞으로도 한국의 국가 운명을 좌우할 정도로 큰 영향력을 가지고 있다. 반면에 이들이 국가관이나 시국관을 잘못 갖게 되어 잘못된 방향으로 나갈 경우에는 돌이킬 수 없는 역작용도 가능하다. 그동안 1997년의 IMF를 겪으면서 중도에 낙오한 재벌들도 많다. 그러나 어려운 역경을 극복하고 현재 세계의 어느 기업에도 뒤지지 않을 만큼 성장한 그룹도 있다.

1) 삼성그룹

창업자 이병철李秉喆은 1910년 2월 12일 경남 의령군 정곡면 중교리에서 1,000석 지기 부농인 이찬우의 차남으로 태어났다. 서울 중동중학을 거쳐 일본 와세다대학 정경과에 입학했으나 각기병 때문에 중도에 학업을 포기했다.

부친으로부터 자금 5만 원(쌀 300석)을 받아 1936년 마산에서 동업자 2명과 함께 협동정미소를 차렸다. 그 후 1938년에 대구에서 자본금 3만 원의 삼성상회를 설립하여 베이징, 만주 등에 청과물과 건어물을 수출하기도 했다. 1943년에는 이익금으로 조선양조장을 인수, 경영했다.

해방이 되자 1948년 11월에 서울로 올라와 삼성물산공사를 설립하여 동향인 조홍제(효성그룹 창업자)를 전무로 영입하여 무역업에 종사했다. 한국전쟁으로 부산으로 피난한 이병철은 삼성물산주식회사를 세워 국내에서 고철 등을 수집하여 일본에 수출하고 대신 홍콩으로부터 설탕, 비료를 수입했다. 수입한 설탕은 국제시장에서 도매상을 하던 이양구李洋球(동양그룹 창업자)에게 넘겼다. 이병철과 이양구는 전쟁 전부터 거래를 하던 사이였다.

이병철은 이렇게 모은 자금으로 자유당 시절 제일제당, 제일모직 등을 세워 유력기업으로 발돋움시켰고 조흥은행과 상업은행 주식을 인수하여 금융재벌로 자리를 확고히 했다.

5·16혁명 후 1964년 4,190만 달러를 일본 미쓰이로부터 도입, 울산공업단지 내에 36만 평의 부지를 확보하고 연산 33만 톤의 요소비료를 생산할 목적으로 한국비료공업주식회사를 설립했다. 그러나 한비밀수사건으로 1967년 이 회사는 국가에 헌납되었다.

그 후 1969년 10월에 경기도 수원시 매탄동에 45만 평을, 경남 울주군에 70만 평을 확보하고 일본의 산요전기와 합작하여 삼성산요전기를 설립했다. 1970년에는 일본NEC와 함께 삼성NEC를 설립, 종합 전자메이커로 발전시켰다.

1968년에는 경북 경산에 제일합섬을 설립했다. 1973년에는 일본의 IHI사와 접촉, 자본금 10억 원의 삼성중공업회사를 설립했다. 1977년에는 경남 거제도에 중형조선소를 인수하여 삼성조선을 세웠다.

2) LG그룹

창업자 구인회具仁會는 1907년 경남 진양군 지수면 승내리에서 3, 4백 석 지기의 중농인 구재서의 장남으로 태어났다. 구인회는 서울 중앙고보에 진학했다가 1926년 학업을 포기하고 고향으로 돌아와 협동조합을 설립, 사업과 인연을 맺었다.

1931년 구인회는 부친으로부터 2,000원을 받아 진주에서 동생 철회와 구인회상점이란 포목점을 개점했다. 해방 후 구인회는 상점을 폐업하고 부산으로 진출, 조선흥업사를 설립했다.

흥아공업 여성용 화장품인 크림을 서울에서 판매하던 구인회는 직접 화장품을 제조, 판매하기로 결심했다. 1947년 자본금 3,000환으로 락희화학공업사를 설립했다. 생산제품에는 '럭키lucky'라는 상표를 붙여 출하했는데 없어서 못 팔 정도로 잘 팔렸다.

구인회는 화장품으로 번 돈 3억 환을 프라스틱 사업에 전부 투자하여 1952년에 동양전기화학공업사를 설립하고 건평 41평의 합성수지공장을 마련했다. 사출기를 수입하여 설치하고 플라스틱 제품인 빗과 비눗갑 그리고 크림의 뚜껑 등을 생산했는데 원가의 20~30배에 해당하는 가격에도 불구하고 너무 잘 팔렸다. 락희화학은 1954년 치약 생산에도 착수했다. 1956년에는 PVC파이프를 생산했고 1957년부터 비닐장판, 폴리에틸렌 필름을 생산하는 등 국내 최대의 화학제품 메이커로 부상했다. 락희화학은 1950년대 후반에 재벌로 도약하기 위한 제반준비를 완료했다.

그는 1958년 10월에 부산에서 금성사를 설립했다. 그리고 1959년에 국내 최초의 국산 라디오 A-501을 생산했다.

1961년 군사 정부가 들어서면서 외제품 배격 운동을 정부차원에서 전개했는데 이를 홍보할 매체로 라디오를 정하고 '농촌에 라디오 보내기 운동'을 펼쳤다. 이를 계기로 금성사는 1962년 한 해 동안에 13만 7,000대를 팔아 4억 3,100만 원의 매출을 올렸다.

구인회는 모기업인 락희화학 산하에 금성사와 한국케이블, 반도상사, 락희유지, 락희비니루, 한국미공, 국제신보 등을 두어 기업집단을 형성했다. 1966년 2월에 일본 미쓰이물산과 정유공장 건설을 위한 3,000만 달러 차관계약을 맺었다. 1967년 5월 미국의 칼텍스와 50대 50의 비율로 합작한 호남정유주식회사를 설립하여 LG그룹은 최정상의 기업집단으로 부상했다.

3) 현대그룹

창업자인 정주영鄭周永은 1915년 강원도 통천에서 가난한 농부의 6남 2녀 중 장남으로 태어났다. 그는 18세에 가출하여 잡역부로 부두하역, 철도공사판 등을 전전했다. 그러던 중 서울의 미곡상인 복흥상회의 배달원으로 취직이 되었다. 배달원 생활 4년 만인 1935년 주인으로부터 가게를 인수받아 신당동에 경일상회란 쌀가게를 개업했다. 그러나 1939년 중일전쟁으로 쌀 배급제가 실시되면서 전국의 쌀가게가 문을 닫게 되었다.

정주영은 쌀가게를 정리하고 1940년 아현동에 자동차수리공장을

3,500원에 인수했다. 그러다가 해방 후 1946년 중구 초동 적산대지를 불하받아 자동차 수리공장인 현대자동차공업사를 설립하고 미군 병기창의 차량엔진 교체 및 고물 일제차 개조작업을 시작했다. 그리고 1947년 현대토건사를 설립하여 토목공사와 건축업을 시작했고 첫해에 1,530만 원의 계약고를 올렸다. 이 후 현대건설은 포천, 대전, 인천 등지의 미군병사 및 부대시설 건축, 개축공사를 수주하여 본격적인 토건업에 진입했다.

현대건설이 미8군 건설공사를 통해 막대한 부를 축적할 수 있었던 것은 건설물량 자체가 많기도 했으나 이에 못지않게 환차익이 준 이익 때문이었다. 당시의 공정 환율 변동 상황을 보면 1950년에 1,800대 1달러였던 것이 1951년에는 2,500대 1로, 1952년에는 6,000대 1로 뛰었다. 현대건설의 미군 수주액은 1957년의 171만 달러에서 1959년에는 281만 달러로 크게 증가했다.

정주영은 사업을 다각화하기 위해 1958년 자본 3,000만 환으로 금강스레트주식회사를 설립했다. 그리고 군사 정부가 들어선 후 1962년 충북 단양에 AID차관 자금으로 시멘트공장(연산 20만 톤)을 건설했다. 당시 국내에는 1957년에 원조자금에 의해 건설된 문경시멘트와 동양시멘트가 있었다.

한편 현대건설은 1965년 9월에 태국의 파티니 나라티왓 고속도로 건설공사를 수주하여 첫 해외진출을 시도했다. 두 번째는 1966년 1월 베트남 캄란만 준설공사였다. 베트남에서 건설사업 외에 세탁사업도 하여 한 해 총 100만여 달러를 벌어 들였다.

그리고 정주영은 울산공업단지 내에 10만 평의 부지를 확보하여 1967년 12월에 자본금 5,000만 원의 현대자동차주식회사를 설립했다. 현대는 1968년 2월 1일에 착공되어 2년 5개월여 만인 1970년 7월에 완공된 경부고속도로 공사에 참여하여 전장 4차선 428킬로미터 중 40퍼센트의 공정을 담당했다.

4) SK그룹

최종건崔鍾建은 1926년에 최학배의 8남매 중 장남으로 태어났다. 최종건은 1944년 경성직업학교 기계과를 졸업하고 3급 기계정비사 자격을 획득한 후 그 해 4월에 선경직물 공무과 견습기사로 입사했다. 선경직물은 일제 말기인 1940년 10월에 수원시 평동에 일본인이 설립한 직물제조회사였다. 1945년 해방과 함께 선경직물은 경영 공백 상태에 빠졌고 19세의 최종건은 치안대를 조직하여 회사를 수호했다.

1953년 최종건은 선경직물 공장부지 소유자 차철순과 함께 공동명의로 이 귀속재산을 불하받았다. 이후 공장을 경영하여 마련한 돈으로 차철순의 돈을 상환하고 포기각서를 받아 명실상부한 주인이 되었다.

생산품이 날개 돋친 듯 팔려 돈을 벌게 된 최종건은 1962년 '닭 표 안감' 10만 마(1만 1,300달러 상당)를 홍콩에 처녀 수출하면서 해외시장 개척에 나섰다. 해외시장을 개척하는 동안 동생 최종현崔鍾賢이 미국 유학에서 돌아와 부사장에 취임했다. 최종현은 시카고대학에서 경제과 석사를 받았다.

선경이 재벌로 부상하게 된 결정적 계기는 1965년 화섬산업 진출이었다. 선경은 아세테이트 원사 공장 건설을 위해 일본 이토추로부터 550만 달러의 차관을 들여왔고, 폴리에스터 공장 건설을 위해 일본 데이진 측의 협조로 정부 보유분 694만 달러를 확보하여 전량 폴리에스터 원사를 수출한다는 조건으로 회사를 건립했다.

1973년 창업주 최종건이 사망하자 최종현이 SK그룹 회장에 취임했다.

5) 한진그룹

한진그룹의 창업자 조중훈趙重勳은 1920년에 서울에서 조명희의 차남으로 태어났다. 비교적 유복한 가정에서 자라난 그는 휘문고보 1학년을 중퇴한 후 진해에 있는 해원양성소 기관과를 수료했다. 졸업 후 그는 일본 고베에 있는 등촌 조선소에서 수습생활을 마치고 1937년에 화물선 선원으로 사회에 첫발을 내디뎠다. 1942년 선원생활을 그만두고 인천 부두 인근에 이연공업사를 설립했다.

해방 후 1945년 11월 그는 트럭 한 대를 마련하여 합자회사 한진상사韓進商社라는 상호로 영업을 개시했다. 한진상사는 창업 2년 후인 1947년에 보유 트럭이 15대로 늘어날 정도로 성장했다. 이후 창업 5년 만인 1950년에는 트럭 30대와 화물운반선 10여 척을 보유한 중견 운송업체로 도약했다. 한국전쟁이 끝난 후 조중훈은 미 군수물자 수송 용역을 맡아 6개월에 7만 달러를 벌었다. 그 후 1957년에 10만 달러, 1958년에 30만 달러로 그 액수가 늘어났다. 그리고 1959년에는 수주액 100만 달러를 기록했다. 1960년에는 무려 220만 달러를 획득하여 당시 한국 총수출액의 6.7퍼센트에 달하는 외화를 벌었다.

1965년 베트남전이 점차 확대되자 조중훈은 베트남으로 진출했다. 조중훈은 당시 부총리 겸 기획원장관이던 장기영에게 협조를 부탁하여 600만 달러의 정부지불보증을 받아냈다. 그리고 수송 작업에 필요한 트럭 180대, 바지선, 예인선, 지게차 등 300여 점이 넘는 장비를 일본 최대 군납업체인 오사노 겐지小佐野賢治의 국제흥업에서 준비해 주었다.

1966년 조중훈은 1년간 725만 달러의 용역대금을 받았다. 1967년에는 3,400만 달러에 재계약을 했고 1968년에도 이와 비슷한 수준의 계약을 했다. 1966년부터 1971년까지 5년간 조중훈은 베트남에서만 총 1억 5,000만 달러를 벌어들였다. 조중훈은 그 후 정부가 KAL을 민영화

함에 따라 상기 기술한 바와 같은 가격으로 인수했다.

6) 동양그룹

창업자 이양구李洋球는 1916년에 함경남도 함주군 삼평면 풍서리에서 중농인 이교흠의 차남으로 태어났다. 1931년에 보통학교를 졸업한 그는 함흥의 함흥물산에 점원으로 취업했다. 함흥물산은 일본 모리나가제과森永製菓의 계열 판매회사로 식료품 도매상이었는데 당시 종업원이 60명이나 되었다. 8년여의 점원생활을 청산하고 식료품 도매상인 대양공사를 설립하여 독립했다.

해방 후 1947년 단신으로 월남한 그는 서울에서 중고자전거 한 대를 구입하여 과자행상, 과자도매상 등으로 사업자금을 확보했다. 한국전쟁이 일어난 1950년에 이미 자산이 10억 원으로 불어날 정도로 그의 사업은 급성장했다.

1951년에 그는 부산으로 피난하여 국제시장 안에 삼양물산공사를 설립하고 수입 설탕과 밀가루를 판매했다. 1953년에 서울로 상경하여 풍국제과판매주식회사를 설립했다. 1956년 그는 사업 확장에 주력하여 동양제과를 인수했다. 동양제과는 1934년 용산구 문배동에 일본인이 과자류 제조판매, 당류·곡분 판매 등을 목적으로 설립했던 회사이다.

1956년에는 일본인이 1942년에 건립한 오노다시멘트의 삼척공장을 인수했다. 이 삼척시멘트는 1953년 정부의 민영화 방침에 따라 관리인 강직순에게 7억 원에 임대되었으나 잦은 노사분규와 시설 노후, 원료부족, 거액의 정치자금 제공 등으로 경영이 순조롭지 못했다. 경영난으로 고전하던 강직순은 1956년 경영권을 동양제당에 넘겼고 동양제당은 다시 이양구에게 경영권을 넘겼다. 1957년 이양구는 동양제당이 보유한 주식과 자유당이 소유했던 주식을 모두 인수했다.

이양구는 해방 후 적수공권으로 사업을 시작하여 불과 15년 만에 국내 굴지의 복합기업집단을 탄생시켰다. 이를 토대로 박정희 정권에서 비약적으로 발전, 오늘날에 이르게 되었다.

7) 한화그룹

한화그룹의 모체인 한국화약韓國火藥은 일제하에서 일본정부가 인천에 설립된 조선유지朝鮮油脂공업주식회사로부터 출발했다. 일본 군용 및 산업용 화약 제조를 위해 설립한 독점업체로 주 수요자가 군대인 만큼 안전성과 보안성이 강조되었다. 일제는 조선유지에서 생산한 화약류의 취급을 전담시킬 목적으로 조선화약공판주식회사를 설립했는데 한국인 직원의 채용은 극력 피했다. 해방될 때까지 조선화약공판에 근무했던 한국 사람은 한국화약의 창업자 김종희金鍾喜가 유일했다.

해방이 되자 김종희는 이 회사 인천공장의 관리인이 되었고 1953년 귀속재산인 조선유지를 정부로부터 불하받았다. 한국화약은 정부 비호하에 지속적 성장을 해오다가 1960년대 말에 미국 유니언 오일과의 합작으로 경인에너지를 설립하여 그룹 기반을 구축했다.

한국화약이 본격적으로 사업을 다각화한 것은 1981년 김종희가 사망한 후 장남 김승연金昇淵이 회장에 취임하면서부터였다.

8) 두산그룹

창업자 박승직朴承稷은 1864년 경기도 광주군 탄벌리에서 가난한 농부의 셋째 아들로 태어났다. 1885년 자금 100냥으로 포목 행상을 하여 어느 정도 자금을 마련한 박승직은 서울로 진출, 1898년 종로에 '박승직 상점'을 개업했다. 강인한 체력에다 근면, 성실했던 박승직은 러일전쟁(1904~1905년) 직후인 1905년 무렵에는 동대문시장의 거상巨商으로 부상했다.

장남인 박두병朴斗秉이 조선은행을 그만두고 가업에 참여한 것이 1936년이었다. 박두병은 1941년 소화기린맥주주식회사의 대리점을 개설했다. 해방 후 박두병은 미 군정청과 접촉, 1945년 소화기린맥주의 관리지배인에 임명되었다. 1948년 동양맥주로 개칭하고 상표도 그간 사용하던 '소화기린' 대신에 'OB'로 붙여 면모를 일신했다. 관재청은 1952년 동양맥주를 공개입찰에 붙였는데 응찰자는 박두병 혼자뿐이었다.

박두병은 국내 최대의 맥주회사를 인수한 후부터 두산의 다각화를 전개했고 1960년 동산토건을 설립했다. 이후 두산그룹은 모기업인 동양맥주를 중심으로 맥아, 호프, 병 유리, 무역, 토건, 기계 제작, 언론, 청량음료, 수산업, 금융업, 전자산업 등에서 자회사를 거느린 복합기업집단으로 부상했다.

9) 효성그룹

창업자 조홍제趙洪濟는 1906년 경상남도 함안군 동촌리에서 부농인 조용돈의 장남으로 태어났다. 그는 중앙고보와 일본 법정대학 경제학과를 졸업하고 1936년 고향인 군북에서 금융조합에 입사, 해방 무렵까지 근무했다.

조홍제는 해방 후 거처를 서울로 옮기고 사업을 모색하던 중 1948년에 삼성그룹의 창업자 이병철과 만났다. 조홍제는 이병철의 형 이병각의 친구로서 이병철과는 오래전부터 알고 지낸 사이였다. 조홍제는 삼성물산에 사업자금조로 1,000만 원을 융통해 주고 이를 계기로 동업자로 일하게 되었다.

그 후 조홍제는 이병철과 지분문제로 갈등을 빚게 되어 1962년 삼성그룹과 결별했다. 조홍제는 자기 몫으로 1957년에 설립한 효성물산을 확보했다. 조홍제는 그 후 1962년에 경영난에 직면한 조선제분을 인수했다. 그는 같은 해 한국타이어, 1963년에는 대전피혁의 경영에도 참여했다. 1964년에는 부산 영도에 있는 일산 100드럼의 재생 윤활유 공장인 해동정유를 인수했다.

효성이 재벌로 부상한 것은 1964년 나일론사업에 진출하면서부터였다. 효성은 1966년 자본금 1억 원의 동양나일론주식회사를 설립하고 울산공단 내 매암동에 12만 평의 공장을 건설했다. 이 무렵부터 효성의 경영에는 장남 조석래가 참여하기 시작했다. 조석래趙錫來는 일본 와세다대학을 졸업하고 미국 일리노이대학에서 석사학위를 받았다.

동양나일론에서 생산한 나일론 원단 '토프론'은 날개 돋친 듯 팔려나감으로써 동양나일론은 출발부터 호황을 누렸다. 이 무렵부터 효성의 계열사인 대전피혁과 한국타이어 등이 만성적인 적자에서 흑자로 돌아섰다. 1973년에는 효성증권을, 1975년에는 동원철강을 설립했으며 그 해 8월에는 효성물산이 종합무역상사로 지정되었다.

10) 코오롱그룹

창업주 이원만李源萬은 1904년 경북 영일군 신광면 우각리에서 태어났다. 29세가 되던 해에 10여 년의 산림기수보 생활을 청산하고 돈을 벌기 위해 일본 오사카로 건너갔다. 이원만은 천에 인쇄하는 특허권을 획득하고 1935년에 미싱 여섯 대로 아사히旭 공예사란 모자 공장을 차렸다. 아사히 공예사는 1945년 일본 패전 때까지 착실히 성장했다. 코오롱그룹은 이렇게 해서 시작됐다.

이원만의 외아들 이동찬李東燦은 1922년 경북 우각리에서 태어났다. 15세의 소년 이동찬은 부친이 경영하는 아사히 공예사의 경리업무를 맡았다. 그는 주경야독하여 와세다대학 정경학부에 입학, 1944년 2

년을 수료했다.

이원만은 1957년 자본금 2억 환으로 한국합성공업주식회사(현 주식회사 코오롱의 전신)를 설립하고 공장 건설을 시작했다. 한국나일론은 1958년 공장을 완성했다.

이원만은 박정희 정부와 빈번한 접촉을 통해 공업단지 조성 및 자본의 해외조달 방안의 하나로 재일교포 자본의 국내유치를 역설하기도 했다. 이원만은 소망하던 나일론 원사 생산공장의 건설을 위해 내자 1억 5,000만 원, 외자 320만 달러를 도입하여 2.5톤의 공장을 1962년에 착공했다. 1966년에는 AID로부터 581만 달러를 들여와 7.5톤 공장 증설에 착수, 1967년에 완공했다. 1967년에는 KFX(Korean Foreign Exchange, 한국정부 보유 외환) 자금 198만 달러를 들여와 일산 2.5톤의 폴리에스터 필라멘트 공장을 착공, 1968년에 완공했다.

1968년에는 구미에 일산 20톤 규모의 폴리에스텔 공장을 착공하였다. 이와 같이 이원만은 박정희 정권하에서 국내 최대의 나일론 섬유공장을 건설하기 위해 5,000만 달러의 외자를 차관하여 코오롱을 완성했다. 당시 은행 금리가 연 25~30퍼센트였으나 차관 금리는 5~6퍼센트에 불과했고 더구나 이를 정부가 지불보증했기 때문에 차관 획득 자체가 엄청난 이권이었다.

11) 롯데그룹

창업자 신격호辛格浩는 1922년 경남 울주군 삼남면 둔기리에서 가난한 농부의 장남으로 태어났다. 1935년 언양보통학교를 졸업한 신격호는 가정형편 때문에 상급학교 진학을 포기하고 집에서 농사일을 거들었다. 그러던 중 큰아버지의 도움으로 울산 농업보습학교를 입학했고 졸업 후 신격호는 18세되던 해에 양산에 있는 경남도립 종축장의 기수보로 취직했다. 업무는 양털 깎기와 돼지 사육 등으로 박봉이었다. 이듬해 1941년 19세의 신격호는 적수공권으로 일본으로 건너갔다. 도쿄에서 그는 우유배달을 하면서 와세다 중학교 야간부에 적을 두었다.

해방 후 신격호는 1946년 '히까리 특수연구소'란 간판을 내걸고 화장품 사업에 착수했다. 비누와 포마드 등 유지제품을 생산했다. 일용품은 품귀현상이 심해 신격호가 만든 제품은 출하되자마자 순식간에 팔려나갔다.

어느 날 풍선껌을 만드는 친구가 찾아와 신격호에게 풍선껌의 제조를 권했다. 신격호는 1947년부터 껌 제조에 착수했다. 소비자 반응이 좋았다. 이에 자신을 얻은 신격호는 1948년 주식회사 롯데를 설립했다. 1968년 당시 롯데는 연매출 700억 엔에 종업원 3,000여 명을 거느린 일본 최대의 종합 과자메이커로 성장했다.

롯데가 국내에 진출한 것은 1965년 한일국교정상화 이후이다. 1967년 신격호는 자본금 3,000만 원으로 롯데제과주식회사를 설립했다. 이후 착실히 성장한 롯데제과는 1970년대에 급속히 사업을 다각화했다. 은박지 생산을 위해 동방알미늄을 인수, 롯데알미늄으로 개명했다. 1973년에는 공해방지 시설업체인 롯데기공과 오디오 생산업체인 롯데파이오니아(현 롯데전자)를, 1974년에는 사무기기 메이커인 롯데산업과 무역을 담당하는 롯데상사를 설립했다.

한편 1973년부터 개시된 관광진흥정책에 따라 롯데는 1975년 반도호텔과 아서원 국립도서관을 매입, 그 자리에 지상 38층, 지하 3층의 객실 1,020실을 갖춘 특급호텔인 호텔 롯데를 신축, 1979년에 완공했다.

롯데그룹은 1967년에 식품회사로 출발하여 불과 10여 년 만에 기업인수 및 설립을 통해 식품, 호텔, 유통, 건설, 전자, 관광, 중화학분야에서 다각화 복합기업군을 형성했고 1970년대에는 국내 10대 재벌에 진

입했다.(13)

그리고 1970년대 10대 재벌로 기록된 쌍용그룹이 있다. 쌍용雙龍그룹의 창업자 김성곤金成坤(1913년생)은 사업가로서만이 아니라 정치인으로 유명한 인물이었다. 젊은 시절 대구에서 비누공장을 운영해 돈을 벌었고 해방 무렵에는 자본금 5만 원을 손에 쥐었다. 1948년 금성방직을 설립했고 1953년에는 UNKRA(United Nations Korean Reconstruction Agency, 유엔 한국 재건단) 자금으로 국내 굴지의 방직회사로 성장시켰다. 5·16 이후 정치에 참여한 김성곤은 1962년 방직업을 청산하고 쌍용양회(주)를 설립하여 외자 650만 달러와 내자 4억 원으로 공장을 건설했다.

박용학朴龍學(1915년생)의 대농大農그룹도 있었다. 1955년에 자본금 200만 환의 대한농산을 설립하여 AID자금을 배정받아 일본, 미국 등지에서 국내생산이 어려웠던 유안 비료와 양곡 등을 수입했다. 대농은 군사 정부가 들어선 1962년에 삼영수산을, 1967년에는 원양어업을 위해 고려수산을 설립했다. 그리고 대한선박(주)을 세워 새로 해운업, 선박대리점업, 항선도입사업 등을 추진했다. 1968년에는 금성방직과 태평방직을 쌍용그룹으로부터 인수했고 미도파 백화점도 사들여 경영했다.

1970년대 재벌 순위 3위까지 올랐던 대우大宇그룹도 있었다. 대우그룹은 1960년 한성실업에 입사한 김우중金宇中(1936년생)이 무역 업무를 터득하여 일으킨 재벌이었다. 그는 초기 출장 1주일 만에 싱가포르 등지에서 나일론 트리코트지와 폴리에스터 트리코트지 30만 달러를 수주했다. 김우중은 1968년 12월 '수출의 날'에 수출 292만 달러를 달성하여 대통령상을 수상하는 등 세간의 주목을 받기 시작했다. 1969년부터 대우는 미국 시장에 본격 진출했다. 그는 창업 5년 만에 수출 5,300만 달러를 달성, 자본금 115억 원의 국내 최대 섬유수출기업으로 성장시켰다.

그 후 김우중은 대우자동차, 옥포조선소 등을 인수하여 최단기에 재벌을 형성했으나 1997년 IMF의 고비를 극복하지 못하고 좌절하고 말았다.

그 외에 동국제강그룹의 장경호張敬浩(1898년생), 해태제과의 박병규朴炳圭, 삼환三煥그룹의 최종환崔鍾煥(1925년생), 국제그룹의 양정모梁正模(1921년생), 화신그룹의 박흥식朴興植, 율산그룹의 신선호申善浩(1947년생), 동아東亞건설의 최준문崔竣文(1920년생), 한일합섬의 김한수金翰壽(1922년생), 동부그룹의 김진만金振晩, 금호그룹의 박인천朴仁天(1901년생), 대성그룹의 김수근金壽根(1916년생), 진로그룹의 장학엽張學燁・장학섭張學燮, 기아그룹의 김철호金喆浩, 벽산그룹의 김인득金仁得(1915년생) 등이 1970년대에 부침한 대표적인 기업들이었다.

박 대통령은 기업이 국가의 지원과 국민의 부담으로 육성, 성장된 만큼 국민의 기업으로서, 사회적 공기公器로서 사회적 책임을 항상 자각하고 국가와 국민에게 보답할 것을 기회 있을 때마다 촉구했다.

1974년 5월 29일 박 대통령은 이른바 '5・29기업공개에 관한 대통령 특별지시'를 내렸다. 박 대통령은 기업공개를 강력히 지시했고 또한 재벌에로의 지나친 부의 집중과 소위 문어발식 기업 확장에 경종을 울리고 그 시정을 촉구했다.

박 대통령은 재벌에게 부가 더 이상 집중되지 않도록 경제시책을 펼 때 조심할 것과 기업들이 주된 사업 분야에서 세계 일류기업으로 대성하도록 지도할 것을 경제부처에 기회 있을 때마다 촉구했다.

한편 대기업의 기업주나 2세, 기타 가족들의 분수에 넘치는 행위가 있을 때에는 기업에 대한 국민의 위화감으로 '국민총화'가 저해될까 염려해서 조용히 그러나 단호하게 시정시켰다.(14)

그러나 1997년 IMF 때 드러난 것처럼 재벌의 문어발식 확장은 그칠 줄 몰랐고 그 이후에도 정경유착, 상속세 포탈 그리고 비자금 조성 등 국민의 눈을 찌푸리게 하는 행태가 계속되었다.

6 | 1967년 선거와 3선 개헌

1967년 5월 11일 실시된 대통령선거에서 박정희 후보는 유효투표의 51.4퍼센트인 568만 8,666표를 얻어 41퍼센트인 452만 6,541표를 얻은 윤보선을 116만 2,125표 차이로 누르고 당선되었다.

이 선거에서 박정희 후보가 큰 차이로 윤 후보를 이길 수 있었던 것은 박정희 정부가 제1차 경제개발계획(1962~1966년)을 성공적으로 추진했기 때문이었던 것으로 보인다.

박정희 후보는 전통적으로 야당 세력이 압도적 우위를 보인 서울에서 윤 후보에게 패배하긴 했지만 그 차이가 6퍼센트(8만 203표)에 불과했다. 지난 1963년 선거에서는 35퍼센트(43만 425표)나 격차가 있었던 것과 비교하면 그만큼 서울과 여타 도시지역의 유권자가 박 후보에게 지지표를 던졌다는 의미였다. 도청소재지급 도시만을 대상으로 볼 때 경기도와 전남·북을 제외한 나머지 지역에서 박정희 후보가 윤보선을 눌러 이겼다. 이러한 도시 유권자들의 박정희 지지는 그동안 이루어진 개발정책에 대한 국민의 기대를 표현한 것이라고 판단된다.

한 달 뒤에 실시된 제7대 국회의원선거에서 공화당은 50.6퍼센트의 득표율로 전체 의석의 70.6퍼센트인 129석을 얻는 대승을 거두었고 야당인 신민당은 32.7퍼센트를 획득하여 45석을 얻는 데 그쳤다.

그런데 공화당은 압승을 했음에도 불구하고 서울에서 14석 중 13석을, 부산에서 7석 중 5석을 신민당에 내주는 기이한 현상이 벌어졌다.

이 선거에서 공화당이 차지한 129석은 개헌에 필요한 의석을 13석이나 초과하는 것이었다. 이러한 공화당의 압승은 박정희 정권의 개발정책을 지원하는 것이기도 했지만 다른 한편으로 공화당이 조직과 자금을 무리하게 동원하여 부정선거를 했다는 비난을 받는 원인이 되었다. 그리고 4년 후 박정희의 거취문제를 결정짓는 중요한 요인도 되었다.

박정희는 1971년 임기가 끝날 때까지 자신이 추진하는 국가발전계획이 완성될 수 없다는 점을 알고 있었다. 자신이 계속해서 집권해야 이 사업을 성공적으로 마무리 지을 수 있고 그래야만 국가가 부강해지고 국민이 잘살 수 있는 길이 열린다고 생각했다. 불과 몇 년 전 이승만이 3선 개헌으로 무리한 집권연장을 강행하다가 국민의 저항에 부딪힌 것을 생생하게 경험한 박정희로서는 민주주의 원칙에도 어긋나고 국민이 저항할 것도 예상했으나 3선 개헌을 통해 계속 집권하기로 결심했다. 그리고 많은 국민은 자신의 결정을 이해할 것이라는 기대도 했다.

3선 개헌안이 거론되자 공화당 내에서 40여 명의 의원들이 반대의사를 분명하게 표했다. 공화당의 초대 총재였던 정구영을 비롯한 개헌 반대파들은 끝까지 굴복하지 않았다. 그러나 공화당은 이들을 설득하여 1969년 9월 14일 새벽 2시 30분 국회 제3별관에서 야당의원들 모르게 본회의를 열고 여당의 원만으로 개헌안을 날치기 통과시켰다. 국회를 통과한 개헌안은 10월 17일 국민투표에 붙여져 찬성 65.1퍼센트로 확정되었다.

이렇게 해서 실시된 1971년 4월 27일 제7대 대통령선거에서 박정희 후보는 40대의 신민당 후보 김대중보다 94만 표를 더 얻어 당선되었다. 그는 3선에 성공은 했지만 이때부터 반대세력의 강력한 저항에 시달리기 시작했다.

이 선거에서 김대중 야당후보는 대중참여경제와 미국, 소련, 중국, 일본 등 4대국이 공동 보장하는 국가안전보장안을 정책으로 내세웠다. 대중참여경제는 능률 확대, 수입의 공정배분, 물가안정이라는 세 가지 주요 목표에 중점을 두는 것이었다. 그리고 김대중은 남·북한 사이의 긴장 완화와 같은 보다 효율적인 접근으로 통일을 촉진해야 한다고 주장했다. 그는 향토예비군 폐지 및 대학과 고등학교에서 실시하는 의무적인 군사 훈련을 반대한다는 자신의 평화안을 내걸어 민심을 유리하게 이끌었다.

당시 국제 정세가 한국의 안보에 불리하게 돌아간다고 보고 있던 박정희는 국내외 정세에 대해 매우 불안하게 느꼈다.

1969년 "아시아 각국은 내란이 발생하거나 침략을 받는 경우 스스로 이를 해결해야 한다"는 닉슨 독트린이 발표된 후 미국에서는 해외 주둔군의 점진적인 철수 쪽으로 대세가 기우는 듯했다.

실제로 1971년 초 미국은 베트남 주둔 미군을 단계적으로 철수시켰고 동시에 박 대통령의 거센 반대에도 불구하고 총 6만 2,000명의 주한미군 중 2만 명을 감축했다.

박 대통령은 미국의 이러한 철군 조치를 '북한이 또다시 쳐들어와도 미국은 더 이상 한국을 돕지 않겠다는 뜻을 분명히 밝히는 메시지'로 받아들였다.

박 대통령은 무엇보다도 미국정부가 자신에게 사전 통보 없이 갑자기 중국정부와 손을 잡았다는 사실이 더욱 불길하다고 생각했다.[15]

1971년 4월부터는 미국과 중국 간에 핑퐁외교가 시작되면서 정치적 화해 기운이 감돌기 시작했다. 그해 10월 25일 타이완정부가 유엔에서 축출되고 중국이 회원국이 되자 한반도에 위기감이 높아졌다.

한편 국내에서는 1970년 6월 김지하가 특권층의 부패를 풍자한 '오적五賊'이라는 시를 발표하여 세간에 일대 파장을 일으켰고, 같은 해 11월 13일에는 서울 평화시장의 열악한 노동조건에 대한 저항으로 전태일이 분신자살하는 사태가 발생했다. 이에 자극을 받은 노동자들과 지식인, 교회, 지도자 등 인권운동가들이 시위에 가세했고 학생들은 날로 격심한 시위운동을 벌여 나갔다.

7 | 남북회담과 유신

1972년 중국과 미국이 비밀리에 접촉한 사실이 알려지자 남·북한 양측 국가원수는 심한 충격을 받았다. 1972년 5월 중앙정보부장 이후락과 북한의 부총리 박성철이 평양과 서울을 오가는 극비 상호 방문이 이루어졌다. 그들의 임무는 박정희와 김일성이 통일에 대해 논의할 수 있는 분위기를 만드는 것이었다.

1972년 7월 4일 남·북한은 통일을 위한 3대 원칙을 약정하는 극적인 공동성명을 동시에 발표했다. 1)통일은 외세의 간섭 없이 자주적으로 이루어져야 한다. 2)통일은 평화적인 방법으로 실현되어야 한다. 3)사상과 이념, 제도의 차이를 초월하는 민족적 대단결을 도모하여야 한다는 것이었다. 양측은 서울과 평양 사이에 핫라인을 개설하기로 했고 11월 4일에는 남북조절위원회 창립에도 동의했다.

이처럼 평화적인 제스추어를 하면서 양측 국가 원수는 각기 자신의 위치를 강화하는 조치를 취하는 이상한 행동을 했다. 박정희는 1972년 10월 17일 '유신'을 선포하는 특별선언을 했다. 이 특별선언은 헌정을 완전히 중단시키는 것이었다. 특별선언과 함께 비상계엄이 선포되고 국회의사당 앞에는 헌병과 탱크가 배치되었다. 국회는 해산되고 정치활동은 중단되었다. 박정희는 헌정질서를 중단함으로써 막강한 권력을 장악했다.

박정희와 마찬가지로 김일성도 자신의 위치를 더욱 강화하기 위한 새로운 헌법을 도입함으로써 북한의 정치체제를 극적으로 변화시켰다. 김일성은 자신의 위치를 수상에서 주석으로 격상시키는 한편 당 운영에서 국정 업무로 주안점을 옮김으로써 과거의 관행을 법제화하고 북한 공산정부에 대한 자신의 통제력을 강화시켰다. 전체적으로 통일회담은 엄청난 역설이었다. 평화통일이라는 전제하에서 남·북한 모두 실제로는 강화된 분단체제의 공식적인 시작을 알렸고 이는 결국 한반도가 '김일성의 나라'와 '박정희의 유신국가'로 무기한 분할되는 것을 의미했다.(16)

박정희 대통령은 10월 유신에 대해 이렇게 말했다.

> (…) 어떤 미국 정치인은 한국에서 민주주의가 실패했다고 말하는데 그것은 우리의 특수성을 모르고 하는 소리다. 우리는 어려운 여건 속에서도 민주주의를 착실하게 성장시키고 있다. 우리의 고충을 이해할 줄 알아야 한다. 지금의 유신도 이 같은 어려운 여건하에서 민주주의를 성장시켜 나가려는 고심의 일단이다.
> 민족의 생존을 유지하고 그 속에서 국가의 독립과 국민의 자유, 번영을 추구해 나가자는 우리 나름의 고심작이다. 우리 체제가 내포하고 있는 폐단, 낭비 그리고 비능률적 요소를 과감히 제거하고 국력을 빨리 조직화하는 것이 급선무라고 판단했다. 이것이 10월 유신이다. 평가는 후세 사가에게 맡기기로 하고 나는 이 난국을 극복하기 위해 십자가를 지기로 했다.(17)

박 대통령이 가장 싫어하면서도 어쩔 수 없이 참아왔던 것은 대의민주주의제도를 유지한다는 명분 아래 정치자금을 무절제하게 거두는 데서 발생하는 부패와 낭비였다. 이에 더하여 비능률적인 국회 운영과 계속되는 정치투쟁도 문제였다. 그리고 국론이 분열되어 대외적인 협상이 어렵다고 여겼다.

그는 대의민주주의의 비용이 우리가 감당하기엔 너무 크다고 생각했다.

박 대통령은 평소 "정치자금으로 해마다 커다란 공장 두세 개를 지을 돈이 허공으로 날아가 버린다"고 불평하곤 했다.(18) 이는 김성진 전 대변인이 박 대통령이 유신을 단행한 이유 중 하나를 설명한 대목이다.

한편 오원철 전 경제비서관은 다음과 같이 말했다.

> 요사이 많은 사람이 박 대통령은 경제에는 성공했지만 민주주의에서는 실패했다고 말한다. 심지어는 박 대통령 아래서 장관을 지냈던 이들조차 공개적으로 중화학공업화와 유신개혁을 별개의 문제처럼 이야기한다. 나는 이렇게 말한다. "중화학공업이 유신이고 유신이 중화학공업화라는 것이 쓰라린 진실이라고." 하나 없이는 다른 하나도 존재할 수 없었다. 한국이 중화학공업에 성공한 것은 중화학공업화가 계획한 대로 정확하게 시행되도록 박 대통령이 국가를 훈련시켰기 때문이다. 유신이 없었다면 대통령은 그런 식으로 국가를 훈련시킬 수가 없었을 것이다. 이런 사실을 무시하는 것은 비양심적이다.(19)

그리고 박정희는 당시 남·북한의 전력을 비교하여 북한이 남침하는 경우 한국이 이를 저지할 능력이 아직 부족하다고 판단한 것으로 보인다.

그것은 미국의 동북아 전문기관인 노틸러스연구소가 최근 정보자유법에 따라 미국의 태평양사령부가 작성한 800여 쪽에 달하는 비밀문서를 해제하는 과정에서 밝혀진 내용과 관련이 있는 듯하다. 이 문서에 따르면, 미국은 1970년대 중반 북한군이 남침할 경우 서울은 190일 만에 함락되고 남한은 216일 만에 패배할 것으로 판단했다.

미국은 북한군이 24개 사단과 594대의 전투기를 동원해 개성, 철원, 동부 등 3개 전선을 기습공격해 오는 경우를 상정했다. 남한은 미 본토의 추가 증원 없이 한국군 28개 사단과 주한미군 1개 사단이 방어를 전담하는 것으로 설정했다. 이 경우 북한군은 휴전선을 돌파해 서부 전선과 중부 전선에서 수십 킬로미터씩 남진이 가능하고 동부 전선은 대체로 교착 상태가 될 것으로 판단했다.

한국군은 북한군의 공격에 맞서 서울을 최장 90일간 방어할 수 있는 것으로 나타났다. 문서는 "전쟁 발발 이후 석 달까지는 남·북 어느 쪽도 승리를 선언하지 못할 것"이라고 분석했다. 그러나 전쟁 발발 후 90일을 기점으로 전세는 북한에 유리하게 전개될 것으로 예측했다.[20]

게다가 1961년 북한의 석탄 산출량은 한국의 2배, 발전량은 5.7배, 제철량은 16배, 비료생산은 10배, 면포는 1.7배, 어획량은 1.4배, 시멘트 생산량은 4.3배로 북한이 우위를 점하고 있었다.[21]

이러한 북한의 경제적 우위는 1970년대 초까지 유지되었다. 박정희는 획기적인 경제발전을 이루기 위해서는 자유도 민주주의도 일시 유보해야 한다고 판단한 것 같다.

그래서 유신을 단행하고 경제기획원을 비롯한 경제전문가들의 심각한 반대에도 불구하고 중화학공업을 강력히 추진했던 것이다. 북한보다 월등한 국력을 육성하는 것만이 북한을 이기는 길이라고 생각했다. 그리고 그 결과는 훗날 한국이 자동차, 조선, 전자, 화학공업 등 산업부문에서 비약적인 발전을 이루고 세계 12위권의 자리를 차지하는 나라가 된 것이다.

8 | 박정희의 핵 개발 추진과 미국의 견제

유신維新이란 본질적으로 전시戰時와 같은 위기에 대응하기 위한 비상체제로 박정희가 구상한 메커니즘이었다. 여기에는 앞으로 있을 위기에 미국이 전과 같은 지원을 하지 않을 것이라는 전제하에 자주적으로 생존하겠다는 뜻이 포함되어 있었다. 이를 위해 중앙집권적 통치체제를 최대화하여 방위산업을 강화하고 중화학공업화를 달성하겠다는 야심찬 계획이 유신체제였다.

그러나 이 유신체제에 대해 언론계를 비롯한 학계, 종교계, 학생 등 많은 시민이 박정희가 독재체제를 강화하여 영구집권을 도모한다면서 결사반대의 저항을 했다. 1973년 10월부터 언론계에서 자유언론운동이 일어났다. 도하都下 각 신문의 기자들이 유신 반대와 언론자유 수호를 결의하는 선언문을 발표했다. 12월 13일에는 전국총학장회의가 중앙청에서 개최되어 전국으로 번지는 학생시위 대책에 대한 논의가 이루어졌다. 24일에는 장준하 등이 조직한 헌법개정청원운동 본부가 유신 철폐 100만인 서명 작업에 들어갔다.

박정희는 1974년 1월 8일 긴급조치 1호를 공포했다. 1호는 유신헌법을 부정, 반대, 왜곡, 비방하는 일체의 행위와 이를 개정하거나 폐지를 주장, 발의, 제언 또는 청원하는 일체의 행위를 처벌한다는 내용이었다.

그러나 긴급조치 1호를 비웃기나 하듯이 4월 3일 서울대, 연세대, 성균관대, 이화여대 등 서울시내 주요 대학의 학생들은 민청학련을 결성하고 유신 철폐 시위를 벌였다.

정부는 다시 긴급조치 4호를 선포했다. 이는 누구든지 민청학련에 관련하는 행위를 하지 말 것과 위반자는 처벌한다는 내용이었다. 이 사건으로 인혁당 재건 관련자 21명을 포함하여 1,024명이 검거되고 그 중 253명이 송치되었으며 1차로 54명이 비상군법회의에 회부되었다. 7월 13일 김병곤, 김지하, 이철, 유인태 등 15명은 사형, 정문화 등 16명은 무기징역, 나머지는 최고 20년에서 최하 5년의 징역을 선고받았다. 그러나 정부는 국제여론이 악화되자 민청학련 사건 관련자들을 모두 석방했다.(22)

포드 정권의 노력에도 불구하고 1975년 4월 17일 캄보디아가 붕괴되고 수도 프놈펜이 공산군에 점령되었다. 4월 23일 포드 대통령은 베트남전쟁의 종결을 선언했고 30일 호치민시티가 베트콩의 손에 넘어갔다. 포드 정권은 아시아 동맹 제국에 대한 방위공약을 재삼 강조했지만, 8월에는 라오스 왕정이 무너지고 공산주의 정권이 탄생했다. 미국이 많은 피와 돈을 들인 인도차이나 반도는 이제 적색으로 물들게 되었다.

한반도 정세도 예측을 불허했다. 1975년 4월 김일성은 베이징을 방문하여 한반도 무력통일을 지원해 달라고 요청했으나 덩샤오핑은 일거에 거절했다. 김일성은 소련의 협조를 요청하려 했으나 소련은 김일성의 입국조차 막았다. 그리고 DMZ(Demilitarized Zone, 비무장 지대) 주변에서 북한이 남침용으로 비밀리에 팠다고 여겨지는 땅굴이 발견되었다.

박정희는 국민에게 우리가 처한 진정한 현실, 즉 "준 전시체제하에 살고 있다"며 현실을 직시해서 "전쟁에 대비하는 마음으로 스스로 준비해야 한다"고 호소했다.(23) 그리고 박정희는 "올해는 북한 공산주의자들이 무모한 도발을 할 가능성이 가장 높은 해이기 때문에 국가적 단결은 필수적이다"라고 주장했다.(24)

1974년 3월 15일 박정희는 최신 무기와 군 장비를 구입하고 국군을 현대화하는 극비 방위 프로젝트인 '율곡사업'을 승인했다. 언론의 협조를 얻어 1974년에서 1975년 사이 총 161억 3,000만여 원의 방위성금을 모았으며 이기금이 율곡사업의 재원이 되었다. 1975년 7월 16일에는 율곡사업의 새로운 재원으로 방위세를 도입했다. 1980년까지 정부는 총 2조 6,000억 원의 세금을 거둬 들였다.

한편 박정희는 핵무기의 개발도 비밀리에 추진했다. 1974년 프랑스와의 긴밀한 협력으로 매년 20킬로그램 상당의 핵분열성 플루토늄을 제조할 수 있는 재처리 시설의 설계도가 완성되었다. 미국이 히로시마에 투하했던 것과 맞먹는 위력을 지닌 핵폭탄 2기를 제조할 수 있는 시설이었다. 박정희는 대덕에 연구소를 설치하고 1973년 미국과 캐나다에서 활동하는 한국인 핵화학 전문가들을 은밀히 귀국시켰다.

한국의 핵무기 제조 사업은 미국 정보기관에 의해 포착되었다. 1975년 8월 서울을 방문한 슐레진저James Schlesinger 국방장관은 한국이 핵무기를 계속 개발할 경우 한미관계가 와해될 수 있다고 박 대통령에게 직접 경고했다.

미국정부는 한국정부가 프랑스와 계약한 것을 취소한다면 그에 상응하는 여러 가지 인센티브를 제공하겠다고 회유책을 들고 나왔다. 박정희는 그 제의를 단번에 거절해 버렸다.

스나이더Richard Sneider와 하비브Philip Habib 대사는 한미 안보관계가 전면적으로 재검토될 것이라는 노골적인 위협도 가했다. 슐레진저의 후임으로 국방장관에 임명된 럼스펠드Donald Rumsfeld는 1976년 5월 한국의 국방장관과 회담하는 자리에서 한국정부가 계속 핵무기를 개발할 경우 미국은 안보 및 경제 협력관계를 포함해 "남한과의 모든 관계를 재검토할 것"이라고 경고했다. 미국의 강력하고도 단호한 반대에 부딪힌 박정희는 결국 프랑스와의 계약을 취소했다.(25)

박정희는 그 후에도 핵무기 개발 의지를 포기하지 않고 1978년 프랑스와 재처리 시설에 관한 협의를 재개했다. 이번에는 카터Jimmy Carter 대통령이 직접 나서 지스카르 데스탱Valéry Giscard d'Estaing 프랑스 총리와 직접 담판을 지었다. 이와 같은 미국의 집요한 저지 노력에도 불구하고 박정희는 그의 집념을 버리지 않았다.

    1979년 1월 박정희는 해안을 산책하면서 한 공보비서관(선우련)에게 "1981년 상반기까지 핵무기 개발을 완료할 수 있다"고 자신 있게 말했다. 박 대통령은 이어서 그렇게 되면 "김일성은 감히 남침할 엄두를 내지 못할 것"이라고 말했다. 그는 1981년 국군의 날 행사에서 우리가 개발한 핵무기를 세계 만방에 선보인 뒤 대통령직 사임을 발표할 계획이라고 말했다고 그 비서관은 전했다. 이 주장은 강창성姜昌成 전 보안사령관의 증언과도 일치한다. 강창성은 박 대통령이 1978년 9월 자신에게 핵무기 개발의 95퍼센트가 이미 완료되었으며 1981년 상반기부터는 핵무기를 생산할 수 있다는 말을 했다고 전했다. (26)

9 | 카터의 한국방문과 그의 철군 계획

카터 대통령은 후보시절부터 주한미군의 철군을 선거공약으로 내걸었다. 그리고 당선 후엔 박정희의 인권탄압에 대해 몹시 비난했다. 그러나 인권에 대한 카터의 격분 저변에 깔린 진정한 이유는 박정희의 핵무기와 유도탄 개발 프로그램이었다는 것은 의심할 여지가 없다. 워싱턴 입장에서 보면 박정희는 솔직히 다루기 힘든 고집불통이었다.(27)

카터 대통령이 박정희에 대해 지나치게 가혹한 태도를 보였던 것은 1975년 4월 해리스 여론조사에서 한반도 유사시에 한국방위를 위해 싸워야 한다고 응답한 사람이 미국 국민의 14퍼센트에 그쳤고 65퍼센트가 이에 반대했기 때문이었지 않나 생각된다.

카터는 도쿄에서 열린 G-7경제정상회담에 참석한 후 1979년 6월 29일 밤 한국을 방문했다. 한국에 도착한 카터는 의전 절차를 무시하고 미 제2사단이 주둔한 동두천 캠프 케이시에 머물렀다. 카터에 대한 박정희의 태도 역시 그 못지않게 거칠었다.

다음날 청와대에서 열린 한미 정상회담에서 박정희는 카터의 주한미군철수 정책을 공공연히 비난했다. 그렇지 않아도 미국 군부 등 미국 내에서 주한미군철수를 반대하는 저항세력이 막강하여 코너로 몰리던 카터로서는 불쾌하기 짝이 없었다.

이날 카터를 수행했던 밴스Cyrus Vance 국무장관은 다음과 같이 회상했다.

박 대통령과 카터 미 대통령

그는(카터) 서울에 도착했을 때 박 대통령이 이 문제를 직접 들고 나올 것을 예상하고 이미 그의 견해는 알고 있으므로 그가 이 문제를 내놓지 않도록 의제를 조정하라고 우리에게 요구했다. 우리의 경고에도 불구하고 박 대통령은 45분에 걸쳐 주한미군의 철수정책이 한국과 이 지역에 미치는 위험에 대해 말했다. 통역을 통해 박이 말을 계속해 나가자 실내의 온도가 내려가는 것을 느낄 수 있을 정도로 분위기가 냉랭해졌다. (카터) 대통령과 해럴드 브라운 Harold Brown 사이에 앉아 있던 나는 대통령의 분노를 느낄 수 있었다. 그러나 어쩔 수 없이 다만 드라마가 스스로 끝나기를 바라고 있을 뿐이었다.(28)

이 회담 중 카터는 끝내 참지 못하고 밴스와 브라운에게 메모를 건네주었다. '그(박 대통령)가 더 길게 계속하면 한국에서 미군을 전부 철수시키겠다'는 내용이었다.

　박정희의 말이 끝나자 카터는 이에 직접 답하지 않고 잠시 회의를 중단시킨 뒤, 박 대통령과 함께 옆방으로 자리를 옮긴 후 비공식적으로 대화를 나누었다. 카터는 먼저 남한의 인권문제를 제기한 다음 경제적으로 북한보다 훨씬 부강한 대한민국이 군사적으로 북한을 따라잡지 못하는 이유가 무엇인지를 물었다. 이렇게 카터는 박 대통령의 가장 불쾌한 의제를 들고 나와 앙갚음을 했다.

　박정희는 카터에게 "우리가 미군 보고 좀 더 있으라고 하는 것은 북한이 공격해 올 경우 중·소中蘇가 지원하지 않는다는 보장이 없기 때문인데 굳이 가겠다면 할 수 없다. 그러나 미군의 무기와 장비는 남기고 가면 좋겠다. 그냥 주면 좋지만 돈을 달라면 주겠다"고 말했다. 그리고 박정희는 인권문제에 대해서 "인권문제는, 내가 먹여 살리는 내 국민이고 내가 잘 아니 이에 간섭하지 말아라"라는 식으로 응수해 카터의 분노를 샀다고 통역을 맡았던 최광수 전 의전수석이 전했다.(29)

　홀부르크Richard Holbrooke는 "당시 양국 정상 사이의 대면은 동맹국 정상 간의 회의라고는 도저히 상상할 수 없을 정도로 끔찍했다"라고 말했다. 글라이스틴William Gleysteen 대사도 후에 "과거에 수많은 정상회담에 참석해 보았지만 카터와 박정희가 그날 아침에 한 것처럼 지도자들이 무지막지하게 얘기하는 것을 본 적이 없다"고 회고했다.

　박정희 대통령과 회담을 마치고 미국대사관으로 돌아오는 차 안에서 카터 대통령은 분이 가라앉지 않은 어조로 측근에게 박 대통령을 비난하면서 "어떤 반대의견을 무릅쓰고라도 주한미군철수를 강행하겠다"고 말했다. 글라이스틴 대사는 카터에게 강력히 반론을 제기했다. 그는 철수 강행이 미칠 엄청난 파장과 철군을 취소할 때 어떠한 이점이 있을 것인가를 조목조목 설명했다. 카터는 결국 밴스와 브라운을 돌아보며 물었다.

"정말 (주한미군철수에 대해) 반대하는가?"

글라이스틴 대사가 "반대입니다. 대통령각하"라고 먼저 말했다. 그가 말을 꺼내자 밴스와 브라운도 반대의 뜻을 전했다. 브레진스키Zbigniew Brezinski는 침묵을 지켰다.(30)

카터는 미국으로 돌아가 주한미군철수계획을 철회했다. 그리고 두 가지 사항을 조건으로 내걸었다. 남한의 군사력을 증강시킬 것과 수감 중인 반정부 인사들을 상당수 석방하라는 것이었다. 이는 박 대통령이 사망하기 4개월 전에 있었던 일이다.

제 *10*장

대통령 유고와 제5공화국

1 | 박 대통령의 하야 구상

1979년은 박정희 18년 집권에 종말을 고하는 해가 되었다.

박 대통령은 10월 26일 오전 삽교천 방조제 준공식에 참석하고 오후 2시 30분쯤 청와대로 돌아왔다. 그리고 김계원 비서실장, 차지철 경호실장, 김재규 중앙정보부장 등과 함께 궁정동 안가에서 저녁식사를 하던 중 김재규 중앙정보부장이 쏜 총에 맞아 즉석에서 사망했다. 박 대통령의 신변을 책임지고 경호하던 차지철 경호실장은 비무장 상태로 이 자리에 함께 있다가 김재규의 총탄을 맞고 사망했다.

이렇게 박 대통령은 1974년 문세광의 저격으로 유명을 달리한 육영수 여사의 뒤를 따라 불귀의 객이 되고 말았다. 박 대통령이 3선 개헌으로 임기를 마쳤다면 1975년에 대통령직에서 물러났을 것이고 한 번 더 연장했다면 1979년이 임기 말이었을 것이다.

박 대통령은 1972년 세상을 놀라게 하면서 단행한 유신헌법에 따라 6년의 1차 임기를 마치고 1978년에 재선되어 1984년까지 대통령직을 보장받고 있었다.

1973년 8월 초 완성된 중화학공업화 계획은 1973년부터 1981년까지 9년 동안 총 96억 달러의 투자비용이 소요되는 것으로 박 대통령이 역점을 두고 추진해오던 계획이었다. 앞으로 2~3년이면 1차 계획은 완성될 것이었다.

그리고 박 대통령이 추진하던 계획 중 가장 핵심적이었던 것은 핵무기 개발이었다. 박정희 대통령이 구상하고 있던 자주국방 체제는 최악의 경우 주한미군이 완전 철수하고 미국이 한반도 방위를 포기한 상태에서 북한이 남침을 감행하는 상황에 대비한 것이었다. 한국이 방위력을 갖추려면 핵무기를 소유하는 방법밖에 없다는 것이 그의 생각이었다. 그러나 미국은 한국의 핵무기 개발에 집요하게 반대하고 경고를 보내고 있었다. 주한 미국대사관과 미8군 사령부에서는 평균 1주일에 한 번씩 대덕에 있는 연구소를 찾아가 연구 실태를 감시했다.

반면 박 대통령은 미국의 감시와 경고를 무릅쓰고 핵 개발을 밀고 나갔다. 1979년 들어와 박 대통령은 기회 있을 때마다 비밀리에 연구소에 들러 과학자들을 격려했다.

1981년까지 핵 개발은 완성되는 것으로 예측되었다. 격려차 들른 박 대통령에게 한 과학자는 "이제 조금만 있으면 우리도 핵 보유 국가가 됩니다. 우리 대한민국은 완전한 자주 독립 국가가 됩니다"라고 말하며 흥분했고 어떤 다른 과학자는 감격에 겨워 눈물을 흘리며 마지막 단계에 이른 진행 사항을 설명하기도 했다.(1)

이 무렵 김정렴 당시 비서실장에게 박 대통령은 유신체제를 근본적으로 개혁하는 비밀 연구 작업을 지시했다. 그 내용은 유신헌법을 개정하여 대통령 후보의 실질적인 경선이 가능하도록 한 다음 자신은 임기 만료 1년 전인 1983년에 하야하겠다는 것이었다. 박 대통령은 "주한미군철수에 따른 대비를 그때까지 해놓고 물러나 나도 좀 쉬어야겠고 애들도 시집, 장가보내야겠다"고 말했다.(2)

10·26 직전 박 대통령을 만났던 최서면崔書勉은 그와 나눴던 이야기를 해주었다.

어느 날 박 대통령이 내게 "최 원장, 우리 둘이 가보지 못한 곳이 많은데 일본에 좋은 곳이 있으면 안내해 주시오"라고 해요. 그때가 돌아가시기

몇 달 전이지. 그래서 "대통령 그만두십니까?"하고 물었더니, 박 대통령은 "국민소득이 2,000달러가 넘어야 투표에 진실성이 있고 민주주의의 맛이 난다. 내 책임은 거기까지다"란 얘기를 했어요. 나는 그 분이 2,000달러가 넘는 시점에 국민과의 약속을 지키고 물러나려 했다고 확신합니다.⑶

1979년 박 대통령이 사망할 당시 한국의 1인당 국민소득은 1,647달러였다.

박정희를 반대하는 자들은 그에 대해 온갖 부정적 비난을 퍼붓고 있다. 그는 독재자이고 반대세력을 탄압한 인권유린자이고 언론자유를 억압했으며 지역갈등에 책임져야 하고, 노동자를 소외시키고 목적을 위한 수단방법을 가리지 않는 군부통치와 급격한 경제발전으로 사회의 양극화를 조장하고 재벌을 과잉보호하여 비대하게 성장시켰으며 부정부패 풍토를 조장했다고 그들은 말한다.

그런데 한국사회여론연구소가 최근 실시한 여론조사 결과를 보면 박정희 전 대통령에 대해서 "잘한 점이 더 많다"(81.8퍼센트)는 응답이 압도적으로 높았다.⑷

이에 그치지 않고 그는 한국 역사상 '가장 위대한 한민족의 지도자'라는 평가를 받고 있다. 국정조사원이 2001년 12월 한국갤럽 등 3개 여론조사기관에 의뢰해 실시한 여론조사에 의하면 우리나라 역사상 가장 존경하는 인물로 박정희(21.1퍼센트), 세종대왕(19.8퍼센트), 이순신(12.7퍼센트), 김구(10.5퍼센트)가 선정되었다.⑸

박정희는 여론조사뿐 아니라 일부 정치학자들의 공동평가 작업에서도 역대 5명의 대통령 중 업적, 비전, 도덕성, 용인술, 위기관리 능력, 자질 등 6개 항목에서 가장 앞선 대통령으로 평가되었다.

싱가포르의 리콴유李光耀 전 수상도 "나는 한국이 반드시 성공할 것이라는 박 대통령의 강한 의지와 단호한 결단에 깊은 감명을 받았다"고 말하고 "만일 박 대통령이 없었더라면 한국은 산업화된 국가로 성장할 수 없었을지도 모른다"며 박 대통령을 높이 평가했다.(6)

박정희가 독재자라는 비판에도 불구하고 일반 국민을 상대로 한 여론조사에서 한국역사상 가장 위대한 지도자로 선정된 이유는 무엇일까.

2 | 소비가 미덕인 사회

후진국 경제가 선진국을 따라잡으려면 정부주도로 정책을 추진해야 한다느니, 국내 저축률이 낮으니 외자에 의존하여 경제발전을 이룩하려면 수출주도 정책을 써야 한다느니 하는 등의 어려운 경제이론을 국민은 쉽게 이해하지 못한다. 그리고 중화학공업화를 이루려면 거대 기업을 중심으로 사업을 추진해야 한다는 것도 잘 모른다.

다만 박정희가 집권을 한 후 1960년대와 1970년대에는 누구든지 열심히 일하고자 하면 일할 자리가 있었고 그리고 일한 만큼 월급을 받아 스스로 생활수준을 높일 수 있었다. 교육을 받은 사람들은 정부나 기업체에서, 교육을 못 받은 사람들은 중동이나 국내 건설 현장, 소규모의 공장에서 일하면 소득이 생겨 생활에 불편이 없었다.

소설가 박완서는 "1976년이야말로 70년대의 고도성장이 절정에 달했던 때였던 것 같아요. 소비가 미덕이라느니 경제제일주의라느니 해서 집집마다 생활에 큰 변화가 왔던 것 같아요. 아무리 못살아도 밥 굶는 사람이 없고, 아무리 못살아도 텔레비전이나 전기밥통 없는 집 없고……. 이렇게 어느 정도 취해 있을 때지요"라고 어느 대담에서 말했다.

박정희 시대의 경제적, 사회적 전환으로 화이트칼라 노동자 숫자의 괄목할 만한 증대가 있었고 1980년 이후 이들은 보편적으로 중산층으로 분류되었다. 중산층의 확대는 원래 제조업 노동인구가 빠르게 성장한 것에 기인한다. 1960년부터 20년 동안 제조업 노동인구는 화이트칼라, 블루칼라를 합쳐서 48만 명에서 280만 명으로 거의 6배로 증가했다. 같은 시기에 엔지니어는 4,400여 명에서 4만 5,000여 명으로 10배, 세일즈 인력은 5,000여 명에서 6만 8,000여 명으로 13배, 사무인력은 1만 7,000여 명에서 35만 6,000여 명으로 20배나 늘었다.

이러한 노동인구의 급격한 증가는 1960년대 한국의 고질병이었던 실업문제를 대부분 해결하는 효과를 가져왔다. 박정희의 재임기간인 1962~1979년간 국민총생산은 127억 달러에서 574억 달러로 452퍼센트 성장했고 수출액은 1964년 1억 달러에서 1978년 100억 달러로 증가했다. 이 기간에 국민총생산은 해마다 8.5퍼센트의 성장률을 기록하여 세계에서 가장 빠른 경제성장률을 보였다.[7]

이러한 성장에는 대가가 뒤따랐다. 자유가 엄격하게 제한되었던 것이다. 박정희는 가능한 한 최단시일에 최소의 반대와 최대의 효과를 가져오기 위해 유신체제를 도입했다.

일부 논자들은 박정희가 독재에 의한 경제개발보다 경제발전이 다소 지연되더라도 민주주의 방식으로 경제개발을 추진했더라면 한국은 균형발전을 이룰 수 있었을 것이라고 주장한다. 이른바 병행발전론이다.[8]

민주화와 산업화를 적절히 조정하여 병행발전하면 인권문제 등 큰 파행을 겪지 않고도 목적을 달성할 수 있을 것이란 이론이다. 이것은 어디까지나 이론일 뿐 현실적이지 못하다. 만약 민주화를 앞세웠다면 경부고속도로도 포항제철도 건설하지 못했다. 자동차도 조선도 발전하지 못했을 것이다. 민주화 이후 천성산, 사패산 터널과 새만금 간척지에서 얼마나 많은 손실을 보았는지 모두가 알고 있지 않은가.

그리고 박정희가 이 엄청난 통제체제를 이룩할 수 있었던 것은 한국의 엘리트들이 박정희의 정책을 지지했기 때문이다. 그들은 급속한 공업화를 통해 국력을 키우려면 강력한 지도력이 필수적이라고 보았다. 그리고 이러한 생각은 국민 대다수의 공감을 얻고 있었다.

3 | 박정희의 말기 현상과 사망

박정희는 핵 개발을 둘러싸고 미국과 힘겨운 줄다리기를 했다. 미국은 핵 개발을 중단하라고 한국에 압력을 가했고 불응하면 가능한 모든 조치를 취할 것이라고 위협했다. 카터의 압박은 날로 심해졌다.

한편 국내에서는 야당과 재야 그리고 학생들의 계속되는 극심한 저항에 시달렸다. 박정희는 이러한 난국을 정면 돌파하기로 결심했다.

5월 30일 신민당 전당대회에서 총재로 복귀한 김영삼은 박정희의 사임을 요구하면서 강경한 유신 반대투쟁을 벌이기 시작했다. YH무역의 여직공 신민당사 농성 사건 등 정국이 나날이 긴장을 더해가는 가운데, 박 대통령은 김영삼의 신민당 총재직과 국회의원직을 박탈하는 보복조치를 취했다. 서울민사지방법원은 9월 8일 신민당 총재단에 대한 직무정지 가처분 결정을 내려 김영삼이 총재직 수행을 못하게 했다.

김영삼의 제명 사건으로 10월 16일부터 그의 연고지인 부산과 마산 지역에서 학생들의 항의시위가 벌어졌다. 시위는 차츰 시민들이 가세해 대중봉기의 양상을 띠기 시작했다. 이것이 부마사태釜馬事態다.

시위가 격렬해지면서 인접 지역으로 확산되자, 정부는 18일 부산에 비상계엄령을 선포했고 20일에는 마산과 창원 지역에 위수령을 발동했다.

25일 오후 2시 청와대 소접견실에서 안보회의가 열렸다. 대통령과 안보 관계 장관들 및 청와대 참모들이 참석했다. 안기부의 현 국장이 부마사태의 원인을 분석하여 보고 중에 '장기집권에 대한 불만'이란 내용이 나오자 대통령은 "정부의 실정보다는 김영삼의 조종이 더 큰 이유다"라고 지적했다.

대통령은 보고를 다 듣고는 다음과 같은 요지의 발언을 했다.

> 부마사태의 원인은 첫째 정보활동의 미흡, 둘째 시위 초동단계 진압 실패, 셋째 일선 공무원들의 부조리로 인한 민심 이반이다. 야당이 현재처럼 기고만장한 데는 여당의 책임이 크다. 우리나라에서 데모는 미군이 주둔하고 있는 한 계속될 것이다.(9)

박정희는 미군이 우리의 국방을 맡아 주고 있다는 안이한 생각을 국민이 가지고 있는 한 시위는 끊이지 않을 것이라고 보았다.

당시 부산 지역 계엄사 합동수사본부가 부산시민 100명을 상대로 시위사태의 원인을 조사했다. 시민들의 가장 큰 불만은 김영삼 의원직 제명(13퍼센트)이었고 물가폭등과 부가가치세에 대한 불만(12퍼센트)이 두 번째였다. 이어서 장기집권에 대한 불만(11퍼센트), 정책에 대한 불만(11퍼센트), 정부 자체에 대한 불신(10퍼센트), 언론 탄압(9퍼센트) 순이었다.(10)

박정희는 이러한 객관적이고 정확한 판단을 외면하고 감정에 휩쓸리고 있었다. 차지철의 권한남용과 오만불손한 행위를 전혀 제지하지 않았다. 야당을 길들이기 위해 총재를 바꾸어야 한다는 발상부터가 정상적이지 못했고 차지철의 정보 보고에 전적으로 의존하고 있었던 것도 이해하기 힘든 일이다. 다른 사람의 건의는 받아들이지 않았다.

김재규는 박정희를 사살한 범행동기에 대해 그의 1차 진술서에서 다음과 같이 말했다.

> (…) 경호실장 차지철은 사사건건 업무에 관해 월권행위를 자행하고 있었으며 군 후배이고 연하자인 그로부터 오만불손한 개인적 수모를 수차

례 당했습니다. 또 각하가 차 실장을 편애하는 데 대해서도 불만을 가지고 있었습니다. 대통령은 최근 중요 보직자의 인사를 단행할 예정이었는데 거기에 본인이 포함될 것이라는 데 대해서도 불만을 갖고 있었습니다.

그리고 한 걸음 더 나아가 자신이 박정희 대통령을 제거하면 국민이 대환영하고 자신을 지도자로 추대할 것으로 생각했던 것으로 진술했다.

(…) 본인도 정권을 잡아 대통령이 될 수 있다는 확신을 갖고 있었으며 현재 정계 인물 중 (본인이) 최적의 대통령감이라는 생각을 하고 있었습니다. 그러자 부마사태가 일어났습니다. 이 사태는 학생들의 소요라기보다는 민란이라 판단하여 지금이 각하를 제거할 적기라고 생각했습니다. 본인은 중앙정보부의 막강한 권한과 조직을 갖고 있었으므로 사후 수습이 가능하다고 생각했습니다. 현직에 있는 중요인사들과 군 지휘관들도 본인의 영향력을 믿고 동조할 것으로 판단했습니다.(11)

4 | 미국이 개입한 증거는 없어

박정희의 사망소식을 가장 먼저 접한 미국인은 당시 주한 미8군 사령관이던 존 위컴John Wickham 대장이었다. 26일 자정 무렵 노재현 국방장관이 그에게 제보해 주었다. 위컴 사령관으로부터 연락을 받아 사건을 알게 된 글라이스틴 대사가 본국에 알린 시각은 27일 새벽 2시 40분(워싱턴 시간으로 26일 금요일 오후 12시 40분)이었다. 보고를 받은 카터 대통령은 즉각 안보회의를 소집했다.

미 국방성은 즉각 비상근무 태세로 들어갔고 만약에 있을지도 모르는 북한의 군사조치에 대비해 예방조치를 발령했다. 3만 9,000여 명의 주한미군에는 방어준비 태세 제3호(데프콘 3)가 발동되었고 한미 통합사령부를 통해 한국군에도 경계태세령이 내려졌다. 이와 동시에 조기경보통제기(AWACS: Airborne Warning and Control System) 2대를 한국에 급파하는 한편 항공모함 키티호크호와 7함대 기함이며 헬리콥터 항공모함인 블루리지호를 한국 해역으로 이동시켰다.(12)

27일 오전 7시 30분 한국정부는 "박 대통령이 만찬 도중 김재규 중앙정보부장과 차지철 경호실장 간 야기된 우발적 충돌 후 김재규가 발사한 총탄을 맞고 서거했다"고 발표했다.

한국정부의 이러한 발표에도 불구하고 사건이 일어난 직후 워싱턴 당국이 취한 대외조치 가운데 한 가지는 이 사건에 미국은 개입하지 않았다는 점을 주지시키려는 노력이었다.

미국의 노력에도 불구하고 서방의 일부 매스컴은 10·26사건과 미국을 관련짓는 간접적인 표현을 하면서 이 사건을 계속 보도했다. 특히 공산 진영은 노골적으로 미국 개입설을 주장했다.

박 대통령 서거 후 거의 한 달이 지난 11월 19일, 글라이스틴 대사는 국무부에 다음과 같은 요지의 전문을 보냈다.[13]

> 박 대통령의 죽음에 미국이 관련되어 있다는 의심이 한국에서 끈질기게 제기되고 있다. 일본과 미국 언론은 미국이 박정희 정부를 비판한 것은 쿠데타 음모자들에게 모종의 신호를 보내기 위한 것이었다고 보도하고 있다. 김재규도 앞으로 재판에 나와 나의 전임자들이 자신에게 박 대통령을 공격하라고 부추겼다는 주장을 하고 나올 가능성이 있다.
>
> 우리는 그런 일을 하지 않았다. 나는 한국 내의 어떤 사람들이나 조직에 박정희 정권이 1년 이상 유지될지 의심스럽다는 말을 하고 다녔다는 비난을 듣고 있다. 나는 그런 대화를 한 적이 없다.
>
> 그러나 우리가 박 대통령의 행동을 공개적으로 비판한 것 때문에 한국인들이 우리의 비판을 오해하여 박정희의 최후가 다가오고 있다든지, 그가 사라지는 것에 대해 미국이 좋아하지 않을 이유가 없다든지 하는 식으로 생각했을 가능성은 있다.

10·26 직후 워싱턴 당국은 이 사건에 미국이 개입되지 않았다는 사실을 각국에 주지시키려고 무척 애를 썼다. 일본을 비롯하여 소련, 중국 등 공산국가에도 외교 경로를 통해 박 대통령 살해 사건과 미국은 무관하다는 점을 재빨리 통고했다. 미 국무성은 한국 사태에 관한 브리핑에서 미국 개입설을 되풀이해서 단호하게 부인했고 서울에서는 사건 직후 미 대사관 직원이 신문사를 돌아다니며 'CIA 개입설'을 부인했다.[14]

김재규는 재판과정에서 한국의 안전 보장에 직접적인 책임을 지고 있는 미국이 한국에서 자유 민주주의가 회복되기를 원하고 있었다고 주장함으로써 자신의 행위를 미국의 대한정책과 결부시키는 말을 했다. 김재규를 조사했던 보안사의 수사책임자는 김재규가 수사 초기 "미국 쪽에서 무슨 연락이 없었느냐?"라고 두어 번 물었다고 전했다.(15)

그러나 미국이 이 사건에 개입되었다고 할 만한 증거나 정황이 아직까지 파악되지 않고 있다. 하지만 김재규란 사람이 미국이 보내는 어떠한 신호도 없이 그렇게 엄청난 일을 단독으로 할 수 있었을까 하고 의심하는 사람이 있는 것도 사실이다.

당시 대통령 특별보좌관 김경원 박사는 "김재규가 미 행정부와 의회, 언론 등에 나타난 박정희에 대한 부정적 정보를 알고 있었기 때문에 자신이 박 대통령을 제거하면 (미국으로부터) 환영받을 것으로 확신했을 가능성이 없지 않다"고 한 미국 기자에게 말했다.(16)

한국군의 한 핵심인사는 "글라이스틴 대사는 나에게 박정희의 후계자문제를 거론하기도 했고 지나가는 말처럼 '김재규는 우리 말을 잘 알아듣는다'고 말하기도 했습니다. 그들은 김재규에게 구체적으로 대통령을 암살하라는 사주를 할 만큼 순진하지 않습니다. 김재규가 대통령을 제거하고 집권을 하면 적어도 미국이 반대하지 않을 것이라는 심증 정도는 갖도록 만들었을 수도 있습니다"라고 말했다.(17)

이러한 말도 어디까지나 추측일 뿐이다.

한편 북한의 김일성은 박 대통령이 암살당한 지 이틀 후 열린 군사회의에서 '친일 매국노' 박 대통령의 죽음은 당연하다고 말한 뒤, 군 장성들에게 신중한 어조로 "남조선의 혁명적 상황 속에서 어떤 변화가 일어날지 두고 보아야 한다"고 말했다. 김일성은 군의 경계태세를 지시했으나 별다른 조치를 취하지는 않았다.

김일성은 이 자리에서 "우리 땅의 반쪽인 남조선은 지금 미 제국주의자, 반동주의자, 지주, 자본가에게 점령당한 상태이나 북조선은 모든 인민이 식량, 의복, 의료, 교육 등에 대해 아무런 걱정도 할 필요가 없는 더 없이 행복한 생활을 누리고 있다. 우리 북조선처럼 완벽한 천복을 타고난 '지상 낙원'은 없다. 우리나라는 진정한 사회주의의 낙원이다"라고 말했다.(18)

5 | 박정희는 어떤 인물인가

박정희는 1917년 11월 14일 경상북도 선산군 구미면 상모리에서 태어났다. 가난한 시골 농가의 7남매 중 막내였다. 그는 15세가 되던 1932년 대구사범학교에 입학했다. 사범학교에 입학한 학생들은 학비와 숙소를 제공받았고 졸업 후에는 취업이 보장되었다. 20세 되던 1937년, 박정희는 경상북도의 산간벽지인 문경에서 보통학교 교사로 사회에 첫발을 내디뎠다. 대구사범학교 기록에는 박정희가 성격이 음울하고 불평이 많으며 말수가 적고 활발하지 못하다고 나와 있다.

교사생활을 청산하고 1940년 4월 만주군관학교에 입학한 박정희는 1등으로 졸업했고 1942년에 일본 육군사관학교로 진학했다. 1944년 4월 졸업한 박정희는 만리장성 근처 열하성에 주둔한 일본 관동군 제8단에 배속되었다. 8단장은 중국인 탕지룽唐際榮이었는데 박정희는 탕 단장의 전속부관으로 인사 및 군사작전 담당이었다.

박정희는 제2차 세계대전이 끝나자 1946년 5월 8일 중국 톈진에서 미군 수송선을 타고 귀국해 고향인 구미로 돌아왔다. 그는 1946년 9월 23일 새로 창설된 조선경비사관학교 2기로 입학했다.

1948년 11월 11일 박정희는 여수-순천 군사반란 사건(1948년 10월 19일)을 비롯한 군내 공산당 활동에 연루되었다는 죄목으로 서울에서 군 수사팀에 의해 체포되었다. 공교롭게도 박정희는 소령으로 진급한(1948년 8월 1일) 후 지휘를 맡았던 전남 광주 게릴라 소탕 작전에서 막 돌아온 상태였다. 1949년

2월 8일 박정희는 군사법정에서 종신형을 선고받았다. 재판장은 이용문이었다. 애초 군 검찰은 사형을 구형했었다.

박정희가 남로당에 가입한 결정적인 계기는 형의 사망이었다고 전해진다. 그가 조선경비사관학교에 입학한 지 겨우 열흘이 지난 1946년 10월 4일, 형인 박상희朴相熙가 구미에서 경찰에 의해 사살당했다. 박상희는 10월 1일 대구에서 일어난 대구 폭동에 참가했었다. 당시 박정희는 우익 한국 경찰과 한국 주둔 미군 장교들이 형을 죽게 만들었다고 믿고 그들에 대한 격렬한 증오심을 키워갔던 것으로 알려져 있다.

박정희가 체포되고 사형이 구형되자 그를 수사했던 백선엽 대령, 김안일 소령, 김창룡 대위 등이 오히려 사면에 앞장섰다. 정보국장이었던 백선엽이 부국장 김안일 소령과 김창룡 대위를 끌어들였고, 그들은 박정희의 연대보증인으로 정일권, 김백일, 원용덕, 김정렬 대령 같은 지지자들을 내세웠다.

근 40여 년이 지난 1989년 4성 장군으로 전역한 백선엽은 자신이 군 내부에서 구명운동을 벌였을 뿐만 아니라 주한미군 고문관, 특히 제임스 하우스만 James Hausman 대위와 로버츠 장군에게 박정희의 사면을 대통령이 인가하도록 설득해 달라고 로비를 벌였다고 회고했다.(19)

1950년 6월 25일 발발한 한국전쟁은 박정희가 자신의 경력을 다시 회복하는 기회가 되었다. 실제로 박정희는 6월 30일 국가특별법 제1호에 의해 육군 정보국 제1과 과장으로 공식적으로 복직되었다.

1958년 3월 박정희는 참모총장 백선엽 중장의 추천으로 육군소장에 가진급했다. 이로써 박정희는 육군사관학교 2기 중 최초로 육군소장으로 진급했다.

당시 군에서 박정희는 두 가지 면에서 명성이 매우 높았다. 하나는 가족을 경제적으로 적절하게 부양하지 못할 정도의 청빈함이었다.

그 실례를 소개하면 다음과 같다.

1955년 7월 1일 박정희는 강원도 양구에 주둔하고 있는 5사단 사단장으로 전보발령을 받았고 가족은 서울로 이사해야만 했다. 박정희가 전남 광주를 떠난 지 5일 후 그에게서 서울에 집을 구했다는 소식이 왔다. 부인 육영수 여사와 두 딸, 장모와 육 여사의 여동생은 서울로 갔다. 다음은 운전사 이타관의 회고다.

> 서울에 와보니 노량진역 앞에 얻어둔 셋방이 아직 비지를 않았습니다. 육 여사는 식구들을 데리고 오빠 육인수 집으로 가고 저는 노량진 기차역 창고에서 잠을 잤습니다. 3일 뒤 짐을 우선 청량리역 근처 국민주택에 살고 있던 김종필 집에 맡겨 두었습니다. 닷새 지나서 입주를 했는데 부엌이 없는 문간방이었어요. 아궁이가 현관 마루 아래에 있어 풍로를 사다가 음식을 끓여 먹어야 했습니다.

박 장군의 장모 이경령 여사는 다음과 같이 회고했다.

> 방에는 불도 들이지 않고 방바닥에서는 물이 줄줄 나고 (…) 그때 군인 비옷인 고무로 만든 장옷을 방바닥에 깔았는데 축축하게 누기가 차서 도무지 앉지도 눕지도 못해 밤이나 낮이나 서성거리고, 밥은 풍로에 해서 끼니라고 때우고, 그때 참말로 고생을 말할 수 없이 했어요. 손녀 딸 근혜는 아파서 울곤 했지요.

박정희가 명성을 얻은 또 하나의 이유는 강력한 지도력 때문이었다. 육사 8기 개혁파 영관급 장교들 사이에서 박정희의 강력한 지도력은 4·19 이후 정군운동을 통해 잘 알려져 왔다. 실제로 1960년 5월 2일 박정희는 3·15선거에서 군 내부의 부정선거를 막지 못했다는 이유로 참모총장 송요찬의 사퇴를 요구했고 군 개혁의 움직임을 사실상 주도했다.

박정희는 1961년 5월 16일 쿠데타로 정권을 장악하고 18년을 집권했다. 그는 반대파에 의해 군사독재, 영구집권이라는 비난을 받았지만 한 번도 자신을 위해 사리사욕에 매였던 흔적은 없었다. 오로지 국가의 부강과 번영을 위해 일했다. 그는 취미가 국가발전을 위한 일이었다. 그리러나 명을 다하지 못하고 부하의 총탄에 운명했다.

그는 항상 말했다.

나도 물론 인간인 이상 나라를 다스리는 데 시행착오가 없지 않았습니다. 그러나 나는 당대의 인기를 얻기 위해서 일하지 않았고 어떻게 하면 우리나라도 다른 나라 부럽지 않게 떳떳이 잘살 수 있을까를 항상 염두에 두고 일해 왔습니다.[20]

6 | 최규하와 대통령 자리

박정희 대통령 그 빈자리는 너무 컸다. 현직에 있는 누구도 그 자리를 메울 만한 인물이 되지 못했다. 헌법상 대통령 권한대행이 된 최규하는 그 자리를 차지하기에 너무 미약했다. 그의 능력으로 보나 돌연 찾아온 비상사태의 시기로 보나 그 권력의 막강함으로 보나 그는 적임자가 아니었다.

난세의 지도자가 되기 위해서는 인격적 또는 도덕적 덕목보다 혼란을 수습할 수 있는 카리스마가 필요했다. 평생 외교관 생활을 해오던 최규하 대행은 성격 면으로 보나 능력 면으로 보나 10·26 이후의 박 대통령 자리를 맡아 지휘권을 행사하기에는 적합하지 않았다. 최 대행의 한 측근은 "그 분은 권력에 대한 욕심이 없었습니다. 위기관리정부라고 스스로 선언하지 않았습니까? 군부가 자신을 추대하여 계속 대통령 노릇을 시켜 줄 것이라고 생각할 만큼 현실에 어둡지도 않았습니다. 최 대통령은 위기를 잘 수습하여 다음 대통령에게 정권을 무사히 넘겨주어야겠다는 나름대로의 일념을 갖고 있었습니다"라고 말했다.[21]

그러나 그의 이런 말은 최규하가 미국정부의 권고를 일언지하에 거절함으로써 무의미해졌고 최규하의 진심이 어디에 있는지 의심을 자아내게 했다. 워싱턴 포스트의 오버 도퍼 기자는 "미국정부는 최규하의 입장 강화와 평화적인 정권 이양의 성공적 마무리를 위해 최규하에게 1년 기한으로 임시 대통령직을 수행하라고 조언했다. 그렇게 함으로써 최규하의 위상을 강화해 과도기를 순탄하게 넘길 수 있으리라는 판단이었다. 그러나 최규하는 손아귀에

들어온 권력에 새로운 야심을 품었던 탓인지 미국의 충고를 일언지하에 거절했다"라고 말했다.(22)

최규하 대행이 주인이 갑자기 없어진 권력의 자리를 차고앉을 수 있는 절호의 찬스라고 생각했는지 아니면 이런 과도기에는 자신처럼 중도적이고 무해무득한 인물이 적격이라고 판단했는지, 그 속셈은 알 수 없다. 만약 전자의 경우라면 유신헌법에 따른 통대(통일주체국민회의 대의원) 간접 선거에 의한 대통령 선출이라는 손쉬운 방법에 현혹되었을 수도 있고, 후자의 경우라면 최규하 대행을 중심으로 뭉쳐 민주화 절차를 진행하고자 했던 당시의 순진한 군 수뇌부의 후원이 있었기 때문이 아닌가 생각된다. 최규하가 믿고 있었던 군부세력은 전두환의 신군부가 타도의 대상으로 여기던 노재현 국방장관, 정승화 참모총장, 김종환 합참의장, 유병현 연합사 부사령관, 이희성 중앙정보부장 서리 등이다. 그러나 이들의 정치성은 매우 약했다. 이들이 힘을 뭉쳐 난국을 타개하기에는 정치적 야망이 부족했다. 그러면서도 이들 군 수뇌부는 다음 정권을 공화당이나 야당에 넘겨줄 수 없다는 공감대만은 강하게 형성하고 있었다.

그러나 야당의 생각은 달랐다. 이제 때가 왔다고 생각했다. 야당을 지도하고 있던 김영삼, 김대중은 유신헌법을 조속히 개정하여 국민의 직접 선거로 대통령을 선출하기만 하면 당장 자신들이 대통령이 될 것으로 착각하고 마음이 급해졌다. 김영삼 신민당 총재는 11월 5일 "3개월 이내 개헌, 개헌 후 2개월 이내 대통령 직접 선거"라는 안을 제의했고, 이것이 야당의 합의된 입장이라고 했다.(23)

한국 정치사에는 이승만 정권이 붕괴된 이후 허정 과도정부가 수립되어 개헌과 총선거를 3개월 이내에 치러낸 경험이 있다. 당시 이승만 대통령이 1960년 4월 27일 대통령직에서 하야하자, 수석 국무위원인 허정 외무장관이 과도정부를 출범시켰다. 과도정부는 국회가 마련한 내각책임제 개헌안을 6

월 15일 국회에서 통과시키고 제5대 국회의원선거를 7월 29일 실시하여 다수당이 된 민주당에 정권을 이양하고 물러난 일이 있다. 과도정부가 사심 없이 선거를 관리하면 3개월이면 충분히 헌법 개정, 국민투표 그리고 총선거를 실시할 수 있다는 경험을 가지고 있었다.

1979년 11월 26일 여·야 동수의 헌법개정심의 특별위원회를 구성해 개헌안 작성에 착수했다. 이어 신민당이 제시한 대통령 직선제를 담은 개헌안을 중심으로 12월 7일 국회 개헌특위의 개헌안을 마련, 정부로 이송해 정부안으로 개헌안을 발의시켜 국민투표에 부치기로 결정했다. 그만큼 국민투표에 의한 대통령 직선제 개헌은 이미 국민적 합의가 되어 있었던 것이다.

박정희 사후 여러 날이 경과해도 민주화를 위한 아무런 실질적 조치도 취하지 않으면서 유신헌법에 의거해 최규하를 정식 대통령으로 선출하려는 최규하, 신현확 팀의 기도에 대해 민주화운동 세력과 제도권 야당은 크게 반발했다.

이들은 계엄령을 무시하고 11월 13일 민주화를 요구하는 성명을 발표했고, 11월 24일 밤에는 서울 명동의 YWCA강당에서 집회를 열고 유신헌법에 따라 통일주체국민회의에서 최규하를 대통령으로 선출하려는 것을 중지하고 거국적 민주 내각을 구성해 민주 헌법을 조속히 제정할 것을 촉구했다.(24)

그러나 최규하는 이를 무시하고 12월 6일 유신헌법에 따라 통일주체국민회의를 열어 자신을 정식 대통령으로 선출하는 일을 감행했다. 대통령으로 선출된 최규하는 12월 10일 신현확 부총리를 국무총리로 지명했다.

당시의 정국을 일별해 보면, 정권을 장악하고 있는 기존세력은 어떻게든 집권을 계속할 방법을 모색하고 있었고, 새로운 시국 변화에 따라 국민의 직접선거만 하면 대통령 자리가 굴러들어 온 것이나 다름없다고 생각하는 야당과 가급적 정국의 혼란을 겪지 않고 무난히 안정되기를 바라는 국민이 긴장 속에 팽팽히 맞서 있었다.

이러한 상황 속에서 글라이스틴 미국대사는 10월 28일 미 국무성에 보낸 전문에서 야당의 움직임에 대해 우려를 표했다.

> 야당은 곧 도저히 성취할 수도 없는 수준의 민주화를 요구하고 나올 것이다. 그들이 너무 빨리 또 너무 거칠게 민주화를 요구하고 나오면 상황이 극한 대결과 혼란 그리고 불가측성으로 회귀할 가능성이 높다. (…) 불투명한 상황에서 경쟁이 격화되면 고전적인 형태의 쿠데타가 일어날 가능성도 있다. (…) 김대중, 김영삼도 참여할 수 있는 직접 선거가 이루어질 가능성은 거의 없다.(25)

7 | 12·12와 신군부의 등장

정승화鄭昇和 육군참모총장은 보안사령관이며 합동수사본부장을 맡고 있는 전두환全斗煥 소장을 동해경비사령관으로 전보할 결심을 했다. 정 총장은 평소 눈에 거슬리는 행동을 하는 전 소장을 못마땅하게 생각하고 있었다. 정 총장은 12월 9일 노재현 국방장관에게 전 소장을 전보하자고 건의했다. 전 소장의 전보 소식은 이미 군부에 널리 퍼져 있었다. 전두환을 중심으로 한 하나회 등 신군부는 전 소장의 전보는 그들의 몰락이라고 인식했다. 이제 자신들의 몰락을 받아들일 것인가 아니면 하극상하여 상층부를 쿠데타로 몰아내고 권력을 장악하느냐의 기로에 서게 되었다.

전두환은 12월 12일 오후 7시경 허삼수, 우경윤 두 대령을 지휘관으로 하는 약 80명의 병력을 한남동에 있는 육군참모총장 공관으로 보냈다. 정승화 총장을 연행하기 위한 쿠데타를 감행한 것이다. 국방장관과 대통령의 허가를 받지 않은 불법 행동이었다.

정승화 납치가 순조롭게 이루어졌다면 그리고 총장 공관에서 총격이 일어나지 않았더라면 그날 밤의 병력출동과 유혈사태는 없었을 것이고 역사의 진행방향도 크게 달라졌을지도 모른다. 특전사, 국방부, 수경사는 차례로 유혈이 낭자한 하극상의 참극을 연출했고 각 부대마다 지휘관은 부하에게 강제로 제압당하는 수모를 겪었다.

정 총장은 보안사로 연행되어 물고문을 당했고 총상을 입은 정병주 특전사령관은 강제전역당한 뒤 보안사의 감시하에 생활해야 했다. 수경사령관 장태완의 아버지는 아들이 역모를 했다고 오해하여 식음을 전폐한 채 버티다가 넉 달 만에 타계했다. 그의 아들(서울대 학생)은 그로부터 1년 뒤 경북 칠곡군의 할아버지 묘소에서 변사체로 발견되었다.(26)

당시 주한미군은 12월 13일부터 한국의 최강자는 전두환 장군이라고 평가했다.

"하룻밤 사이에 계엄사령관을 구속하고 국방장관을 바꿔버리고 대통령을 벌벌 떨게 했으니 그가 최강자가 아니면 누구란 말인가? 한국인들은 1980년 5·17조치로 그가 정권을 잡았다고 생각하는데 우리는 12월 13일로 본다"고 한 분석가는 말했다.(27)

그때 군은 비상계엄령하에서 3권을 장악하고 있었다. 군의 헤게모니를 장악하면 자동적으로 정권까지 좌우지하게 된다.

1980년 2월경 신군부 안에서는 정치참여를 놓고 토론이 벌어졌다. 김윤호 중장 등은 "12·12사태에 대한 책임추궁을 하지 않는다는 보장을 받은 뒤 군으로 복귀하여 2년만 기다리자. 그러면 사회가 혼란하여 군대를 다시 부르자는 여론이 일어날 것이다"라고 했다.

그러나 전두환 장군과 그 측근은 "우리가 물러서면 보복을 당할 것이다"라며 반대했다. 2월까지도 전두환 그룹은 방황했다. 12·12사태 때 저지른 엄청난 일에 대한 불안감이 그들의 뇌리를 강박관념처럼 억누르고 있었다. 이것이 전두환 장군을 5·17로 치닫게 하는 가장 큰 동기가 되었다.

박정희 소장처럼 국가운영에 대해 뚜렷한 목표의식이 없었던 전두환은 상황에 끌려 달리다 청와대까지 들어가게 된, 어떻게 보면 대단한 행운아였다.

전두환은 정규 육사 출신들을 제압할 수 있는 두 가지 끈을 갖고 있었다. 정규 육사 출신의 사조직인 하나회의 회장이라는 끈과 계엄업무를 장악한 합동수사본부장이라는 끈이었다. 그리고 과거부터 동기생과 후배들을 몸을 아끼지 않고 돌보았던 점이 그를 리더로 만들었다. 동료들의 길·흉사나 친구, 부하들의 청탁에 그는 몸을 사리지 않았다. 돈을 잘 만들고 잘 썼지만 개인적인 축재를 하지 않아 결벽증이 있는 후배들에게 존경할 만한 선배로 비쳤다.

8 | 5·17과 광주의 비극

12·12사태로 인한 군 내부의 긴장되고 어수선한 움직임과는 달리, 1980년의 정치가는 표면상으로 따뜻한 봄날처럼 들뜬 분위기였다. 정치권은 온통 개헌논의로 떠들썩했다. 국회에 설치된 헌법개정공청회에서 전문가들이 참석한 가운데 열띤 개헌논의가 이루어지고 있었다. 최규하 정부는 이와는 별도로 헌법개정심의위원회를 발족시켰다. 학계를 비롯한 민간단체들도 세미나를 열어 개헌의 방향에 대해 활발하게 토론했다. 신문과 방송은 연일 개헌논의와 여·야당의 움직임을 보도했다.

최규하 과도정부는 윤보선과 김대중 등 687명에 대한 복권조치를 단행했다. 문자 그대로 희망에 찬 '서울의 봄'이었다.[28]

그러나 서울의 봄은 대학가와 노동현장에서 연일 계속된 과격시위로 차츰 1960년 4·18 직후를 연상시키는 혼란으로 물들어 갔다. 대학생들은 처음에는 어용교수 퇴진, 학교재단운영문제, 입영집체훈련반대 등 학내문제를 주된 이슈로 삼았다.

학생시위 대전환의 신호탄이 5월 1일 서울대학교에서 올려졌다. 이날 밤 총학생회는 2일부터 유신잔당 퇴진, 계엄해제, 정부개헌 중단, 노동3권 보장 등을 요구하는 본격적인 정치투쟁을 전개하기로 결정했다. 학생시위는 5월 13일부터 15일까지 사흘 동안 절정을 이루었다.

13일 저녁 서울 세종문화회관 뒤편에 집결한 수천 명의 학생은 '계엄철폐', '전두환세력 퇴진' 등의 구호를 외치며 광화문 일대를 행진했다. 사흘째가 되는 15일에는 서울역 앞 광장에 서울시내 35개 대학에서 온 10만 명 가까운 대학생들이 집결했다. 이날 데모에서 시위대와의 충돌로 전경대원 1명이 사망하고 수명이 부상당하는 불상사가 발생했다. (29)

5월 16일 김영삼과 김대중은 회담을 가진 뒤 공동발표문을 냈다. 학생시위 등 정치, 사회적 혼란은 최규하 정부가 권력을 연장하려고 기도하고 있기 때문에 일어났다고 규정하고 비상계엄의 즉각 해제, 정부의 개헌구상 철회, 민주 정부의 연내 수립을 약속하는 정치일정 발표를 요구했다. 그리고 학생들에게 자제를 당부했다. 김대중은 이후 이 자제 요구 부분을 자주 인용하면서 자신이 결코 사회혼란을 획책한 것이 아니라고 주장했다.

그러나 합수본부에서는 학생들의 시위를 김대중이 배후에서 조종하고 있다고 판단했다.

신현확 총리는 국회의 광주 특위 청문회에서 "3김씨가 학생들을 잘 타일러서 학원을 조용하게 하는 등 협력을 잘 했더라면 그렇게까지는 되지 않았을 것이다. 당시 정치인들의 요구는 학생들과 비슷했다. 시위가 격화되는데 계엄령을 어떻게 해제할 수 있는가?"라고 증언했다.

두 김씨의 공동발표문은 학생들에게도 신군부에게도 아무런 영향력을 행사할 수 없었다. 두 사람은 "학생들의 과격한 행동이 민주주의를 원하지 않는 사람에게 구실을 줄 수 있다"고 경고했으나 그것은 구실을 다 준 뒤의 약방문에 불과했고 자신들의 정치 행태 또한 구실이 되었다는 것을 간과한 정치적 수사 그 이상도 그 이하도 아니었다. (30)

그러나 당시 사태를 점점 혼란으로 이끌고 간 것은 최규하 정부의 애매모호한 태도였다. 최규하 정부가 과단성 있게 정치일정을 정해 발표했더라면 그런 혼란은 일어나지 않았을지도 모른다. 시위대는 정치일정을 발표하지 않고 있는 최규하 정부의 분명한 태도를 촉구했다. 당시의 사태발전에 대해서는 야당과 군부 그리고 최규하 정부 모두 책임이 있었다고 생각한다. 국민의 일부는 최규하 정부가 군부의 위세와 압력으로 자체적인 정책결정을 못했으므로 최규하도 피해자라고 생각하기도 한다. 그러나 그렇다면 더욱 최규하는 책임을 지고 대통령직을 사퇴했어야 옳았다. 대통령직은 어느 개인이 영화를 누리기 위한 자리는 아니기 때문이다.

5월 17일 밤 9시 42분 착검한 무장군인들이 중앙청 국무회의실 복도 양편에 도열한 가운데 임시국무회의는 찬반토론이나 제안 설명도 없이 계엄확대 선포안을 가결했다. 밤 11시 40분 이규현 문공장관은 "정부는 비상계엄 선포 지역을 17일 24시를 기해 전국 일원으로 변경한다"고 발표했다. 18일 새벽에는 계엄사가 포고령 10호를 발표, 정치활동 중지, 정치목적의 옥내외 집회 및 시위 금지, 모든 대학의 휴교를 명령했다.

계엄사 합동수사본부는 김종필, 이후락 등을 권력형 부정축재 혐의로, 김대중, 예춘호 등을 사회혼란 조성 및 학생노조 선동 혐의로 그리고 많은 언론인을 혼란 선동 혐의로 연행했다.[31]

5·17비상계엄 이후 부산과 광주는 전혀 상반되는 반응을 보였다. 지난 1979년 부마사태의 진원지였던 부산 광복동의 상인들은 1980년 5월 학생들의 시위를 반대하는 연판장을 만들어 학생들에게 전달했다. 그들은 학생시위는 사회혼란을 야기하고 이는 경기침체로 이어져 생활고를 가져온다는 도식으로 상황을 파악하고 있었다. 그리고 전국의 많은 중산층은 학생시위에 의한 사회혼란과 경제위기를 우려하고 사회안정 쪽으로 선회하고 있었다.[32]

그러나 광주는 달랐다. 김대중을 체포한 신군부에 대해 격렬하게 저항했다. 5월 21일 글라이스틴 미 대사는 국무성에 광주 사건에 관한 2건의 보고서를 보냈다.

(…) 광주의 구호들은 여러 면에서 서울이나 기타 지역의 구호와 유사함. 그럼에도 왜 이 남부 지역 도시는 심각한 폭동 상태에 빠졌으며 정부의

공공질서 유지 능력이 현저하게 떨어졌는가?

아마도 격렬한 광주 폭동에는 지역주의가 상당한 역할을 하고 있는 것으로 보인다. 전라도민은 아주 오랜 기간 동안 스스로를 2등 시민이라고 느껴왔으며 전라도의 정치지도자인 김대중 구금 소식과 계엄 확대 소식을 접하고 민첩하게 정부당국과 대치하려고 했고 그 결과 시위가 가속화되었다.

경찰과 군은 이들에게 특히 가혹하게 대응했는데, 이는 정부당국의 권위에 도전하는 것을 용납하지 않겠다는 뜻을 담고 있으나 전라도민은 그렇게 대해야 한다는 생각 때문일 수도 있다.

직접적인 원인은 김대중 및 전라도 출신 정치인들에 대한 정치 탄압인 것이 분명하지만 현재로서는 모든 전라도민이 폭력에 가담하고 있다. 이는 뿌리깊은 역사적 지역적대주의를 반영하고 있다. 최소 15만 명이 가담하고 있으며 대규모 파괴가 이루어졌다. 최신 정보에 의하면 폭도들이 무기고를 부수고 무기와 탄약, 폭탄을 탈취했다. 한국군은 오늘 밤 군 병력을 시 외곽으로 철수시킬 계획이다.(33)

광주에서 시위 군중을 상대로 특전사 병력의 진압작전이 실시된 시간은 5월 18일 오후 3시였다.

이날 오전 10시 전남대 정문 앞에서 학생 50여 명이 특전사 부대원과 대치하던 중 투석전이 벌어졌으며, 오전 11시 금남로 가톨릭센터 앞에서 시위대의 연좌시위가 시작되었다. 오후 2시가 넘어서면서 시위 군중이 1,600여 명으로 불어났다.

광주학생들의 가두시위는 처음에는 평화적으로 시작되었으나 계엄군의 과잉진압으로 사태는 급속히 악화되었다. 공수특전단 병력은 '본때를 보여주려는 듯' 무차별 구타, 살상을 자행했으며 이에 격분한 광주시민들의 참여

1980년 5월 18일 광주민주화운동 당시 많은 시민, 학생이 금남로에 모여들고 있다.

로 시위는 전 시민의 항쟁으로 확대되어 갔다.

시민들은 파출소 예비군 무기고에서 총기를 끄집어내서 무장계엄군을 시 외곽지역으로 몰아냈다. 이리하여 광주는 한때 정부의 통치권이 미치지 않는 도시로 변했다. 그러한 상태는 계엄군이 다시 진입하여 시가전 끝에 사태를 진압한 5월 27일까지 계속되었다.(34)

'5·18 관련 사망자 검시내용'이란 제목으로 광주지방검찰청이 작성한 정부 공식문서가 공개되어 충격을 주고 있다. 이 자료에 의하면 사망자 165명의 사인은 총상이 전체의 79.4퍼센트인 131명으로 가장 많고 개머리판, 곤봉 등에 의한 타박사가 18명, 차량사 12명, 대검 등에 의한 자상이 4명인 것으로 나타나 있다.(35)

당시 계엄군 측에서도 특전대 18명을 포함하여 23명이 사망했고 경찰도 4명이 희생되었다. 시위대는 무기고를 습격하여 소총 4,747정, 기관총 49정, 실탄 29만 발, 수류탄 552발을 수중에 넣었고 차량 554대와 무전기 220개를 탈취하여 진압군과 대치했다.

신군부는 5·17계엄확대와 광주사태를 수습하고 마침내 정권을 장악하는 수순을 밟았다. 국정의 최고정책기구로 국보위國保委를 설치하고 정권의 표면무대에 모습을 드러냈다. 당시 일부 외신은 국보위를 혁명평의회와 같은 성격의 기구라고 보도했다.

전두환을 위원장으로 하는 국보위가 설치된 것은 5월 31일이었지만 신군부는 사실은 그보다 2주일 전에 군부 내에서 이 기구의 설치를 결의해 놓고 최규하 대통령이 중동 순방에서 귀국하기만 기다리고 있었다. 이 안은 전두환의 측근 세력인 허화평 등이 구상해 낸 것이며 최 대통령 부재 중 권한대행이던 신현확이 동조하여 성안된 것으로 알려졌다.

최규하 대통령은 그의 재임기간 중 스스로의 결단에 의해 일을 처리한 적이 한 번도 없었다. 신군부의 강력한 건의에 의해 서명만 했다. 12·12사태

때 정승화 총장 연행 결재, 그 직후의 군부 내 대규모 숙청 인사, 전두환 보안사령관의 중앙정보부장 서리 겸임 발령, 5·17계엄확대조치 결재와 광주사태 진압, 국보위 설치 등 모두가 그렇다.

이제는 쓸모가 없게 된 최규하의 퇴출만 남긴 상태가 되었다. 최규하는 그동안 신군부가 적절하게 써먹은 도구에 지나지 않았다. 지도자는 항상 자신의 거취를 분명히 할 줄 알아야 추한 면을 보이지 않을 수 있다는 것을 잘 보여준 사례다.

권정달 보안사 정보처장은 청와대로 찾아온 동향 인물과의 잡담 중에 "어이 최 대통령 보고 빨리 그만두라고 해. 우리는 갈 길이 바빠"라고 말하기도 했다. 최 대통령은 8월 4일 서기원 공보수석을 집무실로 불러 "광주사태 등 여러 가지 사정으로 더 이상 대통령직을 수행하기 어렵게 되었다"면서 하야에 즈음한 특별담화문 작성을 지시했다.(36)

9 | 전두환과 미국

12·12사태 이틀 후 12월 14일 전두환은 글라이스틴 미 대사의 초청으로 미 대사관을 방문했다. 글라이스틴은 그에게 헌정질서 회복을 요청했다. 전두환은 최규하 대통령을 지지한다고 밝히고 12·12사태는 박 대통령 암살 사건을 수사하는 도중 일어난 우발적인 사건이며 자신은 아무런 개인적 야심이 없다고 주장했다.

글라이스틴은 전두환을 지략이 뛰어나고 추진력이 강한 사람이라고 인정하면서도 그를 신뢰하지 않았고 나중에는 그를 "절대 신뢰할 수 없고…… 양심도 없고…… 잔인한 데다…… 거짓말을 서슴없이 하는 사람"이라고 혹평했다.

글라이스틴의 후임으로 부임한 리처드 워커Richard Walker는 "내가 만나본 사람 중 가장 약삭빠르고 타산적이며 정략적인 사람"이라고 전두환을 평했다.(37)

전두환과 존 위컴John Wickham 사령관의 최초 대면은 1980년 2월 14일 연합사 사령관실에서 있었다. 위컴 사령관은 집무실 책상 위에 성경책을 얹어놓고 군화를 신은 발을 책상 위에 올려놓은 채 비스듬히 앉아서 전두환을 만났다. 완전히 하급자 대우였다.

전두환은 "우리는 부정부패를 일소한 뒤 병영으로 돌아갈 것이며 우리를 밀어주면 언젠가는 우리에 대해서 자랑스럽게 생각할 날이 올 것이다"라고 말했다.

전두환은 "정치에는 전혀 관심이 없다"고 몇 번이나 되풀이하면서 자신이 행동으로 보여주겠다고 했다. 내가 한국에서 임무를 마치고 돌아가서도 그가 한 행동을 자랑할 수 있을 것이라고도 말했다.

자신의 개인적인 소망은 육군참모총장이 끝이라고 강조했다.

아무튼 그는 일단 고지를 차지했다. 권력의 맛을 보았다. 또 권력을 쓰는 법도 알았다. 내게는 결코 신뢰할 수 있는 인물로 비쳐지지 않았다. 오직 행동밖에는, 미국의 신임을 얻을 수 있는 방법이 없다는 점을 전두환은 잘 인식하고 있었다.(38)

한국정부가 국보위 설치를 공식 발표하자, 미국은 군부의 동향을 살핀 후 한국에서 문민정부의 수립 가능성은 희박해지고 군부의 전면적인 정권장악이 머지않다는 결론을 내렸다. 5·17사태와 광주사태 및 국보위 설치에 대한 불쾌감의 표시로 미국은 몇 가지 대응책을 마련했다.

먼저 미국은 제2차 한미정책협의회의 개최를 연기시켰다. 이어 미국은 대한신규투자를 협의하기 위해 6월 초로 예정된 미국 해외민간투자공사 브루스 르웰린 총재를 단장으로 하는 경제사절단의 한국 파견을 무기한 연기시켰다. 그리고 인천항만시설을 위한 아시아개발은행의 5,400만 달러의 차관과 국제금융공사의 1,000만 달러 차관에 대한 표결도 연기시켰다. 그밖에 2년 전에 미국이 약속했던 F16 전투기의 대한판매문제를 재검토한다고 통보했다.(39)

그런데 미국의 전두환에 대한 부정적 태도가 8월 들어 갑자기 변했다. 위컴 사령관은 8월 7일 8군 사령부 내의 집무실에서 서울에 주재하는 미국기자들을 불러 회견을 갖고 "전두환 국보위 상임위원장이 한국의 새로운 지도자가 될 경우 미국은 그를 지지할 것"이라고 말했다. 위컴 사령관은 또한 "금년 1월 전 장군에 반대하는 한국군 장교 수 명이 우리를 찾아와 미국이 지지해

주기만 한다면 전 장군을 제거하겠다고 했으나 우리는 그들의 계획을 저지시켰다"고 밝히면서 전 장군을 배제하려는 움직임은 전쟁을 불러일으킬지도 모르는 불안정 요소가 될 수 있다고 강조했다. 불과 수개월 전만 해도 전 장군을 좋지 않게 생각하던 위컴이 갑자기 전두환 지지를 표명하고 나선 것은 주목할 만한 일이었다.(40)

그런 일이 있은 지 얼마 후 전두환은 국방과학연구소의 중역급 실무진 30명을 해고함으로써 한국의 핵무기와 유도탄 프로그램을 무력화시켰다. 해고된 인원 중에는 국방과학연구소장 심문택 박사와 1977~1978년에 한국 최초의 유도탄 K-2 개발을 주도했던 최현호 박사도 포함되어 있었다. 같은 달 카터 행정부는 "미스터 전이 한국의 차기 대통령이 되기에 충분한 국민적 지지를 받고 있다"는 결론을 내렸다.(41)

그리고 1980년 9월 1일 전두환은 대통령으로 취임했다.

전두환은 박정희가 한국의 자주국방을 염두에 두고 목숨을 걸고 추진하던 핵무기와 유도탄 개발계획을 포기하고 자신의 대통령직을 미국으로부터 인정받은 것이 아닌가 의심스럽다. 결국 박정희의 필생의 숙원인 핵무기와 미사일 개발은 완성되지 못한 채 역사 속으로 사라지게 되었다.

또한 전두환은 군부의 숙적 김대중을 미국과의 협상카드로 이용했다. 김대중은 광주사태와 관련해 내란음모 혐의로 정식 기소된 후 9월 17일 군법회의에서 사형 언도를 받았다.

레이건Ronald Reagan의 신임 국가안보보좌관 리처드 앨런Richard Allen은 카터 행정부의 양해를 받아 김대중의 구명을 위해 내한했다. 앨런은 김대중을 살려주는 대가로 전두환의 백악관 방문과 양국 관계의 정상화를 약속하는 타협안을 제시했다.

미국은 대통령 취임식이 거행된 바로 다음날인 1981년 1월 21일 전두환의 방미가 곧 이루어질 것이라고 발표했다. 그로부터 사흘 후 전두환은 계엄령을 해제하고 김대중의 형량을 사형에서 무기징역으로 감형한다고 발표했다.

전두환은 레이건 대통령이 취임한 직후 맞이한 두 번째 외빈이자 첫 번째 국빈이었다.

하지만 전두환의 방미는 초라하기 짝이 없었다. 2월 2일 백악관에서 열린 정상회담 자리에는 공식 통역관도 없이 한국의 외무장관이 통역으로 배석했고 두 정상이 마주 앉은 시간도 단 10분이었다. 양측의 통역 시간과 회동 앞뒤의 의례적인 인사말을 빼고 나면 길어야 5분이었다. 서로 마주 앉았다가 금방 일어난 것이나 마찬가지였다. 두 대통령이 직접 선물을 주고받는 시간마저 배정되어 있지 않았다.

한국 국민을 대표했던 전두환 대통령의 입장에서 보면 서럽기 짝이 없는 대접이 아닐 수 없었다. 푸대접이라기보다는 무대접에 가까웠다.

그러나 전두환은 이 방미를 계기로 그동안 한·미 간의 서먹서먹했던 관계를 깨끗이 청산했다. 12·12도 덮어졌고 광주도 잊혀졌다. 한·미 간에 12·12나 광주는 더 이상 현안이 아니었다. 미국의 공식 승인을 받은 전두환은 국내에서 지도자로서의 위상을 강화하게 되었고 제5공화국의 앞날은 탄탄해졌다.(42)

전두환이나 레이건 모두 서로 만남으로써 잃을 것은 없었고 얻을 것은 많았다. 미국이 얻은 것은 국익이었다. 공개적으로 발표되지는 않았지만 당시 레이건은 백악관 회담에서 전두환에게 미국의 최신예 전투기인 F-16을 판매할 준비가 되었다는 사실을 공식적으로 전달했다. 이 전투기 판매계획은 카터 행정부 당시에 이미 원칙상 합의된 내용이었지만 카터의 반대로 성사되지 못하고 있었다. 전두환은 즉석에서 수락했다.

그러나 한국이 얻은 것은 국익이었는지 의문이다. 미국의 '승인'을 받아냄으로써 전두환 정권이 정통성을 확보하게 된 것이 최대의 수확이라면 수확이었다. 하지만 그 대가는 너무 컸다.

레이건과 만난 후 다음 해인 1982년 12월에는 800여 명의 과학자들이 추가로 국방과학연구소에서 밀려났다. 이 숙청기간 동안 전두환은 한국이 궤도 180킬로미터 이상의 유도탄을 개발하지 않을 것을 미국정부에 보장했다.(43)

10 | 제5공화국

전두환은 9월 1일 대통령에 취임하면서 "구시대적 지도층을 역사의 무대에서 퇴장시켰으며 이를 계기로 새로운 가치관을 갖고 있는 청렴하고 양심적인 인사들이 새 시대 창조의 역군으로 등장하게 되었다"라고 말해 정계개편과 세대교체에 대한 강력한 의지를 표명했다.

전두환은 그의 말대로 11월 정치풍토쇄신법을 제정하여 567명의 정치인에 대해 8년간 정치활동을 금지시켰다. 그리고 불량배를 소탕한다면서 2만 9,000명의 시민에게 삼청교육을 받게 하고 많은 공무원, 공공기업체 간부 및 언론인과 교수를 직장에서 추방했다.(44)

전두환은 이러한 조치로 박정희 시대와 단절한 것이라고 자부했다. 그는 "박정희 시대(1960~70년대)의 급속한 발전과정에서 많은 모순과 부작용이 생겨났다. 소위 권력형 부정축재, 부의 편재현상, 황금만능주의, 도의의 타락, 정치적 의견의 극단화, 공직자들의 무사안일주의 등이 사회에 만연해 있다"고 했다.

"권력을 이용하여 수십억 혹은 수백억 원의 재산을 긁어모은 정치인이 있고 일부 부유층이 사치하여 낭비로 흐르고 있고 자기만 잘 먹고 잘살면 된다는 사고방식이 만연해 있으며 정의롭고 성실하며 근면한 사람들이 사회로부터 존경을 받기는커녕 오히려 바보 취급을 받고 있다"고 전두환은 강조했다.

전두환은 본래 정치에 관심이 없었던 사람이다. 위컴 사령관에게 말했듯이 참모총장이 평생의 희망하는 자리라는 말은 거짓이 아니었다. 전두환은 12·12

쿠데타와 광주사태에서 저지른 일이 워낙 심각하여 후퇴할 수 없게 되었고 그를 둘러싸고 있는 영관급 장교들의 절대적인 추대작업에 의해 대통령까지 하게 된 것이다. 이 영관급 장교들은 박정희 시대와 단절하고 새 시대를 열 수 있는 것처럼 전두환 정권의 정통성을 분식했다. 당시 청와대 허화평 보좌관, 허삼수 사정수석, 이학봉 민정수석 등이 바로 영관급 장교들이다. 육사 17~18기의 보안사 출신인 이 수석 보좌관들은 자신들을 '창업공신' 심지어 전두환과 '동업자'라고 여기고 있었다.(45)

서슬이 시퍼렇던 전두환의 5공 정권은 출범 초 위세가 대단했다. 국민이 공포를 느껴 누가 들을까봐 마음대로 이야기조차 못할 정도였다. 언론도 완전히 통제되어 일종의 상시 검열 상태였다. 권위주의적 통치는 언론만 통제하면 일단은 이루어진다.(46)

전두환 정권의 새로운 시대에 대한 의지는 장영자 사건으로 일단 좌절을 겪게 되었다.

장영자는 전두환 대통령의 처삼촌인 이규광李圭光 광업진흥공사 사장의 처제로 사채시장에서 거물 행세를 하고 다녔다. 장영자 남편인 이철희는 박 대통령과 같은 육사 2기 출신으로 중앙정보부 차장과 유정회 국회의원을 지냈다.

이들 부부는 은행의 무담보 대출의 허점을 이용하여 사기행각을 벌였다. 1981년 2월부터 1982년 4월까지 1년 2개월 만에 총 6,404억 원에 달하는 거액의 자금을 조성했다.

이 장영자 사건으로 공영토건, 일신제강과 같은 기업들이 도산했고 조흥은행장과 상업은행장 등 17명이 구속되었다.(47)

친인척 비리이기도 하고 권력형 비리이기도 한 고약한 사건이었다. 결국 이 사건은 장영자 부부는 물론 전두환의 처삼촌인 이규광까지 구속하는 것으로 마무리되었다. 허화평 정무수석이 사건 초기 단계부터 원칙대로 처리할 것을 주장해 이를 관철시킨 결과였다.

권력 내부에도 엄청난 변화가 있었다. 유학성 안기부장이 해임되고 권정달 민정당 사무총장도 경질되었다. 그러나 무엇보다 그해 연말에 허화평, 허삼수 두 수석이 전격적으로 해임되었다.

허화평은 후에 5공화국에 대해 다음과 같은 자평을 했다.

> 박 대통령 서거 당시 우리나라는 국내 총생산이 600억 달러, 외채가 300억 달러였습니다. 국내 총생산의 절반이 빚이었다는 얘기입니다. 창원공단 등도 짓다가 말았기 때문에 수출도 제대로 하지 못하는 실정이었고요. 박 대통령이 시작만 해놓은 상태이던 살림살이를 물려받아 정상궤도에 올려놓은 게 5공화국입니다. 10·26 후 김영삼 씨나 김대중 씨가 집권했더라면 나라살림은 바로 끝장났을 것입니다.
> 그분들은 정치적 사고에 익숙하기 때문에 산업화는 중요하게 여기지 않았을 것이고 민주화를 명분으로 박 대통령이 하던 것들을 무너뜨리는 데 바빴을 거라는 얘기죠. 그런 의미에서 5공화국이 없었으면 박 대통령 시대를 상징하는 산업화라는 것도 불가능했다고 봅니다.(48)

허화평은 이렇게 5공화국의 존재이유를 강하게 역설했다.

전두환이 경제정책을 올바로 세워놓고 추진할 수 있었던 비결은 당시 경제기획원 기획국장으로 있던 김재익金在益을 발탁했기 덕분이라는 말도 있다. 김재익이 전두환을 사로잡게 된 것은 그의 탁월한 설득력 때문이었다. 김재익은 5년간 경제기획원 기획국장으로 일하면서 한국의 경제성장을 국내외에 설명하는 대변인 역할을 했다. 외국에 나가서나 국제회의에서 또는 국내의 공무원 연수원에서나 기자들에게 그는 아주 쉽게 그리고 선명하게 한국경제를 설명하는 요령을 터득하고 있었다.

김재익은 경제지식이 약한 전두환에게 백지 위에 그림을 그리듯 설명을 해나갔다. "나라가 망하려면 세 가지 현상이 일어납니다. 인플레, 소득분배의 역진, 공무원의 부패가 생기는데 뒤의 두 가지도 따지고 보면 인플레 때문이므로 물가를 잡아야 합니다. 물가라는 것은 기본적으로 수요, 공급에 의해서 결정되는 것이므로 정부가 힘으로 누르는 데는 한계가 있습니다다"고 철저히 주입시켰다. 그리고 그는 경제성장, 국제수지의 개선, 물가안정이란 세 마리 토끼를 한꺼번에 잡을 수 있는 방법도 물가를 잡는 것이라고 강조했다.[49]

전두환은 정권의 기틀을 잡는 과정에서 권력형 부정축재자 수사, 공무원 및 언론인 숙청, 삼청교육, 언론사 통폐합, 과외 금지 등 요란한 개혁조치를 취했다. 이러한 과감한 개혁조치가 경제에서는 이루어지지 못했다. 김재익의 시장경제 논리가 군인들의 계획경제, 독재체제의 유혹을 눌렀다. 이 점에서 전두환은 평가받을 수 있다. 오늘날 노무현 정권이 경제를 정부가 주도하여 운영할 수 있다는 생각을 버리지 못하는 것을 볼 때 이는 매우 중요한 일이 아닐 수 없다.

1983년 10월 9일 김재익은 아웅산 사건으로 사망했지만 그가 전두환의 뇌리에 심어놓은 시장경제 논리와 물가안정이란 키워드는 지워지지 않았다.

김재익의 미망인 이순자 전 숙명여대 교수는 남편에 대해 다음과 같이 말했다.

> 그이는 그때 심신이 다 피곤해 있었습니다. 어릴 때 류마티스성 열병을 앓아 심장판막증에 걸려 버렸지요. 과로를 하면 부정맥이 생기는 등 위험해지는 후천적 심장기형이었어요. 과로를 거듭하다 보니 한때 앓았던 폐질환도 다시 활성화되고 있었습니다. 더구나 1980년 봄의 혼란기 속에서 경제정책에 관한 소신이 잘 먹혀들지 않은 데 대해 스트레스를 많이 받고 있었습니다.(…) 그이는 군사 정권의 정통성문제에 대해서 걱정

을 많이 하고 있었는데 그 정권에서 일하게 되었으니 또 다른 갈등이 그 이에게 생긴 셈이었습니다. 국보위 경제과학분과 위원장이 된 후 연희동으로 매일 아침 출근하다시피 하면서 전 장군에게 경제 강의를 시작했습니다. 며칠 지나자 전 장군이 단순하고 순진한 분이며 경제에 대해서 무리한 정책을 쓰지 않을 것 같다고 안도하더군요.

이 교수는 김재익이 "경제가 자율화되고 국제화되면 정치적 폐쇄는 절대로 불가능하다. 시장경제가 성장하면 자유 민주주의는 반드시 따라온다"고 늘 말했다고 전했다.

당시 강경식 재무장관과 김재익 경제수석 두 사람은 1982년 이철희·장영자 사건 이후 금융실명제를 추진했다. 두 사람이 사회정의 실현을 위한 가장 확실한 제도라고 믿었던 실명제는 민정당과 허삼수, 허화평의 반대에 부딪혀 실시되지 않았다.

그때 5공화국의 권부는 이미 검은 돈을 매개로 하여 극소수 기득권층과 끈끈하게 엮여가고 있었다. 그 유착관계를 햇볕 아래로 드러내게 될 실명제는 김재익의 이상주의적 열정에도 불구하고 권부 내의 파워게임에서 밀려 채택되지 못했다.(50)

서울올림픽 유치는 박종규 대한체육회장이 1978년에 세계사격대회를 성공적으로 개최한 자신감으로 구상해 낸 것이었다. 이를 박 대통령이 받아들여 서울시로 하여금 유치의사를 공표하도록 한 것이 10·26 직전이었다. 5·17 뒤 박종규가 권력형 부정축재자로 조사받고 공직에서 물러나자 이 계획은 잊혀졌다가 신군부에 의해서 다시 채택되었다. 서울시와 경제관료들은 개최를 반대했으나 전두환, 노태우, 허화평 등 신군부 핵심인사들의 대담한 정치적 상상력이 서울올림픽 유치를 가능하게 했다.(51)

전두환 정부는 1982년 1월 5일부터 야간 통행금지를 전면 해제했다. 1945

년 9월 미군정에 의해 실시된 지 37년 만이었다. 그리고 1983년 1월 1일부터 50세 이상의 국민에게 해외여행을 허용했다. 그해 3월부터는 중·고등학교 학생들의 교복 자유화를 시행했다.

전두환 대통령은 비록 축적된 지식은 없었지만 주위의 여러 의견을 종합해 정확하게 판단할 능력은 있었다. 감각적인 순발력과 판단력이 발달된 인물이었다. 그러나 그에게는 다음과 같은 치기도 있었다.

1985년 7월 11일 박철언이 판문점에서 한시해를 만나 두 시간에 걸쳐 대화를 하고 5시경 청와대로 와서 전 대통령에게 그 내용을 보고하자 전 대통령은 다음과 같이 말했다. (52)

> 김일성이 선뜻 (남북 정상회담에) 응하지 못하고 있는 것은 내가 혜성처럼 나타나 여러 나라와 성사시키기 어려운 정상회담을 계속 성공시키니까 불안하기 때문이다. 박정희와 카터 간의 회담은 완전히 실패했다. 또 다른 나라 정상들이 만나는 경우도 내막적으로는 완전히 실패하는 경우가 대다수다. 그런데 우리는 성공한 경우가 다수이니 내 능력과 수완에 당황하는 것이다. 이승만, 박정희 시대를 겪어보고 비교하여 나를 이대로 놔두면 안 되겠다 싶어 나를 해치우려고 미얀마 사태를 일으켰던 것이다. 그런데도 작년에 그가 수해 물자를 보내준다고 했을 때, 모두 반대하는데 내가 받는 걸 보며 '인물이구나' 생각하고 얘기할 만하니 정상회담을 주선하라고 지시했을 것이다.

이러한 지적 수준의 지도자를 두고도 한국은 발전하고 있었다. 물론 그 후의 대통령들도 더 나은 것은 없었지만 말이다.

제 **11** 장

민주화 투쟁으로 쟁취한 정권

1 | 6·29선언과 노태우

　전두환은 단임이라고는 하지만 7년이나 대통령직에 재임했는데도 임기가 끝나가자 내심 몹시 불안을 느꼈다. 1979년 12월부터 장장 8년간 누려오던 권력을 내놓는다는 것은 마치 호랑이 등에 탔다가 내리는 것처럼 두려운 일이었고 신상에 심각한 위험이 따를 수 있다는 공포감도 느꼈다. 자신의 통치하에서 부당하게 탄압받았던 수많은 사람으로부터 정치적, 법적 보복이 있을까 봐 매우 두려웠다.

　전두환은 이러한 불상사를 면하려면 어떻게든 권력의 한 자락을 잡고 있어야 한다고 생각했고 1986년 4월 유럽 순방에서 돌아오자마자 한국의 실정에는 의원내각제가 적합하다는 의견을 내놓았다. 의원내각제로 개헌을 하면 장기집권의 길도 열리고 국회만 장악하면 권력을 내놓지 않아도 되기 때문에 승산이 있다고 판단했다. 전두환은 앞으로 20년은 민정당이 집권해야 나라가 바로 선다고 생각하고 있었다.

　야당은 즉각 그의 속셈을 알아차렸고 이는 임기가 끝난 후에도 수상이나 막후 실세로 앉아 이원집정제 같은 시스템으로 계속해서 권력을 행사하겠다는 것이라며 극력 반대했다. 실제로 전두환은 판교 근방에 수백억 원을 들여 일해日海재단 건물을 요새처럼 지어 놓았다. 다음 정권에서 상황上皇 같은 존재로 정권의 후견자 역할을 하고자 했다.

　내각책임제에 대한 야당과 국민의 반대가 거세어지자, 전두환은 통일주체국민회의에서 대통령을 선출하는 현 제도를 고수할 결심을 하고 "88올림픽

이 끝날 때까지 개헌 논의를 일체 금지한다"고 선언했다.

그리고 6월 10일 민정당 전당대회에서 노태우盧泰愚를 대통령 후보로 공식 지명했다. 그러자 몇 시간 지나지 않아 전국 30여 개 도시에서 대규모 폭력시위가 발생했다. 1960년의 4·19학생시위 이후 가장 격렬했으며 삽시간에 전국으로 확산되었다. 시위대와 경찰 사이에는 시가전에 버금가는 전투상황이 벌어졌고 이틀 만에 700여 명이 부상당하고 수만 명이 체포되었다.

당시 미국정부가 우려했던 것은 시위 진압을 빌미삼아 전두환 정권이 군을 동원하고 이 혼란을 틈타 제3의 쿠데타가 일어나 군사독재정권이 설 가능성이었다.

따라서 1987년 6월 10일 시위 이전부터 미국 관리들은 한국정세가 파국으로 치닫는 것을 방지하기 위해 영향력을 행사하는 문제를 심각하게 고려했다. 미국은 이 혼란을 이용하여 북한이 어떤 예기치 못한 행동을 할 것에 대비하여 "이를 악용하지 말라"는 경고의 메시지를 중국을 통해 북한에 전달하기도 했다.(1)

한국정세가 혁명적 분위기로 발전해가자, 레이건 대통령은 전두환에게 국민의 반정부행동에 무리하게 대응하지 말 것과 반대파와 대화를 가질 것을 촉구하는 친서를 보냈다. 동남아를 순방 중이던 슐츠George Schultz 국무장관도 싱가포르에서 가진 기자회견에서 한국의 계엄 선포를 반대한다고 밝혔다.(2)

6월 18일 부산 일대가 과격한 시위로 해방구나 다름없게 되자, 전두환 정권은 그날 밤을 기해 부산 일원에 위수령을 발동했다. 이것은 군대를 투입하기 위한 선제 포석이었다.

전두환은 19일 아침 군을 동원하기로 마음을 굳히고 오전 10시 국방장관과 각군 수뇌부, 안기부장을 소집하고 다음 날 오후 4시까지 주요 도시와 대학에 군병력을 배치하라고 명령했다. 한미군사협정에 따라 전방의 병력 이동은 미군사령부에 통보해야 했다. 따라서 전두환은 비상사태가 선포되면 정당을 해산하고 군사법정을 설치해 시위학생들과 반체제 인사들을 체포, 처벌할 것이라고 알렸다. 미국은 이러한 사태를 좌시할 수 없었다. 미국정부는 주한 미국대사에게 즉각 전두환 대통령을 방문하여 사태를 온건하게 수습하라고 권고하라고 했다.

당시의 상황을 주한 미국대사 릴리James Lilley는 다음과 같이 전했다.

> 6월 19일 나는 청와대에서 단독으로 전 대통령을 예방했다. 전 대통령은 90분 면담 내내 굳은 표정으로 앉아 있었다. 최광수 외무장관과 통역한 사람만 배석했다. 나는 친서를 내주었다. 그는 그 자리에서 친서를 읽었다. 친서에는 이 나라의 계속적인 정치발전을 위해 정치범을 석방하고 권력을 남용하여 정치탄압을 한 관리를 처벌하며 자유언론을 신장하라고 권하는 내용이 적혀 있었다. 그러나 행간에 담긴 뜻은 정치적 위기를 군병력이 아닌 대화와 타협을 통해 풀어나가라는 것이었다.
>
> 이어서 릴리 대사는 "주한미군 사령관과 나는 무력을 사용하지 않기를 건의한다"고 전 대통령에게 말했다. "만일 계엄령을 선포하면 한미동맹을 저해하는 행위가 될 수 있으며 1980년 광주에서와 같은 불행한 사태의 재발을 자초하는 결과를 가져올지 모른다"라고까지 했다. 그리고 대사관으로 돌아왔다. 그날 오후 늦게 최 장관으로부터 전 대통령이 계엄령을 선포하지 않기로 했다는 전화를 받았다.(3)

계엄령을 선포하지는 않았지만 전두환 정부의 이렇다 할 발표가 없자, 6월 26일 다시 전국에서 대규모 시위가 일어났고 100만 명이나 되는 사상 최대의 인원이 시위에 참가했다. 나중에는 일반 시민, 상인, 노동자, 가정주부들까지 데모에 합류하여 정부를 공격하자 전두환은 큰 충격을 받았다.

노태우 민정당 대표가 1987년 6월 29일 대통령 직선제 개헌 수용을 포함한 8개 항의 시국수습대책을 발표하고 있다.

6월 29일 노태우는 야당의 요구를 받아들여 대통령 직선제에 동의한다는 내용의 선언서를 발표했다. 이른바 '6·29선언'이 노태우를 통해 발표된 것이다. 노태우가 발표한 8개 항에는 김대중의 사면복권, 언론의 자유, 대학자율권 지지 등도 포함되어 있었다. 국민은 6·29선언을 열렬하게 환영했고 1972년 유신 이래 없어졌던 대통령 직접 선거를 다시 하게 되었다며 기쁨을 감추지 못했다. 이는 한국의 민주주의 발전사에 일대 변혁을 가져온 것이었다.

노태우는 1932년 12월 4일 대구 인근의 한 농촌 마을에서 태어났다. 일곱 살 때 면사무소에 근무하던 부친이 교통사고로 사망하자 편모슬하에서 성장했다. 또한 한국전쟁 초기에 단기간 사병으로 복무한 뒤 육군사관학교 11기, 즉 4년제 정규육사 1기로 입학했다. 그때부터 전두환과 노태우는 가까운 친구로 지냈다. 대구공고 출신인 전두환은 노태우보다 두 살 위였으며 전두환이

리더였다면 노태우는 그의 보조자였다.

지난 1979년 12월 12일 전두환이 기존의 군부 세력에 정면으로 도전하는 쿠데타를 주동했을 때 노태우는 전방의 9사단 병력을 빼내 서울로 이동, 배치함으로써 결정적인 지원을 했다. 이렇게 생사를 같이 할 만큼 두 사람의 우정이 두터웠고 둘은 의리로 뭉쳐 있었다.

2 | 노태우 당선과 백담사

전두환은 후에 노태우를 후계자로 지명한 이유를 무엇보다 안보가 중요했기 때문이라고 말했다. 그는 정부와 정당에서 국정을 운영한 경험이 있는 노태우가 해야 정책에 중단이 없고 경제성장도 가능하며 우리도 선진국에 진입하여 국민소득 5,000 달러를 돌파할 수 있다고 믿었다고 했다. 그리고 육사 동기생을 후계자로 내세우는 것이 어려운 일이었다는 생색도 잊지 않았다.

전두환은 "처음에 6·29선언을 하라고 하니 노태우 대표가 반대하기에 안가로 불러서 세 시간 넘게 설득했다. '당신이 박정희 대통령에 비해 키도 크고 얼굴도 잘 생기고 연설도 나으니 직선제 선거에 나서야 한다' 고 얘기했다. 노 대표가 유약하다는 인상이 있어 내가 (6·29선언을) 하는 대신 노 대표가 하도록 한 것이다"라고 말했다.[4]

대통령 직선제 헌법을 위한 국민투표가 1987년 10월 27일 시행되었고 이어서 12월 16일에 치러진 대통령선거는 유권자의 89.2퍼센트가 참여해 국민의 높은 관심을 반영했다. 노태우 후보가 36.6퍼센트인 828만 표를 얻어 당선됐다. 김영삼은 28퍼센트, 김대중은 27퍼센트, 김종필은 8.1퍼센트를 각각 차지했다.

양 김씨의 분열로 야권이 둘로 갈라졌기 때문에 노태우는 어부지리를 얻을 수 있었다. 단일후보를 내지 못한 야당에 대한 국민의 실망과 안정적인 정치를 기대하는 보수 중산층에 지지를 호소한 노태우의 '안정론'이 먹혀들어 승리를 이끈 것으로 보인다. 그리고 투표 바로 전날 발생한 KAL기 추락 사건도 북한 공작원의 만행이라고 판명되면서 노태우에게 유리하게 작용했다.

선거를 주도한 민정당과 박철언의 사조직인 월계수 회원 30만 명의 힘이 컸다는 자화자찬도 있었지만 노태우가 얻은 36.6퍼센트의 절반은 행정부와 공무원이 얻어낸 표라고 주장하는 공무원도 있다.

당시 부산시에 근무하던 손점용은 선거양상에 대해 다음과 같이 털어놓았다.

> 이 무렵 우리는 출처불명의 선거공작금 홍수를 만났다. 처음에는 국장에게 200만 원, 과장에게 100만 원씩 돈 봉투가 내려오더니 그 다음엔 국장에게 500만 원, 과장에게 200만 원씩 보냈다.
> 구청에 물어보니 일선 주민을 직접 상대하는 만큼 구청장에게는 2,000만~3,000만 원, 부청장에게는 700만 원, 동장에게는 500만 원 안팎의 돈이 나갔다고 했다. 행정기관뿐 아니라 모든 정부기관에 선거공작금이 깔렸다니 그 액수가 얼마나 되겠는가?
> 내 뒤를 감시하는 정보요원들도 있을 터라 나는 내게 내려온 자금을 이곳저곳에 썼다. 회장으로 있던 장학회와 통역봉사회 그리고 회원으로 있는 10개 단체의 회식비 등으로 100만 원 정도를 썼다. 우리 과에서도 계장과 직원들에게 150만 원 정도를 나눠줬다. 과직원 단합대회에도 30만 원 정도를 냈다. 태어나서 돈을 그렇게 흥청망청 써보기는 처음이었다.

선거 후 당시 모 구청의 부구청장은 이렇게 말했다.

> 과장님, 이번 선거에는 웬 돈이 그렇게 쏟아져 내려오는지, 저는 700만 원을 써도 남아 횡재했습니다. 집권당의 강력한 행정 선거에다 돈 보따리까지 푸짐하니 어느 야당 후보자가 감히 현 정권을 넘어뜨리고 대통령

이 될 수 있겠습니까? 구청 직원들이 그 어느 선거 때보다도 즐거운 마음으로 선거를 치러냈다며 좋아합니다.(5)

노태우가 대통령에 당선되기 위해 쓴 선거비용이 엄청 많았다는 것은 아는 사람은 다 아는 일이었다.

노태우가 대통령에 당선된 후, 당면한 최초의 난제는 5공 청산문제였다. 1988년 5월 대선패배의 책임을 지고 일선에서 물러났던 김영삼이 민주당 총재로 복귀하면서 5공 청산을 내걸고 노태우, 전두환 두 사람을 강하게 옥죄고 들었기 때문이다. 여·야는 국회에서 1988년 6월 광주사태진상조사 특위 등 7개 특별위원회 구성결의안을 통과시켰다.

5공비리 특위와 광주 특위는 11월 들어 청문회를 열고 TV로 생중계되는 가운데 증인들을 심문하기 시작했다. 5공비리 특위에서는 전두환의 장인과 동생 등의 개인비리 사건 및 전두환 퇴임 이후 활동의 터전으로 삼기 위해 재벌기업들에 헌금을 강요해 만든 일해재단日海財團의 비리내용이 증인들에 의해 샅샅이 공개되었다.

광주 특위의 증인으로 채택된 전두환이 계속 국회출석을 거부하자 그를 처벌하라는 국민여론이 높아졌다. 진퇴양난에 빠진 노태우 정권은 정치적 해결책으로 전두환을 깊은 산속의 사찰에 유배하기로 결정했다. 이에 따라 전두환은 11월 23일 부인과 함께 강원도 인제군 북면 용대리의 내설악 백담계곡에 위치한 백담사白潭寺로 들어가 사실상의 귀양살이를 하게 되었다.

그는 출발에 앞서 서울 서대문구 연희동 자택에서 발표한 대국민 담화를 통해 자신의 대통령 재임 중 일어난 비리사실을 시인, 사과하고 쓰다 남은 139억 원의 정치자금을 국가에 헌납하겠다고 밝혔다.(6)

이에 앞서 1988년 3월 29일 대검 중수부에서 전경환을 소환했다. 전경환이 1982년과 1985년 두 차례에 걸쳐 장학금을 마련한다는 명목으로 중국과 국내 작가들로부터 약 2,000여 점의 미술품을 기증받아 이를 기업에 되팔아 18억 원을 거두어들인 사실이 밝혀졌기 때문이다. 검찰의 수사로 5명이 구속되고 3월 31일에는 전경환도 구속되었다.⑺

전두환은 백담사로 가기 전 자신에게 쏠리는 국민 여론으로부터 자신을 보호해주지 않는다고 노태우를 강하게 질타했다. 그는 우선 6·29선언이 자신의 발상이지 노태우의 결단이 아니라는 불평부터 늘어놓았다. 그리고는,

"재산 헌납, 낙향 이야기가 민정당 고위층에서 나온다는 것은 어불성설이다. 나를 지나치게 매도하는 처사다. 그동안 이원조가 왕래하면서 이런저런 얘기를 했는데 내가 할 말이 없어서 침묵하는 것이 아니다. 내가 상당히 무리해서 노 대통령이 당선되는 데 기여했는데, 이제 와서 나에게 사과하고 변명하고 재산 헌납하고 낙향하라고 얘기하는 것은 나보고 죽어달라는 것보다 더한 짓이다. 차라리 암살범을 시켜 후임자가 선임자를 죽이는 것이 깨끗하다."

"나도 민주주의를 위해 노력했다. 교도소가 아니라 사형을 받더라도 각오가 되어 있다. 그런 각오도 없이 내 발로 청와대를 나올 수 있었겠는가?" 하고 전두환은 퍼부었다.⑻

이어 박철언을 향해 "형님이나 처남까지 또 잡아넣겠다는 것은……. 검찰에서 엄문, 고문까지 한다는데……. 전경환 특별면회도 허용치 않는데……. 박철언이 그럴 수 있나? 내가 없어지면 다음은 노태우가 목표다. 노태우가 나에게 말 한마디 없이 그런 식으로 하면 아무리 대통령이지만 나한테 귀싸대기 맞는다……. 대통령이기 이전에 친구요 사람이다. 우리가 원수가 되지 않기를 바란다. 어제 저녁신문, 오늘 아침신문을 보고 너무 놀랐다. 나보고 미국으로 나가라고 플레이하는 듯한데 나는 여기서 맞아 죽더라도 미국엔 가지 않는다. 돈도 없고 안보상으로도 문제다. 연희동은 골목이 좁아 경호가 용이하다. 내가 지금 거리에 나가면 돌에 맞아 죽는다는 것도 안다."⑼

전두환이 이렇게 말한 다음날인 11월 12일에 검찰은 전 전 대통령의 친형

인 전기환과 사촌동생인 전우환을 구속했다.
이러한 전두환과 노태우의 관계에 대해 허화평은 다음과 같이 말했다.

> 두 분의 화해 가능성은 영원히 사라졌다고 봅니다. 그 책임은 노태우 대통령에게 있습니다. 노 대통령이 너무 실수를 많이 했죠. 5공 청산도 그렇고 전 대통령을 백담사로 보낸 것도 그렇고…….
> 노 대통령은 대통령 자리를 내놓는 한이 있어도 그렇게는 못한다고 했어야죠. 그런 점을 생각하면 노 대통령이 전두환 대통령을 버렸다고 봅니다. 그렇지 않고 어떻게 평생 동지로 지내온 전임 대통령을 그렇게 대접할 수 있습니까? 그 때문에 한국정치는 피도 눈물도 없고 원칙도 없게 되어버렸습니다. 어떠한 금기도 없다는 극단적 전례를 남기고 말았는데 국민 보기에 참으로 부끄러운 일이었죠.(10)

1989년 9월 정기국회에서 야당 측은 국정감사에 앞서 전두환의 국회 청문회 증언을 계속 요구했다. 노태우는 연말에 청와대에서 야당 대표와 영수회담을 갖고 광주사태 당시 특전사령관이었던 민정당의 정호영 의원이 광주유혈진압에 책임을 지고 의원직을 사퇴하며 전두환 전 대통령이 국회 증언을 한다는 내용이 포함된 11개 항에 합의를 했다.

국민의 관심은 전두환 전 대통령이 과연 5공 특위 청문회에 출석할 것인가에 집중되었다. 전두환은 노태우의 설득으로 그믐날이자 일요일인 12월 31일 오전 10시 국회 청문회 증언대 앞에 섰다. 전두환은 125개 항목에 대해 준비한 답변을 읽어 내려가기 시작했다.

전두환이 광주사태 발포문제에 이르러 "자위권 발동……"이라고 말하는 순간 평민당의 정상용, 이철용 의원 등이 "살인마" 하며 단상으로 돌진했다.

극도로 흥분한 민주당의 노무현 의원은 단상을 향해 명패를 집어 던졌다.

퇴임 후 국민적 저항에 부딪혀 백담사로 은신한 전두환 전 대통령 부부가 입산 1주년을 맞은 1989년 11월 23일 법회에 참석했다. 그는 그동안 피해 왔던 언론과의 접촉을 풀고 이 장면을 공개했다.

일곱 차례의 정회를 거듭한 끝에 새해를 1분 남겨놓은 밤 11시 59분에 전 전 대통령은 남은 원고를 마저 읽고 백담사로 돌아갔다. (11)

3 | '반미 친북' 성향의 학생운동

광주사태 때 미국이 신군부를 지원하고 전두환의 집권을 뒷받침해 주었다는 인식 때문에 반미감정은 대학생들을 중심으로 급속히 확산되어 갔다.

5·17계엄령 확대조치에 의해 휴교에 들어간 지 100여 일만인 1980년 9월 초 각 대학은 일제히 개학했다. 그런데 서울에서 경희대 학생들이 가장 먼저 반정부 시위를 시작했다.

학원가에서 시위가 계속되는 가운데 1980년 12월 9일 광주 미 문화원 방화 사건이 일어났다. 광주사태 후 최초로 반미감정이 표면화되었다.

그리고 1년 3개월 뒤 1982년 3월 18일, 이번엔 부산 중심가 중구 대청동에 있는 부산 미 문화원에서 방화 사건이 발생했다.

학생들은 방화의 목적을 반공만 내세우면 어떤 정권이라도 지지해 온 미국에 대한 국민적 경고라고 주장했다. 방화는 광주사태의 책임을 묻고 민주주의를 사랑하는 여론을 알리기 위한 것이라고 했다.

1985년 5월 23일 서울 미 문화원 점거농성 사건이 터졌다.

기습적으로 문화원 2층 도서관을 점거한 전학련 소속 5개 대학 학생 73명은 미리 준비해 간 종이와 광목에 '광주사태 책임지고 미국은 공개 사과하라', '미국은 전두환 군사독재정권에 대한 지원을 즉각 중단하라', '미국 국민은 한미관계의 올바른 정립을 위해 진지하게 노력하라'는 등의 요구사항을 써서 내걸었다.[12]

이 무렵인 1985년 말 급속하게 신장한 주사파主思派가 결집한 운동단체가

1986년 3월에 결성된 서울대생의 비밀결사 조직 '구국학생연맹(구학련)'이다. 그들은 한국사회를 '식민지 반봉건 사회'의 단계에 머물러 있는 미국의 식민지라고 단정하고 모든 투쟁을 반미로 집중함과 동시에 통일운동에 매진할 것을 주장하여 사회에 커다란 충격을 주었다. 그때까지는 학생들이 북한에 대해 호의적인 태도를 공개적으로 나타낸 적이 없었고 주체사상을 북한 김일성의 혁명이론으로 받아들이고 있었다.

서울대 주사파가 구학련을 결성하고 이어서 고려대에서는 애국학생회가, 연세대에서는 구국학생동맹이란 단체가 등장했다. 이 3개 단체를 주사파가 모두 장악했다. 연세대 구국학생동맹은 83학번의 이광재李光宰가, 고려대의 애국학생회는 같은 학번의 안희정安熙正이 주도하여 발전시켰다.

이광재는 운동권에서 인정하는 전략가였다. 데모 기획을 그처럼 빠르게, 조직적으로 일사불란하게 하는 사람이 없었다고 한다. 데모 효과의 극대화 방안은 그의 머릿속에서 나왔다. 그는 전면에서 보다 주로 배후에서 일했다. 그는 졸업 후 부산에서 위장 취업했다가 투옥된 경력이 있다.(13)

세력을 확장한 주사파는 반정부세력의 완전 승리라고 자찬하던 1987년 6월 항쟁을 주도했고 주사파가 내건 테제는 대학가 투쟁의 지도이념으로 급속히 확산되었다. 이 무렵부터 대학가에서는 공공연하게 "나는 주사파다"라고 말하고 다니는 학생이 나타나기 시작했다.

주사파의 활동가는 한민전의 '구국의 소리' 방송을 듣고 당면 정세를 분석하고 투쟁 방향을 정했다. 1987년 8월 전국적인 학생조직으로 발족한 전대협(전국대학생대표자협의회)과 그 후신으로 1993년 4월에 발족한 한총련을 주사파가 장악한 것은 이러한 흐름에 따라 이루어진 것이다.

이후 대학생들의 폭력적인 반미운동과 학원민주화운동이 과격하게 전개되었다. 그 대표적인 예가 1989년 2월 대학생 100여 명이 광주 미 문화원을 습격, 농성한 사건과 같은 해 5월에 일어난 부산 동의대東義大 사건이다. 동의

대 사건은 학생들이 시위를 진압하던 경찰관을 납치해 학교건물 안에 감금해 놓고는 동료경찰관들이 그들을 구출하러 출동하자 학교건물에 불을 지른 방화 사건이다. 이 사건으로 경찰관 7명이 타 죽는 끔찍한 결과를 초래했고 이는 학생운동이 국민으로부터 외면당하는 계기가 되었다.

이 시기에 일부 주사파 학생운동가들은 남파간첩에 포섭되어 본격적인 지하혁명 활동을 수행했다. 그 대표적인 인물이 주사파의 원조로 불린 김영환 金永煥이다. 그는 서울 법대 82학번 출신으로 NL파(주사파)의 거물이자 당시 운동권 사이에 유명하던 '강철서신'이란 문건의 저자였다. 그는 서울대의 '구국학생연맹'을 주도했고 재야세력의 전국 조직인 전민련에 참여해 간부로 활약하던 중 남파간첩에 포섭되었다.

김영환은 북한 노동당에 입당한 다음 북한에 들어가 김일성을 두 차례나 만났고 훈장과 공작금 40만 달러와 함께 '관악산 1호'라는 암호명도 부여받았다. 그는 1999년에 전향했다. 김영환과 함께 북한을 다녀온 사람이 조유식 曺裕植이다. 서울대 정치학과 83학번으로 월간 말 기자였던 그는 울산 현대중공업에 위장 취업해 근로자들을 상대로 혁명사업을 했다. 그 역시 1999년에 전향했다.(14)

북한 통전부의 통일전선의 목표는 야당의 김대중을 지지하여 김대중이 집권하면 국가보안법 철폐, 안기부 해체, 미군철수 등 북한의 적화통일에 장애가 되는 제도들을 우선 제거하고 친북 여론을 확산시켜 시민운동 단체들을 규합하고 연방 정부의 기반을 확보한 다음, 분단 50돌이 되는 1995년을 한반도 공산화 통일 기념의 해로 만든다는 것이었다.

전대협의 지도적 위치를 차지한 주사파는 해외에 유학생 지부를 만들어 놓고 체계적으로 통전부의 지령과 공작금을 받았으며 비밀리에 북한을 방문하여 노동당에 가입하고 김정일에게 충성 선서까지 했다. 그렇게 평양까지 찾아가서 받은 붉은 당증과 혈서 서약서는 모두 15개였다.(15)

주사파 내부 사정에 밝은 서강대학의 박홍 총장은 1987년 이래 각 대학이 배출한 주사파는 1만 5,000명에서 3만 명에 이르며 정계, 교육계, 언론계에 있는 숫자는 최소 750명이라고 말했다.(16)

다음은 당시 학생이었던 유세환 국회입법조사관이 한 말이다.

> 많은 사람이 선뜻 받아들이기 어려운 내용일지 모르지만, 1980년대 대학을 중심으로 일어났던 학생운동은 표면적으론 권위주의적인 군부독재에 대항하는 민주화운동의 형태를 띠고 있었지만 내면적으로는 대한민국의 공산화를 목표로 하는 공산화 운동이었다.
> 이는 내 개인적인 견해가 아니다. 국가정보원, 경찰, 검찰, 기무사 등은 1980, 1990년대 중반 이후, 대부분의 언론은 1980년대 이후 학생운동의 주류는 이른바 '민족해방민중민주주의혁명론NRPDR'을 따르는 주체사상파라고 확인했다.(17)

안희정(현 열린우리당 국가전략연구소 부소장)은 이렇게 말했다.

> 지금 다시 그 시절로 돌아가도 나는 똑같이 행동했을 것이다. 학생운동 단체는 문제를 제기하는 집단이었다. 실제 정책을 수립하고 집행하는 정부와 달랐다. 숨 막혔던 시절에 어렵사리 문제를 제기했던 학생운동의 역사적 의미를 부정할 수는 없다.
> 군사 정권에 맞서 맨손으로 싸울 순 없었다. 투구가 필요했다. 그것이 바로 사회주의적 가치였다. 어느 시대든지 새로운 세력이 기존 세력과 충돌할 땐 투구를 쓰고 싸우게 마련이다.
> 주체사상의 이론적 장점은 '사람이 되라'고 하는 데에 있다. 여러 가지 사상의 하나일 뿐이다.(18)

4 | 소련, 중국과 국교정상화

88서울올림픽이 성황리에 끝나고 한 달 뒤에 소련 공산당은 한국과의 관계를 진지하게 검토했다. 외부에 공개되지는 않았지만 1988년 11월 10일 개최된 소련 정치국 회의에서 30여 년 동안 지속된 한국과의 적대관계를 청산하고 긍정적인 관계개선을 도모해야 한다는 중대한 결정이 내려졌다.

소련이 대한국정책을 수정하게 된 근본적인 원인은 바로 경제적인 측면 때문이었다. 소련의 대외경제를 담당했던 블라디미르 카멘체프 부수상은 한국을 "극동지역에서 가장 유망한 경제 파트너"라고 그의 비망록에서 밝혔다. 그가 내린 결론은 "한국과의 관계정상화를 서두르지 않으면 때를 놓칠지도 모른다"는 것이었다. 정치국 회의에서 고르바초프Mikhail Gorbachov는 카멘체프의 제안에 동의한다고 말했고 이 제안은 만장일치로 통과되었다.

그간 남한을 미 군국주의의 보루라고 비난해 왔던 공산당의 기관지 〈프라우다〉는 올림픽 폐막 후 다음과 같은 기사를 실었다. "서울의 스포츠 시설들은 세계 최고 수준이며 한국인들의 전통과 아름다운 미소는 이때까지 과소평가되어 왔다." 한 보좌관은 고르바초프에게 "한국인들처럼 진심으로 우리를 환영해 준 사람들은 지구상 어디에도 없다"고 말했다.(19)

소련은 1984년까지 북한에 20억 달러 이상의 원조와 차관을 제공했다. 북한은 그 자금으로 공장을 건설했다. 1984년과 1986년 김일성 주석이 두 차례에 걸쳐 모스크바를 방문한 후 소련은 이전보다 더 많은 양의 석유와 가스, 무기, 기타 각종 생산품을 특혜에 가까운 조건으로 북한에 제공했다. 그러나 이처럼 막대한 지원에도 불구하고 1984년 북한은 서방의 채권국으로부터 제공받은 소액 차관의 이자조차 지급하지 못했고 그로부터 3년이 지난 후에는 공식적으로 지급불능 선언을 하여 국제금융기관에서 더 이상 상업차관을 제공받을 수 없는 형편으로 전락했다. 1988년 소련은 북한에 19억 달러 상당의 물자를 제공했으나 북한이 지불한 대금은 9억 달러에도 못 미쳤다. 이처럼 소련이 일방적으로 엄청난 대가를 지불해야 했던 북소 교역은 북한 총 무역량의 60퍼센트에 달했다.

1990년 한국과 소련의 정상이 회담을 가진 지 3개월 후인 9월, 세바르드나제Eduard Shevardnadze 소련 외무장관은 "결코 소련은 남한을 외교적으로 승인하지 않을 것"이라고 공산당원으로서 맹세한 지 채 2년도 안 되어 한국과의 관계정상화 결정을 통보하기 위해 평양으로 향했다.

세바르드나제가 탑승한 아에로플로트 특별기가 거센 강풍 속에서 아슬아슬하게 평양에 착륙한 것처럼 그의 북한 방문 길 역시 순탄치 못했다. 이틀 후 평양을 빠져나오는 비행기 안에서 그는 핵무기 개발을 강행하겠다는 김영남 외교부장의 말을 되새기며 치를 떨었다. 그는 비행기가 이륙하자마자 "내 평생 가장 끔찍했던 경험"이라고 털어 놓았다.[20]

소련 정부는 1991년 1월 1일을 기해 남한과 공식적인 외교관계를 수립하기로 결정했다.

북한은 노동신문 논평에서 "오늘날의 소련은 사회주의 인터내셔널을 주창하던 지난날의 소련이 아니라 완전히 다른 나라로 전락했다. (…) 소련은 단돈 23억 달러에 사회주의 맹주국으로서의 자존심과 명예 그리고 동맹국의 이해와 신의를 팔아넘겼다"고 신랄하게 비난했다. 그 후 북한과 소련의 관계는 정치적으로는 물론 다른 분야에서도 급속히 냉각되었다.[21]

황해를 사이에 두고 마주하고 있는 한국과 중국은 다 같이 역동적인 경제성장을 기록하면서 자연스럽게 이상적인 교역 파트너가 되어 갔다. 홍콩을 비롯한 제3국을 통한 간접 교역으로 시작된 한중 무역 규모는 1979년 1,900만 달러, 1980년 1억 8,800만 달러, 1984년 4억 6,000만 달러, 1986년 13억 달러, 1988년에는 무려 31억 달러까지 치솟았다.

이에 반해 중국의 대북한교역량은 미미한 수준으로 하락해 1980년대 말에는 5억 달러 수준에서 맴돌았다. 그나마도 대부분이 중국의 원조 형식이었다. 다른 여러 가지 요인도 작용했겠지만 이처럼 자연스럽게 형성된 경제적 유대 관계야말로 중국이 남한을 멀리하고자 했던 종래의 입장을 수정하는 데 결정적인 역할을 했다. 중국의 당 원로들이나 퇴역한 군 장성들은 북한에 대한 미련을 버리지 못했지만 경제 담당 관리들에게 있어 남한은 점차 무시 못할 존재로 부각되어 갔다.[22]

한소 수교에 뒤이은 소련 연방제의 붕괴 그리고 1992년 8월 24일 중국과 남한의 정식 외교관계 수립 발표, 1992년 10월 노태우 대통령의 베이징 국빈 방문 등 연이은 사건들은 한반도를 둘러싼 지정학적 판도를 완전히 바꾸어 놓는 계기가 되었다.

한중 양국이 국교 수립을 발표했을 때 북한은 내심 감당하기 어려운 치욕을 느꼈을 것이나 겉으로는 담담하게 받아들이며 침묵으로 일관했다.

5 | 김영삼의 문민정부

노태우 대통령은 후임 대통령 후보로 박태준朴泰俊을 염두에 두고 권력을 넘기려고 했다. 그리고 한편으로는 처남인 김복동金福東도 후계자로 생각했다. 그런데 김복동은 육사 동기이고 더욱이 친인척 관계이기 때문에 불가능하다고 생각했다.

그런데 어느 날 김영삼이 찾아와 노태우에게 "차기 대통령을 누구로 정했는가?"라고 물었다. 그러자 노태우는 "생각해 둔 사람이 있다"고 답했다. 김영삼은 "그 사람이 내가 아니라면 우리 민주계는 모두 탈당하여 야당과 손잡고 즉시 대통령 하야 운동에 들어가겠다"고 위협했다.

당시는 3당 합당으로 간신히 국회 운영을 하고 있을 때였으므로 민주계가 모두 탈당한다면 노태우는 매우 난처한 입장이 될 것이었다. 심약한 노태우는 김영삼의 협박에 더 이상 버티지 못하고 마지못해 김영삼을 후계자로 정하지 않을 수 없었다.

1992년 4월 9일 노태우가 김영삼에게 그를 대통령 후보로 지명한다고 정식 통보하자 김영삼은 노태우에게 마룻바닥에 엎드려 큰 절을 했다고 한다.[23]

김영삼은 1992년 12월 실시된 제14대 대통령선거에서 총유효투표의 41.4퍼센트를 차지하여 33.4퍼센트를 확보한 김대중을 꺾고 거뜬히 당선되었다. 통일국민당의 정주영 후보는 16.1퍼센트를 얻었다.

전두환·노태우 정권이 끝나고 김영삼 정권이 들어서자, 1993년 7월 19일 12·12 당시 신군부에 의해 지휘권을 박탈당했던 정승화鄭昇和 전 육군참모총장과 장태완張泰玩 전 수경사령관 등 22명이 전두환, 노태우 등 34명을 군 형법상의 반란 및 내란 목적 살인 혐의로 검찰에 고소했다. 1년 3개월여에 걸친 검찰 수사 끝에 서울지검은 1994년 10월 29일 이 사건에 대한 최종 수사 결과를 발표했다. 검찰은 12·12는 군 형법상 군사반란 사건이라고 규정짓고 이들의 반란죄를 인정했다. 그러나 검찰은 이들을 법정에 세워 단죄할 경우 국가적 혼란이 우려된다는 이유로 이들 핵심 관련자를 기소유예했다.

5·18광주사태와 관련해서는 광주 지역 피해자 322명이 전두환, 노태우 등 당시 관련 책임자 35명을 내란 및 내란 목적 살인혐의로 1994년 5월 13일 서울지검에 고소했다. 검찰은 1년 2개월여에 걸친 수사 끝에 1995년 7월 19일 그 결과를 발표, 피고소 고발인 전원에 대해 '공소권 없음'이라는 결정을 내렸다. "성공한 쿠데타는 처벌할 수 없다"는 논리였다.[24]

김영삼은 이렇게 자신을 대통령으로 만들어 준 전두환, 노태우 전 대통령의 은혜를 갚는 데 최선을 다했다. 국민의 여론이 나빴지만 이를 감수하고 이들을 보호하는 모든 조치를 취했다.

그러나 사건은 엉뚱한 데서 터져 나왔다. 1995년 10월 19일 민주당 박계동朴啓東 의원이 국회 본회의 단상에서 "신한은행 서소문지점에 300억 원이 3개의 차명계좌에 100억 원씩 나뉘어 예치되어 있는 것을 확인했다"면서 노태우의 '비자금'임이 틀림없다고 폭로했다.

노태우는 처음에는 "자신과 전혀 무관한 일"이라며 "법적으로 대응하겠다"고 했다. 그리고 주위 사람들에게는 "그런 돈 한 번 만져보기만 해도 좋겠다"라고까지 말했다. 그러나 수사가 진행되자 노태우는 자신의 돈임을 솔직히 시인하고 대국민 사과문을 발표했다. "재임 중 약 5,000억 원을 '통치 자금'으로 조성하여 퇴임 당시 그 중 1,700억 원 가량이 남았다"고 말하고 비자금의 일부를 밝혔다.

이 사건은 김영삼이 취임 6개월 만인 1993년 8월 대통령 긴급명령(제16호)

을 발동해 금융실명제를 실시했기 때문에 일어나게 된 것이다. 노태우의 자금 110억 원을 신한은행 서소문지점 지점장의 권유로 자신의 계좌에 입금시켜 주었던 사람의 아들 하종욱이 박계동의 친구였다. 하종욱 부자는 그 예금에 부과될 세금 7억 원을 물게 되었다. 입장이 곤란해진 하종욱은 친구 박계동 의원과 이를 협의했고 이 과정에서 사건을 알게 된 박계동이 국회에서 폭로한 것이다.[25]

1995년 11월 16일 노태우는 뇌물수수 혐의로 서울구치소에 수감되었다. 검찰은 이날 노태우가 재임기간인 1988년부터 1992년 12월까지 30개 재벌 기업체 대표로부터 기업 경영에 관한 선처 명목으로 총 2,358억 9,600만 원의 뇌물을 받은 혐의가 있다고 발표했다.

노태우 사건으로 촉발된 국민의 엄청난 공분은 부정부패의 처벌에서 그 원인이 되었던 12·12군사반란 사건과 5·18광주사태에 대한 단죄요구로 이어졌다.

검찰은 11월 30일 12·12 및 5·18특별수사부를 설치하고 두 사건에 대한 전면 재수사에 착수했다. 검찰은 12월 2일 전두환에 대해 군 형법상 반란 수괴 등의 혐의로 사전 구속영장을 발부했다. 전두환은 "검찰의 소환 및 여타 어떠한 조치에도 협조하지 않겠다"는 '골목 성명'을 남기고 고향인 합천으로 떠났다. 3일 새벽 검찰은 구속영장을 집행해 그를 안양교도소에 수감했다. 이로써 두 전직 대통령이 동시에 구속되는 역사상 초유의 사태가 벌어졌다.

해가 바뀌고 1996년 1월 13일에는 검찰의 '전두환 비자금 수사' 발표가 있었다. 수사 결과, 전두환은 재임 기간 중 기업들로부터 총 9,500억 원의 돈을 거둬 이중 7,000억 원을 비자금으로 사용하다가 1988년 2월 퇴임 당시 1,600억 원을 개인적으로 관리해 온 것으로 밝혀졌다.

전두환, 노태우에 대한 1심 선고는 1996년 8월 26일 내려졌다. 전두환에게는 사형, 노태우에게는 22년 6개월이 선고되었다. 두 사람의 내란 및 군사반란이 모두 유죄로 인정되었다. 또 전두환에게는 2,259억 5,000만 원, 노태우에게는 2,838억 9,600만 원의 추징금이 각각 선고되었다.

2심 선고는 1996년 12월 16일 내려졌다. 전두환에게는 무기, 노태우에게는 징역 17년이 선고되었다. 추징금은 전두환 2,205억 원, 노태우 2,628억 9,600만 원으로 결정되었다. 마지막으로 1997년 1월 16일 대법원은 피고인 전원에게 상고 기각 판결을 내렸다.(26)

그리고 1년 뒤인 1997년 성탄절에 김영삼 대통령은 두 전직 대통령을 사면 조치했고 그들은 영어의 몸에서 풀려났다.

1992년 정주영 회장은 정기적으로 노태우를 찾아가 돈을 주었다고 밝혔다. "처음에는 한 번에 20억에서 30억 원씩 주었지만 좀 부족하다고 생각돼 나중에는 50억 원씩을 주었다. 그러던 것이 2년 전 마지막으로 돈을 줄 때는 100억 원으로 불어났다"고 말했다. 그리고 정 회장은 노태우가 전두환보다 더 부패했다고 말했다.(27)

리콴유 전 싱가포르 수상은 1986년 7월 노태우 장관을 처음 만났다고 회상했다. 노태우는 싱가포르가 어떻게 부패문제를 해결했는지 물었다. 리 수상은 "서서히 나이 든 고위 관료들을 퇴임시키면서 청렴한 젊은 관료들을 채용해 이들이 높은 청렴 수준을 유지할 수 있도록 주의를 기울여야 한다. 그러나 고위 지도층이 청렴결백하고 부하들에 앞서 정화되지 않으면 이 모든 것은 단지 시간 낭비일 뿐이라고 강조했다"고 그의 자서전 《일류국가의 길》에서 밝혔다. 노태우는 이때만 해도 부패하지 않을 자신이 있었는지 아니면 부패를 철저하게 차단할 결의를 내심 다졌던 것인지 매우 궁금하다.

김영삼 정부는 1994년 3월 지방자치법을 개정, 기초 및 시·도 단체장 선거를 도입하고 1995년 6월 지방 단체장 선거를 실시했다.

부동산실명제는 1995년 7월부터 시행에 들어갔다. 3월에 제정된 이 법에 따라 부동산거래를 반드시 매매당사자의 실제 이름으로 하도록 의무화했다.

이로써 그 동안의 차명을 통한 탈세 및 탈법에 의한 부동산 투기를 방지할 수 있게 되었다.(28)

김영삼은 취임 직후 17억 원에 달하는 자신과 가족의 재산을 솔선해서 자진공개하고 '부패와의 전쟁'을 선포한 다음 자신은 앞으로 일체의 정치자금을 받지 않겠다고 선언했다.

그런데 깨끗한 정치를 내건 김영삼에게 최초로 일격을 가한 것이 장학로張學魯 사건이다. 상도동 가신 출신인 청와대 제1부속실장 장학로는 1990년 3당 합당 이후 기업인들로부터 도합 6억 2,000만 원을 받은 혐의로 1996년 3월 구속되었다.

한보韓寶 사건은 1997년 1월에 터졌다. 정치권력과 결탁한 한보철강은 한 해에 6,000억 원의 이자부담과 5조 원에 이르는 금융특혜를 받았고 사건이 터지기 한 달 전에도 8,000억 원의 긴급지원이 있었다.

한보의 공장 설립부터 금융대출에 이르기까지 모든 경영방식이 의혹투성이였다. 비등하는 여론에 못 이겨 수사에 착수한 검찰은 한보그룹 정태수鄭泰守 총회장과 뇌물을 받은 현역 국회의원 4명과 장관 1명, 은행장 2명 등 모두 9명을 구속했다.

이 사건으로 김영삼의 둘째 아들 김현철金賢哲이 구속됨으로써 김영삼의 신뢰와 위신이 땅에 떨어졌다. 이 사건은 기아자동차 부도 사건과 함께 국가적 재앙인 IMF사태의 한 국내적 요인이 되었다.

IMF사태는 당시 동남아 각국에 번진 하나의 폭풍이었지만 한국은 김영삼 정부 경제 관료들의 무책임과 무능으로 더욱 심한 타격을 받았다. 김영삼 정부는 1994년부터 '국제화'를 강조하면서도 실제로는 국제적 환경에 적응하려는 노력은 게을리하고 있었다.

김영삼 정부는 드디어 11월 21일 IMF의 구제금융 신청을 공식 선언했다. 마침내 12월 3일 정부는 IMF 측과 차관각서에 서명함으로써 경술국치에 버금가는 경제주권 상실이라는 치욕을 당하게 되었다. 차관은 모두 580억 달러로 사상 최대 규모였다. 조건은 부실금융기관 정리, 재벌개혁, 긴축재정, 통화정책 그리고 고금리 유지 등이었다.(29)

6 | 김영삼과 김대중의 정치 입문

지금으로부터 52년 전 자유당 시절인 1954년 5월 20일, 제3대 국회의원 총선 때의 일이다. 이 선거에 경남 거제군에서 자유당 소속으로 출마한 26세 청년 김영삼은 최연소 당선자가 되었다. 이때 목포에서 무소속으로 출마한 김대중은 낙선했다.

김영삼은 중학생 때부터 대통령이 되겠다는 꿈을 책상 앞에 써 붙여놓고 대통령 꿈을 키워왔다. 그는 꿈을 이루기 위해 웅변연습에 심혈을 기울였고 서울 명동 시공관에서 열린 정부수립 기념 웅변대회에 참가하여 2등을 차지했다. 김영삼이 받은 2등상은 외무장관상이었다. 당시 외무장관은 장택상張澤相이었다. 그 인연으로 김영삼은 1950년 4월 초순 장택상의 요청을 받아 그의 지역구인 경북 칠곡에서 웅변으로 장택상 선거운동을 도와주었다. 그리고 이것이 인연이 되어 김영삼은 얼마 후 장택상 총리의 비서로 일하게 되었다.

1952년 5월 24일 이승만이 총리를 장면에서 장택상으로 바꿨을 때 장택상은 자신이 이끌고 있던 신라회 회원 21명이 대통령 직선제 개헌을 지지하도록 했다. 신라회는 영남 및 대한청년단 출신들로 구성되어 있었는데 이 신라회의 운영을 도맡다시피 한 사람이 바로 장택상의 비서인 김영삼이었다.[30]

김대중은 1999년 6월 12일자 〈대한매일신문〉에 자신이 장면 박사를 만나 정치에 입문하게 된 동기를 다음과 같이 전했다.

제 전처의 친정이 가톨릭 집안이었기 때문에 자주 성당에 나갔지만 정식으로 영세를 받은 것은 1957년이었습니다. 그때 저는 유명한 신학자이기도 한 윤형중尹亨重 신부로부터 교리강독을 들었고 노기남 대주교 방에서 김철규金哲珪 신부님으로부터 영세를 받았습니다. 이 모든 일은 최서면 씨라고, 그때 서울 교구 사무국장으로 있던 제 친구가 주선해 주어 이루어졌는데 장 박사를 대부로 소개해 준 사람도 그였습니다. 이렇게 해서 저는 장 박사하고 영적으로 대부 대자의 관계가 되었고 그 인연으로 저는 신파의 총수인 장 박사 밑에서 젊은 엘리트로서 활약을 할 수 있었던 것입니다.

영세를 받고 나서 김대중은 "뭐가 되고 싶냐?"는 윤형중 신부의 질문에 "정치가가 되고 싶다"고 말했다. 윤 신부는 최서면에게 "(최서면의) 직속 상관이 장면 박사니까 자네가 소개하라"고 했다.
최서면은 김대중을 서울 소공동에 있던 경향신문 고문실에서 부통령 겸 민주당 최고위원인 장면 박사에게 소개했다.
그는 장 박사에게 "나는 정계 진출을 안 하니 나를 생각하듯이 이 사람(김대중)을 생각해 달라"고 말했다.
이런 깊은 내용이 있어서인지 장면 박사와 노 주교는 김대중을 각별히 대해 주었다. 그렇지 않았던들 김대중이 하루아침에 민주당 상무위원, 선전부장이 될 수는 없었을 것이라고 최서면은 회고했다.
그런데 이보다 훨씬 전인 1951년에 전 한나라당 이회창 총재의 부친 이홍규李弘圭 옹이 당시 총리로 있던 장면 박사를 대부로 모시고 온 가족과 함께 가톨릭에 입교해 가톨릭 신자가 되었다. 최서면은 1955년 장면 박사와 노기남 주교로부터 당시 검사인 이홍규 옹을 소개받았다. 자유당 시절 정부가 장면 박사를 여러 면에서 궁지로 몰았다. 그러나 중대한 고비마다 이홍규 부장검사가 몰래 알려주어 화를 면했다고 한다. 이홍규 옹은 당시에도 불의를 보면 참지 못하는 성격이었다. 최서면은 이홍규 검사의 그러한 노력이 없었다면 장면 정권도 김대중 정권도 못 나왔을 것이라고 생각하고 있다.(31)

7 | '남조선에 공화국기가 펄럭이고'

김영삼과 이민우李敏雨 옹은 장면 정권의 제2공화국 시절 제5대 국회에서 함께 신민당 원내 부총무를 지낸 사이다. 1974년 8월 유진산 당수의 병사 후 개최된 신민당 전당대회에서 이민우는 진산계를 이끌고 김영삼을 적극 지지하여 그가 총재에 당선되었다. 이에 대한 보답으로 김영삼 총재는 제1야당의 몫이었던 9대 국회 후반기의 국회 부의장 자리를 이민우에게 배정했다.

김영삼과 이러한 관계에 있던 이민우가 2004년 11월 입원 중 병상에서 다음과 같이 말했다.

> 1997년 대통령선거에서 김대중하고 이회창이 맞붙었잖어. 김영삼은 이회창李會昌을 공천해놓고는 이인제李仁濟를 밀었거든. 자기 아들(김현철)을 2인자로 만들려고 그랬던 것이여. 보통 정치인이라면 생각도 하덜 못할 그런 짓을 한 거지. 이인제가 경북과 경남에서 표를 많이 모아 500만 표(실제로는 492만 표)를 얻었잖어. 그때 김대중과 이회창의 표차가 38만 표에 불과했거든. 김영삼이 대통령이란 현직을 이용해 이인제를 밀지만 않았다면 이회창이 몇 백만 표 차이로 이겼을 거야. 정치하는 사람이 그럴 수는 없는 법이여. 정치도의도 없구, 신의도 없는 일 아녀.(32)

1997년 10월 26일 국민회의(김대중)와 자민련(김종필)은 내각책임제를 매개로 한 대통령 후보 단일화 협상을 매듭지었다. 양당은 김대중이 당선되는 경우에 실질적인 각료 임명 및 해임 제청권은 실세 총리인 김종필이 맡도록 한다는 합의를 했다. 그리고 김대중은 12월 대통령선거에서 이회창 한나라당 후보를 39만 표 차이로 제치고 대통령으로 당선되었다.

김대중의 대통령 당선은 어떻게 보면 우연이고 어떻게 보면 그의 끈질긴 노력의 결실이라고 볼 수 있다. 김영삼이 이인제를 밀어 여당표 500만 표를 줄인 것은 우연이고 김종필이 충청도표를 모아 김대중 당선에 일조를 한 것은 노력의 결과였다.

어떻든 김대중의 대통령 당선은 한국정치사에 획기적인 변화를 가져왔다. 그가 처음 당선되었을 때 사람들은 30년을 악전고투하더니 이제 결실을 맺었구나 하고 대견하게 생각했다. 그리고 한편으로는 전라도에서 대통령 한번 내야 한다고 그렇게도 노력했으니 대통령으로 당선되어 다행이라고 생각한 사람들도 있었다.

그러나 김대중은 재임 기간 중 북한을 방문, 김정일과 만나 6·15선언을 하는 등 적극적인 북한 편향정책으로 일관하여 국민을 놀라게 했다. 김대중의 대북한 정치행각은 해방 후 50년 동안 이루어 왔던 남한 사람들의 사상적 균형을 완전히 무너뜨리고 국민 사이에 일대 이념적인 혼란을 불러 일으켰다.

황장엽 전 노동당 비서는 2001년 3월에 쓴 미공개 보고서에서 김대중 대통령을 '김정일과 깊이 결탁한 관계'라고 단정했다.

이 보고서에서 황장엽은 그를 '김정일에게 발목이 잡힌 사람', '붕괴에 직면한 김정일 정권을 되살려준 사람', '미국 및 우리 민족이 아니라 김정일과 운명을 같이 하려는 사람'으로 표현했다.(33)

한때 재야에서 민중운동을 하다가 방향을 바꾼 김문수 한나라당 의원은 김대중 정부의 통일정책에 대해 다음과 같이 말했다.

친북 성향이 과도합니다. 정부의 최근 통일정책은 우리 사회의 정체성

분단 55년 만에 남북 정상이 처음으로 직접 만나 두 손을 맞잡았다. 2000년 6월 13일 평양 순안공항에 도착한 김대중 대통령은 김정일 국방위원장과 한동안 손을 잡은 채 "반갑습니다"라고 인사했다. 공항까지 마중나온 김 위원장은 김 대통령 전용기 앞에 기다리고 있다가 김 대통령을 맞는 예의를 표했다.

을 위태롭게 하고 있습니다. 김정일하고는 어깨동무를 하고 야당은 적으로 삼고 있는데 이런 발상이 도저히 이해가 안 갑니다. 김대중 대통령의 사상이 의심됩니다. (…) 역사를 어디로 끌고 가려는 건지 모르겠습니다.

북한과의 공존만 강조하면서 북한 주민의 인권과 북한의 변화에 대해서는 말하지 않았기 때문에 일부 국민이 "북한과 내통을 했다. 밀약을 했다. 이면 합의를 했다"고 의심하는 것입니다.(34)

김대중 대통령은 2000년 6월 15일 평양에서 김정일 국방위원장과 만나 11시간에 걸친 남북 정상회담을 했다. 이 회담을 성사시키기 위해 김대중은 4억 달러 이상을 김정일에게 주었다.

　회담 후 김대중은 김정일을 "같이 의논을 할 수 있는 진지한 인물"이라고 평했다. 그리고 "금후 한반도에 전쟁의 가능성은 없다는 자신을 얻게 되었다"라고도 말했다. 김대중의 이러한 영향을 받아 김정일을 긍정적인 눈으로 보는 사람이 인구의 4.7퍼센트에서 53.8퍼센트로 급격히 늘어났고 그를 단순히 독재자로 보는 사람은 34.6퍼센트에서 9.6퍼센트로 감소했다.(35)

　조선로동당 간부 및 군중 강연자료(대외비)를 보면 〈력사적인 6·15북남공동선언 발표 이후 남조선에서 커다란 변화가 일어나고 있는 데 대하여〉란 논문이 있다.

> 력사적인 6·15북남공동선언이 채택된 때로부터 3년이 지나갔다. 6·15북남공동선언의 발표는 우리 민족의 조국통일 위업에 중대한 전환적 국면을 마련한 력사적인 사변으로 갈수록 그 정당성과 활력이 높이 발휘되고 있다.(…)
> 위대한 장군님께서 김대중을 만나주실 때까지만 해도 대학에서 공화국기 게양이 탄압 대상이 되었지만 지금은 부산과 대구 등 남조선 주요 도시들의 한복판에 공화국기가 펄럭이고 '평양바람', '이북바람'이 온 남조선 천지를 휩쓸고 있다.
> 위대한 장군님의 위대성 선전이 이렇게 합법적으로 진행된 결과, 남조선 각계각층 인민들이 위대한 장군님의 탁월한 위인적 풍모에 대해 더 많이 알게 되었고 그의 위대성에 대한 감탄의 목소리를 더욱 높이고 있다.
> 지난 시기 진보적인 사상을 지향하는 친북적이고 련공적인 세력들은 남조선 사회에서 소수에 지나지 않았고 이들은 진보적인 사상에 공감하고 북을 동조했다는 리유만으로 감옥에 가고 사회의 눈초리를 받아야 했다. 자신을 반공보수라고 했던 사람들은 80퍼센트였고 진보라고 했던 사람

남북정상회담이 열린 2000년 6월 13일 오후 한양대학교 정문에 걸린 태극기, 남북한단일기, 인공기가 그려진 그림 걸개

들은 20퍼센트 미만이었다. 그나마 우리의 사상에 공감하고 우리를 따르고 동조했던 세력들은 지하의 소수에 지나지 않았다.

그러나 지금은 반대로 변했다.

사회의 주류였던 반공보수 세력들이 밀려나고 탄압당하면서 숨어 살아야 했던 진보적 운동 세력들이 네 활개를 펴고 주류로 등장했다.

지난해 괴뢰 대통령선거에서 극우보수 세력인 '한나라당'의 후보가 패하고 진보 세력의 지지를 받은 후보가 당선되는 극적인 일이 벌어진 것도 이와 관련되어 있다.

그 결과, 보수 세력들은 더욱 사회의 기슭으로 밀려나고 민주화운동에 나섰기 때문에 당국의 탄압을 받아 왔던 운동권 출신들이 지금은 권력의 칼자루를 쥐었다.

또한 80년대 학생운동 세력인 '386세대'가 사회의 중추와 '청와대'까지 진출하는 등 지난 시기에는 상상도 할 수 없는 일이 벌어졌다.(…)

그리고 대부분의 사람은 만약 미국이 한반도에서 전쟁을 일으키면 남조선 '정부'가 미국 편에 설 것이 아니라 북의 편에 서서 미국과 싸워야 한다고 생각했다.(36)

8 | '하늘이 무너져 내리는 충격'

2002년 12월 19일 대통령선거에서 이회창 한나라당 후보는 1997년 김대중에 이어 이번에는 노무현 민주당 후보에게 57만 표(2.2퍼센트) 차이로 져 두 번째로 낙선했다.(37)

이날의 상황을 서울대 송호근 교수는 다음과 같이 말했다.

> 낙선한 한나라당 후보 이회창은 정계은퇴를 선언하면서 눈물을 흘렸다. 5060도 따라 울었다. 그러나 2030은 환호했다.
> 가정에서, 직장에서, 나아가 사회의 모든 영역에서 일시적 유행으로 치부되던 젊은 층의 문화감각이 정치 권력으로 전환되는 순간이었다.
> 선거 결과는 기성세대에게는 충격 이상의 것이었다. 어떤 이는 심리적 공황상태를 호소했고 우울증과 불면증에 시달리는 사람들도 속출했다. 상실감, 허탈감, 무기력증, 불안감이 기성세대를 엄습했다.
> 어떤 이는 12·19대선을 혁명적 상황으로 묘사했다. 혁명군은 주로 가족 안에 있었는데 자신들이 애지중지 키워 왔던 자식들, 경제적 궁핍을 물려주지 않으려고 피와 땀을 흘려 정성을 쏟았던 바로 그 자식들이었다.
> 기성세대는 설 자리를 잃었다는 낭패감에 빠졌다. 해방 이후 50년을 가꿔 온 자리와 신분과 권리, 권력과 말발이 하루아침에 사라진 듯 느꼈다. 그것도 철없는 아이들로 보이던 젊은 세대가 투표를 통해서 합법적으로 강탈해갔다고 생각했다.(38)

당시 상황을 송 교수는 잘도 묘사했다. 실상 젊은이들은 승리감에 도취되어 환호했는지 몰라도 일제시대 그리고 6·25전쟁을 겪어본 세대는 하늘이 무너지는 것 같은 충격에서 벗어날 수 없었다. 아무리 젊은 것들이 철이 없기로서니 그렇게 타일렀건만 결국 일을 그르치고 말았구나 하는 낭패감이 그들의 온몸을 휩쓸었다.

그도 그럴 것이 한국정치사에서 이렇게 젊은이들이 투표용지를 무기로 반란을 일으킨 적이 없었다. 그들의 신바람이 월드컵 4강을 타고 효선, 미선의 추도 촛불로 번졌다고는 하지만 그렇게 이성을 잃고 날뛰리라고는 상상도 못했던 일이었다.

당시 김대중 대통령은 자식의 비리 연루로, 측근의 부정부패로 만신창이가 되었지만 이를 아랑곳하지 않고 새로운 패턴의 정치세력을 형성하면 금방 잘 살게 될 것처럼 생각하여 충고는 뒷전으로 한 채 그냥 질주하고 말았다.

그리고 민주당은 상대방 후보인 이회창을 떨어뜨리기 위해 선거전을 하는 것처럼 없는 사실을 조작하고 모함하여 그를 매도하는 데 모든 기량을 집중시켰다. 이회창의 유일한 아킬레스건인 자식의 병역면제를 집중적으로 공격했고 김대업, 설훈, 천용택의 기가 막힌 연기로 유권자의 혼을 쏙 빼버렸다.

노무현이 당선되자 민주당은 세상을 얻은 듯 승리감에 도취되어 흥분했지만 그것도 잠시 친노 그룹이 '열린우리당'을 만들어 딴 살림을 차리자 닭 쫓던 개 지붕 쳐다보는 꼴이 되고 말았다. 결국 민주당은 노무현을 대통령으로 만들기 위해 견마의 노력을 다하고도 버림받는 신세가 되고 말았다. 민주당 내에서는 인간적인 배신감과 모멸감이 용서하기 힘든 분노가 되어 용암처럼 끓고 있었다. 이것이 언제 터질지 모르는 상황에서 조순형 의원이 민주당 대표로 선출되었다. 조순형 대표가 복수심으로 노무현을 내려친 것이 2004년 탄핵소동이다.

민주당의 복수전에 한나라당 최병렬 대표가 가세하여 국회의원 재적 3분의 2의 찬성으로 탄핵안을 가결시켰다. 명분으로는 대통령의 선거운동, 측근 비리 등을 내세웠지만 실제로는 대통령의 자질이 못되는 사람을 더 이상 대통령직에 앉힐 수 없다는 이유였다.

그런데 여기서 다시 한 번 충격적인 사건이 일어났다. 탄핵 역풍이었다. 헌법재판소는 어차피 보신을 위해 기각할 것으로 보았지만 70퍼센트가 넘는 국민이 대통령 탄핵을 반대하고 나선 것이다. 그 후폭풍의 결과가 총선에서 열린우리당의 압도적 승리로 이어졌다. 도저히 이해할 수 없는 상황이 재현된 것이다.

송호근 교수가 말한 것처럼 노무현이 대통령으로서 더할 수 없는 자격을 갖추었기 때문일까? 그의 자질이 젊은이들의 눈에는 보이는데 노인들 눈에는 보이지 않는 것인가? 송 교수는 노무현을 이렇게 평했다.

> 따지고 보면 이만한 통치자를 만난 것은 다행스러운 일이다. 깨끗하고 소박하고 올곧고 의지가 강하고 결단력 있는 이런 대통령을 만날 수 있었던 것은 한국으로서는 행운이다. 만약 겉으로는 민주적 가치와 합리성을 신봉하는 척하면서도 실제로는 한국 정치를 권력 남용과 부패의 늪으로 끌고 가는 정치인을 만났더라면 어땠을까? 한국은 모든 성과를 반납하고 후진국으로 회귀했을 것이다.
> 그러나 그는 그러지 않았다. 우리는 이 점을 고마워해야 한다.
> 한국처럼 척박한 정치 환경에서 그리고 실력과 교양과 지도력을 갖춘 정치인을 배양하는 변변한 공적기구가 없는 상황에서 카리스마 정치가 자연사할 때까지 기다려 이만한 지도자를 만날 수 있었다는 것은 민주화운동으로 쌓은 역량 덕분이다.
> 소득은 이것뿐만이 아니다. 결과야 어쨌든 대부분의 지식인과 국민이 바라마지 않던 '분배'로 정책 비중이 넘어갔다. 서민과 하층민이 정책의

주요 대상이 되었다.

서민 가계를 위해 은행 여신의 문턱을 낮추었으며 임대주택 공급을 늘렸다. 투기가 잡히고 집값을 묶었다. 돈이 돌지 않더라도 투기로 돈이 도는 것보다는 낫다는 통치자의 신념에 박수를 보낸다.

"사회정의가 실현되지 않는 상황에서 국민소득이 2만 불, 3만 불하면 무슨 소용이 있는가"라고 힘주어 말하는 그 확고한 의지에 박수를 보낸다.(39)

송호근 교수는 너무도 성급하게 노무현을 찬양했다. 노무현 3년에 대한민국은 내외로 멍들고 말았다. 그가 노무현이 이루리라고 예견했던 모든 과제는 실패로 얼룩지고 말았다. 정치도, 외교도, 경제도 그리고 도박사회까지 어느 것 하나 성한 것 없이 망가지고 있다.

9 | '골프 치고 요트 타는 서민도 있나'

재야 운동권의 리더 장기표張琪杓는 김근태, 이부영과 함께 전민련(전국민족민주연합회)을 조직해 1980년대 후반 한국사회를 뒤흔들었다. 그 후 이재오, 김문수와 함께 민중당을 창당하기도 했다. 장기표는 여섯 번의 수배, 다섯 번의 옥고를 치른 운동권 골수 핵심이었다. 이러한 장기표가 노무현의 성분을 말했다.

1980년대 중반에 운동하던 젊은 친구들이 전부 친북 주사파로 달려갔어요. 그걸 제대로 비판하면 운동권에서 소외당하니까 다들 침묵을 지킨 거예요. 그게 지금까지 이어지고 있는 거죠. 정치권에 있는 우리 세대가 그 점에서 기회주의적이에요. 운동권 출신은 그렇다 치고 노무현 씨는 뭐냐? 이 양반은 운동권 콤플렉스가 있어요. 친북적인 경향을 띠어야 운동권 정서하고 맞고 진보적이라는 얘기를 들으니까 아무런 철학도 없이 친북적 자세를 견지하는 거예요.
노무현 씨는 서른서너 살이 넘어설 때까지 사회정의라든가 민주화에 대해 아무런 생각이 없었어요. 1980년대에 일본에 요트 타러 다녔고 대통령이 된 후 일본에 가서는 "그 시절이 내 인생에서 가장 행복했던 때"라고 얘기했어요. 어떻게 변명을 하든 이건 비정상적인 것 아닙니까?
많은 사람이 "노무현 씨가 친노동자적이다, 서민적이다"라고 하는데 나는 전혀 동의하지 않습니다. 골프 치고 요트 타는 서민도 있습니까? 노

무현 씨가 대통령이 되면 우리 사회는 극단적인 대립을 맞을 거라고 걱정했어요.(40)

장기표의 말대로 노무현은 몸과 마음이 따로 노는 사람인가? 입으로는 재벌해체를 주장하면서 자신은 요트나 골프에 매혹되어 이중적 행태를 보이는 이유는 무엇인지 알 길이 없다.

노무현은 1988년 처음 국회의원에 당선되어 원내에서 행한 최초의 대정부질문에서 "재벌 총수와 그 일족이 독점하고 있는 주식을 정부가 매수해서 노동자에게 분배하자"고 주장했다. 그는 당시 재벌해체 이야기를 하면서 "공연히 한번 해보는 소리가 아닙니다"라고 분명히 말했다. 그는 1988년 총선 공약집에서도 "재벌을 해체하고 (…) 재벌과 부정축재자들이 독점하고 있는 토지는 강제 징발하여 무주택 서민과 중소기업 육성자금으로 전환해야 합니다"라고 썼다.

노무현의 이러한 발언에 대해 일부 한나라당 의원은 국회의 대정부질문에서 한 그의 말은 '공산주의자의 발언'이라고 비난했다.(41)

이러한 과정을 겪으면서 과연 민주주의가 '최선의 정치제도인가?' 하는 의문이 들 때가 있다. 더욱이 민주주의의 첫 단계인 대통령선거를 통해 최선의 지도자를 뽑을 수 있는가 그리고 최선의 지도자를 뽑은 경험이 있는가 하고 반문하게 된다.

박관용 전 국회의장은 정계 은퇴 후 쓴 회고록에서 다음과 같은 말을 했다.

우리가 반세기 동안 경험해 온 바와 같이 선거가 절대적인 정의를 말하는 것도 아니고 최선의 지도자를 뽑아주는 것은 더더욱 아니다. 선거라는 것이 있기 때문에 정치가 3류의 쇼로 전락하고 거짓말이 정치의 본질이 되는 사태가 종종 발생한다.(42)

박 전 의장이 30년간 정치생활을 하면서 절실히 느낀 정치의 아이러니한 면을 밝힌 것이다. 선거가 반드시 최고의 지도자를 뽑는 것이 아니다. 전혀 예상치 않은 결과를 가져오는 것이 선거제도의 맹점이다.

노무현이 대통령으로 당선된 것은 젊은 세대가 기성 정치인에 대해 염증을 느껴 한번 바꿔보자는 공감대가 확산되었기 때문이었다. 박정희의 공화당 정권과 전두환의 민정당 정권 등 장기집권에 대한 지루함도 있었고 또한 야당으로 정치에 참여하려면 1970년대 이후 야당정치를 한손에 쥐고 흔들었던 김영삼, 김대중의 품 안에 들어가야만 했던 것도 이런 염증을 일으킨 요인이 되었다. 공천권과 정치자금을 쥐고 있던 이들의 눈에 나면 그날로 정치생명은 끝났다. 국회의원 혹은 지방단체장에 나서기 위해 공천을 받으려면 수억, 수십억씩 돈을 싸들고 이들에게 접근해야 했다. 문제는 국민도 이에 휩쓸려 김영삼, 김대중의 공천을 받은 자만이 정치인으로서 인증을 받은 것으로 인식하고 이들만을 뽑아야 하는 것으로 착각하게 되었다는 점이다. 마치 프랑스나 이탈리아 유명 브랜드를 붙인 옷과 가방만이 제대로 된 물건인 것처럼 인정하는 습관과 마찬가지로 이들의 공천을 받아야만 후보자를 신뢰하여 투표했던 것이다.

만약 과거처럼 이들 당 총재가 후보를 지명하는 선거시스템이 계속되었더라면 노무현이 민주당의 대통령 후보로 공천받는다는 것은 당초 어림도 없는 일이었다. 민주당 총재에게 노무현은 순위에도 훨씬 못 미치는 후보였다. 당의 공천이 국민 경선제로 옮겨가게 되면서 이변이 일어난 것이다.

이변은 또 일어났다. 정몽준 의원이 출마를 선언해 정풍이 불기 시작하자, 후보단일화 이전까지 실시한 여론조사에서 20~30대에게 가장 인기가 많았던 정치인은 노무현이 아니라 정몽준이었다. 즉 20~30대에게 재벌은 별다른 거부 대상이 아니었다. 기성세대와 차별화만 되면 좋다고 생각했다. 이런 주장의 근거는 대통령선거 2달 전인 2002년 10월 19일 실시된 한국갤럽 여론조사 결과에 있다.

> (문) 아래 중 누가 대통령이 되는 것이 조금이라도 더 좋다고 생각하십니까?
>
> | | 이회창 | 노무현 | 정몽준 |
> |---|---|---|---|
> | 20대 | 20.9퍼센트 | 23.7퍼센트 | 35.6퍼센트 |
> | 30대 | 25.4퍼센트 | 21.7퍼센트 | 34.1퍼센트 |
>
> (문) 노무현 씨와 정몽준 씨 중 누구로 단일화하는 것이 더 좋다고 생각하십니까?
>
> | | 노무현 | 정몽준 |
> |---|---|---|
> | 20대 | 43.4퍼센트 | 51.4퍼센트 |
> | 30대 | 28.6퍼센트 | 55.0퍼센트 |
>
> 한국갤럽 2002년 10월 19일(43)

여론조사에서 앞서 있던 정몽준을 누르고 노무현이 단일후보로 뽑힌 것도 하나의 이변이었다. 아직까지 어떻게 정몽준을 누르고 노무현이 승리했는가에 대한 충분한 분석이 이뤄지지 않고 있다. 당시 여론조사를 맡았던 조사기관의 조사방법에 문제가 있었는지는 알 길이 없다. 따라서 노무현의 대통령 당선은 필연이 아니고 우연이 아니었던가 하는 분석도 해본다. 하나의 해프닝으로 말이다.

10 | 행정수도 이전은 김병준 아이디어

노무현이 1993년 만든 사단법인 자치경영연구원(전 지방자치실무연구소)은 2002년 선거에서 노무현이 공천을 받자 대선을 위한 베이스캠프 역할을 했고 집권 청사진을 그려내는 정책 브레인 역을 수행했다. 노무현은 이 연구원의 초대 소장을 지냈고 지금도 이사로 등재되어 있다. 이사장은 김병준 국민대 교수가 맡았다. 염동연은 사무총장을 지냈고 이강철, 윤재술, 김강곤 등은 이사였다. 대표적인 참여학자로는 김종순(건국대 교수), 강형기(충북대 교수), 이기우(인하대 교수), 지병문(전남대 교수), 김영평(고려대 교수) 등이 있다.

연구원 실무진으로는 386 참모진인 이광재, 안희정, 서갑원, 배기찬, 황이수, 여택수, 백원우, 윤태영, 유종필, 김만수, 윤석규, 이충렬, 이은희, 문용욱 등이 포진했다.

연구원을 거쳐 간 인사로는 김두관, 원혜영, 백재현, 손영채, 임익근, 김선홍, 최용규, 김부겸 등이 있다.

노무현이 대선 출마를 결심한 2001년 말부터는 이 연구소에서 참모들과 수시로 전략회의를 갖는 한편 각 분야의 전문가를 초청해 토론회를 가졌다. 특히 행정수도 이전론은 행정학자인 김병준 교수 등 자치경영연구원 그룹에서 처음 제안했다고 한다. (44)

박관용 전 의장은 노무현의 행정수도 이전 공약에 대해 다음과 같이 말했다.

나는 같은 부산 출신 국회의원으로서 노무현 의원을 관심있게 지켜본 사람이다. 노 의원은 정력적으로 의정활동을 한 사람임에는 틀림없으나 그가 의정활동 중에 단 한 번이라도 행정수도 이전문제를 거론하거나 관심을 갖는 것을 본 적이 없다.

그런 그가 대통령선거 기간 중에 어느 참모의 진언을 받아들여 갑자기 충청권 신행정수도 이전을 공약으로 내세웠다. 다른 지방, 특히 수도권의 주민들은 그저 그런 선거용 '공약空約'이거니 하고 지나쳤지만 충청권의 호응은 아주 크고 뜨거웠다.

뒷날 대통령에 취임한 후 노 대통령은 국회 건설위원들을 청와대로 초청하여 환담하는 가운데 "지난 번 선거 때는 (충청권 수도 이전 공약으로) 재미 좀 봤지요" 했던 적이 있다. 재미를 본 정도가 아니라 당선에 결정적인 기여를 했다는 것이 전문가들의 분석이다.(45)

노무현 정권이 들어서자 민청학련세대와 1980년대 후반 학생운동을 이끈 386세대가 대거 청와대, 국회, 행정부에 진을 쳤다. 민청학련세대로는 유인태, 정찬용 외에 이철, 이강철, 이해찬, 이창복, 이호웅, 장영달, 심재권, 한명숙 등이 있다.

386세대 중 노무현 측근 그룹인 이광재, 서갑원, 윤태영, 천호선, 김만수, 황이수, 여택수, 문용욱 등은 청와대로 들어갔다. 임종석, 송영길, 오영식, 허인회, 정윤재, 안희정 등은 국회에 진출했거나 준비를 하고 있다.

노무현 대통령의 대북관을 심어주는 참모는 이종석李鍾奭 통일부장관이다. 이종석 장관은 1958년 경기도 남양주에서 태어났고 성균관대 행정학과 78학번이다. 그가 대학을 다니던 1978년은 유신 말기였고 이어진 1980년 광주사태로 대학가는 반정부 데모로 매우 시끄러웠다. 그는 당시 데모와는 거리가 먼 고시준비생이었다. 집시법 위반으로 처벌받은 전력이 없다. 1984년 졸업과 함께 직장에 취직, 평범한 직장생활을 하다가 29세 때 성균관대 대학원에 입학했다. 석사 2년차인 1988년 '한국정치연구회'에 가입하면서 그는 진로를 바꿨다. 이 한국정치연구회 소속 대학원생 일부가 북한을 집중적으로 연구하기 위해 독립문 부근에 '독립문 연구회' 사무실을 냈다. 그는 송두율宋斗律의 "북한의 사회주의를 북한의 입장에서 보고 북한을 비판하기 전에 실체를 인정하자"는 '내재적 접근론'을 활용하여 '내재적·비판적 접근론'이란 자기 나름의 분석 틀을 만들었다. 냉전적 시각에서 벗어나 실증주의적 차원에서 북한을 연구해야 한다는 주장이다.(46)

한국정치연구회는 1988년 한국정치학회에 대항하여 진보적 성향의 정치학자들이 만든 모임이다. 고 이수인 당시 영남대 교수가 초대 회장을 지냈고 그 후 최장집 고려대 교수, 김세균 서울대 교수 등이 차례로 회장을 맡았다. 창립 멤버인 정대화 상지대 교수는 이 연구회가 "민주와 진보 학문의 활성화를 통해 우리 사회의 민주 변혁을 이끄는 진보적 실천학문 추진"을 목표로 한다고 말했다.(47)

노무현 대통령은 2006년 4월 한명숙韓明淑 의원을 이해찬 총리의 후임으로 국무총리에 지명했다. 한명숙은 국회의 청문회를 거쳐 총리로 임명되었다. 그런데 한명숙의 남편 박성준朴聖俊은 1968년에 있었던 통혁당 사건에 연루돼 13년간 감옥생활을 했다. 통혁당은 북한의 대남공작부서가 조직한 남한 내 지하당으로 통혁당 관련자 중 일부는 김일성으로부터 영웅칭호를 받고 북한의 혁명열사릉에 안장되어 있다.

당시 중앙정보부 발표에 의하면 "박성준(28세, 학생)은 1967년 6월 신영복申榮福에게 포섭되어 처 한명숙 및 박경호, 김국주, 은철수 등을 당의 소조책小組責으로 포섭했다. 박성준은 서울대 상대를 위시한 각 대학 출신 및 재학 중인 기독교계 학생을 모체로 결성한 기독청년경제복지회를 주도하여 자본주의 경제제도를 비판하고 소위 사회주의적 복지경제를 주장하면서 북괴의 경제제도를 찬양, 이를 연구 보급했다"고 한다.

그러나 박성준은 신영복으로부터 책을 빌려 보았을 뿐이라고 말하고 있다.

한명숙 총리는 1979년 4월 당시 이우재(현 마사회장) 등 7명과 함께 크리스천 아카데미 사건으로 알려진 반공법 위반으로 중앙정보부에 의해 구속된 일이 있다. 중앙정보부는 이들이 1976년 6월부터 2년여 동안 북한 발간 책자 등 불온서적으로 학습하고 북한의 '통혁당 목소리 방송'을 청취하며 비밀리에 용공조직을 만들려고 했다고 발표했다.

대법원이 2006년 4월 14일 국회 청문회 위원들에게 제출한 2심 판결문은 "1979년 3월 피고인 6명이 피고인 S집에서 (단파) 라디오를 조작해 김일성을 찬양하는 북괴방송을 함께 들었다"라는 검찰 공소사실을 인정했다. 압수품 목록에는 일제 라디오 2개(파나소닉, 도시바 제품)가 있었다. 사실관계가 보다 자세히 적혀 있는 1심 판결문에는 "피고인 L이 신촌 로타리 Y여관에서 단파 라디오의 주파수 조작방법을 가르쳐줘 피고인 한명숙이 북괴 방송을 청취했다"라고 기록되어 있다. 한명숙은 최종적으로 징역 및 자격정지 2년 6개월형을 선고받고 복역했다.(48)

11 | 국민에게 탄핵당한 노무현

한나라당은 2006년 5월 31일 실시된 지방자치단체장 및 지방자치단체의원 선거에서 열린우리당을 제치고 압승함으로써 노무현 정권에 일대 충격을 주었다. 한나라당은 광역단체장 선거에서 전라도와 제주도를 제외한 전 지역에서 승리했다. 가장 관심을 끌었던 서울특별시장 선거에서 한나라당 오세훈 후보는 59.3퍼센트 대 28.6퍼센트로 강금실 열린우리당 후보를 누르고 당선되었다. 한나라당은 서울시 25개 구 구청장과 수도권(서울, 경기도, 인천) 시·도의원 100퍼센트, 수도권 기초단체장 92퍼센트, 그리고 영남에서 83퍼센트를 당선시켰다.

열린우리당을 더욱 놀라게 한 것은 젊은 층이 대거 한나라당 지지로 돌아섰다는 사실이다. 글로벌리서치 조사에서 광역단체장의 경우 20대 유권자 중 47.3퍼센트가 한나라당 후보를, 34.7퍼센트가 열린우리당을 지지했다. 30대에서도 한나라당 50.1퍼센트, 열린우리당 24퍼센트의 지지율을 보였다.

열린우리당의 문희상 의원은 6월 2일 "이번 지방선거 결과는 국민에 의한 '정부 여당 심판' 정도가 아니라 '정부 여당으로 인정할 수 없다'는 '탄핵'이었다"며 "더 우려스러운 것은 정부 여당에 대한 국민의 불신이 선거를 전후해 반짝 나타난 현상이 아니고 이미 오래전부터 쌓인 불신이 선거를 계기로 폭우로 불어난 물처럼 온 계곡을 휩쓸어 버린 것"이라고 말했다. 그는 "지금은 무조건 국민 뜻에 따라야 하는 순간으로 설령 그것이 '당을 없애라'는 명령이라도 그렇게 해야 한다"고 말했다.⁽⁴⁹⁾

열린우리당의 충격이 얼마나 심각했는가를 보여주는 발언이었다.

한 초선의원은 "노 대통령을 보기도 싫다는 유권자들이 너무 많았다. 대통령에 대한 불신과 적개심의 벽이 너무 두터웠다"고 토로했다.(50)

전문가들은 "기본적으로 정권의 무능과 실정으로 인한 민심 이반 현상이 가장 큰 요인"이라고 지적했다. 이번 선거에서 유권자들이 매우 강하게 정부를 성토한 이유는 서민경제의 어려움 때문이었고, 특히 부동산문제에 분노했기 때문이라고 한다. 땅값과 아파트값을 잡지도 못하면서 세금만 잔뜩 올린 데 대한 불만이 컸고, 그 결과 중산층도 서민도 모두 노무현 정권에 등을 돌리게 되었다는 것이다.

탄핵 후폭풍을 몰아 2004년 4월 압도적인 승리를 거둔 열린우리당이 기세등등하게 앞으로 20~30년 장기집권을 거론하며 온갖 교만을 부리다가 불과 2년 만에 선거사상 유례가 없는 참담한 패배를 당했다.

독선과 오만, 분노와 증오를 동력으로 미래 건설보다 과거사 뒤집기, 경쟁력 강화보다 잘 나가는 다리 잡기에 열중해 왔던 집권세력에 대한 국민적 실망과 염증이 표를 통한 준엄한 심판으로 나타난 것이다. 좀 더 거시적인 맥락에서 보면 이번 선거 결과는 대한민국이 제자리를 찾아가는 과정이라 할 수 있다. 지난 3년간 자신들의 부정과 파괴에는 능하나 개발과 창조에는 무능하기 짝이 없는 집단임을 아낌없이 보여주었다. 우리 민족끼리라는 시대착오적 집착과 결과 평등주의에 입각한 파행적 민주화는 이제 국민적 거부 대상이다. 대학가가 바뀌고 사이버공간이 변하고 20대, 30대, 386인 40대가 등을 돌린 것을 노무현 정권은 자아도취에 빠져 보지 못하고 있는 것이다.(51)

윤평중 교수(한신대)는 "이번 선거는 노무현 정권에 대한 실질적인 탄핵이다. 특유의 독선과 무능에 대한 민심의 총체적 환멸이 선거 결과로 나타난 것이다. 현 정권은 수사학에는 강하지만 삶의 지평에서 구체화되는 것이 적고 불편은 크기 때문에 시민들이 지쳐 있다. 정부가 뭐라 해도 들으려고 하지 않는 시민들의 냉소적인 반응은 이념의 정치가 소진되고 있는 생생한 예다. 따라서 앞으로 민주화는 담론의 도구가 되기 어렵다"고 말했다.(52)

2002년 말 대통령선거 당시 서울대 학생 56퍼센트가 노무현 대통령을 지지했지만 집권 4년차인 2006년 현재 노 대통령이 시대에 맞는 대통령이라고 판단하는 서울대생은 16퍼센트에 불과한 것으로 나타났다.(53)

한국갤럽이 6월 3일 실시한 여론조사 결과를 보면 이번 선거에서 집권당이 패배한 이유는 '경제회복의 실패'가 22퍼센트, '부동산 세금정책'이 20퍼센트, '대통령의 리더십 불만'이 17퍼센트였다. 이번 선거에서 집권당 패배에 대한 책임이 대통령에게 있다는 응답자가 84퍼센트에 이르렀다.(54)

그러한 상황인데도 불구하고 노무현 대통령은 6월 2일 정부 부처 홍보책임자 토론회에 참석해 "한두 번 선거로 나라가 잘 되고 못 되거나 어느 당이 흥하고 망하는 것이 민주주의는 아니다"라고 말해 모두를 놀라게 했다.

제 12장
중국은 북한을 흡수할 것인가

1 | 북한의 참혹한 실정

1980년대 말 소련과 동구권의 사회주의체제가 붕괴되는 것을 보면서 많은 사람은 북한의 붕괴도 멀지 않았다고 생각했다. 그러나 북한은 무너지지 않았다. 그리고 1994년 김일성이 사망했을 때 "이제는 북한도 체제를 유지하기 어렵게 됐구나" 하고 예측했지만 북한은 아직도 건재하다.

1994년 10월 미국정부가 북한과 제네바협의를 체결했을 때 미국이 북한에 너무 많이 양보했다는 공화당의 비난에 대해 클린턴 정부는 "북한이 곧 붕괴할 것"이라는 예측을 내세워 이에 대응했다. 미국이 북한 핵 동결의 대가로 경수로를 건설해 주기로 했을 때, 미국정부의 한 관리는 "경수로 건설에 10년이 걸리는데 그동안 북한정권이 붕괴할 것이 거의 틀림없고 그때가 되면 북한은 이미 남한에 흡수되어 존재하지 않을 것"이라고 말했다.

북한은 길어도 10년 안에는 동구권처럼 붕괴될 것으로 사람들은 믿었다. 1996년 3월 한국을 방문한 고어Albert Gore 부통령이 이런 믿음을 다시 확인해 주었다. 그는 판문점에서 사진기자들을 위해 포즈를 취하면서 북쪽을 가리켰다.

> 냉전은 여기 살아 남아 있다. 그러나 오래가지 않는다. 그들의 체제가 무너지고 있기 때문이다.[1]

국가 체제의 붕괴는 어떤 한계점에서 이루어지는가?

1980년대 말 동구권과 소련 체제가 붕괴되는 것을 지켜본 서방세계는 그들보다 훨씬 열악한 상태의 북한의 체제가 무너지는 것은 너무도 당연하고 이는 시간문제일 뿐이라고 생각했던 것이 사실이다.

미국의 워싱턴 포스트 기자였던 오버 도퍼는 1980년대 북한을 방문한 후 다음과 같은 기사를 썼다.

> 탄광들은 노후화되고 일부는 홍수로 물에 잠겼으며, 석유 수입이 줄어들자 공장들이 줄줄이 문을 닫거나 생산량이 대폭 줄어들었다. 연료 부족이 심각한 지방의 도로에는 우마차나 자전거만 다닐 뿐 자동차는 눈에 띄지 않았다. 다른 곳은 물론이고 비교적 혜택을 많이 받는 평양에서조차 사무실용 건물과 주택들의 난방이 끊어지고 정전되는 일이 다반사였다. 국영방송조차 전력 부족으로 오랫동안 방송을 중단했다. 석탄이나 전력을 동력원으로 이용하는 기차들은 대부분 정상운행을 하지 못했다. 이전까지 북한의 장래를 낙관하던 미국의 한 정부 관리는 곤경에 처한 북한을 신체의 기관이 하나씩 망가져가는 가망 없는 환자에 비유했다. 신체기관이 하나씩 망가질 때마다 다른 기관의 기능도 손상되어 가는 것과 마찬가지인 상황이었다.(2)

1996년 홍수 등 자연재해가 겹쳐 북한의 농산물 수확량은 급격히 줄어들었다. 북한의 1997년 곡물수요량은 570만 톤이었다. 그런데 1996년의 실제 수확량은 370만 톤으로 부족량이 200만 톤이었다. 또한 운송수단의 부족으로 수확을 하고도 곡물을 필요한 장소로 운반하지 못해 식량사정은 더욱 악화되었다.

주민은 목숨을 부지하기 위해 식용으로 부적합하고 영양가도 거의 없는 떡갈나무잎, 풀뿌리, 나무껍질 등을 닥치는 대로 먹었다. 이때 북한에서는 인구의 5~10퍼센트에 해당하는 100만에서 200만 명이 굶어 죽었고 수십만 명의 난민이 발생했다.

김정일은 북한의 이러한 비참한 식량사정을 시인했다. 1996년 12월 한 비밀연설에서 김정일은 "현재 인민군대에 식량을 만족스럽게 공급하지 못하고 있다. (…) 이렇게 우리의 군량미가 없다는 것이 알려지면 미 제국주의자는 즉각 침공해 올 것이다"라고 말했다.(3)

김정일은 식량난으로 국민이 굶어 죽게 된 상황에서 빨리 벗어나야 한다는 생각보다 이를 알고 적이 침공해 올 것에 더 신경을 썼다.

비무장지대에 배치된 특수부대(민사행정경찰)에서 근무하다가 2002년 2월 19일 남한 측 도라산 전망대를 통해 귀순한 주성일의 말을 들어보면 당시 상황이 어느 정도였는지 짐작이 간다.

> 1997년도. 이해 북한은 최악의 상태라고 할 수 있었다. 보병부대에서는 10년 이상 복무를 한 군인들까지 영양실조로 감정제대(의가사제대)를 하거나 몸 보양한다고 중대를 이탈했으며 인민군대의 모든 훈련소에서는 먹을 것이 없어서 훈련을 중지했다.

김정일이 군대에는 비축식량을 풍족하게 지원하여 군대는 건재하다고 말한 것도 헛소문이었다. 당시 군대도 사회도 모두 굶고 있었다.

> 한번은 사단장과 함께 보양소에 있는 여자 보호실에 들어간 적이 있었다. 여러 명의 영양실조 여군들 가운데 3명은 사단장이 들어왔는데도 일어나지 못했고 머리카락이 얼마나 많이 빠졌는지 탈모증 환자를 연상케 했다. 새다리 같은 종아리는 구타를 당한 것 같이 곳곳이 멍들어 있었고 핏기 하나 없는 까만 얼굴에는 초점 없는 눈동자가 멍하니 앞을 응시하

고 있었다. 나는 그들을 내려다보면서 '살아있는 시체'란 바로 이런 것이구나 하고 생각했다.(4)

한때(1978~1988년) 김정일의 경호원으로 10년간 근무했고 1994년 중국으로 탈출, 한국행을 시도하다가 체포되어 요덕수용소에 정치범으로 수감되었던 이영국李英國(현 백룡건강식품 대표)은 1999년 기적적으로 수용소에서 빠져나와 중국으로 다시 탈출, 이듬해 한국에 입국했다. 그는 요덕수용소에 수용되어 겪었던 상황을 다음과 같이 전했다.

1995년까지는 그래도 죄인들에게 1인당 160그램을 주었지만 1996년부터는 농사가 잘되지 않아 한 끼에 80그램을 주었다. 하루 평균 14~15시간씩 개인별 도급을 주어 과제를 수행하지 못하면 그나마 밥그릇에서 밥을 덜어내는 비극도 일어났다.
관리소에서는 죄수들을 먹이지도 않고 뼛물까지 뽑아 일하게 한다. 아무리 건강한 사람이라도 영양실조에 걸린다. 그 안에서 짐승처럼 주는 식량만 먹으면서 일주일 정도 지내면 멀쩡한 사람도 순식간에 쓰러진다. 영양실조에 걸리면 힘이 없는지라 몸을 움직이기 싫어하게 되고 15일 정도 지나면 정신력이 약한 사람은 죽고, 강한 사람은 좀 더 견딘다. 1996~1998년 사이에 한해 평균 300~400명이 죽었을 것이다. 죄수의 절반 가량이 그때 죽었다. 죄수들은 너무도 배가 고프다보니 소금을 몰래 가지고 다니면서 능재풀, 질경이풀, 다래나무순, 도라지, 뱀, 개구리, 쥐 등 먹을 수 있는 것은 닥치는 대로 먹었다. 뱀 가죽과 쥐 내장까지 다 먹어치우는데 이 모습이 너무도 예사롭게 보인다. 또한 늙은 죄수들은 힘이 없으니 소가 싼 똥에서 옥수수 알을 골라서 주워 먹고는 힘이 난다고 좋아했다. 도대체 사람이 사는 모습 같지가 않았다.

죽어가는 사람들의 모습은 눈뜨고는 못 볼 지경이었다. 초기에는 칼슘과 단백질 부족으로 이빨이 흔들거리고 빠지며 상처있는 자리가 검게 변해간다. 점차 머리 골격이 줄어들고 살이 빠지며 키까지 줄어든다. 그리고 얼마 지나지 않아 온몸이 부어서 물이 차고 나중에는 물이 터지면서 죽는다. 죽은 사람은 두 시간 안에 산에다 묻는다.(5)

2 | 천국에서 사는 김정일

올브라이트Madeleine Albright 미 국무장관이 2000년 북한을 방문했을 때 김정일은 이 방문객에게 세심하게 신경을 써서 호감을 사려고 노력했다. 올브라이트는 "진실하고 권위가 넘치는 사람"이라고 김정일을 평했다.

김정일은 이렇게 외부 중요 인사들과 만나면 호탕하고 진실되며 무슨 일이라도 대화로 문제를 해결할 수 있는 인물로 위장하는 남다른 재능을 갖고 있는 것 같다. 그런데 결코 김정일은 그런 인물이 아니다.

김정일의 경호원이었던 이영국은 "지금은 나이가 들어서 좀 변했는지 모르겠지만 젊은 시절에 그는 성격이 급한데다가 가정적 고심 때문에 술을 많이 마셨다"고 회고했다.

> 그는 모든 일을 즉흥적으로 과격하게 처리하는 면이 있다. 갑자기 어떤 생각이 떠오르면 깊이 생각해 보지도 않고 일단 저지르고 보는 성격이다. 다른 사람의 말을 듣지 않고 독단적으로 처리하며 누군가 반대의사를 말하면 옛날의 황제처럼 무자비하게 처리하는 극단주의자다. 그에게 겁 없이 문제 제기를 했다가 죽은 사람이 한둘이 아니다.
>
> 김정일이 지시한 대로 하면 경제 건설이나 모든 정책적 문제가 비록 잘못되어도 처벌을 받지 않는다. 그러니 누구도 자신의 자주적인 의견을 말하거나 창조적 발상을 할 필요가 없다. 따라서 북한에서 창조성을 발휘할 수 있는 인물은 김정일 한 사람뿐이다.(6)

황장엽 전 노동당 서기도 김정일에 대해 이같이 말했다.

김정일은 자기 자신의 이익을 지키려는 확고한 의지와 왕성한 에너지를 소유하고 있으며 정치적, 예술적 감각이 예리하고 두뇌 회전이 빠르다. 지금껏 국민으로부터 숭배를 받기만 했을 뿐 어느 누구의 통제도 받지 않았던 그는 고난이라고는 경험해 보지 못했기 때문에 참을성이 없고 포악하다. 그는 누구에게도 자문을 구하는 법이 없으며 아무리 지위가 높은 사람이라도 그에게 직접 전화를 걸 수 없다. 그는 당과 군부를 자기 개인 소유라고 생각하며 국가 경제에 대해서는 관심이 없다.

그리고 이영국 전 경호원은 김정일의 체력에 대해서도 말했다.

김정일은 '누구도 따르지 못할 정도'라는 수식어를 붙여주고 싶을 정도로 건강하다. 겉으로는 비만해 보이지만 3~4킬로미터 거리인 정동산 길을 등산하고 계단 오르기 운동을 하는데 수행원들이 따라가지 못할 정도다. 그래서 혼자서 달리는 일도 많았다. 또한 실내 바닷물 수영장에서 길이 120미터 되는 구간을 다섯 번 이상 왕복한다.[7]

북한을 통치하고 있는 김정일의 생활을 보면 그는 국민과는 아무런 관련이 없는 사람처럼 보인다. 국민은 굶어 죽어도 먹고 싶은 것을 마음대로 먹을 수 있는 사람이 김정일이다. 그의 입맛을 돋우기 위해 그의 요리사들이 전 세계 어디서든 음식 재료를 구해 온다. 싱가포르에서 과일, 러시아와 이란에서 캐비아(철갑상어 알), 일본에서 생선을 사온다. 중국과 유럽에도 사람을 보낸다. 그의 미각은 특히 발달해 있다.

김정일은 특히 중국 요리를 좋아한다. 상어지느러미 요리는 일주일에 세

번씩 먹는 경우도 있다. 한국 음식 중에서는 쏘가리를 특히 좋아한다. 김정일은 한때 일본 초밥에 맛을 들여 일본인 요리사를 전속으로 두기도 했다. 그는 일본에 가서 김정일이 좋아하는 초밥 재료를 사왔다.

김정일은 먹는 것만 즐기는 것이 아니었다. 그는 연회도 즐겼다. 연회는 매주 수요일과 토요일에 열릴 때가 많았다. 주로 평양에 있는 집무실 옆의 공관에서 열렸다. 오후 8시쯤 시작되는데 참석자들은 매번 김정일의 측근들이었다. 술이 거나해지면 김정일도 노래를 불렀다. 애창곡은 '찔레꽃', '섬마을 선생님' 등이었다. 춤도 췄다. 일본 군가 '라바울의 노래'도 불렀다.

평양의 제8연회장에는 '기쁨조'가 자주 불려와 화려한 춤을 선사했다. 무대는 조명장치가 잘 되어 있고 바닥도 화려한 전기장치로 번쩍번쩍 빛났다.

일본의 텔레비전에서 자주 방송되는 것처럼 기쁨조는 반나체의 과격한 의상을 입고 나왔다. 춤을 보면서 김정일은 "이번 춤은 귀엽구나"라고 말하기도 했다. 쇼가 끝나면 책임자가 김정일 곁으로 와서 감상을 듣고 메모를 했다. 그는 "다음에는 이렇게 하자"고 결정하기도 했다. 여하튼 모든 것은 김정일의 뜻대로 움직였다.

신천信川초대소의 연회에서 디스코 춤이 뛰어난 기쁨조 5명에게 김정일이 돌연 "옷을 벗으라"고 말했다.

그리하여 그들이 옷을 벗자 브라자와 팬티도 벗으라고 했다. 순간 그녀들은 놀라 당혹스런 표정이었지만 장군님의 명령을 어길 수는 없었다. 부끄러워하면서도 모두 벗고 발가벗은 채로 춤을 추었다.

그러자 김정일은 간부들을 향해 "너희들도 같이 춤을 추라"고 말했다. 그리고 김정일은 "춤을 추는 것은 좋지만 만지면 안 된다. 만지면 도적놈이다"라고 말했다.[8]

2000년 김정일이 모스크바를 방문하기 위해 시베리아 횡단열차를 타고 갈 때의 이야기다. 김정일과 함께 24일간 열차로 여행을 한 러시아의 고관 프리고프스키는 김정일에 대해 "힘차고 정력적이며 강한 개성이 넘쳤다"고 말했다. 김정일은 중국의 고전사상과 현대정치, 역사에도 정통하고 박식하며 다면적인 얼굴을 한 기지가 풍부한 인물이라고도 평했다.

열차 여행에서 김정일은 매일 15~20종류의 요리가 제공되도록 조선, 러시아, 중국, 일본, 프랑스 요리를 만드는 특별요리팀을 동행시켰다. 그리고 신선한 재료를 도착하는 역마다 평양에서 공수시켰다.

그는 동행한 프리고프스키에게 "이미 술은 자제하고 있고 대신 매일 프랑스의 적포도주 보조레나 바아간디를 반 병 정도 마시며 1999년부터는 담배를 끊었다"고 말했다고 한다.(9)

북한군 호위사령부는 단순한 경호부대가 아니다. 김일성 부자의 먹고 입는 것까지 책임을 맡고 있다. 이런 업무를 하는 게 2국이다. 2국에서 특기할 만한 게 '검정부'다. 검정부는 문자 그대로 물품을 검사하는 곳인데, 검정부 안에는 김일성, 김정일 부자에게 공급되는 쌀을 하나하나 헤아리는 20여 명의 여자요원들이 있다.

김일성, 김정일 부자와 로열패밀리는 문덕에서 생산되는 쌀만 먹는다. 검정부의 여자들은 금이 갔거나 깨진 쌀을 골라내고 크기가 고른 쌀알만 엄선한다. 손으로 일일이 한 알씩 골라낸다. 그렇게 고른 쌀이 관저에 공급된다.

호위사령부와 관련하여 얘기할 수 있는 게 '호위제품'이다. 같은 상표의 물건이지만 호위제품은 생산라인부터 다르다. 예를 들어, 상표는 같은 룡성맥주지만 호위제품으로 나오는 룡성맥주는 맥주공장에 파견된 2국 소속의 호위작업반이 인민에게 공급되는 맥주와는 다른 생산라인에서 따로 생산한다.(10)

김정일은 지옥 속에다 천국을 만들어 놓고 하루하루를 즐기면서 살고 있다는 이야기다.

그런데 김정일은 1년 중 약 300일을 평양을 떠나 전국 각지의 호화로운 초대소를 전전하며 살고 있다. 김정일이 직접 비서실 직원 7~8명 중 몇 명을 지명하여 대동한다.

> 한 곳에서의 체재는 길어야 20일, 짧게는 2~3일이다. 미국 위성에 감지되는 것을 겁내 이 이상은 위험하다고 그가 감각적으로 느끼면 이동하는 것이다. 두려운 것은 암살이니까.(11)

굶어서 죽어가는 국민은 그가 즐기는 삶과는 아무런 관련도 없는 딴 세상의 일이다. 그러면서도 그는 언제 습격당할지 무서워 피해다니면서 불안을 안고 살아가고 있다.

이러한 김정일을 그냥 두고만 볼 수 없다고 주장하는 사람이 독일 의사인 노베르트 플러첸이다. 그는 지금 탈북자를 돕는 운동을 하고 있지만 그의 궁극적인 목표는 유고의 밀로세비치 Slobodan Milošević와 마찬가지로 김정일을 헤이그의 국제법정에 세우는 것이다. 그는 다음과 같이 말했다.

> 수백만 주민을 굶어 죽게 한 혐의입니다. 그는 내가 알게 된 최초의 독재자입니다. 북한 사람들은 그를 두려워하고 있습니다. 아이들도 두려워하고 있습니다. 그는 '경애하는 지도자'가 아니라 대량학살의 주범입니다. 물론 판사는 남·북한 사람이어야겠죠.(12)

3 | 핵을 버릴 수 없는 김정일

　스탈린 시대의 소련은 미국과 겨룰 수 있는 강국이 되는 방법은 이 길밖에 없다고 확신하여 핵을 개발했고 영국과 프랑스는 소련, 중국은 미국과 소련, 인도는 중국, 파키스탄은 인도에 대해 위협을 느끼고 핵무기를 개발했다. 그리고 오늘날 북한은 미국에 대항하기 위해 핵무기를 만들었다. 북한은 핵 개발이 자국의 안전보장과 세계와의 관계정상화라고 하는 두 개의 목적을 달성하기 위한 수단이라고 생각하고 있다. 핵무기 없는 북한은 단순한 빈곤국가일 뿐이고 아무런 존재감도 없는 나라이지만, 이 핵무기 개발로 북한은 전 세계의 이목을 집중시키고, 특히 미국과 일본의 주의를 끌게 되었다.

　북한의 핵무기 개발이 공개된 1993년부터 1994년까지 미국과 북한의 관계가 심각해졌다. 클린턴 정부의 국방성은 북한의 핵시설 파괴를 목적으로 하는 '5027'이라는 계획을 세웠다. 북한의 핵시설을 공중에서 폭격하여 소멸시킨다는 작전계획이었다. 그러나 이 계획대로 미국의 공격이 시작되면 북한은 전면전쟁으로 확전시킬 가능성이 높았다.

　페리William Perry 국방장관과 샤리카슈빌리 통합참모본부 의장, 럭 주한 미군 총사령관은 1994년 5월 18일 회의를 열고 한국 정세를 검토했다. 그 다음날 회의 결과를 대통령에게 보고했다.

　클린턴William Clinton 대통령은 아시아에서 발생되는 분쟁의 중대성과 경과에 대해 공식적으로 설명을 들었다.

한반도에서 전쟁이 발발하면 최초의 90일간에 미군병사 사망 5만 2,000명, 한국군 사상자 49만 명이 발생할 것이고 북한 측도 시민을 포함해 대규모의 사망자가 나올 것이다.

재정지출도 610억 달러를 넘을 것으로 예상되는데 동맹국으로부터의 자금제공은 거의 기대할 수 없다.[13]

그러한 희생을 감수하더라도 미국은 북한의 핵무기 개발을 저지하기 위해 5027작전을 진행하려고 했다. 클린턴 정부는 1994년 6월 카터Jimmy Carter 전 대통령의 북한 방문으로 이 위기를 극복하지 못했다면 이 작전을 감행했을지도 모른다. 미국은 10월 제네바 합의를 도출하여 어렵게 문제를 해결했다.

이때부터 북한은 핵 카드를 십분 활용하여 미국을 상대로 유리한 입장에서 협의를 진행해 나갔다.

북한의 입장에서 보면 미국을 비롯한 국제사회는 핵에 관해 위선적이다. 핵무기를 보유하지 못한 나라는 핵무기를 가진 대국에 무리하게 머리를 숙여야만 한다. 예로부터 '핵클럽'의 멤버가 된 나라는 존경받지만 새로이 '핵클럽'에 들어가려면 국가 파멸의 위기를 극복해야 한다. 미국은 타국에는 조약을 준수하라고 요구하고 핵확산방지조약을 이미 30년이나 부르짖으면서도 자신의 의무는 이행하지 않고 있다. 미국은 항상 자신은 법의 테두리 안에 넣지 않고 미국에 대항하면 '테러리스트'라고 지명, 탄압한다고 북한은 생각하고 있다.[14]

그리고 김정일은 이라크 사태를 주의 깊게 관찰하고 이라크의 후세인 Saddam Hussein은 대량파괴무기를 갖고 있지 않았기 때문에 오히려 공격을 당했다고 판단했다. 핵무기 보유만이 미국의 공격을 받지 않는 단 하나의 수단이고 살아남을 수 있는 유일한 길이라는 결론에 도달했다.

로웰 자코비Lowell Jacoby 미 국방정보국DIA 국장은 2005년 3월 17일 상원

군사위원회 청문회에서 "김정일 북한 국방위원장은 핵무기 능력(기술)을 전면 포기하지 않을 것"이라고 말했다.

또 "김 위원장이 결국은 핵무기나 핵무기 프로그램을 부분적으로 (폐기) 협상하고 모종의 사찰을 받아들이는 데 동의할지는 모르지만 모든 핵무기 능력을 포기하지는 않을 것으로 미 국방정보국은 판단한다"고 말했다.

그는 "자국의 낡고 정체된 재래식 무기를 감안할 때 북한은 미국과 한국을 억제하는 데 핵무기가 결정적인 것이라고 믿는다"며 "최근 (핵보유) 선언이 이를 단적으로 보여준다"고 밝혔다.(15)

다시 말하면, 김정일은 오로지 핵무기만이 자신을 보호하고 정권을 유지시켜 준다고 판단하기 때문에 핵무기를 쉽게 포기하지 않을 것이란 말이다. 오히려 북한은 핵무기 보유국으로 인정받으면 타국의 군사적 위협에서 자유로울 수 있을 뿐만 아니라 정권 안전을 보장받을 수 있다고 생각하는 것이 틀림없다.

김정일의 행동은 자신의 정권 유지가 급하지 국민이 잘살든 못살든 자신과는 아무런 관계가 없다는 태도로밖에 보이지 않는다.

이러한 김정일에 대해 미국의 부시는 말할 수 없는 회의와 경멸을 보냈다. 9·11 이후 〈워싱턴 포스트〉에 연재한 기사에서 부시는 다음과 같이 말했다.

> 나는 김정일을 증오합니다. 이 자에 대해서는 내장에서 우러나오는 본능적 반발심을 가지고 있습니다. 자기 백성을 굶기고 있지 않습니까? 그곳 범죄수용소에 대한 첩보 내용을 읽어 보았습니다. 엄청난 규모였습니다. 이 큰 시설을 이용해 가족을 갈라놓고 사람들을 고문하고 있습니다. (…) 너무 서두를 필요가 없다고 말하는 사람들이 있습니다. 글쎄요. 나는 그렇게 보지 않습니다. 자유를 믿든가 그래서 자유롭게 인간답게 살든가 아니면 그렇지 않든가 둘 중 하나를 택해야 합니다.(16)

부시는 김정일과 전혀 대화할 의사가 없으며 후세인의 경우와 마찬가지로 정권 교체가 필요하다는 점을 분명히 밝히고 있다.

이러한 부시 미국 대통령의 강경방침에 대해 김정일은 지연작전을 쓰고 있는 것 같다. 국내 전문가들은 북한이 북미 관계의 조속한 정상화보다는 부시 미국 대통령의 남은 임기 3년 동안 버티기에 들어간 듯한 조짐을 보이고 있다고 분석하고 있다.

'3년 버티기'는 김정일 국방위원장과 정동영 통일부장관의 2005년 6월 17일 면담을 통해 처음 외부에 알려졌다.

당시 김 위원장은 "부시 대통령의 재임기간에 (핵문제와 관련한) 협상은 무용하다. 앞으로 남은 3년 동안 버티기로 작심했다"고 말한 바 있다.(17)

물론 북한은 그 이후 태도를 바꾸어 6자회담에 참여했지만 미국의 위폐문제 제기 이후 다시 3년 버티기에 돌입한 것 같다는 분석이 학자들 사이에서 설득력을 얻고 있다.

4 | 미국이 북한을 압박하는 수단

자본도 없고 세계시장에 내놓을 수출품도 없는 북한이 생존을 위해 택한 길은 매우 특이한 것이었다. 마약, 위조지폐, 밀수, 미사일과 같은 무기 수출 등에 의존하는 정책은 이미 1970년부터 시작되어 그동안 상당히 활발하게 진행되어 왔다.

북한정부가 위폐와 마약밀매 등 범죄행위에 직접 개입되어 있다는 사실이 이미 미국정부에 의해 파악되었다. 미국 대통령 행정명령 초안이 실린 연방관보(2005년 9월 20일자)에는 미국정부가 왜 북한을 '범죄 정권'으로 규정했는지 그 근거가 나타나 있다. 다음은 그 관보 내용을 간추린 것이다.

북한의 정부기관들과 기업들이 마약거래와 상품, 화폐 위조에 광범위하게 개입되어 있다는 사실은 널리 알려져 있다. 북한이 범죄행위로 얻는 연간 수입은 5억 달러에 달할 것으로 추정되고 있다.

많은 나라의 세관과 경찰은 북한 외교관과 국영기업의 대표자들을 마약 밀수 혐의로 체포해 왔다. 2004년 12월 터키 당국은 700만 달러 상당의 불법마약을 소지한 두 명의 북한 외교관을 체포했다. 그해 초 이집트 당국은 북한 외교관을 15만 달러 상당의 통제물품 반출 시도 혐의로 추방했다. 1990년 이래 북한은 20개국에서 약 50건의 마약 사건에 적극 개입했으며 많은 경우 북한 외교관과 관리들이 체포되었다. 마약밀매로 인한 수입은 연간 1억~2억 달러에 이를 것으로 보인다.[18]

미국 재무부는 2005년 9월 15일 마카오의 '방코델타아시아은행BDA'이 지난 20년간 북한의 달러 위폐를 유통시켜 왔다며 '돈세탁 우려 대상 은행'으로 지정했다. 미국정부는 미국의 은행이 이 은행과 거래를 하지 못하도록 조치를 취하고 다른 나라 은행들도 이에 따라줄 것을 요청했다.

BDA는 처음에는 미국정부의 조치에 저항했지만 곧 굴복하고 북한과의 거래 중단을 발표했다. BDA는 북한 계좌는 60여 개이며 여기에 들어있는 돈은 5,000만 달러에 달한다고 했다. 또 이 은행은 미국의 압박으로 지난해 9월 북한 계좌 50여 개에서 2,400만 달러를 찾아내 동결했다.(19)

위폐문제로 북한에 대한 금융제재가 이어지자 돈줄이 막히면서 북한이 재정적으로 상당한 곤경에 빠졌다는 소문이 돌았다. 김정일 위원장은 2006년 1월 중순 우선 급히 중국을 방문했다. 표면상으로는 대규모 경제시찰단을 동행하여 상하이, 선전 등 공업지구를 시찰하는 것처럼 위장하고 스케줄을 일절 비밀로 한 채 철통같은 보안을 했지만 목적은 후진타오胡錦濤 주석을 만나 미국의 금융압박에 어떻게 대응해야 하는 지를 협의하는 것이었다.

김정일 북한 국방위원장의 중국 방문

언론에서는 위폐 사건이 국제적인 범죄행위로 귀결될 가능성을 막기 위해 중국이 이러한 과정에서 일정한 역할을 해달라고 김정일이 부탁했을 가능성을 점쳤다.

후진타오 주석이 평양을 방문한지 70여 일만에 김정일이 급히 중국을 찾은 것은 "미국의 금융제재 움직임에 중국이 부분적으로라도 동조하는 것을 차단하기 위해서일 것"이라고 한 전문가는 말했다.[20]

이때의 중국방문에 대해 2006년 4월에 그 내용이 일부 밝혀졌다. 2006년 3월 말경 시사주간지 〈뉴스위크〉는 김정일 위원장이 지난 1월 17일 베이징에서 후진타오 주석을 만난 자리에서 "미국의 금융제재 때문에 우리 체제가 붕괴할지도 모른다"고 말했다고 전했다. 〈뉴스위크〉는 이 기사에서 "미국이 북한의 전 세계 자금줄을 추적해 압박을 가하는 전략이 통하고 있다"고 보도했다. 〈뉴스위크〉지는 "BDA의 계좌동결 조치가 있은 지 몇 주일 뒤 북한 특사가 마카오를 방문, 동결된 계좌의 돈을 인출하려고 했으나 마카오 당국은 그를 쫓아버렸다"라고도 전했다.[21]

미국과 북한 사이에 위폐를 둘러싼 갈등이 심각한 국면으로 접어들자 노무현이 이를 거들고 나섰다.

노무현 대통령은 1월 25일 신년 회견에서 "한국정부는 북한에 압박을 가하고 또 때로는 북한의 붕괴를 바라는 듯한 미국 내 일부 의견에 동의하지 않는다"면서 "미국정부가 그와 같은 방법으로 문제를 해결하려고 한다면 한·미 간에 마찰, 이견이 생길 것"이라고 말해 마치 북한을 더 이상 압박하면 한·미 간에 문제가 발생할 것처럼 발언했다.[22]

이에 대해 부시 미 대통령은 신년 기자회견에서 "북한의 달러 위조문제에 대해 타협할 의사가 없다"고 잘라 말했다. 노무현 대통령의 미국 견제 발언을 일축한 것이다. 부시 대통령은 "한·미 간 마찰을 감수하고서라도 북한을 압박하겠다"고 미국의 일관된 방침을 말했다.[23]

5 | 김정일이 개방을 못하는 이유

덩샤오핑鄧小平이 1993년 북한에 "개방·개혁으로 경제를 회복시키지 않으면 2000년까지는 붕괴한다"고 경고했다는 얘기가 있다. 이 내용을 전한 사람은 중국 현대국제연구소에서 한반도문제를 담당했던 임혜문任慧文으로, 홍콩에서 1997년 2월 출판된 《중남해권역교반내막中南海權力交斑內幕》(太平洋世紀研究所)을 통해 밝혀졌다.

덩샤오핑은 이 말을 1993년 5월 30일 산둥 성 칭따오에서 개최된 중조中朝 비밀수뇌회담에서 했으며 이때 김일성 대리로 참석한 북한 대표는 강성산姜成山 총리였다.

덩샤오핑은 또 "북한은 경제건설을 본격적으로 추진해야 한다. 경제가 발전되지 못하면 7~8년 후에는 한국에 흡수될지도 모른다", "경제가 뒤지고 정체되면 우리들의 당(공산당)은 집권할 자격이 없다"는 등의 발언을 하고 북한의 개방·개혁 노선을 독려했다는 것이다.(24)

덩샤오핑의 말에 따라 중국 사람들은 북한도 개혁·개방에 동참할 것을 요구했다. 그들은 함께 개혁·개방을 해나가면서 양국의 동맹을 강화하고 자본주의 세계와 대립하면서 사회주의를 끝까지 건설해 나가자고 권유했다.

중국의 권유로 김정일은 2001년 1월(15~20일) 두 번째로 중국을 방문했고 '학습여행'이라 불릴 만큼 중국의 경제발전 현장을 돌아보는 데 초점을 맞추었다. 김정일은 상하이에서 많은 시간을 보내면서 "18년 만에 다시 와 본 상하이가 천지개벽을 했다"며 크게 놀라워했다.

북한으로 돌아온 김정일은 과거 낡은 습관을 버리라는 '신사고 정책'을 제시하며 시장경제 요소를 도입한 '7·1 경제관리 개선조치'를 발표하기도 했다.

그러나 김정일은 개혁·개방은 자신의 지위를 잃게 한다고 생각했기 때문에 이를 받아들이지 않았다. 25년 동안 이룩한 중국의 천지개벽을 목격했지만 김정일은 중국의 개혁·개방 방식을 그대로 따르면 북한의 체제가 위험해진다고 느꼈다. 지금 중국의 간부들은 모두 이러한 김정일을 싫어하고 있다.

김정일의 이러한 태도가 불만스럽지만 중국의 입장에서 김정일이 사라진다는 것은 미국의 세력이 압록강까지 들어오는 것을 의미하므로 중국은 어쩔 수 없이 김정일 정권을 계속 지원해 줄 수밖에 없는 것이다.

2000년 10월 평양을 방문한 미 국무장관 올브라이트는 김정일을 두 번 만났다. 이 자리에서 김정일은 북한이 전력 부족으로 비참한 상태에 빠져 있다고 털어놓았다. 올브라이트가 경제 개방을 할 의사가 있느냐고 묻자 김정일은 "개방이란 나라마다 다른 의미를 지니므로 먼저 개방에 대한 정의부터 내려야 한다"고 답했다. 그는 이어 서구식 개방은 수용할 수 없으며 자유시장과 사회주의를 혼합한 중국식 모델에는 관심이 없다고 말했다. 그는 기본적으로 사회주의를 따르는 스웨덴식 모델에 흥미를 느끼고 왕정 등 전통을 고수하며 시장경제를 유지하는 태국에도 관심이 있다고 강조했다.

김정일이 변화를 추구하는 듯하면서도 동시에 변화를 거부하는 듯한 이중적인 태도를 보이는 이유는 무엇일까?

개혁·개방은 북한에 상당한 위협 요소로 작용할 가능성이 있다. 개혁·개방은 경제교류와 함께 인구 왕래를 가져오고 그 결과 문화, 예술, 생활양식도 같이 묻어 올 수밖에 없다. 사유재산이 생겨나고 경제체제가 자본주의적 관리 형태로 운영되면 사회주의적 집단 경리 방식과 갈등이 빚어질 것이다. 또 과거에는 없었던 임금고용노동이 생겨날 것이다. 결국 자본주의 시장경제 원리가 작동되면 사회주의 경제원리와 병존하게 되는데 이를 어떻게 잘 조정하느냐에 따라 성패가 좌우될 것이다. 이는 결코 쉬운 문제가 아니다.

김경원은 이에 대해 "북한은 개혁·개방을 할 수도 없고 안 할 수도 없는 딜레마에 빠져 있다"고 진단했다. 그는 "개혁을 하면 인플레와 실업률의 앙등으로 사회적 안정이 위협받게 되고 이를 하지 않으면 경제적 파탄이 더욱 심각해질 것이기 때문이다. 궁극적으로 개혁의 선택은 북한의 자기부정을 의미한다. 시장경제를 택하면 북한은 남한과 (체제가) 근본적으로 다를 바가 없는 존재가 되며 경제수준은 (남한보다 수십 년 뒤진) 초라한 후진국에 속하게 되므로 이는 북한의 종말을 뜻한다고 보아야 한다"고 말했다.(25)

오늘날 북한경제가 당면한 문제의 본질과 그 해법을 가장 잘 알고 있는 사람은 김정일이다. 그는 북한 인민의 생활수준을 향상시킬 수 있는 길은 개혁·개방밖에 없다고 생각할 수 있다.

올브라이트는 "김 위원장은 고립되어 있기는 해도 정보가 부족한 사람은 아니었다. 또한 북한의 비참한 상황에도 불구하고 그는 절박하거나 걱정스러워 보이지 않았고 오히려 자신감 있게 보였다"고 말했다.

그런데도 김정일은 당 중앙위원회 간부들과 가진 담화에서 개혁·개방에 대해 노골적인 반감과 거부감을 표시하기도 했다. "개혁·개방은 망국의 길입니다. 우리는 개혁·개방을 결코 허용할 수 없습니다."(26)

"우리의 입장은 단호하고 명백합니다. (…) 누가 무어라 하든 어떤 바람이 불어오든 우리 당과 인민은 결코 개혁·개방의 길로 나아가지 않을 것입니다."(27)

김정일은 북한 주민들에게 이제까지 사회주의의 우수성과 주체사상의 위대함을 각인시켜 왔는데 이를 하루아침에 던져버리고 미국 제국주의의 앞잡이인 남한의 체제와 선진 기술을 받아들이고 남한의 자본으로 경제건설을 해야 하는 고통을 참기 어려운 것이다. 김정일은 무어라고 북한 주민에게 설명해야 할 것인가? 그동안 엄청난 고통을 겪으면서도 유지해 온 주체사상을 이제 와서 쓰레기통에 던져 버릴 수는 없지 않은가.

6 | 북한 주민은 어떻게 살아가고 있나

북한 사람들의 일반적인 정서는 일제시대와 전쟁을 통해 겪었던 궁핍했던 시절과 어렵던 전후 복구 과정에서 자연스럽게 형성되었다. 그 고통스럽던 시절에 죽을 끓여 먹고 허리띠를 졸라매면서 오늘의 북한을 이룩했다는 자부심도 느끼고 있다. 이때 이후에 한 번도 잘살아본 경험이 없기 때문에 '사람 사는 것은 본래 이렇게 궁핍한 것이구나' 하고 지내 왔다.

자유 민주주의 체제에서는 개인의 불만이 모여 사회불안으로 이어지지만 북한에서는 집단적, 조직적으로 살아가는 것에 매우 익숙해져 있기 때문에 개개인의 불만이 조직화되기 어렵다. 자연히 경제난, 식량난은 사회적 불안으로 발전되지 않고 개인이 모두 참아낸다.

100만, 200만이 굶어 죽었던 북한이 10년이 지난 지금은 그 어렵던 상황에서 벗어나 다소 숨을 돌리게 되었다. 한국, 미국, 일본 등의 식량 지원과 중국의 에너지·식량 지원 그리고 스스로의 노력으로 위기를 어느 정도 극복하고 최근에는 조금씩 생활 형편이 나아지고 있는 것으로 보인다. 북한의 상황이 호전되는 것은 수출입 통계에서 나타난다.

북한은 철강, 아연, 원목 같은 원자재를 중국에 수출하고 원유 등의 에너지원과 돼지고기 등의 육류를 수입한다. 북한은 에너지와 식량을 중국에 의존하면서 대신 천연자원을 내주는 셈이다.

중국은 2005년 북한과 15억 8,100만 달러의 교역을 했다. 전체 교역량의 39퍼센트에 이른다. 남·북한의 교역량은 2001년 4억여 달러에서 2005년 10

억 5,500만 달러로 늘어났다. 일본의 경우에는 2001년 4억 7,400만 달러에서 1억 9,000만 달러로 급감했다. 일본과의 교역량 감소는 일본인 납치문제 등으로 일본에서 북한 상품 불매운동이 일어났기 때문이다. 그만큼 중국에 대한 의존도는 높아졌다.[28]

인구 2,300만 명이 먹고 사는 데 필요한 곡물은 매년 650만 톤이라는 것이 정설이다. 작년 북한 곡물 생산량은 430만~440만 톤이었다. 남한이 매년 지원하는 40~50만 톤과 중국의 무상지원 20여만 톤을 합쳐도 140만 톤 정도가 모자란다.

에너지는 더 큰 문제다. 에너지경제연구원에 따르면, 북한은 2004년 390만 배럴의 석유를 중국에서 수입했다. 남성욱 교수는 "중국은 북한에 시장가의 3분의 1 정도의 가격으로 석유를 공급하고 비정기적으로 무상지원도 한다"며 "그러나 부족량을 알기는 어렵다"고 말했다.[29]

북한의 일반 주민은 보통 북한 돈으로 5만 원(암달러로 17달러) 안팎을 추가로 벌어야 생존할 수 있다.(통일부 당국자) 조금 나은 생활을 하려면 10만 원(33달러) 정도가 필요하다. 월급은 있으나 마나다. 그렇다고 가장이 직장을 다니지 않으면 처벌받는다.

그러니 월급과 배급 외에 5만~10만 원을 더 벌려고 북한 주민들은 생존의 현장으로 몰려든다.

평양의 D씨는 부인과 자녀 셋에 어머니를 모시고 있다. 정상적인 수입은 부부의 월급을 합친 7,000원과 한 달 배급식량 10일분(약 2만 원 상당)이다. 한 달 동안 먹고 살 것을 사려면 10만 원 정도가 더 필요한데 이 돈은 60대 중반의 어머니가 벌고 있다. 새벽 4시에 일어나 인근 농장에서 과일, 채소 등을 구입하여 평양의 평천 구역 장마당에서 판다. 하루 평균 3,000원 남짓 벌고 한 달이면 10만 원 정도의 수익을 올린다.

최근까지 평북 신의주 근처에 살았던 E씨는 1급 기업소를 다녔지만 공장가동이 멈추면서 월급을 거의 받지 못했다. 한 달에 1,000원도 못 받았다. E씨 가족은 돼지, 오리, 염소, 개 등을 키워 먹고 살았다. 오리 한 마리에 5,000원, 염소는 3만 원 정도, 돼지는 1년 정도 잘 키우면 15만~20만 원을 받을 수 있다. E씨 부인은 온종일 들판에서 풀을 뜯고 틈틈이 때기밭을 가꿔 사료를 만든다. 이렇게 해서 버는 돈이 월 5만 원 안팎이라고 한다. 그리고 가족이 24시간 교대로 가축을 지켜야 한다. 인근의 군인들이 가축을 몽땅 쓸어가는 일이 잦기 때문이다.(30)

요즘 북한에 자유시장경제가 조금씩 도입되고 있다는 보도가 있다. 훈춘에서 원정리로 들어가다 보면 도로 주변의 옥수수밭엔 1미터도 안 되는 보잘 것 없는 옥수수만 서 있지 열매는 달려 있지 않았다. 그러나 도로 주변 말고 밭길에서 조금 들어가 있는 초가집에는 잘 자라고 있는 채소와 호박들이 보였다. 이런 것들은 북한에서 사유재산으로 인정되고 있다. 즉 개인이 재배하는 채소는 잘 되나 집단으로 경작하는 도로 주변 밭의 농작물은 잘 안 되는 것이다.

농민들은 협동농장 안에서 자신의 책임하에 약간의 땅을 경작할 수 있게 되었다. 그래서 마늘과 양파 등의 채소를 손수 재배하여 수킬로미터 떨어진 시장에 내다 팔고 있다. 이렇게 해서 평양 사무직들의 공식적인 월급보다 더 많은 4,000~5,000원의 부수입을 올린다.(31)

북한에서도 일부 특수 계층은 큰돈을 만지면서 호화로운 생활을 즐긴다. 주로 노동당 고위 간부들과 인민군 보위부 대남사업 부문에서 일하는 이들이 이에 해당된다.

이들은 기본 생활은 국가 배급으로 해결하고 권력을 이용해 추가로 돈을 벌고 있다. 금, 마약, 송이, 골동품, 중고 자동차 등 큰돈이 오가는 장사에서 뒤를 봐주거나 외국에서 들어오는 구호 물품을 빼돌려 시장에 내다파는 일을 눈감아 주고 돈을 받는다.

한 탈북자는 "북한의 특수층은 벤츠 승용차를 타고 롤렉스 시계를 차며 코냑을 마시고 특별 휴양지에서 휴가를 즐긴다"고 했다.

그런가 하면 장사조차도 할 수 없어 하루하루를 아슬아슬하게 연명해가는 하류층도 적지 않다. 가족 중 한 사람, 특히 주부가 몸이 아파 드러누우면 먹고 살길이 막막해진다. 장사 요령이 없는 사람들도 하층민 생활을 벗어날 수 없다.

북한이 자본주의 사회를 비난할 때 많이 사용하던 '빈익빈 부익부' 현상이 요즘 북한에서 일어나고 있는 셈이다.(32)

교육에서도 일부 특권계급만이 우대받는다. 북한에서는 중학교에 들어가는 것이 고등교육의 제1단계이다. 외국어학교에 들어가면 일생 장래가 보장된다.

그런데 이를 위해서는 돈이 필요하다. 시험관에게 1,000달러나 2,000달러를 줘도 여간해서 들어가기 힘들다. 그러나 간부 자녀들은 매우 쉽게 입학이 된다. 입학만 하면 대학도 쉽게 진학할 수 있다. 그 후에는 엘리트 코스가 기다리고 있다. 바로 부와 권력의 대물림이다.

노동자의 자식들은 아무리 우수해도 죽을 때까지 노동자. 영하 10도나 20도의 혹한에도 일생 삽질을 하면서 살지 않으면 안 된다.(33)

2005년 10월 28일 개성에서 열린 남북경협회의에서 북한은 신발 원자재 6,000만 켤레분을 요구했다.

탈북자들은 "북한의 신발 난은 남한 사람들은 상상도 못할 정도"라고 했다. 가장 사정이 좋은 평양에서 제대로 신발을 신고 다니는 사람들이 신은 신발은 대부분 한 켤레에 1,000~5,000원 하는 중국산이다. 북한 노동자 평균 월급은 2,500원 정도다. 평양 신발공장에서 운동화가 생산되고 있지만 워낙

양이 부족해 일반 상점에서는 보기 힘들다.

군인들도 신발을 제대로 신지 못하고 있다. 군인 출신의 한 탈북자는 "신병들이 처음 전입해오면 훈련소에서 받은 신발을 고참이 강제로 빼앗아 시장에 내다 파는 일이 흔하다"고 전했다. 그는 이 때문에 누더기 같이 닳고 해진 '지하족'을 신고 다니는 병사들이 부지기수이며 그 모습은 마적단을 방불케 한다고 말했다.(34)

이런 상황 속에서도 유일하게 희망을 주는 뉴스가 있다. 북한정부는 베를린에 조선컴퓨터센터라는 컴퓨터 회사를 세워 인터넷 관련 사업을 하고 있다. 이 회사 사장은 독일인 홀터만이다. 홀터만 사장은 자신이 북한에서 경험한 것을 다음과 같이 말했다.

> 북한에는 약 6,000명의 프로그래머가 있으며 이들의 평균 연령은 27세다. 연봉은 1,000유로다. 이들의 능력이 인도인에 비해 전혀 뒤떨어지지 않으므로 북한은 앞으로 소프트웨어 개발에 있어 제2의 인도가 될 것이다. 이들은 연봉 1,000유로로도 만족하므로 충분한 가격경쟁력을 갖고 있기 때문이다.(35)

조선컴퓨터센터는 북한 소프트웨어 산업의 개척자이다. 이 회사는 네트워크 시스템 부품 제어와 시그널 프로세스 및 안전 시스템에 이르기까지 모든 분야와 관련된 일을 하고 있다.

7 | 북한에 들어가는 한류

2003년 말 김정일은 "요사이 남조선 비디오테이프 1,000여 개가 돌아다니고 있고 이를 사고팔고 보는 사람들이 있으니 엄중 단속하라"는 지시를 내렸다. 그러나 이 지시의 효과는 없었다. 단속해야 할 보위부 당 간부들이 바로 남한 비디오의 가장 큰 수요자였기 때문이다. 단속은 형식적으로 진행되었다.

보위부에서는 북한 지배층 자제들이 많이 다니는 외국어대학교를 급습하여 소지품 검사를 했고 다수의 남한 비디오를 찾아냈다. 이들의 부모는 대부분이 당과 군의 고위 간부들이었다.

김정일은 "이번만은 용서한다"며 불문에 부쳤다. 남한 비디오의 확산은 시장경제 도입과 더불어 진행되고 있다. 비디오테이프는 개당 1,500원에, 비디오 녹화기는 3만 원에 팔린다. 중국에서 비디오테이프와 중고 플레이어를 사 가지고 와서 돈을 버는 사람들이 많이 있다.

북한 노동당 통일선전부에서 근무하던 한 탈북자는 "제가 여기 와서 본 드라마보다 북한에서 본 게 더 많습니다. 북한 주민들은 먹을 게 좀 풀리니까 '뭐 좀 알아야겠다'는 생각에서 한국의 방송이 나오는 라디오를 누구나 소유하려고 합니다. 북한 사람들도 모두 다 미래에 희망을 걸고 살기 때문입니다. 미래가 언제 올까, 그걸 알고 싶어합니다"라고 말했다.

북한의 모든 라디오는 한국 방송이나 외국 방송을 듣지 못하도록 채널이 고정되어 있다. 그런데 최근에는 이를 몰래 수리해 주는 곳이 여기저기에 생겨나 꽤 많은 사람이 한국 방송 등 외국 방송을 듣고 있다. 이에 위협을 느낀 북한 공산당은 2003년 집에 있는 라디오를 모두 바치라고 했다. 그런데 평양 시민이 자발적으로 바친 라디오는 3만 대였다. 평양 인구가 200만이고 라디오 소유 가구는 적어도 40~50만은 될 것이다. 중앙당에서 집집마다 다 뒤졌지만 별 소득이 없었다.(36)

많은 사람이 북한 사람들을 변화시킬 수 있는 가장 빠른 길은 문화적 침투라고 생각한다. 그들에게 남·북한 실정에 대한 비교의식만 일반화시키면 김정일은 끝나는 것이라고 북한 탈북자들은 말한다.

한국정부는 2003년 6월 개성공단의 착공식을 가졌다. 시범단지 2만 8,000평에 섬유, 봉제, 신발을 중심으로 15개 업체가 입주, 제품을 생산하고 있다. 2005년에 1,500만 달러어치를 제조하여 86만 달러어치를 수출하고 나머지는 한국 내수시장에서 판매했다.

신발업체인 삼덕스타월드 개성공장에서는 1,000여 명의 북한 근로자들이 재봉틀이나 접착제 등을 이용해 신발을 만들고 있다. 동남아 각국의 근로자보다 손놀림이 재빠르다. 문창섭 사장은 "처음엔 3개월 정도 교육을 시켰으나 요즘은 1주일이면 바로 생산라인에 투입할 수 있을 정도로 손재주가 좋다"면서 "다만 부산에서 원자재를 들여올 때 통관에 시간이 많이 걸려 고민"이라고 말했다.(37)

문제는 월급을 근로자에게 직접 주어야 생산성과 사기를 높일 수 있는데 월급을 일률적으로 개성시 인민위원회에 전달하는 것이다. 어느 업체는 일 잘하는 근로자에게 초코파이를 주려고 했다가 나중에 괜히 평지풍파를 일으킬 것 같아 그만두었다고 한다.

현재 개성공단에 입주한 한국 기업들은 북한 현지 노동자들에게 미화로 57.5달러(사회보험료 7.5달러 포함)의 월급을 지급하고 있다. 그런데 한국 기업이 지급하는 봉급을 노동자가 직접 받아가는 것이 아니다. 개성 인민위원회가 수령한다. 인민위원회는 사회문화시책비로 30퍼센트를 공제하고 나머지 40달러 남짓 되는 돈은 공식 환율인 150원으로 계산해서 6,000원 정도를 노동자에게 지급한다. 이 6,000원은 시중 암달러 시세인 환율 3,000원으로 치면 2달러도 안 되는 돈이다. 최근에는 미국의 북한에 대한 금융제재 조치로 북한으로 들어오는 달러가 적어져 암시장 환율이 1달러에 6,000원으로 올랐다고 한다.(38)

결국 개성공단에서 일하는 북한 노동자의 실질임금은 월 1달러인 셈입니다.

8 | 북한의 미사일과 전쟁 의식

북한은 2006년 7월 5일 새벽 3시 32분부터 8시 17분까지 동해를 향해 장거리 미사일 대포동 2호와 중거리 스커드, 노동 미사일 6기를 발사했다. 북한은 이날 오후 중거리 미사일 한 발을 또다시 쐈다. 북한이 미사일 발사 시점을 미국 독립기념일과 미 항공우주국의 우주왕복선 디스커버리호 발사일로 한 것은 미국 내 상황을 염두에 둔 치밀한 계획인 듯하다. 그리고 미국 알래스카까지 날아간다는 대포동 2호는 실패했지만 나머지 미사일은 일본과 한국 전역을 사정거리로 한 위력적인 것이었다.

그런데 공교롭게도 북한이 미사일을 발사한 지 나흘 만에 인도가 '아그니-3호' 중거리 미사일을 시험 발사하여 중국을 긴장시켰다. 핵탄두 탑재가 가능하고 최대 사정거리가 4,000킬로미터인 이 미사일은 중국의 동북지방을 제외한 전역을 사정권에 둘 수 있다.

미국을 비롯한 국제사회가 인도의 미사일 발사에는 아무 관심도 두지 않고 유독 북한의 미사일 발사에만 주목하는 것은 이란 때문이다. 북한과 이란의 미사일 협력 역사는 깊다. 북한이 1987~1988년간 월 8~10기 생산이 가능한 스커드 미사일 100기를 이란에 팔았고 이란은 이를 이라크와의 전쟁에 사용했다. 이란은 또 북한이 1993년 노동 미사일, 1998년 대포동 1호를 시험 발사할 때 직접 참관하기도 했다. 북한의 노동 미사일은 이란의 사정거리가 2,000~2,500킬로미터인 이란의 샤하브 4 미사일과 같은 발사능력을 갖추었다고 발표되었는데, 서방 군사전문가들은 샤하브 4호가 북한의 대포동 1호의 기술에 기초하여 만들어진 것으로 보고 있다. 그리고 지난 4월 북한이 이란에 미사일 18기를 판매했다는 정보도 있다. 미사일의 수출가격은 스커드(500킬로미터)가 1기에 500만 달러, 노동(1,300킬로미터)이 1,300만 달러라고 한다. 그리고 사정거리 6,700킬로미터인 대포동은 1억 달러다. 따라서 북한이 이번에 시험 발사한 미사일들의 총액은 1억 5,000만 달러 정도인 것으로 추산된다.

그런데 북한의 스커드 미사일 600발은 남한을 향해, 노동 미사일 200발은 남한과 일본을 겨냥해 배치되어 있다고 한다.

이번 북한의 미사일 발사로 중국과 북한의 관계가 매우 소원해졌다고 전문가들은 판단하고 있다. 중국은 북한에 미사일 발사 중단을 강력히 요구했으나 북한은 이를 강행했다. 중국은 유엔 안보리에서 비교적 완화된 안이기는 하지만 북한 제재 결의안을 만장일치로 통과시키는 데 동의했다.

중국은 북한에 매년 20만~30만 톤의 식량을 제공하고 50만~60만 톤 정도의 원유를 공급하는 것으로 알려졌다. 중국이 북한에 공급하는 원유는 북한 전체가 사용하는 원유의 70퍼센트로, 만약 중국이 지원을 중단하면 북한은 치명적인 타격을 받게 된다.

중국과 북한의 이러한 관계를 염두에 두고, 조윤영 중앙대 교수는 "북·중 관계는 여전히 떼려야 뗄 수 없는 관계이며 이번 중국의 (유엔 결의안) 찬성도 북한과 사전에 조율했을 수도 있다"며 "북한의 활용 가능성이 여전하기 때문에 양국 관계가 극단적으로 나빠지지는 않을 것"이라고 전망했다.(39)

2005년 중국의 GDP는 2조 2,000억 달러로 12조 5,000억 달러인 미국 GDP의 6분의 1이다. 2004년 중국의 국방비는 미국의 국방비 4,553억 달러의 13분의 1 수준인 354억 달러다. 중국은 아직 미국에 맞설 만한 경제력과 군사력을 갖추지 못했다. 중국 스스로가 앞으로 20년은 미국 중심 질서에 순응하며 힘을 키워나가겠다는 자세를 보이고 있다. 노무현 정부만이 혼자서 미

중 대결 구도라는 헛것을 보고 있다.(40)

한국전쟁 때 미국과 전쟁을 해서인지 북한은 미국에 대한 콤플렉스가 대단히 심하다. 미국이 북한을 침공할 것이라는 전제하에 모든 국력을 미국의 공격에 맞서 승리할 수 있는 체제 확립에 집중시키고 있다.

평양시내에서는 일주일에 세 번 주민들이 공습 대비 훈련을 한다. 사이렌이 울리면 누구나 가장 가까운 곳에 있는 지하철역이나 다리 밑, 집안으로 대피해야 한다. 그리고 군용차가 통과할 수 있도록 자동차는 전부 길 옆으로 주차해야 한다. 이 모든 것이 미국의 침공에 대비하는 것이다.

연료부족으로 북한 공군 조종사들의 비행훈련은 1년에 고작 몇 시간 안 된다. 군량미도 너무 부족하다. 북한군은 키 153센티미터, 몸무게 45킬로그램 정도의 신체조건을 갖추고 있다.

그러나 북한군의 사기는 대단히 높은 편이다. 북한은 어릴 때부터 끊임없는 세뇌교육을 실시하여 전쟁의식을 고취시킨다. 그리고 언젠가는 미국과 일전을 해야 남·북한 문제가 해결될 수 있다고 생각한다. 그런데 북한군인들 가운데 단 한 사람도 미국이나 한국과의 전쟁에서 질거라고 생각하지 않는다. 이에 대한 의심조차 하지 않는다. 전쟁이 일어나면 그들은 불나비가 되어 불속으로 날아들 것이다. 그들은 그렇게 교육을 받았기 때문에 그것을 아주 자연스럽게 받아들일 것이다.

아이러니한 것은 체제의 혼란과 경제적 궁핍 속에서도 명령만 내리면 핵폭탄이라도 품어 안고 적의 아성으로 뛰어들겠다는 수십만 특수부대원들이 자강도와 양강도의 깊은 산골에서 야생적으로 훈련받고 있다는 사실이다. 130만에 이르는 인민군은 맞아 죽고 굶어 죽고 얼어 죽으면서도 '김정일 만세'를 부른다.

그 이유는 무엇인가?

"북한군은 17세에 군대에 들어가 13년이라는 긴 세월 동안 외부와 완전히 차단된 생활을 한다. 자기 생각이라는 것은 가질 여유가 없고 오직 반복되는 정신훈화에 생각이 완전히 마비되어 버린다. 창의력을 발휘할 기회조차 없다. 또 보위부가 모든 군인의 일거수일투족을 감시한다. 이렇게 오랜 기간 지속된 북한 당국의 노력은 실제 상황에서 제대로 효과를 드러낸다"고 인민군 출신 주성일이 말했다.(41)

9 | 중국은 왜 북한에 투자를 하는가

15년 전인 1991년 5월, 북한을 공식 방문한 중국의 리펑李鵬 총리는 종래의 특혜적 물물교환 방식의 교역을 중단하고 북한의 수입물자 대금을 국제시장에서 통용되는 현금 결제방식으로 전환해야 한다고 주장했고 이를 관철시켰다. 이때 리펑 총리는 남한의 유엔 가입에 대해 거부권을 행사하지 않겠다는 중국의 뜻을 김일성에게 전달했다.

그 후 중국은 1992년 8월 24일 한국과 정식 외교관계를 수립했고 이는 한반도를 둘러싼 국제관계에 있어 대변혁을 가져왔다. 그리고 외교부장 첸지첸錢琪琛은 한국과의 외교관계 수립은 덩샤오핑 최고 지도자의 결정에 따른 것이라고 밝혀 평양 정부가 반발할 여지를 주지 않았다. 김일성은 내심 몹시 불쾌했지만 조용하고 담담하게 중국의 행보를 지켜보고 있었다.

그리고 15년이 지난 현재 상황은 반전되어 북·중 관계가 급격하게 달라지고 있다. 2006년 초 김정일이 베이징에서 후진타오를 만났을 때 후 주석은 "중국은 6·25 이후 미국이 한국을 지원한 것 이상으로 북한을 도와주겠다"는 약속을 했다. 김정일도 핵무기 개발과 위폐문제로 미국의 견제에 시달리고 있으므로 중국과 밀착하는 것이 유리하다고 판단하여 이를 수용했다.

정통한 소식통은 "중국의 지원 방법은 정부가 직접 나서기보다 국영기업이나 개인을 동원한 간접적인 방식이 될 것이다"라고 전했다. 그리고 "중국은 유사시 북한을 위해 취할 군 작전계획 등을 이미 세워놓고 있다"며 동북공정東北工程도 이와 무관하지 않다고 밝혔다.

미국의 일간지 〈크리스천 사이언스 모니터〉도 "중국이 지난해 대북 투자를 20억 달러로 늘려 북한의 항만 재건, 공장 신설, 에너지 부문의 현대화를 지원하고 있다"고 보도했다.

중국의 북한에 대한 대규모 투자는 2년 전부터 두드러지기 시작했다. 2004년 중국은 평양에 2억 6,000위안(340억 원)을 들여 대안친선 유리공장을 세웠다. 1년 후에는 지린성의 3개 철강회사가 5,000만 달러를 투자해 무산광산에 대한 50년 독점 개발권을 따냈다. 양강도 혜산의 구리광산, 회령의 금광, 만포의 아연광산에서도 비슷한 거래가 이루어졌다. (42)

중국은 또 50년 동안 두만강 유역의 나진항 개발 사용권을 갖는 프로젝트에 본격 착수한 것으로 확인됐다. 중국과 북한은 이 프로젝트에 각각 3,045만 유로(약 367억 원)씩 투자하기로 했다. 중국은 현금과 기계설비, 건축재료를 투자하고 북한은 개발권과 5제곱킬로미터의 토지사용권을 합자회사에 넘겨주었다.

나진항 프로젝트에는 1) 원정-나진항 간 67킬로미터 고속도로 건설, 2) 나진시내 5제곱킬로미터 부지 종합개발과 보세가공 구역 및 공단 건설, 3) 나진항의 기존 3호 부두 개조 및 4·5·6호 부두 건설, 4) 연간 100만 톤 규모의 중개무역, 5) 원정-나진 간 도로변 종합서비스 시설 건설 및 경영 등이 포함되어 있다. (43)

2004년 8월 중국 언론은 심양의 한 사업가를 집중 부각시켰다. 백화점과 부동산, 식품회사 등을 소유한 중쉬中旭집단의 쩡창뱌오曾昌飈 회장이었다. 그는 "조선정부와 평양 제1백화점을 10년간 임차하는 계약을 체결했다"면서 "연말까지 5,000만 위안(약 65억 원)을 투입해 내부를 개조한 뒤 중국 상인들이 직접 중국 상품을 팔 수 있게 할 것"이라고 밝혔다. 그는 또 "앞으로 제2백화점, 평양지하백화점, 역전백화점 등 4개의 백화점을 맡아 북한 주민들이 필요로 하는 의류, 신발, 식품, 가전제품, 조명기기 등 모든 생활용품을 중국의

상인들이 공급하도록 하겠다"고 말했다.(44)

중국의 이러한 일련의 움직임은 포스트 김정일 시대를 염두에 두고 있으며 북한을 미국의 영향권에 두지 않겠다는 의지의 표현이라고 해석하는 사람들이 많다. 더 나아가 김정일 정권이 붕괴될 경우 북한에 친중국 정권을 세우는 것까지 고려한 행보라는 것이다.

중국의 이러한 움직임에 대해 고려대 남성욱 교수는 "중국이 북한을 동북 3성의 자원보급소로 이용하면서 동북 4성으로 흡수할 가능성"도 있는 것으로 분석했다.

반면 안드레이 란코프Andrey Lankov 호주국립대 교수는 "중국이 북한을 구조 중일 뿐이고 더 이상 다른 의미는 없을 것"이라고 했다. 미국의 금융제재로 김정일 정권이 무너지는 것을 막기 위해서라는 것이다. 란코프 교수는 "중국 입장에서 북한 정권을 유지하는 데 드는 20억~40억 달러는 큰돈이 아니다"라고 말했다.(45)

미국 브루킹스연구소 객원연구원인 찰스 프리처드Charles Pritchard 전 대북 담당 특사는 2005년 1월 13일 한 주제 발표에서 "북한의 연착륙은 바람직하지만 가능성이 거의 없기 때문에 순식간에 경착륙으로 돌아설 가능성이 있다"고 말했다. 그러면서 "대부분의 사람은 북한이 붕괴되면 '두 개의 한국'이 통일될 것이라고 생각하나 북한이 중국에 흡수될 가능성이 더 크다"고 밝혔다.

그는 "북한은 현재 연료를 포함한 기본적인 필수품의 상당 부분을 중국에 의존하고 있으므로 흡수 과정은 매우 자연스럽게 이뤄질 수 있다"고 강조했다. 또 중국이 북한의 전면적인 흡수를 정당화하기 위해 고구려를 중국 영토라고 주장하는 등의 동북공정을 추진하고 있다고 덧붙였다.

그는 중국이 북한을 흡수하려는 이유로 '만주에서 살고 있는 200만 명의 조선족'을 거론했다. 만약 '두 개의 한국'이 남한 주도로 통일된다면 미국의 민주주의적 가치와 기업가 정신을 공유하는 통일 한국은 중국 국경을 가로질

러 민족 연대감을 통해 만주지역에 사회, 문화적 영향을 미칠 것이라고 보고 있기 때문이라는 것이다.(46)

  반면에 미국은 또 다른 생각을 하고 있는지도 모르겠다. 조나단 그리너트 미 7함대 사령관은 2005년 4월 17일 "만약 (북한) 정권이 붕괴한다면 우리에게는 큰 문제가 될 것"이며 "정권이 붕괴되거나 안정에 문제가 생긴다면 우리는 북한에 들어가 북한의 질서를 회복하는 데 조력할 것"이라고 말했다.(47)

10 | 순수한 경제적 차원의 개발투자일수도

중국은 정치적인 이유 외에도 순수하게 경제적 차원에서 북한에 개발투자를 할 수도 있다. 즉 북한에 무한하게 매장되어 있는 광업자원에 눈독을 들일 수 있다.

북한은 100억 톤이 넘는 방대한 무연탄 매장량을 가진 것으로 평가되고 있다. 장성들이 운영하는 매봉무역회사는 매년 50만 톤의 무연탄을 수출하는데 그 중 20만 톤은 일본으로 간다.

무산에 집중된 철광석 매장량은 30억 톤으로 추산된다. 북동부 검덕 지역에 매장되어 있는 납과 아연은 각각 1,200만 톤 정도이다. 제트 엔진과 미사일을 만드는 데 필요한 전략 광물인 텅스텐은 23만 2천 톤, 단천·룡양·대흥 등지에서 발견된 마그네사이트는 60억 톤이나 된다. 인접한 중국과 함께 북한의 마그네사이트 매장량은 세계 최대 규모이다. 철강 생산업자들은 용광로 내부 열처리를 위해 내화 광물인 마그네사이트가 필요하다.

제대로 된 석유 탐사는 이제 막 시작 단계에 있다. 안주 근처의 해저에서 석유가 나오기를 고대하고 있는 북한은 인근 지역인 숙천에서 석유생산에 성공하자 한껏 고무되었다. 숙천에서는 1999년부터 매년 220만 배럴의 석유를 생산하고 있다.(48)

최근에는 한국계 미국인 석유 전문가가 자체 개발한 새로운 컴퓨터 탐지기술을 적용해 안주 연안의 서해 해저 5개 지구에서 지진 조사와 항공 조사를 실시한 적이 있다. 그는 이 곳에 11억 7,000만 배럴의 석유가 매장되어 있을 가능성이 있다고 밝혔다. (베이징의 국제석유탐사회사 박부섭 사장이 만든 비밀 보고서 〈Carbohydrate Potential of the DPRK West Bay Basin〉에서 인용)

평양은 외국 석유회사를 극도로 의심하고 있어 석유개발이 어떻게 되어 가는지에 대한 정보를 거의 내놓지 않는다.(49)

제 13장
어떤 통일이 되어야 하는가

1 │ 전시작전통제권 환수 논쟁

노무현 대통령은 2006년 8월 9일 연합뉴스와 인터뷰를 하는 자리에서 전시작전통제권 행사와 관련해 "전시작전권 환수는 2009년에서 2012년 사이 어느 때라도 상관없다"고 말하고 더 나아가 "지금 환수하더라도 괜찮다"고 했다. 노 대통령은 그 근거로 "한국군의 역량도 충분하고 한미동맹도 흔들리지 않는다. 주한미군은 계속 주둔한다"고 말했다. 그리고 "미국은 미국의 이익을 위해서도 정보활동을 하게 되어 있고 작전권을 환수한다고 위성을 내리겠느냐"라고도 했다. 노 대통령이 작전권 환수를 서두르는 이유로 "작전통제권이야말로 자주국방의 핵심이다. 그리고 자주국방은 주권국가의 꽃이다. 우리 역사에 있어 자주국가로서의 위상을 세워야 하는 건 바로 세워야 한다. 작통권이 없을 때 한반도에서 대한민국정부가 자주적 정부로서 역할을 하겠느냐"라는 말도 했다.

노 대통령의 발언이 전해지자, 역대 국방장관 17명과 백선엽 대장 등은 8월 10일 "대통령의 발언에 경악을 금치 못한다"고 말하고 이들은 성명을 통해 "대북 억제력을 갖춘 한미연합사 체제의 해체는 물론 한미동맹의 와해와 주한미군의 철수를 불러올 것이 분명하다"며 반박했다.

이들은 전시작통권으로 비롯된 한미동맹의 약화, 미군철수문제 등은 한국의 안보와 중대한 연관이 있으므로 한 정권의 의지로 결론을 내릴 사안이 아니고 국민투표 또는 국회의결 등의 절차를 거쳐야 한다고 주장했다.

그러자 '전시작전통제권(이하 '전작권') 환수 반대 운동'은 삽시간에 전국으로 번져 지식인 720여 명, 전직 외교부 장관 및 대사 등이 들고 일어났다. 전직 경찰 총수 26명은 시국선언문을 발표하고 "대한민국의 정통성을 부정하는 친북 반역 세력이 나라의 근본을 뒤흔들고 있다"며 노무현 정부를 겨냥하여 공세를 취했다. 기독교연합단체는 9월 11일 전작권 단독행사 논의 중지를 위한 목사와 장로 3만 명이 서명한 명단을 긴급 공개했다. 그리고 보수단체들은 500만 서명운동에 들어갔다.

이들은 전작권 환수는 곧 한미연합사의 해체와 한미동맹의 약화로 연결되는 만큼 북한의 위협이 상존하는 현 시점에서 아직 시기상조라고 주장했다.

북한은 6·25전쟁을 도발하여 남침을 함으로써 수많은 생명을 잃게 한 원흉이고 지금도 적화통일의 꿈을 버리지 않고 있는 주적主敵이다. 그들을 도와주고 화해를 통해 그들의 생각을 변화시킨다는 생각은 그들의 생리를 모르는 망상에 불과하다. 그들을 지원하는 것은 헛수고일 뿐이고 잘못하면 호랑이에게 먹이를 주는 꼴이 될 수 있다. 결국 해결책은 그들이 스스로 붕괴하거나 제 발로 항복해 오도록 압력을 가하는 방법밖에 없다는 것이 이들의 주장이다.

이 주장에 대해 많은 국민이 공감을 표시하고 노무현 정권이 전작권 환수를 서두르는 것을 의혹에 찬 눈길로 보고 있다.

〈조선일보〉가 2006년 9월 11일 한국갤럽과의 여론조사에 대해 보도한 내용을 보면 모든 연령층에서 전시작전통제권의 단독행사(환수) '반대'가 66.3퍼센트로 압도적으로 많았으며 이로 인해 안보가 '불안해질 것'이란 응답도 71.3퍼센트나 되었다. 또 '현 정부에서 작통권 논의를 중단하고 다음 정권에서 논의하자'는 의견에 대해서도 찬성이 71.3퍼센트, 반대가 23퍼센트였다.[1]

그런데 노무현 정부의 생각은 이와 전혀 다르다.

우선 북한은 전혀 위협의 대상이 아니다. 북한은 남한을 공격할 의사도 없고 힘도 없다. 북한은 포용이나 협력의 대상이다. 북한을 적대시하기보다는 공존과 통합의 대상으로 간주해야 한다. 북한을 대하는 데 있어서 눈에는 눈,

이에는 이로 대하는 것보다 필요시 양보하고 협조하여 어떻게든 남북관계를 발전시켜야 한다. 왜 그렇게 북한의 위협을 과장하고 당장 쳐들어올 것처럼 야단인가. 그것이 바로 냉전적 사고방식에 빠져있는 수구꼴통의 착각이다. 미국은 북한의 요구를 받아들이고 조속히 현안문제를 해결하여 북한의 극한적 감정 대응을 해소시켜야 한다. 책임은 미국 측에 있다.

말은 내놓고 안 하지만 이들은 북한은 절대로 남침을 하지 않을 것이며 설사 무슨 일이 일어나서 남한에 화가 미친다 해도 그것은 통일을 이루는 길이 될 것이라고 생각하는 것 같다. 우선 통일을 해놓고 정치체제는 그때 가서 논의하고 사회주의체제로 통일되는 것도 고려할 수 있다는 자세다. 따라서 통일을 반대하는 미군이 철수하는 것은 이들에게 오히려 반가운 일이 아닌가.

현 정부의 지도부와 전국공무원노조, 전국교원노조, 민노총, 민노당, 한총련, 각종 시민단체 그리고 열린우리당 강경파의 생각이 이런 것이라면 당초부터 얘기가 달라진다. 북한의 남침 위협에 대비한다는 논리는 성립되지 않는 것이다.

1990년대 이후 전 세계에서 용도 폐기된 사회주의체제에 이들이 왜 그렇게 집착하고 북한의 김정일에게 왜 그렇게 연연하는지를 이해할 수가 없다. 이런 점에서 현 집권세력의 신념과 진로에 대해 국민은 의혹을 갖게 되는 것이다.

2 | 사회주의는 유토피아다

사회주의 사상을 과학적으로 정리한 사람이 마르크스Karl Mark(1818~1883년)였다. 마르크스는 독일의 트리어에서 부유한 유태 가문의 둘째 아들로 태어났다. 그는 베를린대학을 졸업한 후 1842년 라인 신문 편집인으로 취직했다. 그의 급진적인 성향 때문에 곧 발행인과 불화가 생겼다. 그래서 그는 파리로 갔다. 1845년 파리에서 추방된 마르크스는 브뤼셀에 머물렀고 1847년 《공산당 선언》을 썼다. 그의 나이 29세, 엥겔스Friedrich Engels가 27세 때였다. 독일로 돌아온 마르크스는 어느 신문의 편집을 맡았는데 정부의 폐쇄명령을 받았다. 그는 마지막 신문을 붉은 잉크로 발행하고 1849년 런던으로 피신했다.

영국으로 건너간 마르크스는 직업이 없었다. 하는 일이라고는 아침 10시부터 저녁 7시까지 대영제국박물관에 틀어박혀 끝없는 연구를 계속하는 것이었다.(2)

당시 산업혁명으로 수많은 유럽인이 제강업이나 면직업에 종사하기 위해 농촌에서 도시로 이동했다. 영국의 맨체스터나 버밍엄, 독일의 뒤셀도르프, 프랑스의 리용 같은 도시로 사람들이 꾸역꾸역 몰려들었다. 이들은 새로운 도시 빈민층을 형성했고 마르크스는 《공산당 선언》에서 이들을 '프롤레타리아'로 불렀다.(3)

이러한 사회환경을 배경으로 마르크스는 《공산당 선언》을 썼다. 마르크스는 이 '선언'에서 노동자는 모두 자립성을 상실했고 기계의 단순한 '부품'으로 전락했다고 말했다. 이로써 노동자는 공장체제에서 '소외된 인간'이 되고 말았다는 것이다. 따라서 그는 "오늘날의 사회에서 최하층을 이루는 프롤레타리아는 공적 사회를 구성하고 있는 상층의 구조 전체를 허공으로 날려버리지 않고서는 일어설 수도 허리를 펼 수도 없다"고 주장했다.

프롤레타리아가 필연적인 혁명에 의해서 부르주아지를 타도하게 되면 사회는 전체적으로 해방된다. '프롤레타리아 독재'가 부르주아 사회의 잔재를 일소하는 과도기 뒤에는 변증법적인 발전 과정이 종식되고 진정한 무계급 사회가 대두한다"고 마르크스는 결론지었다.(4)

프롤레타리아가 타도해야 할 부르주아는 원래 '도시민'을 뜻하는 프랑스어로 도시에 장기 거주하는 재산소유자, 건물임대인 등 조세납부자를 가리키는 말이었다. 18세기가 되면서 부르주아는 어느 정도 재산을 소유한 도시민으로서 지역 유지로 인정받는 회계사무소나 관청에서 일하는 자, 지대취득자, 산업가, 금융가, 상인, 교수, 법률가, 의사 등으로 확대되어 갔다. 보통 부르주아는 도시인구의 20~25퍼센트를 구성하고 있었다.

마르크스는 부르주아를 타도하고 그들의 재산을 몰수하여 국가 소유로 만들면 생산력이 증가하고 계급에 의한 착취는 끝난다고 주장했다.

6·25전쟁이 일어나기 직전 서대문형무소에 수감되었다가 처형당한 김삼룡金三龍은 이렇게 설명이 어려운 마르크스의 사회주의 이론을 단순명쾌하게 정리했다.

사회주의는 별다른 게 아니야. 단지 특정 민족, 특정 계급만이 잘 먹고 잘사는 것이 아니라 모두 다 함께 고루 잘살자는 게지. 누가 이 만고불변의 진리를 부정할 수 있겠나.

김삼룡은 "왜 모두 고루 잘살자는데 그걸 싫다고 할까요? 자본이 주인이 되는 사회, 돈이 사람을 좌우하는 사회를 저 사람들이 이상사회로 믿고 있는 것은 아니겠지요? 우리의 아들, 딸까지 돈이 지배하는 사회에 살도록 해서는 안 되겠지요. 자본이 아니라 사람이 주인이 되는 사회, 인민이 주인이 되는 사회를 우리가 만들어 나가야죠"라고 부연 설명했다.

그런데 인류가 국가 형태를 형성한 후 3,000년 동안 여러 형태의 통치방식을 모색해 왔지만 지배계급이 존재하지 않는 국가만은 생각해 내지 못했다. 그리고 인민이 주인이 되는 사회는 더욱 상상하지 못했다. 지배계급이 소멸하고 인민이 주인이 되는 사회를 지향하는 사회주의·공산주의 사회의 꿈은 사실은 《유토피아》에 기원을 두고 있다.

'유토피아'란 말을 최초로 쓴 사람은 16세기 초 영국의 인문주의자 토마스 모어Tomas More(1478~1535년)로 그는 《유토피아》란 책을 라틴어로 저술했다. 유토피아는 이상적인 공산주의 사회로, 이 곳에서는 재산은 국민의 공유이고 가난이란 것도 없다. 돈도 없다. 금과 은 그리고 철의 용도는 현재와 정반대고 다이아몬드와 진주는 장난감에 지나지 않으며 그것을 탐하는 것을 경멸한다. 게으름은 죄가 되지만 하루에 6시간만 일하면 충분하고 나머지 시간에는 독서, 음악 감상, 고상한 담소를 즐긴다. 육체의 건강을 중시하고 질병은 죄가 된다. 교육의 남녀평등, 종교의 관용이 완전하게 이루어진다. 전쟁은 절대로 피하고 군비는 마련하지 않는다. 불가피할 경우에는 외국의 용병으로 나라를 지킨다.

이러한 이상적인 나라는 현실에서 찾아볼 수 없다. '유토피아'라는 말은 '이상적인 나라'라는 뜻으로 그리스어의 '우(ou=no)'와 '토포스(topos=place)'를 합성하여 만들었으며 'no place', 즉 '어디에도 없는 나라'라는 의미이다.

이상적인 공산주의 사회인 유토피아를 북한 땅에서 이루어 보겠다고 월북하여 갖은 고생을 하다가 아무런 역할도 못하고, 1990년대에 날로 무너져 내리는 공화국의 비참한 모습에 실망하여 결국 자결의 길을 걷고 만 한 노 철학자의 후회 섞인 회고담이 눈길을 끈다.

어디서부터 벋간 것일까? 일제하 해방운동? 박헌영 선생님과의 만남? 조선공산당 입당? 월북? 조선노동당과 공화국에 대한 충성? 내 삶의 굽이굽이를 곰곰 삭여보아도 무엇이 잘못인가를 그리고 어디서 어거먹은 것인가를 모르겠다.(5)

결국 그는 공산주의에 대한 희망찬 꿈을 절망 속에 묻고 허무했던 그의 생을 운명으로 돌리면서 한 많은 삶을 마감했다.

3 | 질식할 것 같은 사회주의체제

1917년 레닌Vladimir Lenin과 그의 당 볼셰비키는 혁명을 통해 정권을 장악했다. 혁명이 성공하자 러시아는 기쁨과 흥분의 도가니로 변했다. 병사들은 장교를 직접 선출할 권리를 얻었고 남성과 여성이 동등하게 대우받게 되었으며 노동자 위원회는 각 기업의 사업을 관장하게 되었다. 토지는 공공의 소유가 되고 후에 소비에트 연방을 이루게 되는 다른 나라들은 직접 자국의 미래를 결정할 수 있는 권한을 부여받았다. 놀라운 창의력 시대, 즉 미술 디자인과 시를 필두로 하여 모든 예술에 종사하는 사람들이 가슴을 고동치는 자유를 노래한 시대였다.

그러나 레닌을 비롯한 볼셰비키파는 인구의 80퍼센트가 농업에 종사하며 여전히 중세적 전통에 물들어 살고 있는 고국 러시아를 현대적 산업 대국으로 변모시키는 일이 시급하다고 생각했다. 이것은 그들에게 세계 최초로 성공한 공산주의 혁명의 대의를 살리는 중대하고 불가피한 일로 여겨졌다.

레닌이 죽고 1924년 공산당을 장악한 스탈린Joseph Stalin은 농민들을 내쫓아 공장으로 몰아넣는 한편 러시아 전역의 소규모 농장들을 새로운 국영 집단농장 체제로 강제 전환시켜 '쿨라크'라 불리는 부농들의 권력을 파괴하는 정책을 추진했다.

스탈린의 두 차례에 걸친 5개년 계획(제1차 계획은 1929~1933년, 제2차 계획은 1933~1937년에 실시)은 농촌(특히 부농)으로부터 산업화에 필요한 자원을 강제로 수탈하는 것을 전제로 시작된 중공업 우선 정책이었는데, 이 정책은 곧 20세기의 가장 큰 재앙 가운데 하나가 되었다.

5개년 계획 실시를 전후로 500만 명에 이르는 쿨라크가 시베리아로 추방당했고 군대가 강제로 그들을 내모는 과정에서 처음 몇 달 동안에만 150만 명이 살해되었다. 농민들은 러시아 전체 가축의 절반을 도살하는 것으로 이에 맞섰지만 5년 안에 전체 농민의 70퍼센트가 집단농장으로 강제 편입되었다. 농업집산화정책으로 인해 야기된 기근사태로 수백만 명이 목숨을 잃은 뒤의 일이었다.(6)

1990년대 사회주의 사회가 붕괴된 이후 공산주의라는 이름으로 인류 1억 명이 죽었다고 밝힌 책이 나왔다.

볼셰비키 혁명 80주년을 하루 앞둔 1997년 11월 6일, 프랑스 파리에서 발매된 《공산주의 흑서》는 프랑스 역사학자 11명이 공동 집필한 책이다.

이 책에서는 레닌 이후 오늘날까지 지구상에서 공산주의 때문에 희생된 사람을 1억 명으로 계산하고 있다. 《공산주의 흑서》는 레닌에서 김정일까지 이어지고 있는 범죄, 공포, 압제의 기록이다.

이러한 공포의 정치가 계속된 사회주의 사회에서 풍자가 섞인 해석이 나돌았다. 인류가 왜 이 사회에서 행복하지는 못할망정 생명의 위협 속에서 살아야 했는지 알 수 없는 일이었다.

'사회주의란 무엇인가?' 폴란드의 철학자 코라리프스키가 정의한 사회주의는 이런 것이다.

> 아무런 죄 없는 사람이 집에서 경찰이 오는 것을 줄곧 기다리는 사회
> 자기 의견을 말하면 불행해지고 의견을 말하지 않고 가만히 있으면 행복해지는 사회
> 자기 의견을 전혀 갖지 않는 편이 살기 편한 사회
> 생산수단을 사유하지 않는다고 해서 사회주의라고 생각하는 국가

너무 우울한 사회

차별이 있는 체제

국민이 원하는 것을 말하기 전에 정부가 이미 알고 있는 국가

국민을 학대해도 아무런 죄가 되지 않는 국가

도시용, 관광용 지도가 국가기밀에 속하는 국가

언제나 선거의 결과가 예상되는 국가

그는 이 글을 학생신문에 발표하려고 했으나 허용되지 않아 학생들 간에 은밀히 돌려보도록 했다.(7)

이러한 사회를 6·25전쟁을 겪은 세대는 경험으로 알고 있다. 북한은 지금도 이 체제에서 벗어나지 못하고 있다. 그런데도 진보라고 자칭하는 좌파 인사들은 이런 북한에 대해 무조건 지지 내지는 협력적 자세를 견지하고 있다.

4 | 소련체제의 붕괴

1989년 여름부터 헝가리를 경유하여 동독인들이 속속 서방으로 망명하기 시작했다. 이런 흐름은 어떻게 저지할 수 없을 만큼 커져갔다. 그 무렵인 11월 동독의 호네커Erich Honecker 제1서기의 오른팔로 알려진 크렌츠Egon Krenz 정치국원이 모스크바를 방문했다. 고르바초프Mikhail Gorbachyov가 초대했기 때문이었다. 크렘린에서 장시간 회의를 한 크렌츠는 내외 기자회견을 갖고 이제부터 동독은 사람들의 왕래를 자유스럽게 할 방침이라고 말했다. 이때 이미 고르바초프는 크렌츠에게 베를린 장벽을 제거하라고 설득했던 것이다. 이로부터 1주일도 안 되어 베를린 장벽의 철거가 발표되었다.

그리고 몇 달이 지난 1990년 2월 소련 공산당은 70여년 동안 유지하던 일당독재一黨獨裁 정책을 포기하기로 결정했다. 공산주의 이데올로기야말로 인류 최고의 예지이고 이보다 더 뛰어난 사상은 없다며 일당독재의 정치형태를 유지해온 당이 스스로 독재를 포기한 것이다.

일본의 한 지식인(사카이야 다이치堺屋太一)은 소련의 붕괴는 영국의 디자이너 마리 콴테트의 미니스커트와 비틀즈 음악이 가장 큰 요인이라고 말했다. 서방의 문화침투가 소련의 경직된 사회주의 사회를 해빙시켰다는 뜻이었다. 그와 비슷한 말이 고르바초프의 입에서도 나왔다. 고르바초프가 은퇴한 후 일본 NHK 특파원 고바야시小林和男는 고르바초프 본인에게 직접 "귀하는 언제, 왜 개혁(페레스트로이카)을 결심을 했는가?"라고 물었다.(8)

페레스트로이카는 러시아어로 '다시 짓는다'라는 의미의 평범한 단어이

1989년 11월 9일 냉전의 상징물이었던 '베를린 장벽'이 마침내 무너졌다.

다. 이 평범한 단어에 처음으로 특별한 정치적 의미를 부여하여 사용한 사람이 고르바초프다. 1986년 4월 톨리야티 시 노동자 집회에서 고르바초프는 "페레스트로이카를 통해 사고방식과 심리, 조직 업무 스타일과 방법을 바꾸는 것부터 시작해야 한다"고 말했다.(9)

고르바초프는 NHK 특파원 질문에 다음과 같이 명쾌하게 대답했다.

1980년 50세의 젊은 나이로 공산당 정치국원으로 발탁되어 들어갔다. 당시 정치국원은 11명이었다. 이 11명이 인구 2억 4,000만의 초대국을 움직이고 동서관계를 결정하고 세계를 뒤흔들고 있었다. 그런데 정치국 첫 회의에 들어가 보니 회의 의제가 '어떻게 하면 팬티스타킹을 증산할 수 있는가'였다. 이때 나는 '대개혁을 하지 않으면 안 되겠구나'라고 생각했다. 팬티스타킹은 외국 비즈니스맨이나 여행자를 통해 소련에 흘러

들어왔다. 소련에서도 생산은 되고 있었지만 그 품질은 매우 열악했다. 서방에서 들어온 팬티스타킹에만 소련 여성의 눈길이 쏠렸다. 외국제품은 암시장에서 비싸게 팔렸다.

인간의 평등과 사회정의를 가져온다는 소련공산당 치하에서 만든 제품이 부패하고 실업자로 고통받고 있는 자본주의 사회에서 만든 제품보다 조악한 것은 무슨 이유 때문인가? 개혁에 대한 결심을 한 지 5년이 지나서야 나는 최고지도자가 되었고 페레스트로이카는 그때부터 진행된 것이다.(10)

소련의 사회주의체제 붕괴가 미니스커트나 팬티스타킹 그리고 비틀즈의 음악에서 비롯되었다는 것은 하나의 상징적인 비유이지 사실은 소련 사회 내에 도사린 정체와 모순 때문일 것이다. 소련 사회를 정체로 몰아간 것은 무책임과 잘못된 평등이었다. 일을 하거나 하지 않거나 사회주의적 평등 원칙에 의해 신분과 임금이 보장되었다. 공산당의 지주 모체인 노동조합은 평등화란 구호 아래 노동의 질과 노동시간을 가장 낮은 수준에 묶어 놓고 가장 능력이 없는 노동자를 기준으로 공장과 철도를 운영했다.

그리고 대외적으로 미국과의 군비경쟁에서 한계를 드러낸 것이다. 강력한 힘만이 냉전체제를 이겨내게 한다고 주장하는 레이건Ronald Reagan 정권이 들어선 후, 미국은 우주무기개발 구상을 내걸고 군사적으로 소련을 압도하겠다는 방침을 밝혔다. 소련은 당황했다. 이대로 군비확장 경쟁을 하게 되면 지탱하기 어렵다고 생각했다. 소련의 그로미코Andrey Gromyko 외상은 슐츠 미 국무장관과 제네바에서 15시간이나 교섭을 진행했지만 원만한 해결을 보지 못했다. 3개월 후 고르바초프가 등장하여 교착상태는 풀려 나갔다. 그리고 '냉전은 끝났다'라는 선언이 1989년 12월 지중해의 말타 섬에서 열린 미소 정상회담에서 나왔다.

소련과 동구권에서 사회주의체제가 지각변동을 일으키고 있을 때 한국의 학생들은 전혀 반대의 길을 걷고 있었다. 이들은 1986년부터 반미 친북 성향을 강력하게 나타내고 북한의 주체사상을 이념으로 하는 주사파로 자처하고 나섰다.

5 | 마르크스는 100년 전에 죽었다

　후진국으로 출발해서 자원, 기술, 자본의 부족을 극복하고 일어설 수 있는 방법은 국민을 국제사회의 냉엄한 경쟁 속으로 몰아넣고 수출을 통해 국부를 쌓는 길뿐이다. 그리고 자본주의 진영의 맹주인 미국과 철저하게 협력하면서 미국이 제공하는 시장을 공략하는 것이다.

　일본도 중국도 한국도 그렇게 했다. 모두 미국의 시장을 개척하여 눈부신 경제발전을 이루었다. 미국과 적대관계를 유지하면서 발전한 나라는 세계 어디에도 없다.

　남·북한은 자유 민주주의와 사회주의체제로 나뉘어 체제 경쟁을 했다. 그리고 그 승부는 끝난 지 오래다. 북한은 '주체'를 내세우면서 모든 것을 '우리식'대로 한다고 주장해 왔고 남한은 모든 분야에서 미국과 긴밀한 관계를 맺으면서 국제사회 속에서 발전해 왔다. 북한은 이러한 남한의 발전에 대해 민족적 정체성을 저버린 수치스러운 자세였다고 비난하고 굶어 죽는 한이 있더라도 우리의 운명은 우리가 개척해야 한다고 강조한다. 그들이 자랑스럽게 여기는 말이 '자주自主'다. 누구에게나 자주적 삶은 자랑스러운 것이다. 하지만 그 말을 가장 열심히 쓰는 주인공은 기가 막히게도 늘 다른 나라에 식량과 에너지 그리고 생필품까지 구걸하고 있다.

　그러나 2005년 한국의 GDP는 7,875억 달러에 이르렀고 한국은 세계 12위의 경제대국이 되었다. 1위 미국(12조 4,800억), 2위 일본(4조 5,500억), 3위 독일(2조 7,900억), 4위 영국(2조 1,900억), 5위 프랑스(2조 1,200억), 6위 중국(1

조 9,300억. 2004년 기준), 7위 이탈리아(1조 7,600억), 8위 캐나다(1조 1,200억), 9위 스페인(1조 1,200억), 10위 인도(8,003억), 11위 브라질(7,961억) 다음이 우리다.(11)

그리고 한국은 조선造船 세계 1위, 자동차·전자·철강 등 주요 공업 세계 5위 이내, 에너지 수입 세계 3위, 석유 수입 세계 6위, 미국 유학생 세계 1위, 대학진학률 세계 1위, 인터넷 가입률 세계 1위 (…) 등으로 이제 세계 강국으로 발돋움했다.

중국은 1976년 마오쩌둥이 사망하자 10년간 끌어오던 '문화대혁명'의 막을 내렸다. 그리고 1979년 실권을 장악한 덩샤오핑은 7년 동안 개혁·개방을 통한 경제발전에 전력을 다했다. 그는 1986년 미국 CBS와의 인터뷰에서 "치부致富가 죄악시되어서는 안 된다"고 말했다. 덩샤오핑, 후야오방胡耀邦, 자오쯔양趙紫陽으로 이어진 중국 지도자들의 신념은 자본주의 방식이 아니고서는 현대화를 달성할 수 없고 이를 위해 사상개혁을 해야 한다는 것이다.

덩샤오핑은 자신의 신념을 실천하기 위해 이론적 바탕을 만들었다. 〈인민일보〉 1984년 12월 7일자 사설 '이론과 실제'가 바로 그것이다. 그 내용을 요약해 보면 다음과 같다.

> 마르크스는 이미 100년 전에 죽었다. 그의 저작은 100년 이상 된 것이다. 그의 저작 가운데 일부는 당시의 상상이며 상황은 그 후 크게 변했다. 따라서 오늘날의 상황에 더 이상 맞지 않는다. 오늘날의 세계에는 마르크스, 엥겔스, 레닌 등이 결코 경험하지 못한 일들이 많다. 따라서 마르크스와 레닌의 당시 저작이 오늘날 우리가 당면한 문제를 해결해 주리라고 기대할 수 없다.
>
> 마오쩌둥 동지가 과거에 통렬하게 비난한 것과 같이 아직도 적잖은 사람이 마르크스-레닌주의 저작 속 몇몇 자구字句를 영약靈藥처럼 생각해

이 약을 손에 넣기만 하면 아무런 노력 없이도 100가지 병을 낫게 할 수 있을 것으로 생각하고 있다. 이것은 매우 어리석은 자의 몽매한 생각이다. 우리는 이러한 사람들이 사물을 좀 더 이해할 수 있도록 가르쳐야 한다.

덩샤오핑은 1992년 1월 19일에서 2월 21일 사이 중국 남부 선전, 주하이, 상하이를 시찰하며 지역 행정책임자들에게 개혁·개방을 역설했다. 그는 "사회주의를 지키지 않고 개혁과 개방을 하지 않으며 경제를 발전시키지 않고 인민생활을 개선시키지 않으면 죽음의 길밖에 없다. 우리는 이러한 기본노선을 앞으로 100년간은 견지해야 하며 동요해서는 안 된다. 결론적으로 말해서, 사회주의가 자본주의에 비해 우위를 얻어내려면 대담하게 인류사회가 창조한 모든 문명적인 성과를 받아들이고 거울로 삼아야 하며 지금 자본주의 발달 국가를 포함한 세계 각 나라의 현대사회와 생산법칙을 반영한 모든 선진적인 경영방식과 관리방법을 흡수하고 거울로 삼아야 한다"고 말했다.

"빨리 발전하는 것을 두려워 말라. 빈말은 하지 말고 행동을 많이 하라. 실수를 두려워 말라. 고친 다음에 다시 전진하라." 덩샤오핑의 유명한 남순강화南巡講話다.

이렇게 하여 중국은 1978년에 기아상태에 놓여 있던 2억 5,000만 명의 인구를 1996년에는 5,800만 명으로 줄였고 중국 농촌의 1인당 국민소득을 228달러가 넘게 했다. 중국정부는 농촌의 가난을 해소하고 가난을 짊어진 농촌 주민의 필요를 채워주는 역할을 해낸 것이다.(12)

덩샤오핑의 이러한 노력의 결과로 2005년 중국은 수출 7,650억 달러, 수입 6,601억 달러로 총교역 1조 4,221억 달러를 달성했다. 이로써 중국은 2년 연속 미국, 독일에 이어 교역규모 세계 제3위 자리를 지켰다.(13)

이에 따라 중국의 외환보유고는 사실상 세계 제1위를 차지했다고 일본

〈산케이〉 신문은 보도했다. 중국의 외환보유고 8,189억 달러와 홍콩의 외환보유고 1,243억 달러를 합치면 현재 1위인 일본의 8,189억 달러를 넘어선다는 것이다.

미국은 중국 외환보유고의 70퍼센트 이상이 미국 재무부 발행 채권이라는 점을 무시할 수 없다.⁽¹⁴⁾

그동안 중국의 채권 매입으로 인한 낮은 이자율과 부동산 붐으로 경기의 상승세를 유지해 온 미국은 중국이 채권을 되팔면 국내로 유입되는 달러로 인해 크게 타격을 입게 된다. 중국과 미국의 파워 게임은 이미 시작되고 있는 것인지도 모른다.

최근에는 10여 년간 미국과의 전쟁으로 전국이 초토화되고 줄잡아 120만 명의 희생자를 낸 베트남이 이 대열에 합류했다. 2005년 6월 당시 베트남 총리였던 판 반 카이Phan Van Khai는 "베트남은 미국이 비할 데 없는 경제적, 과학적, 기술적 역량을 가진 강대국이며 핵심적인 동반자라고 본다"고 말한 후 백악관에서 부시 대통령을 만나 안보, 군사, 경제 분야의 협력 약속을 받아 냈다. 원수 같은 미국과 치열하게 싸웠던 베트남은 이제 미국과 가장 친근한 협력관계를 맺은 것이다. 현재 베트남은 가난한 나라다. 베트남의 1인당 국민소득은 620달러로 208개국 중 166위이다. 그러나 가까운 장래에 베트남은 눈부신 발전을 할 것이 틀림없다.

6 | '민주화'가 사치품일 때가 있었다

2006년 5·31지방자치단체장 선거에 열린우리당 서울시장 후보로 나선 강금실姜錦實 전 법무장관은 어린 학생시절을 회고하며 "고등학교 1학년 때 등록금을 못낸 적이 있다"고 말했다. 그는 '이사 또 이사, 가난한 시절'이란 글을 미니홈페이지에 쓰면서 "고교 때부터 대학 3학년까지 서울 모래내에서 여러 식구가 방 세 칸을 얻어 살았다. 제일 가난한 시절에 사춘기를 보내 모래내는 마음의 고향 같은 곳"이라고 했다.

한나라당의 오세훈 후보도 "초등학교 2학년 때 아버지가 다니던 건설회사가 부도가 나 매 끼니를 라면으로 때운 적이 있다. 그때 달동네인 삼양동에서 직접 벽돌을 만들어 판잣집을 짓고 살았다"고 회고했다.

제16회 사법시험에서 수석 합격해 특수 검사로 이름을 떨쳤던 민주당 박주선 전 의원은 그의 자서전에서 "달걀 행상을 하던 어머니가 피를 뽑아서 받은 돈 1,100원으로 전남 보성중학교 입학금을 냈다"고 쓰고 있다.(15)

부모를 잘 만나 유복하게 자란 사람도 혹 있었겠지만 대부분 우리는 이렇게 가난하게 살았다. 소설가 김원일의 어머니는 6·25전쟁 직후 대구의 단칸방에서 삯바느질로 네 형제를 키웠다. 꼭두새벽부터 자정까지 재봉 일을 한 덕에 열아홉 번 이사 끝에 집을 마련했다. 아들이 대학 진학을 위해 서울로 갈 때 그의 어머니는 손수 지은 '사루마다(속옷)'에 재봉틀로 주머니를 만들어 달고 돈을 넣어 주셨다. 명동에서 밤늦게까지 술 마시고 취했을 때 김원일은 귀에서 재봉틀 돌아가는 소리를 환청으로 듣곤 했다.

어려서 나는 램프불 밑에서 자랐다/ 밤중에 눈을 뜨고 내가 보는 것은/ 재봉틀 돌리는 젊은 어머니와/ 실을 감는 주름진 할머니뿐이었다.(16)

1969년 3월 코리아헤럴드에 수습기자로 입사한 서지문 고려대 교수는 당시 봉급이 한 달에 1만 원이라고 기억했다. 갑근세 520원과 국민저축보험료 250원을 공제하고 수령액이 9,230원이었다. 서 교수는 "그 후 30년 사이에 내 봉급은 몇 백배가 올랐는데, 힘들게 유학을 하고 학위를 취득한 내 노력이 몇 배를 올렸고 100배는 우리나라 경제성장으로 자연히 상승했다"면서 "그러나 우리나라 경제성장은 '자연히' 이루어진 것은 아니다"라고 덧붙였다.

강만길 교수는 2005년 12월 '친일반민족행위 진상규명위원회' 위원장으로 취임했다. 그는 이 직책을 맡으면서 공직자윤리위원회에 본인 명의의 재산 17억여 원을 포함해 부인 및 장남 재산까지 모두 32억여 원을 신고했다. 그가 가난한 집안 출신임을 잘 아는 주변 사람들은 그의 재산 규모에 놀랐다고 한다. 이를 보고 놀란 사람 중에 김인규 한림대 교수가 있다. 김 교수는 "박정희 대통령을 줄곧 부정하고 있는 강만길 위원장이 아이러니하게도 박 대통령이 이룩한 산업화의 가장 큰 수혜자 중 한 사람"이라고 지적했다. 김 교수는 "강 교수가 그 재산을 모으기까지 부인과 함께 근검절약했을 것이고 재테크에도 남다른 신경을 썼을 것"이라고 부연 설명하면서 "하지만 만약 그가 필리핀이나 미얀마의 민주 인사였다면 결코 지금의 부와 권력을 얻을 수 없었을 것이다. 그 이유는 그에게 부를 가져다 준 교수직과 재테크 수단이 비교역재非交易財이고 명예와 권력을 가져다 준 '민주화'라는 상품이 사치품이기 때문이다"라고 말했다.(17)

국제경제학에서는 재화를 반도체처럼 수출입이 가능한 교역재와 의료행위처럼 수출입이 어려운 비교역재로 나눈다. 비교역재 부문 종사자의 소득 향상은 교역재 부문 종사자들이 대외무역을 통해 달러를 벌어들일 때 비로소

가능해진다. 다시 말해, 박정희 대통령의 수출주도형 경제발전이 없었다면 비교역재 부문에 종사했던 강 위원장이 지금과 같은 재력가가 되는 것은 애당초 불가능했다는 얘기다.

서지문 교수나 김인규 교수가 말하는 것은 산업화 초기 단계에는 '민주화'는 사치품이고 이 사치품은 산업화를 이루어 국민소득이 일정 수준에 이르러야 비로소 제 역할을 할 수 있다는 의미다. 박정희 대통령의 산업화 정책이 성공했기 때문에 1980년대 중반에 이르러 '민주화'가 가능했다는 것이다. 어떤 이는 "산업화와 민주화를 병행 발전시키면 되지 않겠는가?"라고 말한다. 그러나 산업화 초기 단계에서 병행 발전에 성공했던 국가는 지구상 어디에도 없다는 것이 성균관대 김일영 교수의 최근 연구 결과이다.(18)

하버드대학의 경제학 교수 로버트 배로Robert Barro는 1997년에 발표한 〈민주주의는 성장을 위한 처방인가〉라는 논문에서 오직 선先경제발전 – 후後 민주주의 노선을 선택한 나라들(싱가포르, 타이완, 한국 등)만이 산업화와 민주화에 모두 성공했음을 100여 개 개발도상국가에 대한 실증조사를 통해 입증했다. 그가 발견한 것은 크게 두 가지였다. 1인당 국민소득이나 평균수명 또는 교육 등에서 큰 성취를 이룩한 국가들은 점점 민주화되어 가고 생활수준이 낮은 상태에서 민주화된 나라들은 시간이 경과할수록 자유를 잃어 간다는 사실이었다. 이를 기초로 배로 교수는 산업화 초기의 민주주의는 경제성장에 도움이 되기보다 오히려 방해가 된다고 결론지었다.(19)

7 | 국민이 뽑은 대통령은 최선의 지도자인가

1987년 이후의 민주주의를 '민주화 이후의 민주주의'라고도 한다. 1987년 선거에서 당선된 노태우를 제외하고 김영삼, 김대중 전 대통령은 문민정부, 국민의 정부 운운 하면서 민주화 쟁취에 대단한 실적을 낸 것처럼 자화자찬했다. 7년 동안 박정희의 유신체제로 국민의 직접 선거가 중단된 이래 전두환 시절 8년을 합쳐 15년 동안 대통령은 장충단체육관에서 간접 선거로 선출해왔다. 이 기이한 형태의 선거제도를 다시 국민에 의한 직접 선거 제도로 환원시킨 것이 1987년 6·29선언이다.

사실 민주주의는 평화적 정권교체를 이루게 될 때 비로소 꽃을 피우게 된다. 그래서 칼 포퍼Karl Popper는 "민주주의란 무혈의 정권교체가 가능한 정치제도를 말한다. 그 이상도 그 이하도 아니다"라고 말했다.

그러면 평화적 정권교체를 이루었다고 해서 민주주의가 완성되었다고 할 수 있는가? 민주주의의 맹점과 허점은 도처에 도사리고 있다.

우리는 대통령과 국회의원을 직접 뽑아 놓고도 우리의 의견이 정부정책에 반영된다고 생각하지 않는다. '국민이 정부정책에 영향력을 미친다고 생각하는가'라는 질문에 한국인의 60.7퍼센트가 '영향력이 없다고 느낀다'라고 대답해 20개국 중 14위에 머물렀다. 반면 일본인은 76.7퍼센트가 '영향력이 있다고 생각한다'고 답해 1위를 차지했다. '정부가 국민의 의견에 관심을 갖는다고 생각하는가'란 항목에서도 한국인의 64.8퍼센트가 '관심이 없다'(12위)고 했다. 한국인은 대부분 정치참여로 정책을 바꿀 수 있다고 생각하지 않는

다는 것을 알 수 있다.[20]

따라서 유권자의 의사가 정확하게 반영되어 후보가 선출되었다고 해도 그 당선자가 국민의 의사를 정확하게 전달할 능력을 갖추었는 지는 보장할 수 없다. 또한 그가 소속된 정당의 정강정책에 따라 얼마든지 바뀔 수 있다.

더욱이 그 후보가 유능한 선동정치가라면 자신보다 지적 능력이 떨어지는 유권자에게 감명을 주고 그들을 매료시켜 당선될 수 있다.

대체로 대통령 후보로 나온 사람들이 자신의 도덕적 양심을 숨긴 채 대중의 인기를 모아 당선되기도 한다. 이들을 선동정치가라고 한다. 일반적으로 민주주의는 이러한 지도자를 선택할 수도 있는 맹점을 가지고 있는 제도다. 국민이 뽑았다고 해서 항상 선善일 수는 없다.

〈동아광장〉에 김순덕 논설위원의 '대통령 꼭 있어야 하나'란 글이 실렸다.[21]

10년 전 머리는 빌릴 수 있어도 건강은 빌릴 수 없다던 대통령을 뽑았더니 그 무능함으로 전 국민을 F로 만들어 버렸다. 5년 전 머리에 있어선 타의 추종을 불허한다는 대통령을 뽑았으나 전임자와 똑같은 전철을 밟고 말았다. "측근에 의한 파벌정치를 없애고 경제정책에 정치논리를 개입시키지 말며 독선적 통치방식을 배제하고 아들 및 친족의 권력 세력화를 막으라"라고 했던, 당선이 확정된 날 본보에 실린 'DJ, 제2의 YS 안 되려면'이라는 제목의 기사는 예언처럼 섬뜩하다.

머리 좋은 대통령이나 아닌 대통령이나 정권을 바꾸나 안 바꾸나 보수적 정당이나 진보적 정당이나, 누구를 뽑아도 결국 마찬가지일진대 도대체 대통령선거를 왜 해야 하는지 의문이다.

이래서 민주주의가 고대 그리스에서 실시된 이래 그 허점을 보완하기 위해 많은 노력이 있어 온 것을 역사에서 읽을 수 있다. 직접 지도자를 선출하는 경우 이미 큰 공적을 쌓거나 해서 유명해진 사람이 선발되기 쉽고 대중의 지지를 얻어 선출된 후 도리어 강력한 권력을 장악하여 이를 남용할 우려도 있다.

16세기 직접 선거에 대한 베네치아인의 경계는 참으로 철저했다. 그래서 공화국 원수元首를 선출하는 국회의 선출방식을 특이하게 만들어 실시했다.

우선 공화국의 국회의원(14세기 초에는 1,000명 남짓이었으나 16세기에는 1,600명 정도였다) 중에서 제비를 뽑아(추첨) 30명을 고른다. 그 30명을 다시 추첨으로 9명으로 줄인다. 이 9명은 40명을 선거한다. 40명 중에서 제비를 뽑아 다시 12명을 남긴다. 그 12명이 25명을 뽑는다. 25명은 추첨으로 9명으로 줄어든다. 이 9명은 또 45명을 선발하고 45명은 추첨으로 11명으로 줄어든다. 남은 11명이 41명을 뽑으며 이 41명이 가까스로 원수를 선출하는 유권자가 되는 것이다. 원수는 41표 중 25표를 획득함으로써 비로소 당선된다.(22)

제비뽑기 5회, 선거 4회로 선거인이 선출되고 그 사람들이 원수를 뽑는 것이다. 그렇게 어렵게 선출된 국가 원수가 과연 좋은 정치를 했는지는 알 수 없다.

민주주의의 개념은 여러 가지로 설명할 수 있겠지만, 실상은 민주주의란 인간 상호의 에고이즘을 조화시키기 위해 다른 방법이 없으므로 타협의 한 방법으로 생겨난 소극적이고 상대적인 정치형태에 지나지 않는다. 그냥 방치해두면 인간의 욕망은 한이 없고 에고이즘의 격돌은 반드시 무정부 상태나 전제 독재의 어느 한쪽으로 귀결되게 마련이다. 누구나 독재자를 만들지 않겠다는 자기 에고이즘을 가지고 있다. 민주주의는 이러한 상호 에고이즘의 조절 수단으로서 최악보다는 차선을 선택하는 타협의 산물로 성립되었을 뿐이다.(23)

이와 같이 민주주의를 설명하는 사람도 있다.
민주화운동을 했다고 해서 지고지선의 성스러운 운동을 했다고 착각하는 사람들이 많다. 민주주의는 귀하다. 그러나 누구든 독재자로 만들지 않겠다는 자기 에고이즘을 조절하는 수단으로 최악보다 차선을 선택하는 타협의 산물로 본다면 그것도 이기주의의 한 파편에 지나지 않는 것 아닌가? 민주화운동을 한 사람들, 마치 민주주의를 지키기 위해 자신의 몸을 바치는 것처럼 위장했어도 자기도 권력 한번 잡아보려는 욕심 때문에 죽기 살기로 했던 것은 아닐까? 그리고 그저 지금 독재하는 사람이 미워서 반체제에 동조한 사람들도 있지 않은가! 물론 독재를 막아야 한다는 순수한 정의감으로 투쟁한 사람도 있다. 그러나 실제로는 민주적이지도 않으면서 마치 민주주의의 첨병인 것처럼 위장하고 날뛰는 사람이 과거에 받은 탄압에 대한 보상에 혈안이 되어 있는 경우도 있는데 이런 '민주인사'의 모습은 보기에 딱할 정도다. 더구나 주사파가 민주인사라고 외쳐대는 코미디까지 연출하고 있지 않은가.

8 | 민주주의와 자유주의

비록 민주주의가 최선의 정치제도가 아니고 최악보다 차선을 선택하는 타협의 산물이라고 하더라도 우리가 오늘날 인류가 생각해 낸 사상 중 가장 보편적이고 가치있는 것으로 인식하고 있는 이유는 민주주의 국가는 먼저 자유주의의 국가가 된 후 그 다음에 민주주의 국가를 수용했기 때문이다. 여기에서는 개개인이 자신의 종교, 생활양식, 취미생활, 결혼상대, 직업과 학교 그리고 거주 지역을 자유로이 선택할 수 있는 자유를 보장 받는다.

더 극단적으로 말해서, 자신의 소질과 취미에 따라 일생을 그림을 그리면서 살든 노래만 부르고 살든 본인이 정하면 된다. 심지어 직장을 갖고 싶지 않으면 방구석에서 뒹굴며 살아도 누가 간섭하거나 탄압하지 않는다. 국가이념에 어긋난다고 해서 제재를 받거나 형벌을 받지도 않는다. 큰 집에서 머물거나 작은 집에서 살거나 본인의 능력과 의사대로 하는 것이고 국가가 어디에 살라고 지정해 주지 않는다. 여행을 하고 싶으면 동으로 가든 서로 가든 본인의 의사대로 발길 닿는 대로 다녀도 누가 무어라고 말하지 않는다. 돈을 벌어서 저축을 하든 소비를 하든 누구도 간섭하지 않는다. 해외여행을 간다고 해서 특별히 허가를 받을 필요도 없다. 우리는 이러한 제도와 사회 속에서 사는 데 익숙해져 있다. 그래서 자유가 소중하고 귀하게 생각되는 것이다.

이와 같이 자유가 보장된 체제에서 민주주의와 시장경제가 성립된 것이다. 따라서 인간의 자유로운 삶은 어떤 국가에서나 국민의 기본권으로 헌법에 보장되어 있다.

우리는 이러한 국민의 자유와 권리, 법 앞의 평등 등 인간의 기본적인 권리가 보장되는 사회에서 살고 있다. 그리고 개인들의 삶에 영향을 미치는 사회의 중대한 결정에 관련된 논의에 참여할 수 있는 기회를 부여받고 있다.

이러한 자유를 누리고 민주주의를 발전시켜 나가기 위해서는 '법과 질서'를 지켜야 한다. 즉 그 대가代價를 치러야 하는 것이다. 국민은 정해진 법을 준수해야 하는 의무와 책임을 가진다.

자신의 이익을 관철하기 위해 폭력을 사용하는 행위는 독재국가의 독재자가 국가폭력을 휘두르는 것과 같은 맥락이다. 최근 FTA 협상에 반대하는 농민들, 시민단체들 그리고 미군기지 이전에 반대하는 시민단체와 주민들, 강성노조의 시위와 파업, 심지어 학생들의 총장실 점거 농성 등은 있어서는 안 될 폭력이다. 나의 의지를 폭력으로 관철하려는 생각은 독재자의 권력남용과 일맥상통하는 것이다.

우리는 가끔 국회에서 여야의원들이 의사진행을 하다가 충돌하는 장면을 볼 때가 있다. 여당은 법안을 강행처리하려 하고 야당은 이를 저지하려 하다가 몸싸움까지 이르는 추태에 가까운 모습을 보여 준다.

선진국인 네덜란드의 국회나 지방자치단체에서는 의사진행을 방해할 경우 회의에서 쫓아낸다고 한다. 만일 화가 난다고 소리를 지르거나 물리적 폭력을 휘두를 경우 감옥에 갈 수도 있다. 회의에서 상습적으로 소란을 피운 정치가는 회의 참석이 금지되거나 회의가 진행되는 동안 의회 복도 구석에서 대기하도록 법원의 명령을 받는다. (헨니 사브나이에 단국대 교수)(24)

9 | 어떤 통일이 이루어져야 하는가

2006년 6월 14일부터 17일까지 광주에서는 '6·15민족통일대축전'이 3박 4일간 열렸다. "한나라당이 권력을 잡으면…… 남녘땅은 물론 온 나라가 미국이 불 지른 전쟁의 화염 속에 휩싸일 것"이라고 막말을 한 북한 조국평화통일위원회 안경호 서기국장 등 북한 대표들을 대거 초청하여 잔치가 벌어졌다. 북측 대표들은 남쪽의 분열과 반미선동을 위한 이념적 구호인 '민족공조'를 원 없이 외쳐댔다. '우리 민족끼리 힘을 합쳐 주한미군을 몰아내고 통일을 이루자'라는 반미反美 구호 플래카드가 행사장 곳곳에 붙여졌다. 민주노총, 전공노, 한총련 등이 북한을 찬양하는 언행을 서슴지 않았다.

도대체 6·15정신이란 무엇인가를 묻지 않을 수 없다. 통일은 우리 민족의 과제지만 바른 통일이어야 한다. 그런데 이들 통일 우선론자는 무엇보다 제일 급한 것이 통일이라고 주장한다. '일단 통일이 되면 어떤 정치체제를 가지는 것이 바람직한가 하는 것은 천천히 논의해 볼 수 있지 않느냐?'라는 논리다. 이것은 이른바 민족주의로 모든 외래사상을 다 포용할 수 있다는 이상주의로 발전하게 된다. 그리고 이 외래사상에는 공산주의도 포함시킬 수 있다고 보는 것이다.

그러나 통일을 바란다 해도 양보할 수 없는 어떤 기초 가치가 있다. 그것은 앞에서 말한 자유주의와 민주주의다.

북한을 탈출한 북한군 570부대 출신들과 일반 군단 산하 특수부대 출신들은 2005년 12월 초 '자유북한군인연합(가칭)'을 조직하고 김정일에게 다음과 같이 요구했다.

> 북한 인민에게 자유를 허락하십시오. 인민은 당신 한 사람을 위해 왔다가는 불행한 인생에서 벗어나야 합니다. 그들도 값어치 있는 생명입니다. 자유 민주라는 시대 흐름을 수뇌부 몇 명이 막겠다는 것은 착각입니다. 인민은 어제의 바보가 아닙니다. 민족의 운명을 위해 죽음이 필요하면 우리는 그 길을 피하지 않을 것입니다. 당신이 안 하면 우리가 합니다.[25]

이러한 실정이 전해지면서 한국인의 통일의식이 점차 바뀌고 있다. 통일의 당위성에 대한 물음에 '여건을 봐가며 속도를 조절해 추진해야 한다'는 응답이 54.6퍼센트에 달했다. '통일을 서두를 필요가 없다'(19.6퍼센트)는 의견과 '굳이 통일할 필요가 없다'(7.9퍼센트)라는 답변을 합하면 82.1퍼센트가 통일에 대해 조심스러운 태도를 보였다. 반면 '빨리 통일을 해야 한다'는 의견은 17.4퍼센트에 불과했다.

10년 전인 1996년 세종연구소가 실시한 국민의식 조사에서 '통일은 민족의 지상과제임으로 반드시 이뤄져야한다'는 응답이 30.4퍼센트였던 것과 비교하면 지난 10년간 감성적 통일지상주의는 줄어들고 통일에 대해 신중한 자세와 소극적인 태도가 증가했음을 알 수 있다.[26]

통일 당시 서독 정치인들은 동독인들이 같은 민족이므로 서독에서 했던 대로만 하면 동독도 서독과 같아질 것으로 생각했다. 그러나 통일 후 그것은 치명적인 착각이었다는 사실을 깨달았다. 그들은 체제와 이념 앞에 막연한 동족 개념이 얼마나 허망한 것인가를 알게 되었다.

통일 이후에 동독인들은 서독인들을 거만하고 탐욕스러우며 돈만 아는 존재라고 말하며 치를 떨었고, 서독인들은 동독인들을 게으르고 일도 제대로 할 줄 모르며 지나치게 서독에만 의존하는 독립성과 자발성이 결여된 인간들이라고 비웃었다. 1992년 말 진행된 〈슈피겔〉지의 조사에 따르면, 서독인들의 69퍼센트, 동독인들의 79퍼센트가 통일 이후에야 동·서독인이 다른 걸 알게 되었다고 답했다.

서독의 경제는 한때 세계 제2위의 국가경쟁력과 3만 7,000달러에 육박하는 1인당 GNP를 자랑했으나 2002년에는 국가경쟁력이 세계 15위, 1인당 GNP가 2만 2,000달러 수준으로 급락하고 말았다. 전문가들은 독일 경제가 통일 때문에 몰락하고 있다고 판단했다. 이런 상황에 직면한 독일인들은 놀랍게도 다음과 같이 절규했다.

독일 통일은 실패했다!(27)

통일된 독일이 오늘의 어려움을 극복하고 제자리를 찾으려면 적어도 20, 30년은 걸릴 것이다. 그리고 동·서독 사람들이 입은 마음의 상처는 그보다 더 시일이 가도 쉽게 아물지 않을지도 모른다.

참고문헌

|참 고 문 헌|

제1장 1945년 미소美蘇군의 한반도 점령

1. 해방의 감격과 고통스런 생활

(1) 〈조사월보〉, 조선식산은행, 1948년 제46호
(2) 《소용돌이의 한국정치》, 그레고리 헨더슨, 한울아카데미, 2000년 3월 10일
(3) 《京城野話》, 조용만 저, 도서출판 창, 1992년 7월 1일
(4) 《소용돌이의 한국정치》, 앞의 책

2. 공산주의자가 판치는 해방 후 정국

(5) 《자존심을 지킨 한 조선인의 회상》, 최기일 저, 생각의 나무, 2002년 11월 30일
(6) 《역사는 남북을 묻지 않는다》, 심지연 저, 소나무, 2001년 4월 25일
(7) 《등나무집》, 성혜랑 저, 지식나라, 2001년 1월 20일
(8) 앞의 책

3. 미군정이 실시한 여론조사

(9) 《고개 숙인 수정주의》, 전상인 저, 전통과 현대, 2001년 3월 15일
(10) 앞의 책

4. 남·북을 분단한 38선

(11) 《발굴자료로 쓴 한국현대사》, 중앙일보 현대사연구팀, 중앙일보, 1996년 5월 6일
(12) 《한국전쟁과 미국외교정책》, 윌리엄 스톡 저, 서경은 역, 나남출판, 2005년 1월 20일

5. 미군정과 인민공화국

(13) 《美軍政下의 韓國政治現場》, 조용중 저, 나남출판, 1990년 12월 25일

6. 미군정과 한민당

(14) '미군정 3년', 〈동아일보〉, 1982년 4월 20일자
(15) 《美軍政의 韓國統治》, 金雲泰 저, 博英社, 1992년 11월 10일
(16) 《나의 회고록》, 조병옥 저, 민교사, 1959년
(17) 《朝鮮現代史の岐路》, 李景珉 저, 平凡社, 1996年 3月 18日
(18) 《한국미군정사》, 리처드 라우트백 저, 국제신문사, 1948년
(19) 《수정주의와 한국현대사》, 유영익 편, 연세대학교 출판부, 1998년 8월 10일
(20) 《미군정 자료연구》, 정용욱 저, 도서출판 선인, 2003년 1월 6일

7. 소련군의 북한 진주
(21) 《知られざる 北朝鮮史(上)》, 金學俊 著, 李英 譯, 幻冬舍文庫, 平成 17年 3月 31日

8. 스탈린이 만든 북한 지도자 김일성
(22) 앞의 책
(23) 《김일성 외교비사》, 박길용·김국후 공저, 중앙일보사, 1994년 10월 15일
(24) 앞의 책

9. 88여단 소련군 대위 김일성
(25) 《朝鮮戰爭》, 萩原遼 著, 文春文庫, 1999년 10월 5일
(26) 《코리안엔드게임》, 셀리그 해리슨 저, 이흥동 역, 삼인, 2003년 5월 7일

10. 조선공산당 북조선 분국 설치

11. 김일성에 밀린 박헌영
(27) 《박헌영》, 박갑동 저, 인간사, 1983년 6월 20일
(28) 앞의 책
(29) 앞의 책
(30) 《知られざる 北朝鮮史(上)》, 앞의 책
(31) 《아름다운 집》, 손석춘의 소설, 들녘, 2003년 3월 2일
(32) 앞의 책
(33) 《박헌영》, 박갑동 저, 앞의 책
(34) 앞의 책

제2장 이승만과 미군정

1. 이승만의 귀국
(1) 《소용돌이의 한국정치》, 앞의 책
(2) 《南北의 對話》, 조규하·이경문·강성재 공저, 한얼문고, 1972년 11월 30일

2. 신탁통치안이 던진 파문
(3) 《南北의 對話》, 앞의 책
(4) '남기고 싶은 이야기들'·'미소공동위원회', 설국환, 〈중앙일보〉, 1975년 1월 20일자
(5) 앞의 글
(6) 《한국분단사연구》, 신복룡 저, 한울아카데미, 2001년 8월 30일
(7) 《現代史를 어떻게 볼 것인가(1)》, 동아일보사, 1990년 12월 30일

3. 좌우합작의 대표 김규식과 여운형

(8) 《대한민국 건국의 내막(상)》, 로버트 올리버 저, 박일영 역, 계명사, 1998년 4월 30일
(9) 《南北의 對話》, 앞의 책
(10) 《한국보수세력연구》, 남시욱 저, 나남출판, 2005년 12월 20일
(11) 《知られざる 北朝鮮史(上)》, 앞의 책

4. 여운형과 김일성 그리고 이승만

(12) 《知られざる 北朝鮮史(上)》, 앞의 책
(13) 《자존심을 지킨 한 조선인의 회상》, 앞의 책

5. 10월 폭동의 진상

(14) 《한국분단사연구》, 앞의 책
(15) 《소용돌이의 한국정치》, 앞의 책
(16) 《한국분단사연구》, 앞의 책
(17) 《解放前後史의 認識》, 송건호 등 공저, 한길사, 1980년 2월 1일
(18) 《발굴자료로 쓴 한국현대사》, 앞의 책

6. 미군정과 이승만 간의 불화 해소

(19) '비록 미소공동위원회', 고정훈, 〈월간조선〉, 1982년 9월호
(20) 《한국분단사연구》, 앞의 책
(21) 《조병옥과 이기붕》, 이형 저, 삼일서적, 2002년 11월 10일

7. 하지 중장이 한 일

(22) 《존 하지와 미군 점령통치 3년》, 정용욱 저, 중심, 2003년 8월 5일
(23) 〈뉴욕타임스〉, 1948년 8월 9일자

8. 5·10선거와 한민당

(24) 《東アジア冷戰と韓美日關係》, 李鍾元 著, 1999년 8월 30일
(25) 《한국분단사연구》, 앞의 책

제3장 한국전쟁 발발

1. 북한군의 전면 기습공격

(1) 《朝鮮戰爭I》, 兒島襄 著, 文春文庫, 1998년 12월 5일
(2) 앞의 책

2. 미국의 신속한 대응

(3) 《미국현대외교사》, 최영보·이주천·차상철 등 공저, 비봉출판사, 1998년 8월 25일
(4) 《외교관 33인의 회상》, 최호중 외 32인 공저, 여강출판사, 1990년 12월 30일
(5) 《マツカ-サの 二千日》, 袖井林二郎 著, 中公文庫, 2004年 7月 25日

3. 점령된 수도 서울

(6) 《朝鮮戰爭I》, 앞의 책
(7) 앞의 책
(8) 《한국 1950 전쟁과 평화》, 박명림 저, 나남출판, 2003년 9월 5일
(9) 《朝鮮戰爭I》, 앞의 책

4. 대전 '성남장'으로 몰려든 3부 요인들

(10) 《朝鮮戰爭I》, 앞의 책
(11) 앞의 책
(12) 《한국 1950 전쟁과 평화》, 앞의 책
(13) 《빈들에서》, 강원용 저, 도서출판 열린문화, 1993년 11월 1일

5. 서울에 남겨진 시민들

(14) 《전쟁과 사회》, 김동춘 저, 돌베개, 2004년 8월 6일
(15) 앞의 책
(16) 〈반동분자 처단과 재산처리에 관하여〉, 국사편찬위원회, 1990년 29~30
(17) 《불의 제전》, 김원일 저, 문학과 지성사, 1997년
(18) 《역사 앞에서》, 김성칠 저, 창비, 2005년 9월 10일
(19) 《전쟁과 사회》, 앞의 책
(20) 《김일성을 고발한다: 조선노동당 치하의 북한 회고록》, 한재덕 저, 내외문화사, 1965년
(21) 《범용기》2권, 김재준 저, 선경도서출판사, 1985년

6. 한 사학자의 6·25 일기

(22) 《역사 앞에서》, 앞의 책

7. 북한으로 끌려간 남한 지도층 인사들

(23) 《한국 1950 전쟁과 평화》, 앞의 책
(24) 〈동아일보〉, 2006년 8월 14일자
(25) 《죽음의 세월-납북 인사들의 생활실태》, 조철 저, 성봉각, 1964년

8. 북한군의 오판

(26) 《朝鮮戰爭》, 萩原遼 著, 앞의 책
(27) 《한국 대통령을 움직인 미군 대위》, 짐 하우스만·정일화 공저, 한국문원, 1995년

(28) 《한국 1950 전쟁과 평화》, 앞의 책
(29) 앞의 책
(30) 《대한민국 건국의 내막(하)》, 앞의 책
(31) 앞의 책
(32) 《한국 1950 전쟁과 평화》, 앞의 책

9. 맥아더의 인천상륙작전
(33) '딘 애치슨 회고록', 〈월간 조선〉, 2003년 10월호
(34) 《マッカ-サの二千日》, 앞의 책
(35) 《발굴자료로 쓴 한국현대사》, 앞의 책
(36) 《한국 1950 전쟁과 평화》, 앞의 책

제4장 소련의 북한 포기와 미국의 한반도 철수

1. 빨치산 다 어디 갔는가
(1) 《한국 1950 전쟁과 평화》, 앞의 책
(2) '김일성 참모들이 밝힌 6·25 비사', KBS 다큐멘터리, 1992년 6월 23일(앞의 책에서 인용)

2. 두 명의 평안남도 지사
(3) 《朝鮮戰爭 II》, 앞의 책
(4) 《청산하지 못한 역사》 1, 반민족연구소, 청년사, 1994년 4월 7일
(5) 《5·16비록 혁명은 어디로 갔나》, 유원식 저, 인물연구사, 1987년, pp. 200~201
(6) 《朝鮮戰爭 II》, 앞의 책
(7) 《빈들에서》, 강원용 저, 앞의 책

3. 중국 참전 안 하면 스탈린은 북한을 포기
(8) 《한국전쟁과 중국》, 박두복 편저, 백산서당, 2001년 6월 30일
(9) 《한국 1950 전쟁과 평화》, 앞의 책
(10) 《중국의 한국전쟁 참전 기원》, 김경일·홍면기 역, 논형, 2005년 1월 10일
(11) 앞의 책
(12) 《毛澤東の朝鮮戰爭》, 朱建榮 著, 岩波書店, 1991년, pp. 288~289
(13) 《한국전쟁과 중국》, 앞의 책
(14) 《한국 1950 전쟁과 평화》, 앞의 책

4. 미군의 패퇴와 한반도 철수
(15) 《한국 1950 전쟁과 평화》, 앞의 책
(16) 《한국전쟁과 중국》, 앞의 책

(17) 《길고 긴 여름날 1950년 6월 25일》, 백선엽 저, 지구촌, 1999년
(18) N.A, DC/R Central Files, 795B. 00/12-2580 CS/W, 국방군사연구소 소장 문서번호 317, (《한국 1950 전쟁과 평화》, 앞의 책에서 재인용)
(19) Policy and Direction: The First Year, James F. Schnabel, pp.313(《한국 1950 전쟁과 평화》, 앞의 책에서 재인용)
(20) 《朝鮮戰爭》, マッシユ リッチウエイ 著, 恒文社, 1980年 3月 20日

5. 37도에서 휴전될 뻔한 유엔 결의안

(21) 《한국전쟁과 중국》, 앞의 책
(22) 앞의 책, 〈중국의 한국전 출병시말〉, 楊奎松(北京大 교수)

6. 왜 정전하려고 하는가

(23) 《한국전쟁과 중국》, '중국의 한국전쟁 참전결정에 대한 평가', 沈志華(중국사학회 베이징 동방역사 중심연구원)
(24) 《한국 1950 전쟁과 평화》, 앞의 책
(25) 《한국전쟁의 진실과 수수께끼》, A.V. 토르쿠노프 저, 구종서 역, 에디터, 2003년 6월 20일
(26) 《한국전쟁과 중국》, 앞의 책, 양규송 편
(27) '딘 애치슨 회고록', 〈월간조선〉, 2003년 10월호
(28) 《한국전쟁과 중국》, 앞의 책, 양규송 편
(29) 《한국전쟁의 진실과 수수께끼》, 앞의 책

7. 스탈린은 왜 김일성의 남침을 지원했는가

(30) 《現代史 어떻게 볼 것인가》 '6·25 연구의 국제적 동향', 김학준(서울대 교수), 〈동아일보〉
(Two Hypotheses of Sino-Soviet Relations as Concerns the Instigation of the Korean War, Wilbur Chaffee, Journal of Korean Affairs Vol. 4 No. 3~4, Oct. 1976~Jan. 1977)
(31) Ciphered Telegram from Shtykov to Vyshinsky Transmitting Note from Kim Il Sung to Soviet Government, K. Weathersby(ed), Doc. 5: (9 March 1950), CWIHP Bulletin, Issue 6~7(Winter/1995~1996)

8. 중국이 전쟁으로 입은 피해

(32) 《朝鮮戰爭》, マッシユ リッチウエイ 著, 앞의 책
(33) 《한국전쟁과 중국》, 앞의 책
(34) 앞의 책

제5장 전쟁이 가져온 변화

1. 전쟁이 남긴 상처
(1) 《現代史를 어떻게 볼 것인가》 '6·25가 미친 경제적 영향', 이대근(성균관대 교수), 앞의 책
(2) 《그 산이 정말 거기 있었을까》, 박완서 저, 웅진닷컴, 2003년 2월 15일
(3) 《한국현대사 산책》 '1950년대 편', 강준만 저, 인물과사상사, 2005년 2월 4일

2. 학살의 현장
(4) 《그 많던 싱아는 누가 다 먹었을까》, 박완서 저, 웅진닷컴, 2004년 7월 8일
(5) 《전쟁과 사회》, 앞의 책
(6) 《한국현대사 산책》 '1950년대 편', 앞의 책,《한국반탁반공운동기념사업회》'한국학생건국운동', 대한교과서, 1986년
(7) 《사업조직 강화에 대하여》, 극비문서집, 시흥군 동면 분주소, 1950년, 사료집 11권, pp.215~216(《한국 1950 전쟁과 평화》에서 재인용)
(8) '40년 만에 다시 들어보는 6·25 수수께끼', 정일화, 〈한국일보〉, 1990년 6월 17일자 (《한국현대사 산책》, 앞의 책에서 재인용), pp.5
(9) 《한국 1950 전쟁과 평화》, 앞의 책

3. 애국은 곧 반공이다
(10) 《소련 방문기 1936》, 앙드레 지드 저, 정봉구 역, 춘추사, 1994년, pp.58~64
(11) 《그 많던 싱아는 누가 다 먹었을까》, 앞의 책

4. 사회구조의 변화
(12) 《現代史를 어떻게 볼 것인가》, 앞의 책, '6·25가 미친 정치적 영향', 안병영(연세대 교수)

5. 군대의 비대화
(13) 〈월간조선〉, 2004년 12월호
(14) 《朝鮮戰爭》, マツシユ リツチウエイ 著, 앞의 책

6. 권력에 기생하는 기업들
(15) '만물상', 〈조선일보〉, 2004년 10월 5일자
(16) 《역사속에서》, 앞의 책

7. 최대의 이권 적산敵産기업의 불하
(17) 《韓國經濟物語》, 池東旭 著, 日本經濟新聞社, 1992년 9월 3일
(18) 《1950년대 한국사의 재조명》, 문정인·김세중 편, 선인, 2004년 11월 18일

8. 소비재 산업으로 일어난 한국 기업들
(19) 《日本帝國の申し子》, カ-タ エツカ-ト 著, 草思社, 2004年 2月 12日
(20) 《韓國經濟物語》, 앞의 책

9. 외국인이 놀란 한국의 교육열
(21) 《한국현대사 산책》, 앞의 책
(22) 앞의 책
(23) 앞의 책

10. 전쟁이 세계경제에 미친 영향
(24) 《現代史 어떻게 볼 것인가》, 앞의 책, '6·25의 국제적 영향', 안병만(외국어대 교수)
(25) 앞의 책
(26) 《史實で語る朝鮮戰爭 協力の全容》, 山崎靜雄 著, 本の泉社, 1998年 11月 25日

제6장 대한민국 초대 대통령 이승만

1. 부산 정치파동과 대통령 직접 선거
(1) 《한국보수세력연구》, 앞의 책
(2) E. Allan Lightner Oral History, by Richard D. McKinzie, October 26, 1973, transcript on file at the HSTL, 114
(3) 《한국전쟁과 미국의 외교정책》(FRUS, 1952~1954, 15:50), 윌리엄 스톡 저, 서경은 역, 나남출판, 2005년 1월 20일에서 재인용

2. 이승만 제거 계획
(4) 《現代史 어떻게 볼 것인가》, 앞의 책
(5) 《1950년대 한국사의 재조명》, 앞의 책

3. 원조를 둘러싼 한미(韓美) 갈등
(6) 《東 アジア冷戰と韓美日關係》, 앞의 책
(7) 《원폭인가 휴전인가》, 정일권 저

4. 1950년대 한국 국민의 생활상
(8) 《조봉암과 1950년대(하): 피해대중과 학살의 정치학》, 서중석 저, 역사비평사, 1999년, pp.546
(9) 《한국현대사 산책》 2권, 앞의 책
(10) 《그 산이 정말 거기 있었을까》, 앞의 책

5. 이승만의 군 장악과 자유당 창당

(11) 《1950년대 한국사의 재조명》, 앞의 책, '1950년대 민군관계변동의 추이와 결과', 김세중(연세대 교수)
(12) 《1950년대 한국사의 재조명》, 앞의 책, '자유당과 경무대', 문정인·류상영(연세대 교수)
(13) 《비극의 현대지도자: 그들은 민족주의자인가 반민족주의자인가》, 서중석 저, 성균관대학교출판부, 2002년, pp.169

6. 조봉암 사형과 자유당 말기현상

(14) 《竹山》, 曺奉岩·李英石 저, 圓音出版社, 1983년 10월 10일
(15) 앞의 책
(16) 앞의 책
(17) 《1950년대 한국사의 재조명》, 앞의 책, '1950년대와 조봉암 그리고 미국', 박태균(서울대 교수)
(18) United States Foreign Policy: Studies prepared at the request of the Committee on Foreign Relations, United States Senate by Conlon Associates LTD., November 1, 1959,(Washington: US GPO, 1959)
(19) 《東恩 李在鶴 回顧錄》, 李應善 編著, 梨谷文化社, 2004년 12월 30일
(20) 《1950년대 한국사의 재조명》, 앞의 책("Telegram From the Embassy in Korea to the Department of State"(Seoul, August 15, 1959), FRUS, Vol. 18, pp.580)

7. 3·15부정선거와 4·19데모

(21) 《한국현대사 산책》 3권, 앞의 책
(22) 《4·19 혁명론II》 자료편, 일월서각편집부 엮음, 1983년, pp.66~67
(23) 《한국현대정치론I》 '선거의 권위주의적 운용과 역기능: 한배호 편', 유숙란 저, 나남, 1990년, pp.387
(24) 《한국정당정치 실록 2: 6·25전쟁부터 장면 정권까지》, 연시중 저, 지와 사랑, 2001년, pp.232
(25) 앞의 책
(26) 앞의 책
(27) 《고문과 조작의 기술자들: 고문에 의한 인간파멸과정의 실증적 연구》, 조갑제 저, 한길사, 1987년, pp.81~82
(28) 《한국정치 100년을 말한다》, 김성진 저, 두산동아, 1999년 10월 15일

8. 이승만 하야를 요구하는 군과 미국대사

(29) 《한국현대사》, 강만길 저, 창작과비평사, 1994년 2월 5일
(30) 《대한민국 군인 정승화》, 정승화 저, 휴맨앤드북스, 2002년, pp.278~279
(31) 《1950년대 한국사의 재조명》, 앞의 책, 김세중(연세대 교수)

9. 이승만과 대한민국

(32) 《한국정치 100년을 말한다》, 앞의 책
(33) 《한국보수세력연구》, 앞의 책
(34) 《한국현대사 산책》 1권, 앞의 책

10. 이기붕과 박마리아

(35) 《장미와 시날코》, 김진송 저, 푸른역사, 2006년 3월 30일

제7장 이상한 사회주의 나라

1. 마오쩌둥의 오판과 휴전 협상

(1) 《知られざる 北朝鮮史(上)》, 앞의 책
(2) 《한국전쟁과 중국》, 앞의 책, '중국의 한국전 출병시말', 楊奎松(북경대 교수)
(3) 《한국전쟁의 수수께끼》, 앞의 책
   (소련군 참모본부 제2총국 제17255호로 암호전보, 1951년 3월 15일자, 폰드 45, 목록 1, 문서 337, 리스트 78~82)
(4) 《서울 평양 북경 동경》, 박갑동 저, 기린원, 1988년 2월 20일
(5) 《知られざる 北朝鮮史(上)》, 앞의 책
(6) 앞의 책

2. 박헌영과 남로당계 숙청

(7) 앞의 책
(8) 《박헌영》, 박갑동 저, 인간사, 1983년 6월 20일

3. 전후 복구와 3개년 경제발전계획

(9) 《등나무집》, 앞의 책
(10) 《知られざる 北朝鮮史(上)》, 앞의 책

4. '저 놈이 두목이구나'

(11) 앞의 책
(12) 《서울 평양 북경 동경》, 앞의 책
(13) 《김일성 외교비사》, 박길용·김국후 저, 중앙일보사, 1994년 10월 15일
(14) 《서울 평양 북경 동경》, 앞의 책

5. 천리마운동과 김일성 독재체제 확립

(15) 《등나무집》, 앞의 책
(16) 앞의 책

(17) 《知られざる 北朝鮮史(上)》, 앞의 책
(18) 앞의 책
(19) 《서울 평양 북경 동경》, 앞의 책
(20) 앞의 책
(21) 《등나무집》, 앞의 책

6. 이상한 사회주의 나라

(22) 앞의 책
(23) 《서울 평양 북경 동경》, 앞의 책
(24) 《北朝鮮に消えた友と私の物語》, 萩原遼 著, 文春文庫, 2001年 5月 10日
(25) 《등나무집》, 앞의 책

7. 남조선 해방과 미 본토 공격

(26) 《金日成 の 秘密教示》, 久保田るりこ編, 金東赫 著, 産經新聞社, 2004年 12月 30日
(27) 앞의 책

제8장 제3공화국

1. 장면 정권과 김일성 만세

(1) 《한국보수세력연구》, 앞의 책
(2) 《한알의 밀알이 죽지 않고서는》, 장면 저, 가톨릭출판사, 1999년, pp.76~77
(3) 《한국정치 100년을 말한다》, 앞의 책
(4) 《대통령과 장군》, 김준하 저, 나남출판, 2002년 5월 20일
(5) 앞의 책

2. 5·16군사쿠데타

(6) 《한국보수세력연구》, 앞의 책
(7) 앞의 책
(8) 〈6·3학생운동사〉, 6·3동지회, 역사비평사, 2001년(《조영래평전》, 안경환 저, 도서출판 강, 2006년 1월 20일에서 재인용)
(9) 앞의 책
(10) 《박정희의 양날의 선택》, 김형아 저, 신명주 역, 일조각, 2005년 10월 25일
(11) '강원용 목사의 체험 한국현대사', 〈신동아〉, 2004년 2월호
(12) 《대통령과 장군》, 앞의 책
(13) 《한국정치 100년을 말한다》, 앞의 책

3. 미국이 의심한 박정희의 사상

(14) 《美國이냐 米帝냐》, 李祥雨 著, 중원문화, 1987년 9월 30일
(15) 앞의 책
(16) '강원용 목사의 역사체험', 〈신동아〉, 앞의 글
(17) '최서면의 현대사 비화', 〈월간조선〉, 2002년 6월호 집중 인터뷰
(18) 《美國이냐 米帝냐》, 앞의 책

4. 군사 정권과 미국의 원조

(19) 《美國이냐 米帝냐》, 앞의 책
(20) 《박정희의 양날의 선택》, 앞의 책
(21) 《美國이냐 米帝냐》, 앞의 책
(22) 앞의 책
(23) 《1960년대 정치사회변동》, 한국정신문화연구원 편, 1999년 10월 30일
(24) 《한국정치 100년을 말한다》, 앞의 책
(25) 《美國이냐 米帝냐》, 앞의 책
(26) 《1960년대 정치사회변동》, 앞의 책, '1960년대 정치지형변화', 김일영(성균관대 교수)

5. 태화강변에 펼쳐진 공업단지의 꿈

(27) 《美國이냐 米帝냐》, 앞의 책
(28) 〈월간조선〉 '두목 김용태 혼신의 다섯시간 증언', 2002년 4월호
(29) 《美國이냐 米帝냐》, 앞의 책
(30) 《1960년대 정치사회변동》, 앞의 책, '제1차 경제개발 5개년 계획의 입안과 미국의 역할', 이완범(정신문화연구원 교수)

6. 경제개발 5개년 계획

(31) 《내가 겪은 민주와 독재》, 한국정신문화연구원 편, 선인, 2001년 11월 30일
(32) '김입삼의 경제개발사', 〈월간조선〉, 1999년 4월호
(33) 《대통령을 그리며》, 이동원 자서전
(34) 《1960년대 정치사회변동》, 앞의 책, 이완범
(35) 《근대화 혁명가 박정희의 생애》, 조갑제 저, 조선일보, 1999년 2월 9일
(36) 《1960년대 정치사회변동》, 앞의 책, 이완범

7. 외자가 있어야 하는데

(37) 《韓國經濟政策30年史》, 金正濂 회고록, 중앙일보사, 1992년 1월 30일
(38) '박 대통령도 육여사도 기자들도 함께 울었던 그날', 〈월간조선〉, 2004년 3월호

8. 대일청구권 자금 8억 달러

(39) 《美國이냐 米帝냐》, 앞의 책

(40) '한국산업연구원장에게 듣는 개발연대 비화', 백영훈, 〈신동아〉, 2006년 6월호
(41) 《1960년대 정치사회변동》, 앞의 책, 김일영
(42) 《沈默のファイル》, 共同通信社社會部, 共同通信社, 1996年 4月 15日
(43) 앞의 책

9. 월남파병과 경제적 이득

(44) 《美國이냐 米帝냐》, 앞의 책
(45) 《한국정치 100년을 말한다》, 앞의 책
(46) 《1960년대 정치사회변동》, 앞의 책
(47) 《박정희의 양날의 선택》, 앞의 책
(48) 《1960년대 정치사회변동》, 앞의 책, 김일영

제9장 박정희는 왜 유신을 했나

1. 백성들이 배불리 먹어야

(1) 《韓國經濟政策30年史》, 앞의 책
(2) 앞의 책
(3) 앞의 책

2. 에르하르트 서독 수상의 조언

(4) '백영훈에 듣는 개발연대 비화,' 〈신동아〉, 앞의 글
(5) 《한국보수세력연구》, 앞의 책

3. 박정희의 정부주도 경제개발 정책

(6) 《박정희의 양날의 선택》, 앞의 책
(7) 《한국재벌사》, 이한구 저, 대명출판사, 2004년 9월 1일
(8) 《韓國經濟政策30年史》, 앞의 책
(9) 《韓國經濟物語》, 앞의 책

4. 수출주도 성장정책을 택해

(10) 《韓國經濟物語》, 앞의 책
(11) 앞의 책
(12) 앞의 책

5. 박정희 시절에 성장한 기업들

(13) 《한국재벌사》, 앞의 책
(14) 《韓國經濟政策30年史》, 앞의 책

6. 1967년 선거와 3선 개헌

(15) 《두 개의 한국》, 오버 도퍼 저, 이종길 역, 길산, 2003년 5월 7일

7. 남북회담과 유신

(16) 《박정희의 양날의 선택》, 앞의 책
(17) '박 대통령의 입 9년', 김성진(전 청와대 대변인), 〈중앙일보〉, 2005년 4월 26일자
(18) 《박정희를 말하다》, 김성진 저, 삶과 꿈, 2006년 8월 16일
(19) 《박정희의 양날의 선택》, 앞의 책, 오원철 인터뷰, 1996년 10월 & 2000년 1월
(20) 〈중앙일보〉, 2006년 2월 18일자
(21) 《知られざる 北朝鮮史(上)》, 앞의 책(조순승趙淳昇 전 국회의원이 1967년에 발표한 논문에서)

8. 박정희의 핵 개발 추진과 미국의 견제

(22) 《한국보수세력 연구》, 앞의 책
(23) 〈박정희대통령 연설문집〉, 제11집, 1974년
(24) 〈동아일보〉, 1975년 4월 29일자
(25) 《두 개의 한국》, 앞의 책
(26) 앞의 책

9. 카터의 한국방문과 그의 철군 계획

(27) 《박정희의 양날의 선택》, 앞의 책
(28) Hard Choice: Critical Years in America's Foreign Policy, Cyrus Vance, NY; Simmon and Shuster, 1983, pp.129
(29) 《해방 60년의 한국정치》, 손호철 저, 이매진, 2006년 5월 1일(김충식, 1992, 316~317)
(30) 《大統領の挫折》, 村田晃嗣 著, 有斐閣, 1998年 12月 30日

제10장 대통령 유고와 제5공화국

1. 박 대통령의 하야 구상

(1) 《美國이냐 米帝냐》, 앞의 책
(2) 《朴正熙의 마지막 하루》, 조갑제 실록, 월간조선사, 2005년 2월 22일
(3) '최서면의 현대사 비화', 〈월간조선〉, 2002년 6월호 집중 인터뷰
(4) 〈조선일보〉, 2005년 2월 7일자
(5) 《한국보수세력연구》, 앞의 책
(6) 《내가 겪은 일류국가의 길》, 이광요 저, 문학사상사

2. 소비가 미덕인 사회

(7) 《박정희의 양날의 선택》, 앞의 책
(8) 《한국보수세력연구》, 앞의 책

3. 박정희의 말기 현상과 사망

(9) 《朴正熙의 마지막 하루》, 앞의 책
(10) 앞의 책
(11) 앞의 책

4. 미국이 개입한 증거는 없어

(12) 《美國이냐 米帝냐》, 앞의 책
(13) 《朴正熙의 마지막 하루》, 앞의 책
(14) 《美國이냐 米帝냐》, 앞의 책
(15) 《해방 60년의 한국정치》, 앞의 책
(16) 앞의 책
(17) 《朴正熙의 마지막 하루》, 앞의 책
(18) 《두 개의 한국》, 앞의 책

5. 박정희는 어떤 인물인가

(19) 《박정희의 양날의 선택》, 앞의 책
(20) 앞의 책

6. 최규하와 대통령 자리

(21) 《제5공화국》, 조갑제 저, 월간조선사, 2005년 5월 18일
(22) 《두 개의 한국》, 앞의 책
(23) 〈동아일보〉, 1979년 11월 9일자 & 11월 8일자
(24) 《과도정부 비교연구》, 정영국 등 공저, 백산서당, 2003년 5월 31일
(25) 《朴正熙의 마지막 하루》, 앞의 책

7. 12·12와 신군부의 등장

(26) 《제5공화국》, 앞의 책
(27) 앞의 책

8. 5·17과 광주의 비극

(28) 《한국보수세력 연구》, 앞의 책
(29) 《軍部와 光州와 反美》, 이상우 저, 靑史, 1988년 7월 10일
(30) 《제5공화국》, 앞의 책
(31) 《한국보수세력 연구》, 앞의 책

(32) 《제5공화국》, 앞의 책
(33) '미 비밀문서로 본 격동의 80년대 광주 민주화운동의 발발과 미국의 오판', 〈신동아〉, 2004년 5월호 특별연재
(34) 《軍部와 光州와 反美》, 앞의 책
(35) '계엄군의 「시민사냥」 결정적 증거 찾았다', 〈신동아〉, 1996년 1월호
(36) 《제5공화국》, 앞의 책

9. 전두환과 미국

(37) 《두 개의 한국》, 앞의 책
(38) 《제5공화국》, 앞의 책
(39) 《軍部와 光州와 反美》, 앞의 책
(40) 앞의 책
(41) 《박정희의 양날의 선택》, 앞의 책
(42) '미 비밀문서로 본 격동의 80년대', 〈신동아〉, 2004년 8월호 특별연재
(43) 《박정희의 양날의 선택》, 앞의 책

10. 제5공화국

(44) 《한국보수세력 연구》, 앞의 책
(45) 《바른 역사를 위한 증언》, 박철언 저, (주)랜덤하우스 중앙, 2005년 8월 10일
(46) 《한국보수세력 연구》, 앞의 책
(47) 《바른 역사를 위한 증언》, 앞의 책
(48) 「5공설계자」 허화평이 말하는 「전두환과 나」 그리고 「대통령 참모론」', 〈월간 중앙〉, 2005년 7월호 와이드인터뷰
(49) 《제5공화국》, 앞의 책
(50) 앞의 책
(51) 앞의 책
(52) 《바른 역사를 위한 증언》, 앞의 책

제11장 민주화 투쟁으로 쟁취한 정권

1. 6·29선언과 노태우

(1) 《두 개의 한국》, 앞의 책
(2) 〈동아일보〉, 1987년 6월 20일자
(3) 《아시아비망록》, 제임스 릴리 저, 월간조선사, 2005년 9월 10일

2. 노태우 당선과 백담사

(4) 《바른 역사를 위한 증언》, 앞의 책

(5) '전직 공무원이 20년 만에 털어놓은 5공 비사', 〈신동아〉, 2004년 동아닷컴 발굴비화(필자 손점용: 경남지사 공보비서관, 내무부장관 공보비서관 대리 3년, 부산시 과장 및 부청장 등으로 23년간 공직 근무)
(6) 《한국보수세력 연구》, 앞의 책
(7) 《바른 역사를 위한 증언》, 앞의 책
(8) 앞의 책
(9) 앞의 책
(10) '「5공설계자」 허화평이 말하는 「전두환과 나」', 〈월간 중앙〉, 앞의 글
(11) 《바른 역사를 위한 증언》, 앞의 책

3. '반미 친북' 성향의 학생운동

(12) 《軍部와 光州와 反美》, 앞의 책
(13) 《韓國は なぜ 北朝鮮に 弱いのか》, 田中 明 著, 晚聲社, 2004年 11月 15日
(14) 《한국보수세력 연구》, 앞의 책
(15) 장혜영(전 북한노동당 통일선전부 근무), 〈월간조선〉 2005년 1월호
(16) 〈동아일보〉, 1994년 8월 26일자
(17) '국회입법조사관 柳世桓 서기관 공개장', 〈월간조선〉, 2004년 12월호
(18) 〈중앙일보〉, 2003년 2월 17일자

4. 소련, 중국과 국교정상화

(19) 《두 개의 한국》, 앞의 책
(20) 앞의 책
(21) 앞의 책
(22) 앞의 책

5. 김영삼의 문민정부

(23) 《바른 역사를 위한 증언(하)》, 앞의 책
(24) 《김영삼 대통령 회고록(하)》, 조선일보사, 2001년 2월 28일
(25) 《두 개의 한국》, 앞의 책
(26) 《김영삼 대통령 회고록(하)》, 앞의 책
(27) 《두 개의 한국》, 앞의 책
(28) 《한국보수세력 연구》, 앞의 책
(29) 앞의 책

6. 김영삼과 김대중의 정치 입문

(30) 《한국현대사 산책》, 1950년대 편, 앞의 책(김영삼 회고록 《민주주의를 위한 나의 투쟁》, 백산서당, 2000년)
(31) '최서면의 현대사 비화', 〈월간조선〉, 앞의 글

7. '남조선에 공화국기가 펄럭이고'

(32) '병상의 전 신민당 총재 이민우 옹 인터뷰', 〈월간조선〉, 2004년 12월호
(33) '미공개자료를 중심으로 쓴 김대중 연구', 조갑제 편집장, 〈월간조선〉, 2002년 11월호
(34) 앞의 글
(35) 《北朝鮮をどう考えるのか》, Gavan McCormac 著, 平凡社, 2004年 7月 22日
(36) 〈월간조선〉, 2004년 3월호

8. '하늘이 무너져 내리는 충격'

(37) 《한국의 보수세력 연구》, 앞의 책
(38) 《한국 무슨 일이 일어나고 있는가》, 송호근 저, 삼성경제연구소, 2003년 8월 20일
(39) 《한국 어떤 미래를 선택할 것인가》, 송호근 저, 21세기북스, 2005년 2월 11일

9. '골프 치고 요트 타는 서민도 있나'

(40) '장기표의 친북 친노 노선비판', 〈월간조선〉, 2004년 12월호
(41) 《한국보수세력 연구》, 앞의 책
(42) 《다시 탄핵이 와도 나는 의사봉을 잡겠다》, 박관용 저, (주)아침나라, 2005년 3월 5일
(43) 《해방 60년의 한국정치》, 앞의 책

10. 행정수도 이전은 김병준 아이디어

(44) 《노무현시대 파워 엘리트》, 매일경제신문사, 2003년 4월 30일
(45) 《다시 탄핵이 와도》, 앞의 책
(46) 〈월간조선〉, 2003년 6월호
(47) 《노무현시대 파워 엘리트》, 앞의 책
(48) 〈동아일보〉, 2002년 5월 19일자

11. 국민에게 탄핵당한 노무현

(49) 〈중앙일보〉, 2006년 6월 3일자
(50) 〈조선일보〉, 2006년 6월 3일자
(51) '5·31선거 나는 이렇게 본다', 신지호(자유주의 연대 대표), 〈조선일보〉, 2006년 6월 2일자
(52) 〈조선일보〉, 2006년 6월 1일자
(53) 김광웅(서울대 교수), 〈조선일보〉, 2006년 7월 6일자
(54) 〈조선일보〉, 2006년 6월 5일자

제12장 중국은 북한을 흡수할 것인가

1. 북한의 참혹한 실정

(1) Under the Spotlight in China, Gore Lacked Luster, James Bennet, 〈New York Times〉, March 30, 1996
(2) 《두 개의 한국》, 앞의 책
(3) 앞의 책
(4) 《DMZ의 봄》, 주성일 저, 시대정신, 2004년 7월 30일
(5) 《나는 김정일의 경호원이었다》, 이영국 저, 시대정신, 2002년 11월 20일

2. 천국에서 사는 김정일

(6) 《나는 김정일의 경호원이었다》, 앞의 책
(7) 앞의 책
(8) 《金正日の料理人》, 藤本健二 著, 扶桑社, 2003년 6月 30日
(9) 《北朝鮮をどう考えるのか》, 앞의 책
(10) 《김정일 로열패밀리》, 이한영 저, 시대정신, 2004년 2월 25일
(11) 〈AERA〉, 2004년 7월 26일호
(12) '북한 인권운동가 노베르트 플러첸', 〈월간조선〉, 2002년 6월호

3. 핵을 버릴 수 없는 김정일

(13) 《두 개의 한국》, 앞의 책
(14) 《北朝鮮をどう考えるのか》, 앞의 책
(15) 〈중앙일보〉, 2005년 3월 19일자
(16) 《네오콘》, 이장훈 저, 미래M&B, 2004년 1월 20일
(17) 〈조선일보〉, 2006년 3월 25일자

4. 미국이 북한을 압박하는 수단

(18) 〈조선일보〉, 2006년 1월 31일자
(19) 〈중앙일보〉, 2006년 4월 27일자
(20) 〈조선일보〉, 2006년 1월 18일자
(21) 〈중앙일보〉, 2006년 4월 4일자
(22) 〈조선일보〉, 2006년 1월 27일자
(23) 앞의 신문

5. 김정일이 개방을 못하는 이유

(24) 《北朝鮮の延命作戰》, 關川夏央 惠谷活 著, 文春文庫, 2003년 2月 10日
(25) 〈중앙일보〉, 2005년 1월 3일자
(26) 《김정일 선집》, 제14권, 2000년 발간

(27) '김정일 연구', 〈조선일보〉, 2005년 2월 3일자

6. 북한 주민은 어떻게 살아가고 있나

(28) 〈중앙일보〉, 2006년 2월 13일자
(29) 〈조선일보〉, 2006년 4월 17일자
(30) 앞의 신문
(31) 《남과 북, 뭉치면 죽는다》, 서울대학교행정대학원 통일정책연구팀, 랜덤하우스 중앙, 2005년 11월 28일
(32) 〈조선일보〉, 2006년 4월 17일자
(33) 《金正日の料理人》, 앞의 책
(34) 〈조선일보〉, 2005년 11월 5일자
(35) 《남과 북, 뭉치면 죽는다》, 앞의 책

7. 북한에 들어가는 한류

(36) '김정일의 망명연습', 조갑제, 〈월간조선〉, 2005년 2월호 별책부록
(37) 〈조선일보〉, 2006년 4월 10일자
(38) '제7회 북한인권난민문제 국제회의 참관기', 허만호(경북대 교수), 〈신동아〉, 2006년 7월호

8. 북한의 미사일과 전쟁 의식

(39) 〈조선일보〉, 2006년 7월 17일자
(40) 〈조선일보〉, 2006년 7월 24일자
(41) 《DMZ의 봄》, 앞의 책

9. 중국은 왜 북한에 투자하는가

(42) 〈조선일보〉, 2006년 3월 27일자
(43) 〈조선일보〉, 2006년 3월 10일자
(44) 〈조선일보〉, 2005년 7월 16일자
(45) 〈조선일보〉, 2006년 3월 27일자
(46) 〈조선일보〉, 2005년 1월 14일자
(47) 〈문화일보〉, 2005년 4월 22일자

10. 순수한 경제적 차원의 개발투자일수도

(48) 〈조선일보〉, 2001년 5월 27일자
(49) 《코리안엔드게임》, 앞의 책

제13장 어떤 통일이 되어야 하는가

1. 전시작전통제권 환수 논쟁
(1) 〈조선일보〉, 2006년 9월 12일자

2. 사회주의는 유토피아다
(2) '경제학의 거인들', 로버트 L. 하일브로너, KBS방송사업단
(3) 《세계를 뒤흔든 공산당선언》, 데이비드 보일 저, 유강은 역, 그린비, 2005년 2월 28일
(4) 《서양문명의 역사》 3권, EM 번즈·R 러너·S 미첨 공저, 손세호 역, 조합공동체 소나무, 1997년 1월 20일
(5) 《아름다운 집》, 앞의 책

3. 질식할 것 같은 사회주의체제
(6) 《세계를 뒤흔든 공산당선언》, 앞의 책
(7) 《全集現代世界文學 發見 2》 '社會主義 苦惱 新生', 學藝書林

4. 소련체제의 붕괴
(8) 《エルミタジュの綴帳》, 小林和男 著, NHKライブラリ, 2001年 8月 15日
(9) 《북경리포트》, 박대석 저, 청림출판, 2002년 11월 20일
(10) 《エルミタジュの綴帳》, 앞의 책

5. 마르크스는 100년 전에 죽었다
(11) 〈조선일보〉, 2006년 8월 29일자
(12) 《북경리포트》, 앞의 책
(13) 〈중앙일보〉, 2006년 1월 18일자
(14) 〈조선일보〉, 2006년 1월 17일자

6. '민주화'가 사치품일 때가 있었다
(15) 〈중앙일보〉, 2006년 4월 19일자
(16) 〈조선일보〉, 2005년 12월 7일자
(17) 〈동아일보〉, 2006년 1월 4일자
(18) 상과 동
(19) 《뉴라이트의 세상읽기》, 신지호 저, 기파랑, 2006년 7월 19일

7. 국민이 뽑은 대통령은 최선의 지도자인가
(20) 〈중앙일보〉, 2005년 12월 21일자
(21) 〈동아일보〉, 2002년 11월 22일자
(22) 《鹽野七生 男たちへ》

(23) 《西尾幹二 ヨ-ロツパの 個人主義》

8. 민주주의와 자유주의
(24) 〈한국일보〉, 2006년 6월 16일자

9. 어떤 통일이 이루어져야 하는가
(25) 〈조선일보〉, 2005년 12월 3일자
(26) EAI '국민정체성 조사', 〈중앙일보〉, 2005년 10월 13일자
(27) 《남과 북, 뭉치면 죽는다》, 앞의 책

※ 이 책에 실린 사진은 조선일보사에서 제공한 것입니다.

기파랑耆婆郞은 삼국유사에 수록된 신라시대 향가 찬기파랑가讚耆婆郞歌의 주인공입니다.
작자 충담忠談은 달과 시내와 잣나무의 은유를 통해 이상적인 화랑의 모습을 그리고 있습니다.
어두운 구름을 헤치고 나와 세상을 비추는 달의 강인함, 끝간 데 없이 뻗어나간 시냇물의 영원함,
그리고 겨울 찬서리 이겨내고 늘 푸른빛 잃지 않는 잣나무의 불변함은 도서출판 기파랑의 정신입니다.
www.guiparang.com

한국현대사비록

초판1쇄 발행일 2007년 1월 15일
초판3쇄 인쇄일 2013년 3월 5일

지은이 | 이덕주
펴낸이 | 안병훈

책임편집 | 성미경
북디자인 | 투디스

펴낸곳 | 도서출판 기파랑
등록 | 2004년 12월 27일 제300-2004-204호
주소 | 서울시 종로구 동숭동 1-49 동숭빌딩 301호
전화 | 763-8996(편집부) 3288-0077(영업마케팅부)
팩스 | 763-8936
이메일 | info@guiparang.com

ⓒ 이덕주, 2007
ISBN 978-89-91965-69-0 03910

※이 책은 방일영 문화재단의 지원을 받아 지술·출간되었습니다.